Siriah

S. 49 Schmerz, Krankheit -> Heilung

S. 59 Auflösung d. Traumas Vater / Mutter / Kind

Patrizia Pfister

Liebe im Regenbogenzeitalter

Bitte fordern Sie unser kostenloses Verlagsverzeichnis an:

Smaragd Verlag
In der Steubach 1
57614 Woldert (Ww.)
Tel.: 02684.978808
Fax: 02684.978805
E-Mail: info@smaragd-verlag.de
www.smaragd-verlag.de

Oder besuchen Sie uns im Internet unter der obigen Adresse.

Deutsche Erstausgabe Juni 2007
Umschlaggestaltung: preData
Satz: Heuchemer, Smaragd Verlag
Printed in Czech Republic
ISBN 978-3-938489-36-9

Patrizia Pfister

Liebe im Regenbogenzeitalter

Smaragd Verlag

Über die Autorin

Patrizia Pfister hat zwei Indigokinder, die sie vor große Herausforderungen stellten (und stellen), und ihr dadurch zu großem Wachstum verhalfen. Dies gipfelte darin, dass sie sich im November 1999 „zufällig" in einer Initiationsveranstaltung von Rand Rajinder Singh wiederfand, in der ihr, zu ihrer eigenen Überraschung, das Dritte Auge geöffnet wurde. Ab diesem Zeitpunkt befasste sie sich intensiv mit Esoterik und begann bald, die Chakren zu spüren und auch die Veränderungen, die der Lichtkörperprozess mit sich brachte. Sie gab sich diesem Prozess, den sie nicht wirklich verstand, voller Vertrauen intuitiv hin, und innerhalb von fünf Jahren hatte sie sich so weit gereinigt und geklärt, dass sie im August 2004 zum Channel der Weißen Bruderschaft erwachte. Seitdem vermittelt sie Botschaften der spirituellen Hierarchie in ihren Büchern, Einzelchannelings und Seminaren.

Inhaltsübersicht

Vorwort

Am 30.09.2005 wurde ein Ruf ausgesandt, der die ersten 144.000 Dualseelenpaare der Neuen Zeit dazu aufrief, einander zu suchen und zu finden. Daraus ist dieses Buch entstanden, um zu erklären, was Dualseelen sind, was geschieht, wenn sie aufeinandertreffen und welche Auswirkungen das auf den Einzelnen und das Ganze hat. Natürlich fanden sich auch schon in den Zeitaltern davor immer wieder solche Paare zusammen, und zwar immer dann, wenn die Menschen die Tendenz zeigten, das Spiel der Trennung zu übertreiben und sich zu sehr aufzusplittern. Da sie ja bei der Geburt den Schleier des Vergessens durchqueren mussten, wussten sie nicht, dass alles einem bestimmten Zweck dient und letztlich ein Spiel, eine Illusion ist. Nicht zuletzt heißt es in Indien: „Alles ist Maya, alles ist Illusion". Dennoch sind wir alle hier und müssen in dieser Illusion bestehen und versuchen, dem Leben einen Sinn abzugewinnen. Heute, in dieser großartigen Zeit, gibt es so viele Informationen von jenseits des Schleiers über den Zweck der Erfahrungen auf der Ede wie noch nie zuvor.

Wir leben in einem Zeitalter, in dem das Magnetgitter so verändert wurde, dass die Liebesschwingung sich nun ständig erhöhen kann, und dies geschieht jetzt, das heißt, die Art, wie Liebe erfahren wird, unterliegt einem Wandel. Daher ist dies nicht nur ein Buch über Dualseelen, sondern auch über die Liebe im Allgemeinen, die neue Qualität der Liebe, die „Bedingungslosigkeit" heißt.

Die Quelle wollte aus verschiedenen Gründen die Erfahrung der Trennung machen, und um die Aufhebung der Trennung geht es, wenn Dualseelen (oder auch Splitterseelen oder Zwillingsflammen) wieder aufeinandertreffen. Letztlich ist Alles-Was-Ist ein einziges großartiges Lebewesen, das auf eine mysteriöse Weise entstand, über die schon viel philosophiert wurde.

In den Smaragdtafeln heißt es, dass am Anfang nur das formlose Nichts war und sich darin ein Gedanke einschlich, es fand eine Art Bewusstwerdung statt, und daraus bildete sich schließlich das Weltall mit all seinen Wundern. Wie es zu dieser Bewusstwerdung kam, wird nicht erklärt, doch wie sagten schon die alten Philosophen: „Ich denke, also bin ich." Auch dieser erste Gedanke muss irgendwoher gekommen sein. Nach allem, was ich bisher gelernt und erfahren habe, glaube ich, dass dieser Gedanke aus der Zukunft kam, in die Vergangenheit eintrat und von dort aus sich selbst seine eigene Zukunft erst erschaffen hat und immer wieder neu erschafft, und somit ewiglich ist. Dieser erste Gedanke wurde von der Quelle ausgesandt, als alle Trennung wieder aufgehoben und alles nur noch eins war, das ergründen wollte, woher es gekommen war und sich dadurch selbst erschuf, denn mit diesem ersten Gedanken wurde auch die Zeit geboren, die es bis dahin nicht gegeben hatte.

Da der Gedanke aus der Zukunft kam, wusste er, was alles geschehen würde, und war in der Lage, auf diese Geschehnisse Einfluss zu nehmen, um Korrekturen vorzunehmen und das Spiel des Lebens immer wieder auf andere Weise ablaufen zu lassen, es also immer wieder mit anderen Variationen (parallelen Dimensionen) von vorne zu starten. So entsteht eine Spirale von immer neuen Varianten der Trennung, die aber nicht nacheinander, sondern gleichzeitig nebeneinander bestehen, sich sozusagen in einer Spirale aneinanderreihen, und somit endlos sind. Daraus resultiert wohl das Gefühl oder der Spruch, dass es nichts Neues unter der Sonne gibt, da alles irgendwo, irgendwann in irgendeiner Dimension schon einmal da war. Und daher kommt wohl auch das Phänomen des Déjà-vu-Erlebnis, dass nämlich fast schon jeder Mensch einmal eine Szene im Leben erlebt hat, von der er schwören könnte, er hätte sie schon einmal erlebt. Das kann so weit gehen, dass er ganz präzise Aussagen über die nächste Kirche um die Ecke machen kann, obwohl er in diesem Leben noch nie zuvor da gewesen ist. Die wissenschaftliche Erklärung, dass das Auge eine Sache schneller erfasst als das Gehirn und es somit zu diesem Phänomen kommen kann, erscheint mir wenig plausibel, denn dann müsste es so etwas wesentlich öfter geben, und so häufig ist das nun auch wieder nicht. Interessant fand ich auch den Gedanken aus der Filmtrilogie „Matrix", dass ein Déjà-vu-Erlebnis dann auftritt, wenn das Programm der Wirklichkeit geändert wurde.

Aus der Geistigen Welt kommen Botschaften (vor allem von der Wesenheit Kryon), dass auf der Erde etwas Außerordentliches, Neues, nie da Gewesenes geschieht. Mir scheint, dass die Seelen des Trennungsspiels in dieser Dimension viel früher als in anderen Dimensionen müde geworden sind, beziehungsweise die vielen Varianten der Trennung, die sie schon erlebt haben oder vielleicht parallel gerade in diesem Moment erleben, satt haben und nach Hause wollen, dorthin, woher sie einst kamen. Um schneller zurückzukommen, wurde ein ungewöhnlicher Plan entwickelt, beziehungsweise der ursprüngliche Plan abgeändert.

Die Erde war irgendwann in der Vergangenheit an einem Punkt angelangt, wo die Lieblosigkeit kaum noch zu übertreffen war. Diese Situation sollte eigentlich eine Weile anhalten, um dadurch viel Energie anzusammeln, die später für die Rückkehr in die Einheit gebraucht wurde. Man kann sich die Situation vielleicht wie in der Geschichte „Herr der Ringe“ vorstellen, wo die Menschen gegen die „bösen“ Mächte kaum noch eine Chance haben. Dennoch stellen sie sich ihnen immer wieder, aber im Gegensatz zum Film verlieren sie den Kampf. Das Ganze hätte so weit kommen können, dass alles Leben auf der Erde erlischt und dann ein neuer Zyklus mit neuem Leben beginnen kann. Doch der Verwalter der Erde, Sanat Kumara, konnte nicht mehr mit ansehen, was geschah, sein Mitgefühl für „seine“ Geschöpfe war zu groß. Obwohl er wusste, dass alles einem Plan folgte, bat er bei der Quelle um Hilfe, denn die Qualen, die die Seelen erlitten, waren mehr, als er für möglich gehalten hatte und aushalten konnte.

Diese Hilfe wurde ihm gewährt, und es wurden zwei Gnadenelohim ausgesandt, die durch ihr Wirken das System zum Kippen brachten.

Das Ergebnis war zwar, dass die Erde, beziehungsweise der riesige Wasserplanet, der sie damals war, gesprengt wurde, aber letztlich war das Ergebnis gut, denn sonst gäbe es uns heute nicht. Warum wurde die Wasserwelt, nennen wir sie einmal „Larina“, gesprengt? Nun, die Energie, die sich durch den ursprünglichen Plan ansammeln sollte, wurde ja gebraucht, also musste sie schneller kreiert werden als durch weitere Äonen der Lieblosigkeit. Glück kann man nicht speichern, Leid jedoch schon. Brutal ausgedrückt könnte man sagen: Je mehr Leid, desto mehr gespeicherte Energie. Durch das Sprengen des Planeten wurde die noch fehlende Leidenergie gebildet, denn alle beteiligten Seelen erlitten dadurch einen tief sitzenden, noch bei niemandem ausgeheilten Schock. Das ist die Erbsünde der Menschen: Den eigenen Planeten vernichtet zu haben. Nur eine Handvoll bestens geschützter Wesen konnte auf einem Eisbrocken, dem Restbrocken, überleben. Einige entkamen aber auch nach „draußen“ und kehrten später als sogenannte „Götter“ zurück.

Die Erde wurde aus dem größten Brocken von Larina gebildet (bei Lorber heißt er Malona, anderswo Maldek) und wieder zu einer lebensfreundlichen Welt gestaltet. Seit der Sprengung herrschte die tiefste Bewusstseinsebene, man könnte es aus der heutigen Sicht die Zweite Dimension/Bewusstseinsebene nennen. Eigentlich sind Dimensionen das Nebeneinander vieler Varianten der Trennung.

Das Leben der Erde gelangte also nie bis in die Erste Dimension, obwohl es für diese Variante ursprünglich geplant war. Mit Beginn der Neubildung der Lebensbedingungen befand sich die Erde am Anfang der Dritten

Dimension (Bewusstseinsebene), durch die sie sich die Zeitalter hindurch bewegte, bis sie unserer Zeit, die vierte Bewusstseinsebene, erreichte, darin jedoch kaum verweilte und am 07.04.2005 in die fünfte sprang.

Die vierte Bewusstseinsebene ist die so genannte Astralebene, wo die Verstorbenen eine Weile verbleiben, um dann wieder zurückzukehren. Wäre die Erde dort verblieben, würde es an allen Ecken und Enden spuken, weil die Geister viel materieller wären. Es würde ein großes Durcheinander auf der Erde herrschen, und damit wäre keinem gedient. Wenn jeder mit allen Verstorbenen reden und sie sehen könnte, würde das normale Leben zum Erliegen kommen.

Die Gnadenelohim begannen also, auf dem für Leben wieder tauglichen Planeten (diese Wiederherstellung der Lebensgrundlagen dauerte eine ganze Weile) Lichtfunken zu setzen und unterstützten zusätzlich diejenigen, die quer durch die Zeiten das Licht aufrechterhielten. Erst waren es nur wenige Lichtfunken, denn die Menschen mussten langsam wieder an das Licht gewöhnt werden, sonst hätte es sie zu sehr „geblendet". Es bekamen auch nur die Menschen etwas von dem Licht ab, die in seiner unmittelbaren Nähe lebten. Daher mussten an vielen Orten diese Lichtfunken gesetzt werden (man könnte sie auch die Erleuchteten nennen), um die Helligkeit insgesamt langsam immer mehr „aufzudrehen", wie bei einem Dimmer, damit alle etwas davon abgekommen konnten. Und so wurde das Licht durch die Zeitalter immer heller und heller, auch wenn es manchmal nicht so scheint oder schien.

Durch die Arbeit der Lichtarbeiter, die von den Gnadenelohim der Quelle ausgebildet wurden, wurde nun ein Feld der fünften Bewusstseinsebene gebildet, das bereits alle Menschen einhüllt, ob sie das nun wissen oder nicht. Die Auswirkungen sind auch deutlich auf der Erde zu spüren. Es gibt „kleinere" Naturkatastrophen in Gebieten, die noch viel Karma aufzulösen haben. Dies ist ebenfalls ein Produkt der beschleunigten Heimkehr, auch wenn es sich für die Beteiligten ganz und gar nicht so anfühlt. Alles, was nicht in dieses fünfte Feld hineinpasst, wird nun „ausvibriert", und aus diesem Grund werden sich Regierungsumbrüche, die Bildung neuer Allianzen, Firmenbankrotte, usw. sehr häufen, weil das, was nicht mit dem fünften Feld vereinbar ist (und das sind viele Dinge der Lieblosigkeit), gehen muss.

Dieses fünfte Feld ist das Christusgitternetz, wie es in anderen Büchern genannt wird. Somit wird auch deutlich, wann eine erneute Beschleunigung der Entwicklung eintrat: Mit dem Erscheinen von Jesus Christus auf der Erde. Jede andere Religion hat ebenfalls ihren Teil dazu beigetragen, und man könnte den Namen ihrer Begründer genauso für das Christusgitternetz benutzen, aber das träfe es nicht völlig, denn es gibt zum Beispiel auch ein „Buddhanetz“, das aber anders angesiedelt ist. Jede große Weltreligion bildet ein eigenes Netz, das zum passenden Augenblick aktiviert wird oder wurde. Hiermit soll keinerlei Wertung verbunden sein, denn alles hat seinen Zweck und Platz in der großen Planung, und alles ist absolut gleichrangig, weil notwendig für das Ziel.

Das Christusgitternetz wurde am 11.07.2005 völlig geschlossen und bildet eine „Lichtschicht“ um die Erde, was der Dunkelheit darunter gar nicht gefällt, denn sie kann nun nicht mehr entweichen und muss transformiert werden. Jeder, der diese Transformation nicht mitmachen wollte, konnte im Juli 2005 durch ein kurzfristiges Tor „abreisen“, doch dieses Möglichkeit gibt es nun nicht mehr, und nun muss alles, was Dunkelheit ist und nicht mehr zum fünften Feld der Liebe gehört, in Licht umgewandelt werden. Das ist der Kampf zwischen Dunkelheit und Licht, der zurzeit auf der Erde stattfindet. Es geht hier nicht um Gut und Böse, sondern um die Steigerung der Liebesfähigkeit aller Menschen, also um die Auflösung der Lieblosigkeit. Und darum, dass Licht Information ist und Nichtlicht ein Mangel an Information.

Das Christusgitternetz besitzt zwölf „Schichten“, ähnlich dem Chakrensystem, von denen die ersten drei in Rotation versetzt wurden (am 14., 18. und 28.07.2005), was sich ab August 2005 durch Stürme, Überschwemmungen usw. bemerkbar machte. Am 09.09.2005 wurde ein Sicherungsknoten vor der vierten Schicht, der Herzchakraschicht, „gelöst“, wodurch die Erde „zurück“ auf die Schicht der Liebe, des Herzens, geführt wird. Dazu bedarf es noch einiger Maßnahmen, doch es ist nun nicht mehr aufzuhalten. Die Auswirkungen dieser Sicherungsentfernung werden beispielsweise sein, dass sich noch mehr Paare trennen, weil sie erkennen, dass sie eigentlich nicht Liebe zusammenhält, sondern Gewohnheit und/ oder Angst vor der Veränderung. Und genau um diese Veränderung in der Neubildung und dem Zusammenleben von Paaren soll es in diesem Buch gehen.

Patrizia Pfister, Fuchsstadt, 13.09.2005

Lieber Leserinnen und Leser,

wir Menschen machen das zur Wahrheit, woran wir glauben. Da jeder Mensch seinen eigenen Glauben hat, ist die Wahrheit relativ. Die Relativität wiederum ist dehn- und formbar, und somit nicht absolut. Auch in meinen Werken findet sich nicht die absolute Wahrheit. Jeder möge das für sich zur Wahrheit machen, womit er in Resonanz ist, was sich gut für ihn anfühlt, und alles andere loslassen.

In diesem Buch habe ich bewusst das Datum vieler Durchgaben mit angegeben, weil diese Zahlen Wirkungen haben und den LeserInnen im Nachhinein erklären, warum sie zu bestimmten Zeiten bestimmte Situationen „durchleben" mussten. Zum Teil wird ganz konkret berichtet, was an einem bestimmten Datum geschehen ist. Für Sie als Leser ist das dann die Vergangenheit, für mich ist es die Gegenwart, und für die Menschheit ist es die Zukunft. Somit sind alle Zeitkonzepte „versammelt". Es besteht daher auch immer die Möglichkeit, sich in ein bestimmtes Datum nachträglich „einzuklinken", wenn man erkannt hat, dass man selbst nun durch einen ähnlichen Prozess hindurch will/muss/soll/kann. Dadurch wird es der betreffenden Person leichter gemacht und die Energie des jeweiligen Datums noch verstärkt, so dass aus der Zukunft heraus auf die Vergangenheit eingewirkt wird und umgekehrt. Ein Channeling von Kryon in diesem Buch heißt: „Liebe ist relativ", doch wie schon Einstein sagte, die Zeit ist es auch!

Patrizia Pfister

TEIL I: Botschaften zum Thema Liebe
Einführung

Channelmedien, Botschafter der Liebe, Karfreitag, 14.04.2006

Bevor wir zu den einzelnen Botschaften aus der Geistigen Welt kommen, möchte ich erst einmal erläutern und erklären, was ein Channelmedium ist und warum es sie überhaupt gibt.

Wer schon einmal ein Channeling erlebt hat, der weiß, dass die Basis solcher Botschaften immer Worte der Liebe sind. Falls ihr etwas erlebt habt, das dem widerspricht, so kommen die Botschaften nicht aus allerhöchster Quelle.

Wer oder was ist ein Channelmedium, warum kann es Botschaften empfangen, die andere nicht hören können?

Ein Channelmedium hat sich durch einen individuellen Prozess „nach oben" geöffnet. Es wird durch verschiedene Ereignisse dazu gebracht, die Wirklichkeit zu hinterfragen und zu lernen, dass alles, und wirklich alles, selbst der Flug einer Mücke, einen Sinn und einen Grund hat und nichts zufällig geschieht. Die Seher aus früheren Zeiten, die den Vogelflug deuteten, hatten also durchaus ihre Berechtigung, und wenn ihre Aussagen nicht einen Funken Wahrheitsgehalt gehabt hätten, hätte es sie wohl nicht lange gegeben. Schritt für Schritt lernt ein Medium, dass hinter jedem Ereignis die göttliche Liebe steht, auch wenn es oft nicht so aussieht. Für ein Medium bedeutet dies oft sehr große Herausforderungen, oft größer als bei anderen Menschen, denn je größer die Herausforderung, die bewältigt wurde, umso größer die Wachstumsmöglichkeit darin. Das gilt natürlich für alle Menschen. Im Leben eines Mediums können sehr viele dieser Herausforderungen schnell hintereinander auftreten, wenn es schnell an die Arbeit gehen soll. Dies scheint die Regel zu sein, wenn ich mich so unter Kollegen umsehe. Der Grund ist, dass viele von ihnen schnell gebraucht werden.

Warum werden viele Medien gebraucht, warum genügen nicht einige wenige, die durch die Lande ziehen? Um diese Frage zu beantworten, muss ich erst einmal erklären, was ein Medium tut. Jeder Mensch, jedes Tier, jede Pflanze, jedes Lebewesen empfängt ständig die Informationsströme, die im Licht enthalten sind, die Lichtsprache, wenn ihr so wollt.

Licht ist Information. Nun sind um die Menschen herum die Schleier oft so dicht, dass sie einen Panzer bilden und diese Informationen nur verzerrt oder gar nicht hindurchdringen können. Es herrscht so etwas wie eine Sprachbarriere, und um diese Barriere zu überwinden, gibt es ja auf der Erde die Dolmetscher. Ein Channelmedium ist also eine Art Simultanübersetzer für die Lichtsprache. Es hat seine Kanäle durch die Panzerung hindurch geöffnet, gleichzeitig die Panzerung selbst reduziert und befindet sich in einem ständigen Prozess der weiteren „Panzerreduzierung". Diese Reduzierung erfolgt durch Bewegung, die in die Energiefelder und in den Menschen kommt. In diesem Prozess befinden sich in dieser Zeit des Aufstiegs alle Menschen. Channelmedien haben lediglich einen Vorsprung vor der breiten Masse, die nun immer mehr nachzieht. Das heißt auch, dass jeder Channelmedium werden kann, für seinen Geistführer, Schutzengel, Aufgestiegenen Meister und/oder die Gottquelle selbst. Channeln wird jeder lernen, denn die Angebundenheit an die Geistige Welt ist Teil des Aufstiegprozesses und Teil der Neuen Zivilisation, die gerade aufgebaut wird. Es hat nur nicht jeder die Berechtigung und Ermächtigung, öffentlich aufzutreten, denn dazu gehört eine Ausbildung, die man über viele Leben hinweg gemacht hat. Ein öffentliches Channelmedium hält viele und hohe Frequenzen, und dazu müssen Körper, Geist und Seele geschaffen sein und von Blockaden und Verunreinigungen „gesäubert". Dazu gehören viele tiefgehende Prozesse, die letztlich darin gipfeln, alles in Liebe anzunehmen, was ist.

Wenn ein Medium öffentlich channelt, wird von der Geistigen Welt in dem Bereich, in dem dies geschehen soll, drei Tage vorher eine blaue Schutzkugel installiert, die sämtliche störenden Einflüsse wie Handystrahlen (weshalb Handys bei Channelings auch abgeschaltet sein sollen), Elektrosmog, das allgemeine Gedankenrauschen der Menschen usw. fernhält. Diese blaue Kugel besitzt in der Mitte eine weiße Lichtsäule, die von oben kommt, durch die Kugel hindurchtritt und bis in das Herz der Erde reicht. Auf diese Weise wird eine Art Engelleiter gebildet, an der die himmlischen Energien auf- und absteigen können und dieses dann auch tun.

An einem Karfreitag wird die ganze Erde in solch eine blaue Kugel gehüllt (das hat nichts mit einer bestimmten Glaubensrichtung zu tun, sondern mit der besonderen Energie dieses Tages, die viel älter ist als der katholische Glaube). Daher ruht an diesem Tag weitestgehend das öffentliche Leben, und die Menschen können diesen Tag nutzen, um nach innen zu sehen, nicht abgelenkt durch die Aktivitäten im Außen. So war es zumindest in früheren Zeiten, und in gewisser Weise wird dies durch das Begehen des Karfreitages als Feiertag noch aufrechterhalten, wenn auch der größte Teil der Bevölkerung nicht mehr die Sensibilität besitzt, um diesen großartigen Tag feierlich so zu begehen, nichts zu tun und einfach nur zu sein.

Ich spüre zwar heute die Energie, aber ich schreibe diese Zeilen, also ruhe ich auch nicht wirklich aus, tue jedoch etwas, was mir große Freude bereitet, und das sollte jeder Mensch an solch einem Tag tun. Dieser besondere Karfreitag bildet den Abschluss einer Serie von extrem besonderen Tagen des Jahres 2006. Vom 27.03.2006 bis 04.04.2006 sprang die Erde vom fünften Gleis auf Gleis vier, das Gleis der Liebe. Ihr könnt euch das so vorstellen: Vor dem 11. September 2001 befanden wir uns auf Gleis neun. Gleis 10 war noch die Energie der völligen Zerstörung, der Weltkatastrophe. Mit dem 11. September sprangen wir schon von Gleis 9 auf Gleis 8, und seitdem gab es mehrere solcher Sprünge, wie mir Kryon erklärt hat, und in dieser Woche wechselten wir erneut das Gleis der Realitäten, noch weiter fort von der großen Katastrophe. Laut Kryon werden wir nun einige Jahre auf diesem Gleis mit unserem Aufstiegszug fahren, weil es hier viele Themen zu erlösen gilt. Das verschafft uns etwas Zeit, um auf der einen Seite Luft zu holen, wirft aber andere Menschen in die Prozesse, die sie sich bisher weigerten anzugehen.

Der Monat April, der ja ebenfalls die Energie der Zahl vier trägt, wie auch das vierte Gleis, ist in jedem Jahr der Monat für Herzensangelegenheiten schlechthin, und ganz besonders in diesem, da auch unser Herzchakra, sowohl von oben wie auch von unten gezählt, die Zahl vier trägt. Daher ist gerade in diesem Monat sehr viel im Gange, was die Sonnenfinsternis am 29.03.2006 (also innerhalb der Energie des Realitätswechsels) schon einleitete. Kryon teilte mir mit, dass an diesem Tag zwei Strahlen auf die Erde gerichtet waren: Der eine Strahl sorgt dafür, dass nun mehr und mehr die weiblichen und männlichen Energien in den Menschen ausgeglichen werden, und der andere ruft die Bündnispartner früherer Zeiten auf, sich zu finden. Hier geht es nicht um Bündnisse, die mit Krieg zu tun haben, sondern um Bündnisse, die dazu führen, dass immer mehr Liebe auf der Erde gelebt werden kann.

An einem Karfreitag herrscht nun eine ähnliche Konstellation, als würde ein Channelmedium eine Botschaft durchgeben, und in der Tat ist an diesem Tag die Erde diejenige, die Botschaften an die Menschen aussendet und jedes Lebewesen als Medium dient, ob es das nun weiß oder nicht. An solch einem Tag sind die „Panzer“ um die Menschen extrem durchlässig und „aufgeweicht“, in diesem Jahr ganz besonders durch die Prozesse, die im Vorfeld schon abliefen.

Ein Channelmedium öffnet sich für die Energie der Liebe, die aus der Göttlichen Quelle strömt und für die die Aufgestiegene Meister und Engelwesen Fokusse bilden. Da es Liebe ist, die durch das Medium zu den Menschen strömt, muss es in der Lage sein, diese hohe Schwingung auch zu halten, und dafür wurde es nicht nur in früheren Leben ausgebildet, sondern in diesem Leben wird der Abschluss gemacht. Genau genommen dienen die Prozesse in diesem Leben dazu, sich an das bereits Gelernte wieder zu erinnern. Siegel werden geöffnet, die durch Einweihungen in esoterischen Schulen auf dieser Welt und auf anderen Welten gebildet wurden, damit sie zu gegebener Zeit eine Aktivierung erfahren. Es gibt also einen Unterschied zwischen offiziellen Channelmedien und dem persönlichen Channeln. Dies soll nun kein Elitedenken sein, sondern nur aufzeigen, dass jeder seinen eigenen Weg und seine Aufgabe hat. So kann ein Architekt, der in der Zukunft besondere Gebäude entwerfen wird, durchaus in direktem Kontakt mit seinem Geistführer stehen, ohne dass dies jemals irgendjemand in der Öffentlichkeit erfährt. Es wird eher dadurch zum Ausdruck kommen, dass er Gebäude bauen lässt, die Lady Gaia, also unserem Planeten, in allem entgegenkommen. Das können Zeremonien vor Baubeginn sein, in denen die Naturgeister auf dem Grundstück um Erlaubnis für den Bau gebeten werden, und ähnliche Dinge.

Warum werden nun so viele Channels geweckt? Das hat damit zu tun, dass eine Übersetzung von fünf verschiedenen Dolmetschern nie das völlig gleiche Ergebnis hat, was auch wieder mit der unterschiedlichen Ausbildung und dem erlernten Wortschatz zu tun hat. Da der Mann von der Straße eine andere Sprache spricht als ein College-Absolvent, bekommt jeder genau das Medium, das „seine“ Sprache spricht, so dass die Energien in den Worten genau die passende Wirkung entfalten können. Je mehr Medien also aktiv sind, desto mehr Menschen bekommen die Worte der Liebe zu hören, und vor allem auch zu spüren, und das ist gut so und völlig in Ordnung. Es gibt unter den spirituell Arbeitenden keine Konkurrenz, auch wenn das vielleicht noch nicht alle bemerkt haben, denn es bekommt jeder genau die, die zum ihm „passen“. Hier ist also Vernetzung gefragt, Einheitsdenken, und nicht Trennung durch Konkurrenz und Neid.

Ein Channelmedium führt also auch Menschen zusammen, die eine Familie bilden und in früheren Leben auch als Familie zusammenlebten. Die Menschen wachsen von der Trennung wieder in die Einheit zusammen, und so soll es sein!

Botschaft von Babaji, 29.04.2006

Hier spricht Babaji, und es geht das Gerücht um, man könne mich nicht channeln und ich würde das nicht erlauben, doch das ist nicht wahr. Aber es stimmt, dass es nicht leicht ist, sich mit mir in Verbindung zu setzen, und mit bewusster Anstrengung geht es gar nicht, da ich nicht als automatischer Anrufbeantworter dienen möchte und werde. Dieses Medium hat gerade (20.00 Uhr am 29.04.2006) ein Seminar geleitet (Regenbogenseminar in Rodenbach/Westerwald, organisiert vom Smaragd Verlag) und wurde durch die Schwingung dieser besonderen Gruppe dazu befähigt, diese meine Worte aufzunehmen (nachdem sie mehr als eine Stunde in der Badewanne verbrachte und Informationen über mich las). Ich setzte mich mit ihr in Verbindung, und nur so kommt eine Kommunikation mit mir zustande.

Warum melde ich mich in diesem besonderen Werk? Nun, lieber Leser, liebe Leserin, du würdest dieses Buch nicht lesen, wenn du nicht bereit wärst, eine innere Ausrichtung auf Alles-Was-Ist zu leben. Du magst es aus profanen Gründen gekauft haben, doch dein Wesen schreit nach Ausrichtung, nach Ausrichtung auf die Liebe, auf die Wahrheit und auf den Frieden, und genau das ist die innere Einstellung, die ich bei meinen Schülern voraussetzte und auch bei den Lesern dieses Werkes erkennen kann. Bei einigen erst in Ansätzen, bei anderen schon vertieft. Euch allen ist gemein, dass ihr euch nach Liebe sehnt, einer Liebe, die sich sowohl im Innen als auch im Außen widerspiegeln soll, denn was nützt es, die eigene Liebesfähigkeit zu steigern, wenn man diese Liebe niemandem zeigen und vor allem nicht weitergeben kann? Ich kam mehrmals als Avatar auf die Erde. Ich materialisierte mich also, ohne dass ich geboren werden musste. Das ersparte mir so einige Dramen, und meinen hypothetischen Eltern ebenfalls. Da ich nicht durch den Schleier des Vergessens und den engen Tunnel des Geburtskanals kam, erinnerte ich mich an all mein Wissen und meine Fähigkeiten. Auf diese Weise war ich in der Lage, Lehren zu erteilen, die andere nicht erteilen konnten, und so möchte ich euch einige Dinge erzählen, die ich noch nicht lehrte, weil die Menschen, die zu mir kamen, noch nicht bereit dafür waren, doch ihr, liebe Leser, seid nun bereit, ihr wurdet vorbereitet durch viele, viele einzelne Maßnahmen.

Was könnte ich euch noch erzählen, nach all den vielen Informationen in diesem Buch und in anderen Büchern? Nun, zum Beispiel das: Was macht den Unterschied zwischen Außerirdischen und Menschen aus? Nicht etwa ihre Herkunft, nein, alle Menschen sind über das Herz energetisch miteinander verbunden. Wer über die normale Methode hier „landet", also geboren wird, tritt automatisch diesem Verbund an Herzensenergie bei, wird in ihm aufgenommen. Dies ist nun kein Verein, aber es bedeutet ein besonderes Gruppenbewusstsein, wie ihr es auf anderen Planeten nicht finden werdet. Und obwohl es so viele Dramen und so viel Leid auf der Erde gibt, geschah dies alles trotz oder vielmehr gerade wegen dieser Herzensverbindung. Diese Verbindung ist es auch, die es euch ermöglicht, gemeinsam den Aufstieg zu vollziehen und die Erde und alle dort wohnenden Wesen mitzunehmen. Die gemeinsame Herzensenergie dieser Welt zieht sie nach oben, und sie ist so stark, dass sie noch zahlreiche andere Welten in die höheren Dimensionen mitnehmen kann. Ist euch schon aufgefallen, dass diejenigen, die mit euch diesen Weg gehen, oft fühlen können, was in euch vorgeht, oder dass ihr besonders energetische Tage fühlen könnt? Das liegt an dieser Herzensverbindung. Die Menschheit ist ein Gruppenbewusstsein des Herzens, also der Liebe, und nur dadurch ist es möglich, dass die einzelnen Meister, die quer durch die Zeiten reisten, arbeiteten und lebten, eine so große Wirkung haben konnten, denn ihre Lehren wuchsen im Herzen ihrer Schüler, und über die Herzverbindung zu allen anderen Menschen wurden die Energien darin weitergeleitet, und so entstand oft simultan auf mehreren Plätzen der Welt ein ähnlicher Glaube, auch wenn er sich kulturell oft unterschiedlich manifestierte.

Lieber Mensch, du bist also mit allen, auch mit denen, die du für Feinde hältst oder nicht magst, in Liebe verbunden, und durch diese Verbundenheit wird ermöglicht, dass eure Meditationen alle Menschen erreichen. Ob sie die Energien darin voll annehmen oder nicht, ist eine andere Angelegenheit, doch eine Wirkung ist immer da. Es ist nur die Frage, wie viel von dieser Wirkung die betreffende Seele zulässt.

Die Farbe dieser energetischen Verbindung ist Grün, so wie dies eigentlich auch ein grüner Planet ist, und nicht nur ein blauer. Warum Grün? Weil über diese Verbindung alles geheilt werden kann, und die wichtigste Farbe bei Heilprozessen ist Grün. Grün ist die Farbe der Regeneration, und das ist es, was Wesenheiten von außerhalb suchen: Regeneration! Dies wird jedoch nur über die Liebe ermöglicht, und davon gibt es reichlich auf der Erde, auch wenn es nicht immer so aussieht. Wenn ihr in einer Gruppe meditiert, beginnt damit, euch wieder an diese grüne Herzensverbindung zu erinnern und sie damit neu zu beleben und zu intensivieren.

Warum ist die Gruppenarbeit so stark? Wegen dieser bereits bestehenden Verbindung. Nun gibt es Gruppen, die man Seelenfamilie nennt, weil sie über eine zusätzliche Herzensverbindung verfügen, nämlich die Herzensverbindung untereinander. Wenn eine solche Familie aus beispielsweise zwölf Personen besteht, hat jede von ihnen einen besonderen „Draht" zu jedem Familienmitglied. Durch die Sonnenfinsternis am 29.03.06 wurde der Ruf erteilt, sich wieder zu diesen Gruppen zusammenzufinden. Was geschieht nun, wenn solch eine Familie sich mehr und mehr komplettiert? Diese zweite Verbindung der Herzen wird ebenfalls aktiviert, was sehr starke Energien in das Gesamtfeld schickt und zur Stärkung der Erinnerung an diese Verbundenheit führt. Die Verbindung der Seelenfamilie untereinander hat nun die Farbe Rosa, die für die Bedingungslosigkeit steht. Eine Seelenfamilie ist zumindest untereinander in der Lage, eine Lebensgemeinschaft aufzubauen, in der jeder genauso sein kann und darf, wie er ist, ohne die Erwartungen der anderen erfüllen zu müssen. Sie können sich alle bedingungslos lieben und werden als Beispiel vorangehen und aufzeigen, was alles möglich ist, wenn man auf diese Weise in der Gruppe miteinander verbunden ist. Die Zeiten des Eremitentums sind vorbei. Nun wird es Zeit, wieder Gemeinschaften aufzubauen, Gemeinschaften in Neuer Energie!

Dies kann zunächst innerhalb einer Blutsfamilie sein, doch kann und wird sich solch eine Gemeinschaft dann auf die Seelenfamilie ausweiten, was insgesamt ein stärkeres Gemeinschaftsgefühl stärkt. Diese Seelenfamilien werden mit der Zeit immer mehr Mitglieder aufnehmen, so dass das Gruppenbewusstsein „Menschheit" eine neue Daseinsform entwickelt, die wiederum beispielgebend für das Universum sein wird. Seht ihr, wohin diese wunderbare Entwicklung führt? In die Einheit von Allem-Was-Ist.

Es gab schon öfter Bestrebungen in diese Richtung, und einige dieser Gemeinschaften konnten sich auch eine Zeitlang halten, doch erst in dieser Neuen Zeit kann, darf und wird es viele solcher Gemeinschaften geben und nicht nur einige wenige Exoten, die sich irgendwo vom Massenbewusstsein absondern.

Das Erstaunlichste an diesem Prozess wird sein, dass die Menschheit durch ihre besondere Qualität in der Lage ist, ihre Herzensverbindung auch auf Nichtmenschen auszudehnen und dort Liebe hinzugeben, wo sie kaum bekannt ist, nicht gelebt wird oder einfach vergessen wurde. Die Herzverbindung kann auch auf andere Wesen ausgedehnt werden, selbst wenn ihr Körper nicht so aufgebaut ist wie der eure, also das Herz anderswo liegt, oder es gar keines gibt. Es geht ja auch nicht um das Organ, sondern um die Liebesschwingung. Das heißt, dass ihr Menschen die einzigartige Gabe und Aufgabe habt, in anderen Wesen, ob stofflich oder nicht, die Liebe wieder zu wecken, die schon so lange ersehnt wird. Die Menschen können also untereinander nicht nur die „Grüne Verbindung" wieder wecken, sondern auch die „rosafarbene", und das nicht nur untereinander, sondern sie können, wollen und werden sie auf Alles-Was-Ist ausdehnen.

Mit großer Freude und Liebe gab ich euch diese Informationen.

Dieses war Babaji.

Botschaft von Lady Gaia, 04.05.2006

Hier spricht der Planet, auf dem du lebst. In einem Buch, das von Liebe handelt, ist auch eine Botschaft von mir angebracht. Ich weiß, wer du bist, was du getan hast, wie dein Name lautet. Ich weiß, wie lange du schon hier weilst, wo du überall gewesen bist und wie dein jeweiliger Auftrag lautete. Ich kenne dich! Und… ich liebe dich! Für alles, was du je getan hast, ob das in deinen Augen gut war oder nicht, danke ich dir, und ich liebe dich dafür, denn du hast im Rahmen und im Sinne des Göttlichen Planes gehandelt. Obwohl viele Neuankömmlinge hier sind, gibt es auch solche, die schon lange hier wandeln, und zu denen gehörst du, ja genau du! Ich kenne deine Energiesignatur und weiß, was du für mich und alle Wesen hier getan hast: Du hast Licht ins Dunkle gesetzt, hast die Schwingung hier angehoben, und du tust es noch, du tust es nun bewusst und nicht mehr unbewusst. Weißt du, wie viel Liebe dazu gehört, dies für mich und euch alle zu tun?

Ihr wurdet oft genug nicht gerade belohnt für das Licht, das ihr gezeigt habt, doch nun ist alles anders. Keine Bestrafung, keine neuen Wunden mehr. Es wird Zeit, die Wunden aus alten Zeiten zu heilen und somit deine eigenen Schwingungen auf andere Weise als früher zu erhöhen, und somit auch meine. Wir sind eins, ihr seid ich, und ich bin ihr.

Ich weiß auch, wie sehr du in manchen Leben gelitten hast und auch in diesem Leben stellenweise leidest. Darum bitte ich dich nun: Höre auf zu leiden und fange an zu leben! Du hast bisher geträumt, geschlafen, doch es wird Zeit, in das wahre Leben zurückzukehren! Erwache, erwache, erwache und lebe! Das, was ihr mit euren normalen Sinnen wahrnehmen könnt, ist nur ein Teil der Wirklichkeit, denn nun erwachen alle zwölf Sinne zu neuem Leben und führen dich in eine größere Realität, als du sie bisher kanntest. Eine Realität, in der es Wesenheiten aller Coleur und aller Schwingungen gibt, und nicht nur Menschen, Tiere, Pflanzen, Mineralien. Je mehr du dich ausweitest in diese neue/alte Realität, desto mehr wirst du von dem wahrnehmen, was ist. Bisher bist du mit Scheuklappen herumgelaufen, doch diese werden nun im Aufstieg heruntergenommen, und, obwohl du Angst davor hast, nimmst du sie wirklich, Stück für Stück, in dem für dich angemessenen und passenden Tempo ab und lernst dabei wieder das Staunen eines kleinen Kindes ob der Wunder jenseits der „Scheuklappen".

Lass mich dir helfen, diese lästigen Dinger abzunehmen, indem wir eine kleine Meditation durchführen:

Meditation

Stell dir vor, dass du einen Helm auf dem Kopf trägst, der keinerlei Öffnung aufweist, durch die du etwas sehen, hören oder spüren kannst. Stell dir nun weiter vor, dass du diesen Helm endlich abnehmen möchtest. Und nun kommt von außen, von allen Seiten, weißes Licht und hüllt den Helm und deinen ganzen Körper in blendende Helligkeit.

Wenn dieses Licht nachlässt, wirst du den Helm nicht mehr sehen können, nur noch dich. Dieses Abnehmen des Helms wird in den nächsten Wochen und Monaten zu allerlei neuen Erfahrungen führen. Habe keine Angst mehr vor dem Neuen, dem Unbekannten, sondern erfreue dich daran, dass du immer mehr wahrnehmen kannst, und genieße dieses Leben in der Neuen Energie, in der neuen Fühligkeit.

☆☆☆

In all der Zeit warst du oft nicht in der Lage, meine Liebe zu dir zu spüren, meine Liebe zu allen Wesen auf dieser Welt. Doch nun möchte ich dich meine ganz persönliche Liebe zu dir fühlen lassen, bitte begleite mich daher in eine weitere Meditation:

Meditation

Bitte stell dir vor, wie mein Planetenkörper vor den Sternen im All schwebt. Siehe die blauen Meere, die weißen Wolken, die Landmassen. Siehe nun auch die verschiedenen Farben rund um die Erde, die aus ihr herausströmen. Kannst du sehen, dass die überwiegende Farbe, die aus meinen Chakren strömt, Rosa für die bedingungslose Liebe ist? Trotz all dem, was die Menschen mir „antun", liebe ich sie alle, denn ich weiß, dass aller Schaden rechtzeitig von euch wieder behoben werden wird. Bitte, tauche nun ein in meine Aura der Liebe, die durch das Rosa gekennzeichnet wird, bade in meiner unendlichen Liebe zu dir, spüre, dass sie bedingungslos, absolut und grenzenlos ist. Lasse dieses Gefühl, das von mir ausgeht, auf dich einströmen, denn es gilt dir, ja, dir. Öffne alle deine Chakren für die Liebe dieser Welt an dich, ja, dich, der du dies nun liest. Kannst du sie spüren? Ich liebe dich, ich liebe dich, ich liebe dich!"

Mein Bewusstsein und das aller Wesen hier ist auf einer bestimmten Ebene eins, und auf dieser Ebene sprechen wir alles durch, was geschehen soll, wie es weitergeht. Hier versammeln wir uns und folgen dem Göttlichen Plan, der in jedem Augenblick neu erstellt wird.

Dieses war in großer Liebe, Gaia.

Definition von Liebe

In einem Buch, das von der Liebe handelt, sollte man sich vorher erst einmal fragen, was Liebe eigentlich ist, also den Begriff definieren, denn es versteht nicht jeder das Gleiche darunter.

Liebe ist zunächst einmal das Gefühl der Zuneigung. Jemandem zugeneigt, zugetan zu sein heißt, ihm nicht mit Ablehnung gegenüberzustehen, sondern mit einer positiven Einstellung. Das beinhaltet gleichzeitig eine Toleranz dem anderen gegenüber, die man jemandem, den man nicht mag, nicht zugesteht. Liebe ist also sowohl Toleranz als auch Akzeptanz, Akzeptanz dahingehend, dass man den anderen so sein lässt, wie er ist, in all seinen Ausprägungen. Beim Verliebtsein ist es anfangs auch so. Das ist, was man die rosarote Brille nennt, was eigentlich ein abfälliger Begriff ist, wenn man länger darüber nachdenkt, denn würde man diese Brille nie abnehmen, würde auch keine „Ernüchterung“ eintreten. Mutterliebe (ich nehme die Väter hier nicht aus, sondern gebrauche nur den üblichen Begriff) kommt dieser Definition wohl noch am nächsten, denn eine Mutter verzeiht ihrem Kind im Idealfall einfach alles mit nachsichtiger Haltung.

So ähnlich sind die Gefühle der Quelle uns gegenüber, denn wir wurden von ihr geschaffen, wenn man sie als einzelnes Bewusstsein sehen will, doch da die Quelle alles, was es gibt, beinhaltet, muss sie eigentlich mehr ein Gruppenbewusstsein sein, da ihr jeder Mensch angehört. Demnach müsste der Mensch ein Gruppenbewusstsein haben, und das hat er auch. Man sieht das zum Beispiel daran, dass Erwachte spüren können, wenn zu bestimmten Zeiten von anderen Erwachten energetische Arbeit geleistet wird. Sie wissen vielleicht nicht, was geschehen ist, doch sie können die Auswirkungen körperlich und geistig spüren, und das kommt dem gemeinsamen Bewusstsein schon sehr nahe und wird in dieser besonderen Zeit immer stärker. Auch Nichterwachte können dies oft anhand körperlichen Unwohlseins spüren, haben jedoch kaum die Chance, die Ursachen zu erkennen, da sie diese noch nicht kennen. Sie sehen nur ihre „kleine“ Welt und nicht, dass sie mit allem anderen verbunden sind und daher jede Handlung des einen eine Auswirkung auf den anderen hat. Das soll nicht wertend sein, sondern eine Feststellung. Rupert Sheldrake nannte diese Verbundenheit ein Morphogenetisches Feld, und über solche Felder wird im Laufe dieses Buches noch einiges berichtet werden.

Nehmen wir als Beispiel die Beschleunigung der Merkabah der Erde. Daran waren „nur“ zwei Menschen beteiligt: Erwachte. Es waren allerdings unzählige Vorbereitungen von vielen anderen nötig, um es zu ermöglichen. Jedenfalls kreierten diese beiden eine Vereinigungsenergie, und viele Erwachte konnten spüren, dass etwas Außergewöhnliches geschehen war. Wie zeigte sich das dem Nichterwachten? An den ungewöhnlichen Stürmen im Juli 2005. Wenn er mittendrin steckte, konnte er die Auswirkungen sogar unmittelbar spüren, und das nicht nur von der energetischen Seite her. Aber auch die mittelbare Wirkung ist nicht zu verachten, denn die Menschen werden auch dadurch nun stärker mit ihrem Karma konfrontiert, sei es durch entsprechende Situationen oder gar Krankheiten. Das gilt zumindest für die noch nicht karmafreien Menschen.

Liebe ist die Bejahung allen Seins, ein unendliches Glücksgefühl, einfach zu sein, zu existieren, mit allem, was es einschließt, oh ja, auch die Dunkelheit. Ohne sie hätten wir keine Chance der Unterscheidung zwischen Licht und Dunkel. Wenn alles nur Licht, alles nur „gut" wäre, hätten wir unendliche Glückseligkeit in jedem Atom oder Molekül, und es gäbe keinen Kampf und keine Mühsal, auch nicht die Notwendigkeit der Unterscheidung und Entscheidung.

Wenn jedoch die Liebe die Bejahung von Allem-Was-Ist ist, müsste sie doch auch eigentlich in allem stecken, und das tut sie auch, auch in der Dunkelheit. Sie ist „nur" eine andere Form der Liebe, scheinbar lieblos, doch das ist völlig unmöglich, da sie ja zu Allem-Was-Ist gehört. Also ist in der Dunkelheit ebenfalls die Liebe enthalten, wenn auch verborgen. Lichtarbeiter haben nun den Auftrag, der Dunkelheit zu zeigen, dass sie eigentlich Licht ist und immer war. Sie darf sich nun wieder daran erinnern, und das ist, was heute der Kampf zwischen Licht und Dunkelheit genannt wird: Das Licht so hell scheinen zu lassen, dass der Dunkelheit automatisch klar wird, dass sie bei dieser Helligkeit ebenfalls angestrahlt wird und dadurch das eigene Licht wieder zu leuchten beginnt. Da sie jedoch Äonen im Dunkeln verbracht hat, tut das Licht erst einmal weh und wird daher bekämpft.

Je mehr Licht jedoch wieder angeschaltet wird, desto mehr wird die Dunkelheit weichen, aber desto heftiger wirkt sich auch alles aus, und in dieser Situation befinden wir uns gerade, denn wo Licht ins Dunkel fällt, wird gezeigt, was sich darin befindet, und das ist oft nicht schön. Indem wir es jedoch sehen, können wir es beseitigen, und auch das geschieht jetzt.

Liebe ist also auch die Bejahung der Dunkelheit, also ihr mit Liebe begegnen, und das gehört zu den größten Herausforderungen und Lernlektionen des Menschen, ist aber notwendigerweise ein Bestandteil des Weges zurück nach Hause. Das heißt zum Beispiel auch, den Schwarzmagier in dir in Liebe anzunehmen, denn diesen haben wir alle in uns. Schaffen wir das, wird alles zu einer Einheit verschmelzen, einer Einheit, die weder Licht noch Dunkel ist, sondern einfach nur „ist". Nur wer Alles-Was-Ist vollkommen bejaht, kann wieder in das große Quellbewusstsein zurückkehren, und diesen Wunsch verspüren wir alle, denn wir erinnern uns noch gut an die Glückseligkeit dort.

Viele Lichtarbeiter haben eine große Todessehnsucht, weil sie glauben, ihr Ziel endlich erreicht zu haben, wenn sie gestorben sind. Sie jagen diesem Ziel nun schon so lange hinterher, doch sie werden irgendwann begreifen, dass die Lösung nicht darin liegt, diesen Körper wieder abzugeben und dann für immer in der Quelle zu sein, sondern durch die Klärungsprozesse das Zuhause nach hier zu holen, so dass nicht nur sie selbst, sondern auch alle anderen sich hier vollkommen wohl fühlen, und genau dies geschieht ebenfalls zurzeit. Das Zuhause beinhaltet jedoch eine solche Stärke von Liebe, dass sie von vielen nicht auszuhalten ist und daher erst einmal abgelehnt, von sich geschoben wird. Das kann sogar zu verletzenden Handlungen führen…

Wenn Duale wieder zusammentreffen, kann ihre Liebe genau diese Intensität erreichen, weil sie dann der Quelle schon sehr nahe sind, und daher kann es geschehen, dass sie einander nach der Anziehung erst einmal wieder abstoßen, weil die Stärke der Liebe fast unerträglich, weil so ungewohnt, ist.

Wir haben uns als Seelen immer mehr aufgesplittert, und damit immer mehr von der Intensität der Liebe verloren. Führen wir unsere Splitter, und letztlich unsere andere Hälfte, wieder zu einer Einheit zusammen, steigert das die Liebe, die Liebesfähigkeit. Je größer also das Einheitsbewusstsein, desto stärker die Liebe! Und das ist der Grund, warum sich nun so viele Menschen wieder in das Einheitsbewusstsein zurück begeben: Sie haben von der Lieblosigkeit, vom Mangel an Liebe „die Nase voll". Dazu gehört ein Prozess der eigenen Integrität, also der eigenen Akzeptanz und Toleranz. Man kann Alles-Was-Ist nur dann lieben, wenn man bei sich selbst anfängt, also das eigene Sein in allen Facetten annimmt. Alles, was uns ausmacht und von uns oder anderen bewertet wird, darf angenommen und zu einem Ganzen, Passenden zusammengefügt werden. Erst dann kann man auch den anderen vollkommen annehmen, wie er ist und braucht ihn auch nicht mehr zu bewerten.

Für Duale ist dies leicht, weil sie ja die jeweils andere Hälfte der eigenen Seele sind, und da wir in einem Zeitalter des wachsenden Einheitsbewusstseins leben, werden verstärkt Duale zusammengeführt, um genau dieses Einheitsbewusstsein wachsen zu lassen, denn dieses Zusammengehörigkeitsgefühl wird natürlich wieder auf alle anderen abgestrahlt und bringt deren Einheitsgefühl ebenfalls zum Leuchten. Selbst wenn diese noch nicht ihr Dual gefunden haben, fängt die „Birne" im Inneren zumindest langsam an zu leuchten. Das Licht im Menschen, von dem in vielen gechannelten Büchern die Rede ist, ist also eigentlich Einheitsbewusstsein, und somit ist Einheitsbewusstsein wieder Liebe, die völlige Bejahung von Allem-Was-Ist. Letztlich lässt sich alles darauf reduzieren: Sie ist der Schmierstoff, der die Dinge am Laufen und Funktionieren hält und steckt tatsächlich in jedem Atom, jedem Molekül, und so muss auch das kleinste Teil, gleichgültig wie wir es nennen mögen, Bewusstsein haben, sich seiner selbst bewusst sein, und so ist es auch erklärlich, dass wir mit unseren Körperteilen „reden" können, sie fragen, was sie uns zum Beispiel mit Schmerzen sagen wollen.

Probiert es aus, und ihr werdet manchmal verblüffende Antworten bekommen, an denen ihr erkennt, dass ihr euch das nicht „ausgedacht" habt, sondern dass Wahrheit darin steckt, und wenn man die Wahrheit erkannt hat, kann man etwas unternehmen, kann man handeln, dagegen steuern, und so kann uns das Bewusstsein in allem aktiv beim Klärungs- bzw. Lichtkörperprozess helfen. Wir werden also bei allem mit unendlicher Liebe unterstützt, gleichgültig, was wir tun oder nicht tun, und das ist die wahre Definition von Liebe, wie ich sie anfangs schon nannte: Die völlige Bejahung von Allem-Was-Ist!

Kryon: Liebe ist magnetisch

Das folgende Channeling entstand zwei Tage, nachdem ich am 23.09.2005 auf einem Kryon-Channeling mit dem Medium André in Frankfurt war. Ich war in meinem Leben auf drei solcher Veranstaltungen (die andere mit Lee Carroll in Hamburg und mit Metatron und dem Medium Thomas Nagel), obwohl Kryon auch bei mir ist und mit mir und durch mich spricht. Warum?, wird sich der eine oder andere fragen. Nun, wie immer, wurde ich zu dieser Veranstaltung geführt und traf dort unbekannte und doch seit Äonen bekannte Leute, so wie Kryon es oft in seinen Anfangsbotschaften erläutert, nämlich Familie. Zum anderen wurde mir an diesem Abend in Frankfurt einiges klar gemacht, was mir bis dahin nie zu Ohren gekommen war. Kryon sprach an diesem Abend kurz davon, dass Liebe magnetisch ist, und so lernte ich wieder eine Vokabel, die mir vorher nicht geläufig war, und so geht es immer weiter. Ich muss ständig neue Vokabeln lernen, damit ich die Botschaften, deren Inhalte immer komplexer werden (ähnlich wie bei den Kornkreisen), auch richtig übertragen kann. Bei der letzten Überarbeitung der folgenden Botschaft sitze ich im Luitpoldpark in Bad Kissingen (im Bikini mit dem Notebook auf den Knien) in der Sonne, und ich lade dich ein, die Wärme der Sonne und die Worte Kryons in dein Herz zu lassen:

Hier spricht Kryon, der Magnetische Meister, und die Süße des Augenblicks lässt mein Herz überquellen, denn nun darf ich von einem Thema sprechen, das mir und auch euch das Liebste ist, nämlich von der Liebe, und zwar nicht von der allgemeinen Liebe zu Allem-Was-Ist, sondern von der persönlichen Liebe zwischen zwei Menschen. Liebe ist das, wonach sich jeder Mensch sehnt, jedoch in der Regel das Gefühl hat, zu wenig davon zu bekommen.

Warum ist das so? Das hängt damit zusammen, unabhängig von den Erfahrungen dieses Lebens, dass ihr euch an eine Qualität der Liebe erinnert, die es momentan nur selten auf dieser Welt gibt. Besungen wird diese Art der Liebe, in Theaterstücken und Filmen vorgespielt, doch wo ist sie, diese bedingungslose, ja herzzerreißende Liebe zu einem anderen, hier in dieser Dimension, in dieser Schwingung? Die Liebe, die alles zulässt, die alles akzeptiert, die die völlige Erfüllung bedeutet? Nun, und das ist die schlechte Nachricht: Es gibt sie nicht beziehungsweise noch nicht, jedenfalls nicht so, wie ihr sie euch vorstellt! Doch bevor ihr vor Ent-

täuschung in Tränen ausbrecht, lasst euch Folgendes gesagt sein: Die Art Liebe, nach der ihr euch sehnt, war in den letzten Äonen hier auf der Erde nicht zulässig, denn sie hätte das verhindert, was doch geschehen sollte. Da nun das Karmaspiel endet, darf auch die Liebe zwischen zwei Wesen wieder die Qualität annehmen, die sie einst in anderen Dimensionen, auf anderen Welten für euch hatte. Eine dieser Dimensionen ist Lemuria. Wir werden irgendwann auch ein Buch zu diesem Thema channeln, doch es gibt auch schon einige gute hierzu. Macht euch über diese Bücher mit der lemurischen Herzensqualität wieder vertraut, denn das ist es, was nun auf die Erde zurückgebracht werden soll, und das in einer Neuauflage, in einer gesteigerten Qualität, weil die Erfahrungen der vergangenen Zeit mit eingebracht werden sollen. Was ist das für eine Qualität?, mögt ihr fragen, und ich sage es euch: Es ist die Erfahrung, Liebe nicht mehr als etwas Selbstverständliches anzusehen, denn durch die vergangenen Jahrtausende habt ihr gelernt, dass sie auch „abhanden" kommen kann, wenn man sie gar zu selbstverständlich nimmt. Ist es nicht auch das, was geschieht, wenn Beziehungen auseinandergehen? Dass man vieles als zu normal und selbstverständlich ansieht? Kleine Gesten der Liebe werden nicht mehr beachtet und damit genügend gewürdigt, oft werden große, theatralische Dinge erwartet, woran nicht zuletzt auch das Fernsehen und das Kino „schuld" sind, wenn man einen Schuldigen finden möchte. Und die Enttäuschung ist dann groß, wenn diese Gesten ausbleiben. Oft wird dann geschlussfolgert: Da ist keine Liebe mehr, wir müssen uns wohl trennen. Würdet ihr die kleine Gesten und die zarten, feineren Energien mehr wahrnehmen, wäre so manche Trennung nicht nötig gewesen. Es hat jedoch ja alles immer einen Sinn.

Die dicke Panzerung, die um euch herum ist, macht das Fühlen dieser feineren Dinge unmöglich, und so braucht es oft Keulenschläge, damit ihr überhaupt noch fühlt. Das soll nun kein Vorwurf sein, denn es war ja so von euch geplant, sondern soll nur aufzeigen, was abläuft. Indem die Fühligkeit wieder einsetzt, (und ihr alle, die ihr das lest, aber auch alle, die dies nie lesen werden, sind in dem Prozess „zurück zum Gefühl", also in der Verminderung der Panzerung) werden wieder die Feinheiten wahrnehmbar, und eine neue Wertschätzung des anderen möglich, und das natürlich nicht nur in Liebesbeziehungen, aber besonders da wird es am schnellsten sichtbar werden. Wenn die feineren Ebenen wieder wahrgenommen werden, wird auch die Eile, mit der oft Beziehungen vorangetrieben werden, wieder abnehmen, da eine größere Würdigung und eine vermehr-

te Bewusstheit eintreten und diese ihre Zeit und ihren Raum einnehmen möchten, und dieses auch tun. Gerade bei Beziehungen, die auf lange Sicht angelegt werden sollen, wird oft „eine Bremse“ eingebaut, damit eine Angleichung, sowohl in den groben als auch den feineren Energien, möglich ist. In solchen Fällen ist einfach Geduld gefragt, ein Wort, das ihr in euren Prozessen nicht mehr hören könnt und wollt, das aber dennoch so wahr ist wie eh und je.

Ich bitte euch daher, wieder mehr auf die feinen Nuancen, zum Beispiel auf zarte Berührungen, zu achten, da auch sie eine große Wirkung haben, die mit der Zeit für euch immer mehr und mehr fühlbar werden und euch in der Art der Auswirkung in Erstaunen versetzen wird. Setzt die feinen, zarten Berührungen, ob mit Worten oder auf der Haut, ganz bewusst ein, fühlt euch in den anderen ein, aber fühlt vor allem, was eine solche bewusste Berührung in euch bewirkt. Lernt wieder zu fühlen…“

Dem einen oder anderen mag schon aufgefallen sein, dass ich durch dieses Channel eine andere Sprache verwende als durch andere. In vielen öffentlichen Channelings ist meist meine weibliche Seite an der Arbeit, und sie hat eine ihr eigene Art der Ausdrucksweise, die ich mir gerade im ersten Satz einmal „ausgeliehen“ habe. Sie hat eine sehr blumige Sprache, weil man durch die Blume vieles ausdrücken kann, das auf andere Weise zu hart klänge.

Ich selbst bin hier nun eher die männliche Seite von Kryon, und dies zu erläutern bin ich hier, denn das Thema dieses Buches ist Dualität in der Liebe, Dualität in der Seelenqualität, Zweisamkeit. Man sagt, Engel seien androgyn, und das ist wahr, dennoch haben sie beides in sich: Weiblichkeit und Männlichkeit, und je nachdem, was gerade erforderlich ist, wird manchmal die Yinseite und manchmal die Yangseite aktiviert, und so ist es auch bei mir. Die Bücher, die dieses Channel schreibt, aktivieren und sprechen das Yang im Menschen an, daher kommt von mir hier auch mehr männliche Dynamik mit hinein, was den Botschaften der Liebe aber keinerlei Abbruch tut. Die Botschaften sollen den Lesern und Leserinnen klar (fühlbar) machen, dass es etwas Aktives zu tun gibt, daher der betonte Yangaspekt.

Auch in den anderen Botschaften dieses Channels ist es die männliche Seite von Kryon, die spricht, und es gibt viele, die Kryon mehr als männlich empfinden, andere wiederum spüren mehr die weibliche Seite, und das wiederum liegt auch an der Resonanz in deinem Inneren. Dort ist dein innerster Wesenskern verborgen, und gleichgültig, in welchem Körper du dich gerade befindest, kann sich dieser Wesenskern männlich oder weiblich anfühlen und vibrieren. Es ist ja nicht so, dass du, wenn du in einem weiblichen Körper bist, auch die weibliche Seite einer Seele sein musst. Daher kommen unter anderem auch die geschlechtlichen Verwirrungen. Diese hängen allerdings auch damit zusammen, welches Geschlecht man im Vorleben hatte, beziehungsweise mit welcher Aufgabe du hier in dieses Leben getreten bist. Wolltest du auf schnelle Weise deine Yinseite kennen lernen, bist du nicht in einem weiblichen Körper, sondern in einem männlichen inkarniert…

Eine Ansammlung von Bewusstsein tritt aus der Quelle, trennt sich von der Zentralsonne ab, um Erfahrungen zu machen, um einen Auftrag auszuführen, um zu wachsen, und vielleicht auch nur, um direkt zu erleben, was sich seit dem letzten Mal verändert hat. Um dies auf möglichst effektive Weise tun zu können, teilt es sich auf, denn es befindet sich hier ja auch in einem dualen System. Die Quelle selbst ist androgyn, und doch hat sie (nicht nur, aber auch) zwei Vibrationen, Klänge, in sich, die nahe beieinander liegen und doch, trotz dieser Nähe, erstaunlich unterschiedlich sind. Die Quelle wollte dies näher erforschen, und so war dies einer der vielen Gründe für die Entstehung des dualen Systems. Tritt also eine Bewusstheitsansammlung aus der Quelle, so hat sie auch diesen gegensätzlich/ergänzenden/dualen Klang in sich. Da nur an dieser Stelle die Seele einen großen Unterschied zwischen den einzelnen Tönen aufweist, kann sie nur an dieser Stelle getrennt werden, und so geschieht es auch. Das darf man sich jedoch nicht linear vorstellen, wobei jede Hälfte dann unterschiedlich (männlich-weiblich) wäre, und doch ist es auch wieder linear. Man könnte sagen, dass an dieser Trennungsstelle ein oder zwei Klänge fehlen, wo sonst ein Gleichklang, eine perfekte Harmonie, ein perfektes Nebeneinander bestehen würde. Es ist ein wenig wie eine Welle, die an einer Stelle eine Störung aufweist, doch ist es keine Störung, sondern in sich auch wieder harmonisch, also ohne Missklang.

Lasst mich dieses anhand einer Metapher erläutern:

Stellt euch eine Amethystdruse in ihrer Ganzheit, vielleicht als runde Kugel, vor. Sie wird oft in der Mitte auseinandergeschnitten, um die Hälften getrennt zu verkaufen, und oft wird sie noch einmal an einer Stelle geglättet, damit man sie ordentlich hinstellen kann, und alle Schnittflächen werden dann poliert. Jede Hälfte erstrahlt nun in ihrer Schönheit und ihrem

Glanz und hat eine besondere Wirkung auf die Umgebung, und dennoch, betrachtet man sie genauer, fehlt ja eine Hälfte.

Eine Bewusstheitsansammlung ist eine Einheit, ein rundes Ganzes. Man kann sie nicht einfach in der Mitte durchtrennen, denn dann könnte sie nicht im Gleichgewicht bleiben und all die Erfahrungen machen, die sie möchte. Die Seele wird an der Stelle getrennt, an der die beiden Saiten beieinander liegen, die jeweils für den männlichen und. weiblichen Klang „zuständig" sind, beziehungsweise dafür gehalten werden können. Sie wird also an der Stelle getrennt, die nahe beieinander liegt und dennoch durch die Unterschiedlichkeit so etwas wie Reibung erzeugt, da sie gegensätzliche Klänge zu sein scheinen. Diese Gegensätzlichkeit ermöglicht die Trennung, weil dort eine winzige Disharmonie auftritt, und genau die versucht die Quelle zu erforschen.

Der Vorteil liegt darin, dass die Bewusstheitsansammlung zwar getrennt wird, doch von ihrer Ganzheit in jede „Hälfte" alles mit einfließt. Man hat dann nicht unterschiedliche Seelenkörper, die man als männlich und weiblich bezeichnen könnte, sondern eine Ganzheit, die sich geteilt hat wie eine Zelle und in der alles vom Ganzen enthalten ist. In einer Zelle, die sich teilt, ist ja auch die gesamte Erbinformation erhalten und nicht nur die Hälfte, und so ähnlich ist es hier.

Lediglich aus diesem winzigen Unterschied im Klang der zwei „Saiten", die nebeneinander liegen und dennoch ein wenig unterschiedlicher sind als andere benachbarte Saiten dieser besonderen „Gitarre", ergibt sich, dass diese geteilte Zelle nicht völlig identisch ist. Man könnte sagen, die Zellmembran der einen Hälfte leuchtet rosa und die der anderen babyblau, während im Inneren völliger Gleichklang in der Geschlechtlichkeit herrscht. Um Erfahrungen der unterschiedlichsten Art zu machen, wird auch hier tatsächlich die „Unterseite" geglättet, ihr wird Standfestigkeit verliehen.

Ein Ganzes hat sich aufgeteilt in zwei Hälften, wurde polar, wobei die babyblaue Hälfte den Pluspol darstellt und die rosa Hälfte den Minuspol, was aber bitte keinerlei Wertung enthält, sondern nur ein magnetisches Konzept. Diese Pole waren in äußerst winziger Ausprägung vor der Trennung vorhanden und machen diese erst möglich. Innerhalb des Ganzen ist diese Polarität völlig ausgeglichen. Es herrscht, trotz des winzigen Raumes dazwischen, weder Abstoßung noch Anziehung, sondern Ausgeglichenheit. Diese ausgleichende Kraft ist die Bejahung allen Seins, und diese Bejahung ist es, was der Mensch „Liebe" nennt. Also nicht etwa die

Anziehung ist die Liebe, obwohl ihr das so empfindet, sondern der Ausgleich der Energien.

Wenn der Mensch eine Partnerschaft eingeht, sucht er nach Ausgleich, sucht er in dem anderen das, was er scheinbar selbst nicht hat, um „ganzer" zu werden, um mit dem anderen vollständig zu sein, in dem Bewusstsein, dass ihm etwas fehlt. Alle Menschen sind all die Leben hindurch immer auf der Suche nach dem fehlenden Teil gewesen, ob es ihnen bewusst ist oder nicht.

Dies ist der Antrieb, alles durchzustehen, was an Erfahrungen auf dem Weg liegt, – um den fehlenden Teil zu finden. Damit das geschehen kann, ist es jedoch nötig, erst einmal den eigenen inneren Ausgleich wieder herzustellen, also in sich selbst ganz zu werden. Nur wenn beide Hälften dieses geschafft haben, ist eine völlige Neuverschmelzung möglich, da sonst Disharmonien auftreten. Das ist praktisch bei jedem Paar der Fall, das keine Dualseele ist, denn das Innere der Zelle, man könnte sagen, die Zellflüssigkeit, unterscheidet sich doch zu sehr von der anderen. Was nicht heißt, dass sie nicht ein wunderbares Leben miteinander haben können, ganz im Gegenteil. Es heißt nur, dass kleine Disharmonien bestehen bleiben können, die aber durchaus einen besonderen Reiz ausmachen können. Wenn also zwei Menschen aufeinandertreffen, die ihre innere Ausgeglichenheit vollständig hergestellt haben, wird es ein wunderbares gemeinsames Leben geben, in dem der deine den anderen ergänzt.

Da auf ihrem Weg durch das Universum beide Hälften ihre Erfahrungen gemacht haben, sind sie nicht mehr so wie am Anfang, also die „Zellflüssigkeit" ist auch nicht mehr die gleiche, sondern sie sind gewachsen, haben sich vergrößert, haben dazugelernt. So kann es sein, dass die eine Hälfte etwas größer ist als die andere (was wiederum keinerlei Wertung beinhaltet, sondern nur die Unterschiedlichkeit des Weges einer jeden Hälfte aufzeigt), und daher erst ein Angleichungsprozess während der Annäherung stattfinden muss. Dieser Angleichungsprozess in der Größe ist Voraussetzung dafür, dass wieder Verschmelzung, Ausgleich, stattfinden kann, wobei dieser Ausgleich wiederum bedingt, dass er zuerst im Inneren einer jeden Hälfte stattgefunden hat. Diesen Ausgleich haben wir Liebe genannt. Der Ausgleich der einzelnen Hälften ist somit die Liebe zu sich selbst. Erst wenn diese in beiden völlig hergestellt ist, bedingungslos, kann auch Bedingungslosigkeit zueinander herrschen, perfekter Ausgleich, perfekte Liebe. Hast du gelernt, dich so zu lieben, wie du bist, mit all deinen Schwächen und Fehlern, kannst du auch einen anderen Menschen auf diese Weise lieben. Dass dies oft nicht vom ersten Tag an praktiziert werden kann, wird somit deutlich.

Es gibt Paare, die tatsächlich dann aufeinandertreffen, wenn sie jeweils ausbalanciert sind. Dies nennen die Menschen „die große Liebe", die ewig hält, weil es ja im Grunde wiederum die Liebe zu sich selbst ist, denn der andere ist ja die eigene Hälfte des Ganzen, versteht ihr? Ihr müsst lernen, euch selbst anzunehmen, zu lieben, genauso wie ihr seid, denn euer Dual ist eure andere Hälfte, die genauso angenommen, genau auf diese Weise geliebt werden will, nämlich bedingungslos. Was das Ganze noch etwas erschwert, ist die „Glättung" der Unterseite, um Bestand zu haben in diesem dualen System, denn auch hier müssen die Seelen erst einmal wieder „runder" werden, müssen Dissonanzen aus dem System entfernt werden, damit die zwei Hälften wieder perfekt zusammenpassen.

In der Regel wird es jedoch auch in diesen Zeiten noch so sein, dass höchstens einer der Dualhälften seinen inneren Ausgleich schon geschafft hat. Eine Begegnung zwischen solch einem „ungleichen" Paar kann sehr schön, sehr heftig, sehr berauschend sein, doch nur selten von langer Dauer.

Im Menschen herrscht also Polarität. Man kann das mit der Ladung von Teilchen vergleichen, die ja ebenfalls positiv oder negativ geladen sind, wobei die Summe des Ganzen neutral sein sollte. Da jedoch manchmal Teile (Seelensplitter) fehlen, überwiegt eine Ladung. (Anmerkung von P. P.: Zum Thema Seelensplitter findet ihr weiter hinten im Buch noch mehr Informationen.)

Gehört ihr nun zu denen, die aufeinandertreffen dürfen, um eine dauerhafte Beziehung einzugehen, so wird eine Angleichung in der „Größe" stattfinden. Diese erfolgt, indem der eine Teil das Erwachen der Kundalini als Muster vorprägt und der andere Teil dann (schneller) folgen kann. Aber auch hier ist keinerlei Hochmut angebracht, sondern nur liebevolle Betreuung der nachziehenden Hälfte, denn diese muss eine Kraft aufwenden, die die andere nicht aufwenden musste. Die Hälfte, die nachzieht, ist also keineswegs die schwächere, denn sie bewältigt in kürzester Zeit das, wofür die andere Hälfte viele Jahre Zeit hatte. Aber da es zwei Hälften eines Duals sind, ist letztlich der Ausgleich da, also sind beide „gleich stark", und es erübrigt sich jede Wertung.

Wie schwierig oder leicht dieser Anpassungsprozess der Größe verläuft, hängt von den Erfahrungen ab, die die Seelen gemacht haben, und noch mehr von ihrem Auftrag, mit dem sie aus der Quelle getreten sind.

In eurer Dimension der Wirklichkeit habt ihr nun beschlossen, mit der Lieblosigkeit Schluss zu machen, und daher werden nun viele Dualseelenpaare früher wieder zusammengeführt als ursprünglich geplant, und so ist es erklärlich, dass sie zwar auf der einen Seite zusammenzupassen scheinen und auch zusammengehören, aber auf der anderen Seite eine Angleichung in der Größe erfolgen muss, und dies auch zu Schwierigkeiten in solchen Beziehungen führen kann. Jedoch sind diese Schwierigkeiten eben nicht die der üblichen Art, sondern etwas Besonderes und führen auch zu besonders schnellem und großem Wachstum innerhalb kürzester Zeit. Betrachtet eine solche Begegnung, selbst wenn sie mit Trennung endet, als das größte Geschenk, das ihr einander machen konntet, und gebt Vergebung und Verstehen hinein, wo es angemessen ist. Ihr seid nach dieser Begegnung in euch ganz und heil, was die Wunden und Schmerzen der Trennung betrifft.

Bei einigen werden also die „Hälften“ der Amethystdrusen wieder zusammengefügt, und in dieser Form können sie gemeinsam zur Quelle zurückkehren, und bei einigen wird die Hälfte so umgeformt, dass keine Wunden und kein Schmerz mehr da sind. Was geschieht aber nun mit diesen? Hier geschieht ebenfalls etwas Außerordentliches, denn sie wenden sich einer „Amethysthälfte“ zu, die von ihrer Zwillingsflamme gebildet wurde. Was genau es damit auf sich hat, wird eine andere Energie euch näher erläutern.

Liebe ist magnetisch, das heißt, wenn zwei sich anziehend finden, fängt ein Ausgleich zwischen unterschiedlichen Polen statt. Wenn es keine Duale sind, hat dieser Ausgleich irgendwo und irgendwann eine Grenze erreicht und es fließt nichts mehr, oder nur noch sehr wenig. Das ist dann der Punkt, wo es zu Trennungen, Scheidungen oder Tod kommen kann. Wenn sich die Paare jedoch in dieser Konstellation wohl fühlen beziehungsweise ihnen der Mut fehlt, Konsequenzen zu ziehen, dann leben sie nebeneinander her, ohne dass noch ein wirklicher Ausgleich stattfindet. Es kann harmonisch sein oder auch nicht, das hängt dann eher von den äußeren Umständen ab.

Liebe ist magnetisch, und wenn eine Hälfte eines Duals in der Lage ist, ihren inneren Ausgleich zu finden, sich selbst also völlig in Liebe anzunehmen, so hat sie die Fähigkeit erlangt, ihr Magnetfeld immer so zu polen, dass sie jeden anderen in Liebe annehmen kann, nicht nur die Dualhälfte, sondern alle Menschen beziehungsweise Alles-Was-Ist. Mit dem Dual nimmt dies dann lediglich eine intensivere, besondere Form an.

Das ist Meisterschaft: Sein Energiefeld immer dem Pol des anderen angleichen zu können, also alles und jeden lieben zu können. Das heißt nicht, dass diese Liebe dann immer erwidert wird, dazu müssten alle anderen Menschen die gleiche Fähigkeit haben, und dass das auf dieser Welt noch nicht der Fall ist, ist eindeutig. Aber, und das ist die gute Nachricht: In diesen Aufstiegszeiten erlernen immer mehr Menschen diesen inneren und äußeren Ausgleich,

und das steigert die Liebe auf dieser Welt, und dazu, ihr unendlich geliebten Menschen, habt ihr die Erlaubnis gegeben, und daher war es auch nötig, das Magnetgitter der Erde anzugleichen, denn diese relativen Starrheit musste der Beweglichkeit weichen. Das heißt, das Magnetgitter musste so verändert werden, dass es sich der jeweils erreichten Frequenz und Stärke der Liebesfähigkeit des „Kollektivs Mensch" anpassen und mitwachsen kann beziehungsweise wird, denn durch die Veränderung wurde die Steigerung erst möglich. Eines bedingt das andere, immer! Das heißt, indem die Kryongruppe das Magnetfeld veränderte, wurde es möglich, die Liebesfrequenzen zu steigern. Das Magnetfeld ist nun nicht mehr auf eine bestimmte Frequenz der Liebe festgelegt oder hat Grenzen, sondern es wurde so verändert, dass es nun mitwächst. Der Unterschied zwischen Plus- und Minuspol wurde erheblich verringert, um dies möglich zu machen. Darum scheint die Stärke des Magnetfeldes auch schwächer zu werden, was Besorgnis in wissenschaftlichen Kreisen ausgelöst hat…

Es gibt jedoch nur einen Grund zur Freude!

Oh ja, durch die Veränderung des Magnetgitters werden auch andere „Göttliche Strahlen" als bisher „durchgelassen", aber die Biologie des Menschen wird dem wieder angepasst, so dass alles stimmig sein wird. Vor allem können nun auch feinstoffliche Energien durch den magnetischen Schleier hindurch, die vorher abgeprallt wären, und diese wiederum verhelfen zu mehr Liebesfähigkeit.

Durch die Veränderung des Magnetgitters können nun auch die rückwärtigen Chakren, die bei den meisten Menschen außerhalb des Körpers lagen, integriert werden, was ein Teil der „Rückenprobleme" bildet, denen ihr nun ausgesetzt seid, denn auch diese Chakren beinhalten Blockaden, die gelöst werden wollen. Die Rückseite eures Körpers hängt eng mit dem Unterbewusstsein zusammen, das heißt, dass ihr nun leichter an euer eigenes unbewusstes Selbst und auch an das kollektive Unbewusste „herankommt“ und somit in der Lage seid, eure unbewussten Themen anzugehen. Wer dabei nicht weiterkommt, findet nun sehr viel Hilfe, da eine große Welle an Heilern erweckt wurde, die schon bei der Arbeit sind beziehungsweise bald an die Arbeit gehen.

Der Magnetismus in eurer Biologie und auf eurem Planeten hängt also unmittelbar mit der Qualität der Liebe zwischen euch zusammen. Und daher ist es auch der Magnetische Meister, der euch etwas von der Liebe erzählt, denn Liebe ist magnetisch, Magnetismus also Liebe, mein Arbeitsgebiet, und daher könnt ihr bei Kryonchannelings auch so viel Liebe spüren, wenn ihr euch diesem Gefühl öffnet, und das tut ihr, wenn ihr solche Veranstaltungen besucht, und dafür lieben wir euch noch mehr, denn ihr steigert damit wiederum die Liebe auf diesem Planeten und im ganzen System!

Dieses war Kryon, der magnetische (Liebes-)Meister.

Kryon: Liebe ist relativ, 15.10.2005

Einige Teile dieses Buches wurden in einer Zeit geschrieben, in der ich zu Hause auszog und dabei war, mir meinen eigenen Weg zu kreieren, und so kamen die Botschaften oft parallel zu dem, was ich gerade „durchmachte", also genau passend, was mich wieder zu dem Gedanken führte, dass ich es wohl so kreiert hatte, um in der richtigen Schwingung für diese Durchgaben zu sein. Allerdings hätte ich mir manches weniger heftig gewünscht, was wohl jeder nachvollziehen kann, aber wie Kryon ebenfalls sagt: „Alles ist relativ, sogar die Liebe".

Liebe Menschen, hier spricht Kryon vom Magnetischen Dienst, und dieses Channel schreibt diese Botschaft in einer Zeit des persönlichen Umbruchs auf, der kennzeichnend für das Jahr 2005 ist, einem Jahr der Veränderung. Was hat dieses Jahr an sich, dass so viele Ehen auseinanderbrechen, Menschen eine andere Wohnung suchen oder andere plötzlich von der Quelle abberufen werden zu einer Zeit, in der niemand damit rechnet?

Am 13.01.2005 wurde durch das Tor der Harmonie ein Impuls gesendet, der zu großer Verstärkung und Beschleunigung führte. Was war dieser Impuls?, werdet ihr zu Recht fragen, und wir sagen es euch: Es war ein Impuls verstärkter Liebe direkt aus der Quelle. Normalerweise laufen diese Impulse über die zwölf Strahlen, werden durch Engel heruntertransformiert und auf Umwegen so verändert, dass ihr sie vertragen könnt. Das ist notwendig, weil der Schwingungsunterschied zwischen euch und der Quelle einfach immens groß ist und, wie ihr wisst, ja aus bestimmten Gründen und nach bestimmten Plänen erstellt wurde.

Dieser Impuls aus der Quelle kam nun aber direkt, und die einzige Veränderung, wodurch er sich dennoch bemerkbar machte, war in eurem Magnetfeld, indem die Schwingungsrate angeglichen wurde, denn sonst wäre er einfach durch die Erde hindurchgegangen und hätte keine Spuren hinterlassen. Dies wurde erst durch die Umbauarbeiten des Magnetgitters ermöglicht, denn eine der Aufgaben dieses Gitters war und ist, nur das zu euch durchdringen zu lassen, was ihr auch vertragen könnt.

Wie wir schon berichteten, ist das Magnetgitter nun von relativer Starrheit zu großer Flexibilität umgebaut worden, es kann also die Schwingungsrate von innen durch die Energien der Erwachenden verändern, und es kann von außen Dinge hindurchlassen beziehungsweise umgestalten, die ebenfalls die Schwingungsrate erhöhen, zumindest in der Wirkung.

Was verändert nun von innen diese Rate? Es ist die große Liebe, die die Menschen zu sich selbst und zu anderen wiederentdecken, wenn sie erwachen. Es ist das Bewusstsein, dass alles, selbst die unangenehmsten Dinge, aus Liebe geschehen und alles seinen Sinn und Zweck hat und niemand irgendwelcher Willkür ausgesetzt ist, auch wenn es oft so wirkt.

Jeder Mensch, der sich durch seinen Klärungsprozess hindurcharbeitet und somit in dieses Bewusstsein gelangt, verändert ganz konkret diese Schwingungsrate.

Dies wird auch durch so genannte kymische Hochzeiten bewirkt, einer Vereinigungsenergie der besonderen Art.

Wir haben schon erläutert, dass sich Seelen in der Dualität trennen. Die Hälften splittern sich noch mehr auf, um parallel vielerlei Erfahrungen zu machen. Diese Splitter finden sich irgendwann wieder zusammen, und das ist es, was man kymische Hochzeit nennt. In den allermeisten Fällen lässt derjenige, der zu dir kommt, seinen Körper zurück, ohne dass dieser noch weiter benutzt wird. Ihr nennt diesen Vorgang sterben. Hin und wieder findet jedoch ein Austausch der Seelen statt, nämlich dann, wenn eine Seele hineinmöchte, deren Aufgabenstellung es erforderlich macht, die Ausbildungszeit von 20 Jahren auszulassen, weil die zu produzierenden Energien sofort benötigt werden. In diesen besonderen Zeiten ist dies öfter der Fall als früher und auch öfter möglich als früher.

Jeder Seelensplitter, der zu dir will, führt dich in deine Ganzheit. Er verändert dich, ja, aber nicht in nachteiliger Weise, denn das Ergebnis ist ein heileres, vollkommeneres Dasein. Es kommen Fähigkeiten zurück, die du verteilt hattest. Das Interessante dabei ist, dass, wer auch immer deine Splitter sind, die zu dir kommen, dein Grundcharakter sich nicht wirklich verändert, sondern die grundlegenden Eigenschaften sich nur wieder verstärken. Falls du Namen deiner Splitter erfährst, so rege dich nicht auf, wenn es jemand ist, den du nicht leiden kannst, denn dieser Jemand hat nur einen Auftrag ausgeführt, und ob du es glaubst, oder nicht, es war ein Auftrag von dir(!), natürlich in Gemeinschaftsarbeit mit der Quelle, und dennoch bist du für Teilpläne der Quelle verantwortlich, und bedenke, was ich immer wieder sage: Es ist nicht alles so, wie es scheint!

Du wirst nur selten Namen erfahren, aber wenn es so ist, so sieh dir die grundlegenden Eigenschaften an, erkenne dich selbst und liebe dich für das, was du bist!

Hast du das Gefühl, dass bei dir eine kymische Hochzeit bevorsteht, so verbinde dich geistig zurück in die Zeit vom 12. und 13.10.2005, denn in diesen Tagen lag eine Energie um den Erdball, die eine große Anzahl kymischer Hochzeiten möglich machte, und das ist auch der wichtigste Grund für das Erdbeben in Pakistan, das nur wenige Tage zuvor geschehen ist, denn die Seelen in diesem Gebiet hatten gemeinsam beschlossen, viele Körper aufzugeben, um zur Mutterseele zurückzukehren. Mit dieser Maßnahe wurden mehrere Dinge erreicht:

- *Es geschahen kymische Hochzeiten von 28.700 Seelen zur gleichen Zeit (im gleichen Augenblick!), von denen nicht alle Erdbebenopfer waren, doch durch die große Anzahl und Gleichzeitigkeit konnten Seelen schon zueinanderfinden, die sonst noch einige Zeit gebraucht hätten. Das sind interdimensionale Konzepte und nicht so leicht zu vermitteln. Es geht immer wieder um die Erschaffung bestimmter Energiefelder, durch die allein konkrete Dinge erreicht werden können.*
  Die Erde steigt wieder in die Einheitsenergie, in das Einheitsbewusstsein auf; und dafür benötigt sie verstärkt Vereinigungsenergie. Davon gibt es mehrere „Sorten", und eine davon ist die Integration von Seelensplittern.
- *Mit dem Erdbeben wurde weitere Katastrophenenergie der früher geplanten großen Katastrophe abgebaut.*
- *Die Karmaenergie der Erde wurde um ein erhebliches Maß verringert.*
- *Durch den Spannungsabbau in Pakistan wurde das Feld geschaffen, das seit dem 12.10.2005 um die Erde liegt und eben kymische Hochzeiten in beschleunigtem Tempo zulässt. Vereinigest du dich also mit diesem Datum (und nur darum nennen wir es so konkret), dann wird auch die Integration deines Splitters viel leichter sein, denn damit werden alle zwölf Chakren für diesen Teil von dir geöffnet, und das ist notwendig, damit die Energie als Ganzheit in alle Chakren zugleich hineinfließen kann. Normalerweise muss der Seelensplitter sich ein Chakra nach dem anderen „vornehmen", um seine Energien hineinfließen zu lassen, und das dauert etwa ein halbes Jahr. Durch das genannte Datum und die Verbindung dorthin verkürzt sich diese Zeit auf die Hälfte, nämlich ein Vierteljahr!*

Dies ist ein großartiges Geschenk der Quelle, und der Impuls, von dem wir anfangs sprachen, beinhaltete mehrere solcher Geschenke. Vielleicht wird nun langsam klar, was der Impuls deutete: Eine stärkere Liebe, eine höhere Liebe, als sie bisher auf der Erde möglich war. Die größte Liebe, sagt ihr auf der Erde, zeigt der, der sein Leben hingibt für seinen Nächsten, und die Seelensplitter geben ihre Leben auf, um zu ihrer Mutterseele zu kommen. Es ist jedoch kein Opfer, wie du nun vielleicht denkst, sondern ein freudiges Ereignis auf beiden Seiten, und auch wir sehen das so.

Siehst du nun, warum dieses Channeling „Liebe ist relativ" heißt? Der Impuls beinhaltete große Liebe, und dennoch ist Leid in Pakistan dadurch entstanden, doch dieses Leid führte wieder zu größerer Liebe, denn wenn du einen deiner Splitter integrierst, steigert sich deine eigene Liebesfähigkeit. Mit jeder Trennung, mit jeder Aufsplitterung wurde die Frequenz niedriger, die Liebe geringer, und genau darum geschah sie auch, denn es sollte ja eine Umgebung geschaffen werden, in der relative Lieblosigkeit möglich wurde. Dieser Prozess wird nun umgekehrt: Die Liebe steigt wieder an: Zu dir selbst und zu Allem-Was-Ist. Sie ist also relativ, nicht wahr? Sie ist dosierbar, könnte man sagen, und die hohe Dosis, die in dem Impuls steckte, zeigt nun starke Auswirkungen, denn, auch wenn sich nun beispielsweise viele Ehepaare trennen, so sind diese Trennungen von Liebe gekennzeichnet, denn sie spüren, dass nicht genug Liebe da ist, um zusammenzubleiben. So macht sich dann jeder auf den Weg, um den Partner zu suchen, mit dem eine Steigerung der früheren Liebe möglich ist, und das ist sehr oft das Dual oder jemand aus der Seelenfamilie, der sich fast wie ein Dual anfühlt und daher auch passend und angemessen sein wird.

Liebe ist relativ, sie ist reduzierbar (aber niemals auszulöschen!), und sie ist steigerbar, und hier gibt es nach oben keine offene Grenze, wie die Quelle sich gerade selbst beweist.

Dieses war, in „relativ" großer Liebe zu euch Menschen,
Kryon, der magnetische Meister.

Immer wieder werde ich mit dem wundervollen Humor von Kryon konfrontiert. Je mehr ich selbst die Freude in meinem Leben zulasse, umso mehr können seine Freude und sein Humor Raum in meinem Leben nehmen, worüber ich sehr froh bin.

Das Konzept, dass man sich über das Leid in Pakistan freuen soll, ist für uns noch sehr gewöhnungsbedürftig. Es hindert dich niemand daran, deinem Herzen zu folgen und Hilfe in irgendeiner Form (energetisch oder materiell) zu senden, denn diese Hilfe können die Menschen in Not gut gebrauchen, und ihre Dankbarkeit flutet zu dir zurück. Lerne jedoch, dass auch diese Dinge ihren Sinn haben und in Liebe angenommen werden wollen. Je mehr wir das können, umso weniger dieser Ereignisse wird es geben müssen, und so ist es eine wundervolle Idee, Meditationsereignisse zu organisieren, um Hilfe zu senden, denn damit helfen wir uns letztlich auch selbst.

Auch der Meister weint über solche leidvollen Ereignisse, doch bleibt er nicht in den Tränen stecken, sondern kehrt in seine Mitte zurück, so dass kein Stau im Energiesystem entsteht.

Kryon: Liebe ist

Bei diesem Titel musste ich unwillkürlich an die gleichnamige Serie von Zeichnungen denken, bei denen eine Frau und ein Mann in irgendeiner Situation gezeigt werden und ein passender Spruch dazu steht. Von diesen ist mir nur einer hängen geblieben: „Liebe ist ... etwas Wundervolles!" Und wundervoll sind auch die Worte, die von der Geistigen Welt zum Thema „Liebe" übermittelt wurden.

Liebe Menschen, hier spricht Kryon, der magnetische Meister, und ein Meister in der Liebe.

Oh, werdet ihr sagen, wie kann eine Wesenheit, die niemals inkarniert war, ein Meister der menschlichen Liebe sein? Und ich verrate euch nun etwas: Es stimmt, ich war nie mit meiner vollen Präsenz inkarniert, aber anteilig war ich schon bei vielen als Geistführer tätig, und ich habe mich entschlossen, in dieser wichtigen Zeit ebenfalls vollständig zu inkarnieren. Wo und wann wird allerdings noch nicht verraten. Ihr seht also, dass mir die menschliche Liebe nicht fremd ist.

Wie das mit den Anteilen, Seelensplittern usw. eigentlich funktioniert, soll in diesem und anderen Werken erläutert werden, damit ihr versteht. Dies ist eine großartige Zeit, denn es dürfen Informationen und Konzepte offenbart werden, die schon immer abliefen, doch ohne euer Verständnis. Jetzt dürft ihr verstehen, und damit gewinnt alles eine neue Qualität, und eine neue Qualität habt ihr für die Erde erschaffen, und das bedeutet unter anderem, dass die Zukunft nicht mehr feststeht. Ihr habt das Gleis der vorgeplanten Mission verlassen und erschafft nun jeden Tag neu.

Oh, von hier oben können wir natürlich mehr sehen als ihr, da Zeit nicht linear abläuft, sondern simultan, aber auch wir sehen nur die Potenziale, die sich stündlich verändern können durch die Entscheidungen so vieler erwachter Menschen. Oh ja, alle Erwachten, die ihr Schöpfungspotenzial nun wieder leben, sind schwerpunktmäßig an der Neuerschaffung der Erde, dem Neuen Jerusalem und der Zukunft beteiligt. Jeder Mensch hat daran seinen Anteil, doch die Erwachten und Erwachenden in erster Linie, da sie anfangen, ihre Kräfte bewusst einzusetzen, und mit Bewusstheit verstärkt sich alles, nicht wahr?

Wir wollen damit nicht sagen, dass ihr nie Entscheidungsfreiheit hattet und alles feststand, oh nein, seit Jahren spreche ich vom Planeten der Freiheit, doch gab es Pläne für bestimmte Potenziale, die nahezu bei

100% lagen, aber eben nur nahezu! So gab es ein paar Eckpfeiler für Ereignisse, doch die Wege dorthin waren frei. Einige wenige dieser Eckpfeiler sind noch übrig, da sie auf mehreren Gleisen vorhanden waren, doch keiner davon ist noch eine große Katastrophe, was „kleinere" Ereignisse zum Spannungsabbau nicht ausschließt.

Es sind unglaublich spannende Zeiten, sowohl für euch, als auch für uns, denn nichts ist mehr sicher vorhersagbar. Nur die Dinge, die auf allen Wahrscheinlichkeitsebenen (Gleisen) auftauchen, werden von uns angesprochen und „vorausgesagt", da nur sie sicher eintreffen, alles andere liegt auf dem Weg im Dunkeln oder, besser gesagt, im Bereich aller Möglichkeiten. Das gilt auch für euer persönliches Leben. In jedem Leben gibt es Eckdaten der Planung, die beim Erwachen außer Kraft gesetzt werden, und dann werden zu einem bestimmten Zeitpunkt neue Eckdaten festgelegt, nämlich dann, wenn ihr alle Programme gelöscht habt und daran geht, euer Leben neu zu planen. Bei der Planung des neuen Lebens wird nun allerdings die ursprüngliche Aufgabe, für die ihr nach hier gekommen seid, stärker in den Vordergrund gerückt, daher könnt ihr bei der Neuplanung nicht alles wissen, doch sind wir ja unter anderem dafür da, dass alles innerhalb eurer Pläne und des göttlichen Rahmens ablaufen kann, der nun immer weiter wird, nicht enger!

Dieses Channeling heißt „Liebe ist", weil alle Planung von Liebe durchdrungen ist, und mit der Neuplanung eines Lebens, das von ständiger Steigerung der Liebesfähigkeit geprägt ist (denn das ist die Spiritualisierung), neue Ereignisse erforderlich sind, die vorher nicht möglich und auch nicht notwendig waren. Man könnte sagen, dass mit jeder Neuplanung (nach Erhalt des neutralen Implantats) nun mehr Ereignisse in dein Leben treten, die dir ermöglichen, deine Liebe zu dir selbst, zu allen Menschen und Tieren, also zu Allem-Was-Ist, noch mehr zu steigern. Das ist Schwingungserhöhung in seiner reinsten und schnellsten Form!

Das heißt also, dass zwar auf der einen Seite dein Leben leichter wird, indem du dich beispielsweise nicht mehr um die finanzielle Fülle kümmern musst, denn diese fließt dann von alleine, dass du aber andererseits mit Dingen konfrontiert wirst, die alles aus dir herauslösen, was nicht der vollkommenen Lebensbejahung, die der Quelle eigen ist, entspricht. Natürlich nicht alles auf einmal, sondern Stück für Stück. Das bedeutet, dass dein Leben nicht frei von Herausforderungen sein wird, sie aber in einer Form ablaufen, die dich in größere Liebe führt, und nicht in größeres Leid. Leid ist alte Energie, Liebe ist neue Energie, könnte man sagen, wenn auch die alte Energie natürlich nicht frei von Liebe, aber eben durch verschiedene Maßnahen (starres Magnetgitter, „Plomben" vor dem Herzchakra, Aufsplitterung der Seelen usw.) nur „gedämpft" möglich war. Diese Dämpfer fallen nun einer nach dem anderen weg. Anders formuliert, hebt sich der Schleier! Anfangs nur für wenige, doch nun für immer mehr Menschen, und je mehr Menschen ihren persönlichen Schleier fortziehen, umso leichter wird es für alle anderen, das Gleiche zu tun. Jeder entfernte Schleier ist ein Stück mehr Liebe im Herzen und in allen Zellen, denn der Schleier hebt sich auch auf der zellularen Ebene, ja, sogar bis in die subatomaren Bereiche geht euer Einfluss, so dass selbst die DNS beeinflusst und aktiviert wird von eurer Absicht, mehr zu wissen, mehr zu fühlen, einfach das Mehr zu erkunden, das ihr seid.

Die höchste Form der Liebe ist die zu sich selbst, nicht zum anderen, obwohl das dann der nächste Schritt ist, denn auch die Quelle liebt alles, was aus ihr heraus geschaffen wurde, also sich selbst, nämlich Alles-Was-Ist. Nur wer sich selbst mit allem, was ihn ausmacht, vollkommen annehmen kann, kann auch einen anderen in vollkommener Liebe annehmen und ihn genau so lassen, wie er ist. Diese Form der Liebe nimmt unter Dualseelen und Zwillingsflammen eine besondere Qualität an, kann aber mit jedem anderen Partner ebenfalls praktiziert werden. Wichtig ist die Absicht beider, in Bedingungslosigkeit hineinwachsen zu wollen. Also auch der, der nicht mit seinem Dual zusammen ist, aber seine Beziehung auf diese Grundlage stellen will, kann eine besonders „hohe" Form der Liebe erfahren. Das beginnt wieder bei dir selbst, lieber Mensch, und ist nicht abhängig vom anderen. „Liebe deinen Nächsten wie dich selbst" war ein weiser Ausspruch, nicht wahr?

Liebe ist … also die Liebe zu dir selbst zuerst zu entdecken, bevor du einen anderen mit einbeziehst.

Was bewirkte aber nun, dass die Erde nun einen beschleunigten Aufstieg durchführt? Die Harmonische Konvergenz 1987 war ein Antrag der Erde auf das Neutrale Implantat. Ja, auch für die Erde an sich gilt ein Neutrales Implantat, und so, wie ihr als Einzelne eine bestimmte Zeit durchlaufen müsst, in der die Programme neutralisiert werden, gilt dies auch für die Erde. Mit jedem Programm, das nun nicht mehr ausgeführt zu werden braucht, „springt“ ihr auf ein neues Gleis der Existenz, auf einen neuen Weg. So, wie es in eurer Zellstruktur entsprechende Sprünge durch die Aktivierung der Zwölf-Strang-DNS gibt, gibt es das auch für den Planeten insgesamt. Alles ist miteinander verbunden, eines bedingt das andere. Um Wirkungen in eurem Körper hervorzurufen, ist jede einzelne Zelle notwendig, die sich umprogrammiert, und so ist unter anderem auch jeder Mensch eine Zelle des Lebens für die Erde, und jede „Menschenzelle“, die sich neu programmiert, wirkt damit auf den ganzen Planeten ein, und so hat auch jede eurer Zellen in gewisser Weise ein eigenes Bewusstsein, und dieses meldet sich hin und wieder durch schmerzende Stellen. Schmerz ist eine Information von einer oder mehreren Zellen, dass an dieser Stelle eine Umprogrammierung vorgenommen werden soll. Die Zellen dort sind sich einig, etwas zu verändern, und senden entsprechende Signale. Bitte, liebe Menschen, hört auf euren Körper, er weiß genau, was er will und was als Nächstes ansteht, denn er ist natürlich mit eurer Seele verbunden, die die Übersicht hat und alles plant.

Dieses war Kryon vom Magnetischen (Liebes-)Dienst

An dieser Stelle meldete sich die Weiße Bruderschaft, weil sie etwas ergänzen wollte, um die Wichtigkeit der letzten Aussage von Kryon noch einmal zu unterstreichen.

Liebe Menschen, hier spricht der Verbund der Weißen Bruderschaft, und wir möchten betonen, wie wichtig die letzte Aussage unseres Bruders Kryon ist, denn sie beinhaltet den Weg zur Heilung für alle Menschen. Was Kryon über den Schmerz aussagt, gilt für jedes einzelne Krankheitssymptom, und wir möchten euch eine kleine Hilfe geben, um mit euren Zellen in einen Dialog zu kommen:

Stellt euch bitte einen weißen Sandstand vor, hinter euch befindet sich ein Dschungel. Im Sand vor euch liegt die Sandskulptur eines Menschen, und bei genauerem Hinsehen erkennt ihr euch darin selbst. Die Stelle eures Körpers, mit der ihr sprechen möchtet, hat eine dunklere Farbe als der Rest des Sandes. Legt eure linke Hand darauf und beginnt eure Kommunikation, stellt Fragen wie: „Was möchtest du mir mit dem Schmerz beziehungsweise dem Symptom sagen?“ Findet eure eigenen Worte, um mit euch selbst zu sprechen, und je nach den Erkenntnissen könnt ihr dann handeln. Erinnert ihr euch, dass unser Bruder Kryon immer wieder betonte, dass ihr für jedes Problem auch die Lösung mitgebracht habt?

Die Lösung liegt in der Kommunikation, immer!

Wenn ihr mit der Kommunikation fertig seid, zieht euch von diesem Strand zurück und seid wieder ganz im Hier und Jetzt.

Dieses waren die Weißen Brüder und Schwestern aus Shambala!

Sanat Kumara: Würdig für die Liebe?

Am 01.12.2005 meldete sich jemand bei mir, mit dem ich nicht gerechnet hatte, obwohl ich schon länger mit ihm zusammenarbeite: Sanat Kumara. Ich war unterwegs von einer Geburtstagsfeier, und die Venus stand riesig strahlend am nächtlichen Himmel. Mein linkes Ohr schmerzte stark, denn Sanat Kumara nahm das erste Mal ohne Zwischenstationen mit mir Kontakt auf. Ich muss sagen, die Intensität der Energie war gewaltig. Ich musste stundenlang vorher mit dem Namen des Erzengels Michael meditieren, um ein Schutzfeld aufzubauen, ohne dass ich zu diesem Zeitpunkt wusste, wofür. Erst bei der abendlichen Kontaktaufnahme wurde es mir dann klar. Die Schwingungen von Sanat Kumara sind so hoch und fein, dass ein menschlicher Körper sie kaum aushalten kann.

Die Channel, die direkt mit Gott kommunizieren, haben entweder von vorneherein ein besonderes Schutzfeld oder werden für die Dauer der Kontaktaufnahme in ein solches gehüllt, oder aber es gibt „Engelzwischenstationen", die die Energie heruntertransformieren, ohne dabei in Erscheinung zu treten. Manchmal ist auch alles zusammen der Fall. Ich freute mich jedenfalls über diese Kontaktaufnahme, ging ich doch zu dieser Zeit selbst durch schmerzliche Prozesse hindurch.

Hier kommt nun, was Sanat Kumara uns mitzuteilen hat:

Liebe göttliche Wesen, es wird Zeit, dass ich mich nun wieder mehr direkt in die Geschehnisse einschalte, zum Beispiel durch dieses Channeling. Ich habe mich auf die Venus zurückgezogen, um auszuruhen. Diese Ruhe dauerte nach eurer Zeitrechnung etwa 50 Jahre, wobei ihr euch das nicht so vorstellen dürft, dass ich faul am Strand liege und nichts tue, sondern ausruhen heißt, zwar noch tätig sein, doch mehr in der Funktion, andere auszusenden, um Arbeiten durchführen zu lassen. Es galt, einen neuen groben Rahmen für die Erde in dieser wunderbaren Zeit abzustecken. Es galt, neue Arbeitsgruppen anzufordern und ihnen ihre Aufgabengebiete zuzuweisen. Es waren und sind viele organisatorische Dinge zu erledigen, und das gilt noch für eine lange Zeit. Ich hielt mich also mit meinem direkten Einfluss eher zurück, zumal ich den Posten als Hüter der Erde ja auch abgegeben hatte. Meine Verbundenheit mit diesem Planeten ließ mich jedoch bei der Quelle „den Antrag stellen", nach Erledigung der gröbsten Organisation erneut direkten Einfluss nehmen zu dürfen, nämlich mit Durchgaben und anderen Maßnahmen, wenn auch nicht in der glei-

chen Position wie früher. Der Antrag wurde genehmigt, und so werde ich in diesem Buch und andernorts nun wieder verstärkt auftreten, denn die Erde, beziehungsweise die Menschen, treten jetzt in ein Stadium ein, in dem die Liebesfähigkeit wieder stark erhöht wird, was nicht ganz unproblematisch für sie ist, denn sie fühlen sich ihrer nicht würdig.

Warum, lieber Mensch, hältst du dich der Liebe (Gottes und einzelner Menschen) für unwürdig? Das ist nämlich das Wechselspiel der Farben, das ihr aussendet, wenn ihr das erste Mal wieder mit jemandem in Kontakt kommt, der schon stärkere Liebe fühlt und ausstrahlt als ihr selbst. Es ist eine merkwürdige Sache. Ihr wart so lange in dem Spiel der Lieblosigkeit gefangen, dass ihr gar nicht mehr herauswollt, nicht wirklich, denn die wahre, ehrliche Liebe zu Allem-was-Ist ist für euch zu einer fast unbekannten Größe geworden, einer nur vagen Erinnerung aus ferner Vergangenheit.

Diese vage Erinnerung allerdings ist es, die euch vorantreibt. Doch wenn ihr die Gelegenheit habt, wieder in die Liebe einzutauchen, tretet ihr voller Angst einen Schritt zurück und fragt euch, ob das wahr sein kann. Zu lange ist es her, dass ihr sie erleben durftet. Zu viele Inkarnationen sind vergangen, in denen ihr Täter und Opfer wart, und nun ist bei euch der Glaube entstanden, unwürdig zu sein. Es bedarf eines oft jahrelangen Prozesses, in dem die Engel und andere Wesenheiten euch anleiten, zunächst euren Selbstwert wieder anzunehmen, das heißt, dass ihr wieder anfangt zu glauben, dass ihr nicht nur ein winziges Menschlein auf einem Staubkorn im All, sondern Engelwesenheiten seid, die alle Arten von Erfahrungen machen wollten. An diesem Wiederaufbau des Selbstwertes ist mein Freund Kryon stark beteiligt, und auch noch viele andere.

Liebe Menschen, lasst euch eines sagen: Ihr seid der Liebe Gottes würdig! Ihr seid würdig, einen „direkten Draht" zu Gott zu haben, jeder von euch! Ihr seid doch Teil des göttlichen Weltalls, in dem ihr lebt! Ihr lebt doch nicht außerhalb davon! Alles, was ihr in diesen (zugegebenermaßen nicht leichten) Zeiten zu tun habt, ist, euch wieder daran zu erinnern, dass ihr freiwillig hier seid, dass ihr freiwillig darauf verzichtet habt, diese Verbindung zu fühlen, und dass ihr euch selbst all das kreiert, was euch „zustößt", weil es eurem Plan und Wachstum dient und entspricht, und somit euren Wünschen. Die göttliche Verbindung ist da, und sie möchte wieder in Erinnerung kommen. Das leichte Gefühl auf dem Kopf am Scheitel, das ihr nun verspürt, ist diese Verbindung zu Gott, und wenn ihr es euch genau überlegt, habt ihr dieses schon öfter gespürt, ihr wusstet vielleicht nur nicht mehr, was es ist. Und auch das leichte Ziehen im Dritten Auge, das nun spürbar wird, ist euch schon lange bekannt. Es werden die Energien übersetzt, die in diese Botschaft gelegt werden, und diese Übersetzung führt wieder zu mehr Erinnerung, Erinnerung an frühere Leben, Erinnerung an das eigene Sein, an die eigene engelhafte Seelenessenz. Erinnerung setzt ein, und mit der Erinnerung kommt das Verstehen, mit dem Verstehen kommt das Begreifen (verstehen und begreifen ist nicht das gleiche, denn verstehen geht über den Verstand und begreifen über die Gefühle!), und mit dem Begreifen kommt die Ruhe, nämlich die Ruhe, dass alles einen Sinn hat und immer dem eigenen Wohle dient, auch wenn es sich streckenweise nicht so anfühlt. Doch wenn ihr mit einigem Abstand zurückblickt, könnt ihr sehen, dass ihr durch die Erfahrungen an Reife gewonnen habt, dass ihr gewachsen seid, dass ihr vielleicht Vergebung gelernt habt, wo vorher Unversöhnlichkeit herrschte.

In einer Mail an dieses Channel vom 08.12.2005 wird mir der Vorwurf gemacht, zynisch zu sein, denn was kann Gutes daran sein, wenn ein kleines Mädchen vergewaltigt und dabei auch noch HIV positiv wird? Da der Schreiber der Mail keine Channelings von mir mehr will, antworte ich auf diesem Wege, und zwar für alle: Ich sage euch, was es Gutes hat: Dieses Mädchen hat mit einem Schlag alles Karma abgetragen, was es noch hatte, und kann nach diesem Leben ins Licht zurückkehren, denn es hat alles gelernt, was es lernen wollte, und alles ausgeglichen, was es noch auszugleichen gab, und das, ihr lieben Menschen, ist auch ein solches Leben wert, denn das Kind kehrt in die allumfassende Liebe Gottes zurück, und zwar ohne weitere Umwege.

Ganz gleich, was ihr in diesem oder anderen Leben getan oder nicht getan habt, ihr seid Engelwesen, die einem großen Plan dienen, und dieser Plan tritt nun in eine neue Phase, man könnte sagen Endphase, aber dieses „Ende“ wird noch lange dauern, also keine Angst, es geht nicht um das Ende der Erde, sondern um das Ende der Lieblosigkeit auf diesem Planeten. Oh, nicht alles war lieblos, es gab auch Erfahrungen der Liebe, aber immer in „gedämpfter“ Version, wie ich es nennen möchte. Die „Dämpfer“ wurden von Kryon nun fortgenommen, und daher ist Wandel im Gange, ein gewaltiger Wandel. War es früheren Erleuchteten nur unter enormen Anstrengungen möglich, sich über die Magnetgitterbeschränkungen hinaus in der Liebe zu steigern, so ist dies nun leichter geworden denn je, und dennoch macht ihr es euch schwer, so schwer, dass man bald nicht mehr zusehen mag. Wo euch die Liebe begegnet, weicht ihr zurück, anstatt auf sie zuzugehen, sei es nun durch gechannelte Botschaften über die Liebe Gottes oder durch eine Begegnung mit einem Menschen in persönlicher Liebe. Überall ist da dieses Misstrauen: Kann es denn wahr sein? Da muss doch ein Haken sein! Und, liebe Menschen, wenn ihr Haken vermutet, werden sie auch auftauchen, denn ihr kreiert euch doch euer Leben, nicht irgendwer außerhalb von euch. Eure Seele entwirft einen Plan für Lektionen, die gelernt werden wollen, und andere Seelen helfen dabei, und wenn ihr misstrauisch seid, dann wird euer Misstrauen begründet sein, das heißt, ihr steckt Energie hinein, anstatt euch völlig für die neue Erfahrung zu öffnen. Ja, es können auch unangenehme Erfahrungen sein, doch wenn ihr vermehrt das Wachstum dahinter begrüßt und euch immer wieder fragt: Was soll ich daraus lernen?, dann werden die unangenehmen Erfahrungen immer mehr aus eurem Leben verschwinden, denn die Lektionen sind irgendwann alle gelernt! Dann verlasst ihr die Schule mit einem guten Zeugnis und könnt anwenden, was ihr auf dieser Schule der Meister gelernt habt, und ihr seid Meister, alle miteinander. Worin, werdet ihr selbst herausfinden. Wenn ihr auf der Erde eine Schule verlasst, wisst ihr ja auch noch nicht, woraus euer Beruf besteht und ob ihr gut darin seid. Ihr wisst es erst, wenn ihr euer erlerntes Wissen anwendet und für euer Können honoriert werdet. So ist es auch hier.

Ich wiederhole daher noch einmal: <u>Jeder</u> ist der Liebe würdig, egal von welcher Seite sie auf ihn/sie zukommt. Heißt sie willkommen, stoßt sie nicht zurück, denn in diesen besonderen Zeiten erhaltet ihr durch Liebe auch besondere Geschenke. Wie groß muss Liebe sein, wenn sie bereit ist, auch einmal weh zu tun, um einer Seele eine Lernlektion zu ermöglichen, die sie sich wünscht? Ist euch eigentlich klar, welches Geschenk ihr gerade durch leidvolle Erfahrungen erhaltet? Oft ist das Geschenk jedoch erst viel später erkennbar. Lasst uns daher eine kleine Meditation durchführen:

Meditation

Atme in jedes der zwölf Chakren je einmal die entsprechende Farbe ein und die Farbe Grau aus. Also für das Wurzelchakra Rot; für das Sakralchakra Orange; für das Sonnenchakra Gelb; für die zwei Hälften des Herzchakras Grün durch das linke Nasenloch und Rosa durch das rechte Nasenloch; für das Halschakra Dunkelblau; für die Stirn Purpur; für die Krone Weiß; für das Veränderungschakra am Hinterkopf Perlmutt (mein schwerpunktmäßiger Wirkungsbereich, wie ihr wisst); für den Nacken, das Klarheitschakra, Aquamarinblau; für das Wissenschakra gegenüber dem Herzchakra auf dem Rücken Gold; für das Harmoniechakra gegenüber dem Sonnenchakra auf dem Rücken Magenta; und für das Polaritätschakra gegenüber dem Sakralchakra auf dem Rücken Rosa.

Stell dir nun die letzte leidvolle Erfahrung, die du gemacht hast, vor, verpacke sie in ein Geschenkpaket und lege es unter einen Weihnachtsbaum.

Atme noch einmal auf die oben beschriebene Weise in alle Chakren ein und aus, und nun tritt an den Baum, nimm das Geschenk und packe es aus. Was du nun erfahren wirst, ist das, was du gelernt hast, der Grund, warum es geschehen ist. Du bist nun im Bewusstsein dessen, was hinter all dem steckte, und nun kannst du es auch in größerer Liebe annehmen, nicht wahr?

☆☆☆

Diese Meditation ist mein Geschenk an euch, denn ihr könnt sie für jede einzelne unangenehme oder gar leidvolle Erfahrung machen und so mehr über euch und euren Seelenplan erfahren. Sie wurde in der Adventszeit 2005 übermittelt, doch funktioniert sie natürlich jederzeit. Nehmt euch immer nur ein Geschenk vor, denn die Informationen darin müssen erst einmal verarbeitet werden. Wenn ihr in der Lage seid, tatsächlich Dankbarkeit für alles zu hegen, dann habt ihr die Lektionen gelernt und müsst diese Art Erfahrungen nicht mehr machen.

Obwohl alle leidvollen Erfahrungen ihren Sinn haben, hat die Menschheit als Kollektiv beschlossen, damit Schluss zu machen, sich wieder aus dem Leid herauszubewegen, und in dieser „Endphase“ lebt ihr jetzt. Ihr seid es alle leid, solche Geschenke zu empfangen oder gar auszuteilen. Um damit Schluss zu machen, vergebt denen, die bereit waren, euch solche Geschen-

ke zu machen, und das schließt euch selbst mit ein. Habt ihr euch wirklich alles vergeben, was ihr je an solchen „Geschenken" ausgeteilt habt?

Lasst uns das doch mit einer weiteren Meditation gemeinsam überprüfen.

Meditation

Atme auf die oben beschriebene Weise in jedes Chakra einmal tief ein und aus, dann begib dich an einen mit Palmen übersäten Strand. Dort wartet auf einem großen Felsen ein roter Engel. Der Engel reicht dir beide Hände, die du ergreifst, und nun stellt er dir eine Frage: „Lieber Mensch, hast du dir alles selbst verziehen, was du je an leidvollen Geschenken ausgeteilt hast?" Wenn die Antwort „Ja" lautet, wirst du die Hände des Engels weiter festhalten können. Wenn die Antwort „Nein" lautet, wirst du sie loslassen müssen. Es ist gar nicht notwendig, die Antwort zu formulieren, dies geschieht durch diese Geste automatisch. Da arbeitet nicht dein Verstand, sondern dein innerer Wesenskern, du kannst es auch Unterbewusstsein nennen, wenn du willst. In dieser Meditation kannst du dich nicht selbst beschummeln. Bedanke dich bei dem roten Engel für die Hilfe. Dieser Engel steht für die Wahrhaftigkeit dir selbst gegenüber. Wenn du es nicht immer mit dir selbst sein kannst, kannst du es auch nicht mit anderen.

Konntest du die Hände nicht festhalten, bitten wir dich, die obige Meditation mit dem Weihnachtsbaum noch einmal zu machen, dieses Mal dafür, was die anderen durch dein Verhalten als Geschenke erhielten. Mit diesen Erkenntnissen führe die Engelmeditation noch einmal durch und siehe nun, was geschieht. Tue dies solange, bis du die Hände des Engels festhalten kannst.

Nun führe die Engelmeditation noch einmal aus, nur lautet die Frage des Engels dieses Mal: „Hast du allen verziehen, die dir je Leid angetan haben?" Wenn die Antwort „Nein" lautet, du seine Hände also nicht festhalten kannst, dann kannst du ihn fragen, wem du noch nicht verziehen hast, und die Antwort kann dich verblüffen, und vielleicht kannst du sie auch erst einmal nicht glauben, doch blicke in dein Herz und sieh dir die Wahrheit an. Vergiss nicht, dich bei dem Engel zu bedanken, und setze dich mit den Informationen auseinander.

Wenn du nun bereit bist, zu verzeihen, packe alle Menschen, die dies betrifft, in eine goldene Kugel und sprich die Worte: „Ich verzeihe euch“, und die Risse in den Magnetfeldern aller beteiligten Personen, dich eingeschlossen, werden sich schließen und die Energie der Heilung kann durch alle hindurchfließen.

Dieses war Sanat Kumara.

Wie immer, teste ich alle Meditationen durch, und so führte ich auch diese aus und konnte spüren, dass sich im Herzchakra etwas löste. Als ich das Buch überarbeitete, war ich automatisch wieder am Strand bei dem roten Engel, und dieses Mal konnte ich die Energie der roten Hände richtig fühlen und freute mich sehr darüber.

Wenn du nicht „die Nase voll“ hättest, Leid auszuteilen und einzustecken, würdest du dieses Buch nicht lesen. Du bist hierher geführt worden, um für dich Klarheit zu erhalten, Klarheit darüber, dass du dich nach wahrer Liebe sehnst, und damit ist nicht unbedingt die in Partnerschaften gemeint. Hast du den Entschluss getroffen (entweder bewusst oder unbewusst), zu erwachen, heißt das nicht, dass du sofort aus dem Leidspiel entlassen bist, aber es heißt, dass du alles, was du dir noch auferlegt hast zu erledigen, innerhalb kürzester Zeit erledigen wirst. Es gibt hier deutliche Unterschiede beim Erwachungsprozess, der für die einen leidvoller geschieht als für die anderen. Es hängt davon ab, was deine Seele trotz Erwachen (beziehungsweise für das Erwachen) noch benötigt, und das entscheidest alleine du, weder die Aufgestiegenen Meister, Engel oder gar Gott, sondern nur du. Siehst du dir mit neutralen Augen an, was du durch Leid gelernt hast, dann weißt du, dass es richtig, dass es notwendig war.

Andere erwachen viel leichter, das liegt auf der einen Seite an der Vorarbeit vieler einzelnen Menschen, die ihnen diese Erleichterung brachten, und es liegt auch an der Vorarbeit in anderen Leben. Die Seele kann jedoch auch um die Gnade bitten, die sich selbst auferlegten Lernprozesse nicht mehr durchmachen zu müssen, und hier gibt es dann ein Entscheidungsgremium, dem du selbst ebenfalls angehörst, bei dem geprüft wird, was du alles brauchst oder nicht, um deine Aufgabe für diese besondere Zeit hervorragend durchführen zu können, und das, liebe Leserin und lieber Leser, ist einer der Maßstäbe, nach dem sich dein Erwachen richtet.

Mutter Maria: Mutterliebe, 04.12.2005 und 04.01.2006

An einem trüben Dezembermorgen wurde ich morgens aus dem Bett gescheucht, um zu einem Platz zu fahren, den ich erst wenige Tage zuvor entdeckt hatte. Ich nahm einen sehr großen Bergkristall mit, der mit der Energie dieses Ortes geladen werden sollte. Mein Mantra für diese Durchgabe lautete „Isis". Der Platz war durch ein großes Kreuz, zwei Bäume und Steinsetzungen gekennzeichnet. Weil ich zu dieser Zeit getrennt von Mann und Kindern lebte, weinte und weinte ich, denn der Schmerz darüber überwältigte mich immer wieder. Aber er machte mich wohl auch empfänglich für das, was dann durchgegeben wurde, und hier nun, was von Mutter Maria übermittel wurde:

Liebe Menschen, hier spricht der weibliche Anteil der Quelle mit dem Fokus von Mutter Maria, einer Energie, die den meisten Lesern und Leserinnen wohl vertraut ist. Dieses Chanel sollte mit Isis meditieren, weil dieser Name speziell die Mutterliebe symbolisiert, um die es hier gehen soll, und die vormalige Göttin Isis ohnehin meinen Namen erhielt. Letztlich sind Namen ein Fokus für bestimmte Energie, immer. So haben beispielsweise alle Frauen mit dem Namen Maria eine bestimmte Grundschwingung, über die dann die individuelle Schwingung der Seele „drübergelegt" wird. Man könnte sagen, es existiert ein Morphogenetisches Feld namens Maria, das alle Marias dieser Welt in gewisser Hinsicht ähnlich agieren und reagieren lässt, aber eben mit den individuellen Prägungen. Dies gilt natürlich für alle Namen. Maria ist hier nur ein Beispiel. In „Maria" schwingt zum Beispiel der tragische Verlust eines Kindes mit. Es schwingt das besondere Wissen mit, dass ich im Tempel von Jerusalem erhielt, und es schwingt der Kontakt zu Engeln mit, um nur einige Beispiele zu nennen.

Der Name Samuel wird nun wieder modern, weil in dieser besonderen Zeit seine Grundschwingung gebraucht wird. Wer sich an den „Sam" aus Herr der Ringe erinnert, wird ahnen, welche Schwingung das ist: Treue, Treue zu sich selbst, aber auch besondere Treue zu Freunden und Verwandten.

So könnten wir ein ganzes Buch über Namen schreiben, doch geht es nun erst einmal um andere Informationen.

In einem Buch über die Liebe dürfen einige Worte über die Mutterliebe nicht fehlen, denn sie ist eine der stärksten Kräfte überhaupt. Sie kann durchaus noch stärker sein als die Liebe in einer Partnerschaft, vor allem überdauert sie auch alle Zeiten, Erfahrungen und Unwägbarkeiten, die ein Leben so mit sich bringen kann. Mutterliebe ist zeitlos, und so ist es faszinierend, mit anzusehen, wie sich Menschen begegnen und spontan Sympathie füreinander empfinden, ohne zu wissen, dass sie schon einmal Mutter (oder Vater) und Kind gewesen sind. Mutterliebe überdauert auch alles, was ein Kind so anstellen kann, das heißt, die Liebe einer Mutter zu ihrem Kind vergeht nicht, welche Erfahrungen das Kind auch immer durchlebt, oder welche Erfahrungen es der Mutter beschert. Aber auch hier werden viele Wunden geschlagen, wie ihr sehr gut wisst, und so ist es nicht verwunderlich, dass in euren Erinnerungen an frühere Leben oft auch das auftaucht, was ihr an unguten Dingen zwischen Eltern und Kindern erlebt habt, denn auch das will angesehen und in dieser besonderen Zeit erlöst werden.

Und so möchte ich euch eine Meditation mit auf den Weg geben, die euch helfen wird, entsprechende Erfahrungen anzusehen und zu erlösen. Es wird euch einige eurer Verhaltensmuster erklären, und somit könnt ihr wieder ein Stück in euch in Liebe annehmen, das bisher nicht wirklich angenommen wurde.

Meditation

Liebe Menschen, tönt in jedes der zwölf Chakren den Ton „ahh", also stellt euch das rote Wurzelchakra vor und schickt diesen Ton hinein. Das gleiche macht ihr mit dem orangefarbenen Sakralchakra, dem gelben Sonnenchakra, dem grünen Herzchakra, dem dunkelblauen Halschakra, dem purpurfarbenen Stirnchakra, dem weißen Kronenchakra, dem perlmuttfarbenen Veränderungschakra, dem aquamarinfarbenen Klarheitschakra, dem goldenen Wissenschakra, dem magentafarbenen Harmoniechakra und dem rosafarbenen Polaritätschakra.

Ihr werdet feststellen, dass bei diesem Tönen vielleicht schon die ersten Blockaden im Halschakra aufgezeigt werden, das heißt, es wird für euch gar nicht so leicht sein, das „ahh" immer in das jeweilige Chakra zu senden. Achtet darauf, bei welchem Chakra es besonders schwierig oder gar unmöglich ist, und notiert oder merkt es euch.

Singt nun noch einmal das „ahh“ in der für euch passenden Tonlage. Und auch hier werdet ihr feststellen, dass ihr das nicht lange tun könnt, denn es bringt euch in die Schwingung der Erfahrungen, die ihr als Mutter oder Kind gemacht habt. Je länger ihr den Ton halten könnt, desto mehr habt ihr die entsprechenden Erfahrungen bereits in euch erlöst. Wenn ihr dies nun wiederholt, werdet ihr den Ton schon länger halten können. Macht dies nun so oft es für euch passend ist, und ihr werdet den Ton immer länger halten können. Führt dies so lange aus, wie ihr es für euch als richtig empfindet, oder bis ihr den Ton mühelos halten könnt, ohne dass unangenehme Empfindungen in euch aufsteigen.

Was ich euch hier schenke, ist eine Erlösung der unangenehmen Erfahrungen, ohne dass ihr im Einzelnen ansehen müsst, worum es dabei ging. Es mag sein, dass in euren Träumen oder Meditationen entsprechende Informationen auftauchen, muss jedoch nicht sein. Das sind die, die unbedingt noch einmal betrachtet und reflektiert werden wollen. Aber allgemein gesehen schenkt euch die Quelle hier die Gnade, sich von den Mutter-/Vater-Kind-Mustern zu befreien, die euch in der Neuen Energie nicht mehr dienlich sind. Das heißt nicht, dass die Verbundenheit schwindet, ganz im Gegenteil! Weil die Erfahrungsmuster, die eurem Wachstum dienten, nun gelöscht werden dürfen, wird sich eine engere Verbundenheit zwischen Eltern und Kindern einstellen. Obwohl hier von der Mutterliebe gesprochen wird, gilt das genauso für die Vaterliebe und die entsprechenden Erfahrungen.

Der Ton „ahh“ erlöst also auch von den Mustern, die zwischen Vater und Kind herrschen und euch nicht länger dienlich sind, beziehungsweise nicht mehr in die Neue Energie passen.

Die Traumata, die hier gemacht wurden, sitzen oft sehr tief, und es wird euch einiges an Anstrengung kosten, bis ihr den Ton klar und rein halten könnt, doch es ist der Mühe wert. Geht zu euren Angehörigen, nachdem ihr es das erste Mal gemacht habt, und seht die Veränderung, die sich dort einstellen wird.

Führt ihr das in einer Gruppe durch, so geht alles schneller, denn die gemeinsame Kraft macht stark, verstärkt den Effekt. Wartet, bis eventuelle Hustenanfälle verklungen sind und beginnt von neuem, so oft ihr könnt.

Jeder, der dieses durchführt, ob alleine oder in einer Gruppe, bewirkt eine Veränderung bei sich, seinen Angehörigen und im Energiefeld der Erde. Legt die alten Muster ab. Es war noch nie so leicht wie in der Neuen Energie, wie heute!

Habt ihr besonders schlimme Hustenanfälle bei einem bestimmten Chakra erlebt, so taucht nun in das entsprechende Chakra ein, um die Erfahrung, die darin steckt, anzusehen und dann zu neutralisieren. Stellt euch also das entsprechende Chakra als Energieballon vor, tönt das „ahh" hinein, folgt dann dem Ton in das Innere des Chakras und seht oder fühlt, was es dort zu sehen oder zu fühlen gibt.

Führt dies so oft aus, wie es euch sinnvoll erscheint beziehungsweise wie es Informationen für euch in den Chakren gibt. Ich werde bei euch sein, und ihr könnt mir Fragen dazu stellen oder die gemachte Erfahrung in der „Geschenkmeditation" von Sanat Kumara gleich einpacken und unter den Weihnachtsbaum legen, um später nachzusehen, wozu sie diente. Überfordert euch nicht, alles will verarbeitet werden!

Die meisten Menschen, die man fragt, ob sie genug Mutterliebe erhalten haben, werden das verneinen. Woran liegt das? Gibt es nur Rabenmütter auf dieser Welt? Nein, natürlich nicht. Es liegt an einer ganzen Reihe von Faktoren.

Zum einen werden karmische Muster gelebt, das heißt, es werden Seelenpläne für dieses Leben erfüllt. Dann gibt es da den Panzer um die Menschen herum, der ihre Fühligkeit einschränkt. Durch diesen Panzer kommt die Mutterliebe oft nicht hindurch, obwohl sie vorhanden ist. Das gilt natürlich nicht nur für die Mutterliebe, sondern für jede Form der Liebe, und damit auch für die Vaterliebe. Die Mutter (der Vater) kann also durchaus in großer Liebe für das Kind leben, aber das Kind kann sie nicht spüren, weil sie nicht genügend von innen nach außen bis hin zum Kind durchdringt (wegen der Panzerung der Mutter, des Kindes oder beides) und so bauen sich neue karmische Muster auf, und so geht das Spiel immer weiter, bis heute!

Nun hat sich etwas verändert! Es kommen immer mehr Kinder, die keine karmischen Muster mehr aufweisen und extrem fühlig sind. Kämen sie zu Eltern, deren Panzer noch völlig dicht sind, würden in ihnen karmische Muster entstehen, doch diese Zeiten sind nun vorbei. Das heißt, dass eine bestimmte Gruppe von Seelen nur zu voll erwachten Eltern ohne Panzerung kommen will. Auf diese Weise ist die gegenseitige Liebe voll spürbar und damit auch lebbar, und das schafft eine Generation der Liebe, die alle Gefühle zulässt und sie lebt, ohne jedoch in deren Staus stecken zu bleiben. Könnt ihr ermessen, was das für eine Veränderung in der Gesellschaftsform bewirken wird? Haben die Indigos noch den Zorn der Eltern gespiegelt, oder die Kristallkinder Wogen geglättet, so kommt nun etwas anderes in Gang: Liebe, Liebe, Liebe!

Wie wird es wohl für ein Kind sein, die Mutterliebe wirklich in voller Intensität spüren zu können? Worin liegt die Besonderheit in der Mutterliebe?

Nun, durch das Wachsen des Körpers innerhalb des Mutterleibes kann man einen Teil erklären, jedoch nicht alles. Könnt ihr euch vorstellen, dass jede Seele sich seine Eltern ganz bewusst auswählt? Sie wägt mehrere Paare sorgfältig nach den Gesichtspunkten ab, die sie für ihren Seelenplan benötigt, und so begleitet die Seele mindestens neun Monate vor der Zeugung die Eltern, um all ihre Aspekte kennen zu lernen.

Liebe Eltern, überlegt euch einmal, was in den neun Monaten vor der Zeugung eurer Kinder so geschehen ist, oder, liebe Erwachsene, sofern ihr Zugang zu diesen Informationen habt, seht einmal nach, was in den neun Monaten vor eurer eigenen Zeugung im Leben der Eltern alles geschehen ist. Dieser Zeitraum reicht, um fast alle Verhaltensfacetten zu beobachten und die Entscheidung zu treffen, zu diesen Eltern zu kommen oder anderswohin zu gehen. Seelen inkarnieren nicht zufällig irgendwo. Hier gibt es keinen Computer, der nach dem Zufallsprinzip Babys verteilt, auch der Storch lässt die Kinder nicht wahllos fallen, oder wie habt ihr euch das bisher vorgestellt? Sowohl die Seelen der Eltern als auch die der Kinder kommunizieren lange Zeit vorher und beraten, wie der ungefähre Plan aussehen soll.

Der Unterschied zur Neuen Energie und früheren Zeit liegt darin, dass voll erwachte Eltern, also solche ohne Panzerung, nun bewusst mit den Seelen ihrer zukünftigen Kinder sprechen können. Sie stehen also nicht nur per Unterbewusstsein mit ihnen in Kontakt, sondern mit dem Bewusstsein. So können sie sich gegenseitig bereits an die neue Konstellation gewöhnen, und die Kinder können den Eltern ihre Vorstellungen mitteilen, was zu tun ist, und natürlich auch umgekehrt. Durch den bewussten Kontakt können die üblichen Traumata in der Kindheit bereits im Vorfeld vermieden werden. Viele der Neuen Kinder sind auch karmafrei, und das bedeutet, dass sich ein völlig neues Familienleben entwickeln wird, das auf gegenseitigem Respekt und Liebe gründet, und nicht auf der scheinbaren Überlegenheit der Erwachsenen. In einigen Familien gibt es bereits

Ansätze in diese Richtung, doch die wahre Art der neuen gemeinsamen Interaktion in Familien wird erst ab dem Jahr 2006 in voller Intensität möglich sein. Sie wird im Grunde erst entwickelt, denn solche Zeiten wie diese gab es auf der Erde noch nie!

Die Mutterliebe kommt der Liebe der Quelle zu Allem-Was-Ist so nahe, wie es in eurer Schwingung überhaupt möglich ist, und das ist das Besondere an der Mutterliebe!

Die Intensität und Art der Schwingung ist sehr ähnlich. Das bedeutet, dass die Neuen Kinder mit dem Gefühl der Gottesnähe von Seiten der Eltern aufwachsen können, das Gefühl der Trennung schwindet immer mehr. Sie kommen ja mit der Erinnerung an die Einheit hier an und erleben sie nun in einer anderen Form, so dass das Einheitsfeld auf der Erde stets wachsen wird. Da sie ohne Panzerung kommen, können sie auch voll mit der Geistigen Welt kommunizieren. Dieses und die Kombination der Eltern ohne Panzer schafft ein Liebesenergiefeld, dem niemand mehr wird widerstehen können, und alles, was nicht Liebe, was Lieblosigkeit ist, wird noch mehr an die Oberfläche gespült werden, um endlich Erlösung zu finden.

Dies macht die kommenden Jahre für euch zu einerseits heftigen Jahren des Wandels, andererseits zu solchen der extrem hohen Liebesschwingung, was für vieles wiederum entschädigt.

Wenn wir das Wort Mutterliebe benutzen, so soll der Vater sich nicht ausgeschlossen fühlen. Nur war die Rolle des Vaters bisher oft eher distanzierter, passiver zu seinen Kindern, schon alleine deshalb, weil er meistens nicht so viel zu Hause war wie die Mutter. Auch dieses wird sich nun ändern, weil sich die Berufsbilder verändern, und gerade bei voll erwachten Eltern werden beide einer den Menschen dienenden Tätigkeit nachgehen, die jedoch jedem von ihnen so viel Spielraum lässt, dass sie sich gleichermaßen um die Kinder kümmern können. Dieses bleibt also nicht mehr schwerpunktmäßig den Müttern überlassen, sondern die Väter können sich hier mehr einklinken, was ja auch schon längst im Gange ist. So kann auch die vorhandene, spürbare Liebe zwischen Vätern und ihren Kindern noch stärker wachsen und gedeihen. Bei solchen Familien wird es sich auch oft ergeben, dass zusätzlich zum Familienverband Menschen dazustoßen, die keine Blutsverwandte, sondern Verwandte von jenseits des Schleiers sind, so dass hier zusätzliche Hilfe eintrifft, die wiederum zu mehr Einheitsgefühl führt. Dies bedeutet auch wieder größere Familienverbände, also mehr erwachte Bezugspersonen für die Kinder, also noch mehr Menschen, die ihnen Liebe entgegenbringen. Das verringert die Bindung zwischen Kindern und Eltern nicht, sondern erweitert sie um zusätzliche Personen, denn Liebe verringert sich nicht, je mehr Personen lieben, obwohl das oft noch als Glaubenssatz in den Menschen steckt. Aber, ihr Lieben, verringert sich denn die Liebe der Quelle, wenn das Universum wächst und immer mehr Wesenheiten hinzukommen? Wohl kaum. Die Herzen der Menschen sind nicht klein, darin haben viele Wesen Platz, und mit jeder Weitung des Herzens, mit jeder weiteren Steigerung der Liebesfähigkeit werden es mehr sein. Das Gefühl der Eifersucht wird aus dem Morphogenetischen Feld der Erde verschwinden, denn wenn es viele Menschen gibt, die einander lieben, kann die Fixierung auf eine einzelne Person, und damit deren Einengung, nach und nach losgelassen werden.

Alleine die Eifersucht hat schon so viel Schaden angerichtet. Wie wird wohl eine Welt aussehen, in der es sie nicht mehr gibt? Natürlich geht das nicht von heute auf morgen, denn nicht alle haben den gleichen Entwicklungsstand, doch es geschieht, es geschieht, es geschieht! Eifersucht ist nichts anderes als Angst, Angst, den anderen zu verlieren, doch gerade diese Angst, die zur Einengung führt, treibt den anderen dann oft fort. Lernen die Menschen die bedingungslose Liebe, und sie sind dabei (!), dann können sie den anderen so lassen, wie er ist; selbst wenn diesem von einer weiteren Person Liebe entgegengebracht wird, wird das akzeptiert werden, denn die Liebe vermindert sich doch nicht, im Gegenteil, sie vermehrt sich, wenn man ihr freien Lauf lässt.

Das soll nun kein Freibrief für Zügellosigkeit sein, sondern euch aufzeigen, dass die Liebe immer mehr und immer stärker werden wird, was sich auf verschiedene Weise äußern kann, – auch darin, dass euer Partner eine zeitlang vielleicht noch jemand anderen benötigt, der ihm etwas gibt, was er gerade braucht oder umgekehrt, und ihr ihn dennoch nicht verlieren werdet.

Hierbei ist es sehr wichtig, aus der Bewertung herauszuwachsen, denn die Seele eines Menschen weiß immer, was sie braucht. Das kann ein anderer nie vollständig nachvollziehen.

Wie ihr sehr gut wisst, ist der Mensch Meister darin zu bewerten, und gerade Mütter werden der Bewertung am stärksten ausgesetzt. Wenn die Kinder sich nicht so benehmen, wie andere es erwarten, ist die Mutter „schuld“. Wenn Kinder „missraten“, schiebt man das selten auf den Vater, sondern wieder muss meistens die Mutter herhalten. Wenn eine Mutter ihr

Kind hergibt oder verlässt, wird sie dafür auf das schärfste verurteilt. Dabei wird selten bedacht, was eine Mutter durchmachen muss, wenn sie das tut, und dass sie immer gute Gründe dafür hat, und vor allem muss auch sie dem eigenen Seelenplan und dem ihrer Kinder folgen, ob sie diese Pläne nun bewusst kennt oder nicht, gleichgültig, wie andere sie dafür bewerten. Solch eine Tat hinterlässt Wunden, die irgendwann geheilt werden müssen.

Liebe Menschen, ist euch eigentlich klar, dass die größte Liebesenergie fließt, wenn eine Mutter sich überwindet, ihr Kind zu verlassen? Sie wird dafür verurteilt und verurteilt, aber sie hat die größte Liebe aufgebracht, die man sich nur vorstellen kann, denn sie wägt ab, was das Beste für das Kind ist, und stellt ihre eigenen Bedürfnisse hinten an, auch wenn diese eine Rolle spielen. Aber sie entscheidet immer zum Besten des Kindes und nimmt dabei größtes persönliches Leid in Kauf, denn die Trennung von Mutter und Kind verursacht oft noch größeres Leid als die Trennung von einem Partner, da der Partner nicht im Leib der Mutter gewachsen ist und daher andere Arten von Bindungen herrschen.

Mutter Maria bittet euch daher für die Zukunft und für die Vergangenheit, hier von jeglicher Bewertung abzusehen und euch darauf zu konzentrieren, was die Beteiligten alles dabei lernen, also welche Lektionen dahinter stehen. Oft ist es auch Karmaauflösung und daher unausweichlich. Karmaauflösung heißt, dass zum Beispiel die, die jetzt verlassen werden, selbst irgendwann verlassen haben und nun ein Ausgleich geschaffen wird. Gerade in dieser besonderen Zeit ist das sehr oft der Fall, denn nicht alles darf durch Gnade aufgehoben werden, nicht, wenn es dem Seelenwunsch widerspricht. Mir ist bewusst, dass dieses viele Menschen in ihrer momentanen Verfassung nicht annehmen können, sondern erst später, wenn sie Abstand gewonnen haben. Gerade das Jahr 2006 wird hier eine sehr starke Heilenergie offenbaren.

Was geschieht im Jahre 2006 so Besonderes? Nun, erst einmal ist wichtig, was in den Jahren davor geschah, nämlich die Öffnung der verschiedensten Dimensionstore, die Klärungsprozesse von immer mehr Menschen, die Wirkung der gechannelten Bücher auf die Menschen, der Abbau der Panzer und, dadurch bedingt, größere Fühligkeit usw. Hier könnte man seitenlang weiter aufzählen, denn es mussten viele Vorgänge parallel ablaufen, um die Neue Zeit überhaupt zu ermöglichen. Bis dieses Buch erscheint, ist das Jahr 2006 bereits vorbei, und ihr könnt Vergleiche zu Informationen hierzu ziehen, die aus verschiedenen Quellen veröffentlicht wurden.

Man könnte sagen, das Jahr 2006 steht unter einem Motto (Schwerpunktthema). Das gilt für alle Jahre seit dem Jahr 2000, und im Grunde gilt das immer, aber nun im Besonderen:

- *Das Jahr 2000 hatte das Motto: Änderung der Wirklichkeit!*
- *Das Jahr 2001 hatte das Motto: Die Zeit der großen Kriege geht zu Ende!*
- *Das Jahr 2002 hatte das Motto: Gleichzeitige Klärung so vieler Lichtkörper wie möglich und Verwendung der freigesetzten Energie zur Schaffung neuer Morphogenetischer Felder und Abbau von alten.*
- *Das Jahr 2003 hatte das Motto: Einleitung großer persönlicher und allgemeiner Veränderung.*
- *Das Jahr 2004 hatte das Motto: Transformation und Integration der Schattenenergien.*
- *Das Jahr 2005 hatte das Motto: Veränderung in großem Stil, bis hin zur Zerstörung vieler Familienstrukturen, um Platz zu schaffen für Neues.*
- *Und nun das Jahr 2006:*
  Das, was im Jahre 2005 zerstört wurde, kann nun wieder neu aufgebaut werden. Einige werden zu ihren Familien zurückkehren, doch die meisten werden eine neue Familie gründen, eine, in der die Neue Energie voll gelebt und getragen wird. Das bedeutet auch, dass zu Frauen, die schon reifer sind, Neue Kinder kommen werden, doch dazu wird es eigene Bücher geben, weil die Informationen darüber den hier zur Verfügung stehenden Rahmen sprengen würden.
  Das heißt auch, dass diejenigen, die ein heftiges Jahr 2005 hinter sich gebracht haben und in dieser Zeit durch ihre größten Blockaden (zum Beispiel Karmaauflösung) hindurchgingen, nun in einen inneren Frieden gelangen, um den sie viele beneiden werden, denn sie sind dazu ausersehen, denjenigen zu helfen, die nun ihre heftigen Zeiten erleben, und dazu sind Glück, Liebe, innerer Frieden und Fülle notwendig. Um in diese Energie zu gelangen, haben sie große Umbrüche in ihrem Leben hingenommen und oft körperliches Leid erfahren, doch klärt sich vieles in 2006 und nimmt ein Ende.
  Für die, die vorangingen, wird es also ab dem Jahr 2006 aufwärts gehen, ohne große „Abwärtsbewegungen“. Für die, die erst anfangen

mit ihrem Klärungsprozess, wird es jedoch ein unruhiges Jahr geben, denn je später der Aufwachprozess, umso heftiger kann er ablaufen. Das liegt an der Eile, in der die Menschen heraus wollen aus dem Leid, und dafür sind sie bereit, sehr viel in Kauf zu nehmen, sehr viel! Und genau für diese Menschen sollen die, die vorangingen, ja zur Verfügung stehen, und sie tun es, sie tun es. Es ist alle Hilfe da, die ihr braucht. Es sind Menschen in der Ausbildung, die mit den Neuen Kindern arbeiten können und werden. 2005 wurden viele Dinge angestoßen, die in 2006 große Wirkung zeigen werden. Es werden neue Seminarhäuser gegründet..., also über eine größere Fläche steht mehr Hilfe denn je zur Verfügung, und sie ist auch notwendig, weil nun viele Menschen in die Neue Energie „gestoßen" werden, die sich bis dahin nie damit auseinandergesetzt haben und nun durch ihren eigenen Seelenplan dazu „gezwungen" werden, sei es durch Krankheit, durch Verlassenwerden oder andere Erfahrungen. Dies betrifft oft die Mitglieder der Familien derjenigen, die vorangingen. (Ich möchte sie eigentlich nicht Lichtarbeiter nennen, denn wie wir immer wieder betonen, sind alle Menschen Lichtarbeiter.) Es kommt, wie immer, auf den Blickwinkel an, den man einnimmt.
Die Klärungsprozesse der sogenannten Lichtarbeiter haben große Wellen geschlagen, die in ihrer unmittelbaren Umgebung natürlich am größten sind, aber die Wirkung ist überall spürbar, und damit meine ich wirklich überall. Das Motto des Jahres 2006 lautet daher auch: Heilung durch Liebe, denn es ist auch das Jahr der Liebe, da sich das Tor der Liebe zu diesem Jahr hin öffnete!

Wie könnte man nun das Jahr 2007 kennzeichnen, das nun schon bevorsteht? Man könnte sagen, es steht unter dem Motto: Umstrukturierung auf allen Ebenen. Aufbauend auf der Vorarbeit all der Jahre davor werden Strukturen in neue Kanäle geleitet. Ein grundsätzlicher zivilisatorischer Neuaufbau kommt nun in Schwung, der auf der Basis dessen steht, was (nicht nur, aber auch) 2006 in die Wege geleitet wurde. Ich weiß, dies wird euch ein wenig „schwammig" erscheinen, doch werdet ihr es verstehen, wenn die entsprechenden Jahre an euch vorübergezogen sind. Im Jahr 2007 kommen auch viele der Neuen Kinder zur Welt, und damit meine ich nicht die Indigos, die Kristallkinder oder welche Namen ihr ihnen gegeben habt, nein, es ist noch einmal eine andere „Sorte", denn die Evolution, die ihr in Gang gesetzt habt, bleibt ja nicht stehen, sie geht immer weiter. So ist jede folgende Generation fortschrittlicher als die davor, auch wenn es manchmal nicht so aussehen mag.

Es ist schade, dass ihr so sehr im Schubladendenken verhaftet seid, denn grundsätzlich ist jedes Neugeborene eine Steigerung des Vorangegangenen, und die Katalogisierung ist zwar zum einen hilfreich, zum anderen aber auch wieder nicht.

Ich bitte euch daher einfach darum, alles Neue, ob es nun ein Kind oder etwas anderes ist, willkommen zu heißen, weil es etwas Gutes bringt. Fürchtet euch nicht mehr vor der Veränderung, fürchtet euch nicht mehr vor dem Neuen, denn darin stecken eure Chancen, auf allen Ebenen mehr zu erfahren, mehr zu erleben, mehr zu fühlen.

Dieses war Mutter Maria.

Ich danke Mutter Maria ganz besonders, denn diese Durchsage kam zu einer Zeit, in der ich es brauchte. Ich schreibe dieses Buch in einer neuen Wohnung ohne meine Familie, und obwohl ich mit „oben“ kommunizieren kann und weiß, wofür dies alles gut und richtig ist, leide ich dennoch darunter, und sie auch. Leid zu verursachen, wo doch mein ganzes Bestreben dahin zielt, die Menschen aus ihrem Leid herauszuführen, war und ist sehr schwierig für mich.

Am 04.01.2006 kam eine weitere Botschaft von Mutter Maria, die ich hier nun ergänzend anhänge:

Hier spricht noch einmal Mutter Maria, und die Mutterliebe gehört zu dem, was ich repräsentiere. Die meisten Menschen wachsen in dem Glauben auf, zu wenig Liebe von den Eltern erhalten zu haben, dabei liegt es oft an ihren eigenen Panzern, dass die Liebe der Eltern nicht zu ihnen durchdringen konnte. Die Liebe ist immer da, ob sie aber auch angenommen wird oder durchdringt, ist eine ganz andere Geschichte. Das kommt wiederum auf die Verträge an, die ihr abgeschlossen habt, und nun kommt etwas, das euch vielleicht verwundern wird. Die Kinder, die ab dem Ende 2006 innerhalb einer bestimmten „Elternschwingungshöhe“ gezeugt und geboren werden, haben keine Verträge mehr mit den Eltern. Das bedeutet nicht unbedingt, dass sie bereits karmafrei sind, aber sie haben keine Verträge mit den Eltern, hin und wieder jedoch noch mit anderen Personen.

Was bedeutet es, keine Verträge mehr zu haben? Nun, die Verträge beinhalten ja zu erlebende Dramen, um dies oder jenes noch aufzulösen. Auch einige der Neuen Kinder haben noch Dinge aufzulösen, doch nicht mehr mit den Eltern. Sie wollen in einem Umfeld ohne Dramen aufwachsen und haben daher kaum noch eine „Panzerung", das heißt, die Liebe, die überall in „der Luft liegt", kann direkt zu ihnen durchdringen. Was auch zu ihnen durchdringt, ist das, was in den Menschen ist, die Themen, mit denen diese beschäftigt sind, und manchmal spiegeln diese Kinder das noch wider. Das ist eines der Dinge, die die Indigos taten und tun: Sie spiegeln zu lebende, aufzulösende Themen. Dies wird jedoch nun immer weniger werden, da die meisten der Neuen Kinder zwar diese Themen ebenfalls spüren, da sie jedoch in einer größeren Bedingungslosigkeit hereinkommen, mit einem stärkeren Feld für die Bedingungslosigkeit, könnte man sagen, spiegeln sie oft nun nicht mehr, um eine Verhaltensänderung zu bewirken, sondern sie lassen alles zu sich durch, um es in Liebe anzunehmen und allein dadurch zu verändern. Und so tragen sie keine Wunden mehr davon, wie es in der Alten Energie der Fall war, sondern bewirken eine Heilung bei demjenigen, von dem es ausging. Die Neuen Kinder sind ein wundervolles Ergebnis der Neuen Energie

Ohne Vertrag mit den Eltern auf die Welt zu kommen bedeutet eine enorme Freiheit, sein Leben selbst zu gestalten, da diese Kinder nicht mehr auf den eingefahrenen Schienen der Eltern „fahren", sondern ihre eigenen jeden Tag neu verlegen. Damit zeigen sie auch ihren Eltern eine neue Art der Lebensweise auf, nämlich eine im Hier und Jetzt und nicht im Gestern oder Morgen. Da zu ihnen die Elternliebe voll durchdringt, wachsen sie in einer Schwingung auf, die sie wiederum überallhin mitnehmen und verbreiten, und das Ergebnis von all dem kann man wirklich ein Wunder nennen. Wenn ihr die farblichen Interaktionen der menschlichen Energiefelder nur sehen könntet, und nun die Veränderung, die diese dadurch erfahren, dann könntet ihr ermessen, was wirklich geschieht. In den vergangenen Jahrhunderten und Jahrtausenden war eine der Hauptfarben, die zwischen den Menschen flossen, ein zorniges Rot. Dieses wandelt sich nun in ein liebevolles Rot, und das wird sich in vielfältiger Art ausdrücken. Die Liebe untereinander wird sich verstärken, und damit auch der Umgang. Er wird generell liebevoller werden, auch wenn ihr das vielleicht nicht gleich bemerkt, weil es euch so selbstverständlich ist, und das sollte es ja auch sein. Irgendwann fällt euch dann auf, dass bei dem einen oder anderen etwas geschehen sein muss, dass eine Veränderung stattgefun-

den hat, und dann werdet ihr euch an diese Zeilen erinnern, dass dies geschehen kann und wird.

Die Lebensfarben verändern sich, und die „Umgangsfarben“ verändern sich. Ihr lebt in einem Zeitalter großer Veränderungen, und es manifestiert sich nun auch immer mehr im Außen. Das, was bisher mehr im Verborgenen geschah, wird immer deutlicher sichtbar, und so soll es auch sein, damit noch mehr geschehen kann, und das wird es, das wird es.

Lasst die Liebe fließen, lasst sie zu, in welcher Form sie euch auch begegnen mag, und so sei es.

Dieses war Mutter Maria.

Wottana: Liebe zur Natur

Hier spricht Wottana, und ich habe versprochen, euch einiges über die Liebe zur Natur mitzuteilen. Wer sich mit meiner Energie schon befasst hat, der weiß, dass es mein größtes Anliegen ist, in allen Menschen die Liebe zur Natur wieder zu wecken, denn ohne die Liebe zur Erde kann in dir nicht die große Liebe zu dir selbst und zu deinen Mitmenschen erwachen. Wenn du einmal nachliest, was alle Erleuchtete kennzeichnet, was sie gemeinsam haben, dann ist es ihre Verbindung zur Natur. Sie erlebten ihren Durchleuchtungsprozess in Zusammenarbeit mit der Natur, durch die Weckung der Liebe zur Natur. Wenn du einen Sonnenaufgang ansiehst, geht dir dann das Herzchakra auf? Kannst du in einem welken Blatt die Schönheit dieser Welt erkennen? Das winzigste Detail in der Natur, und wenn es „nur" ein Marienkäfer auf einem Grashalm ist, hat seine eigene Schönheit, hat seine eigene Bedeutung und Wichtigkeit. Es ist keineswegs Zufall, dass der Marienkäfer genau da sitzt, wo er sitzt. Er wird genau da gebraucht. Auch (oder gerade) die Vorgänge in der Natur folgen gewissen Gesetzmäßigkeiten, Regeln und Notwendigkeiten. Dabei sind nicht unbedingt die gemeint, die von eurer Wissenschaft bereits entdeckt wurden, oh nein, im Hintergrund gibt es noch viel mehr, so viel mehr...

Im Laufe meines eigenen Aufstieges befasste ich mich wenig bis gar nicht mit Menschen, außer mit mir natürlich. Ich ging hinaus in die Natur, setzte mich unter einen Baum und beobachtete jede Pflanze, jedes Tier, das in mein Blickfeld kam. Ich beobachtete und lernte. Ich fand heraus, warum der Marienkäfer genau dort saß, wo ich ihn sehen konnte, und warum andere auch immer wieder dorthin flogen. Ich lernte die feinstoffliche Welt durch Beobachtung der stofflichen kennen und erkannte, wie ausgeklügelt alles war, wie perfekt alles zusammenpasste, wie genau hier gearbeitet wurde. Es musste eine Führung, eine Fügung dahinter stecken und je mehr ich dort saß, beobachtete und alles lieben und schätzen lernte, desto mehr konnte ich von der Führung „sehen", erst mit dem Herzen, dann mit dem Dritten Auge, und schließlich auch mit den physischen Augen.

Wenn du, lieber Mensch, dich mehr mit deiner Führung befassen willst, dann lerne, sie zuerst in deinem Herzen zu fühlen. Dafür möchte ich dir eine Meditation mit auf den Weg geben:

Meditation

Stell dir vor, du sitzt, genau wie ich damals, unter einem riesigen Baum, einem Kraftort, und vor dir breitet sich Gras bis in die Savanne aus. Dein Blick reicht weit, doch du konzentrierst dich auf deine unmittelbare Umgebung, nämlich auf die Grashalme zu deinen Füßen. Und du ahnst es vielleicht schon: Auf einem dieser Halme sitzt ein roter Marienkäfer mit je drei schwarzen Punkten auf jedem Flügel. Er blickt dich an und lädt dich auf eine Rundreise durch seine Welt ein.

Du nimmst die Einladung an, setzt dich mit deinem Bewusstsein auf seinen Rücken und ihr könnt nun beide losfliegen. (Was nun geschieht, ist individuell, jeder wird das sehen, was für ihn gerade eine Bedeutung hat.)

Am Ende des Fluges setzt dich der Käfer wieder auf dem Grashalm ab, und du bist wieder ganz im Hier und Jetzt. Jeder wird auf dieser Reise etwas anderes erleben und sehen, doch jeder wird dabei etwas über die Wunder, die Schönheit der Natur lernen, und es bringt dich der Liebe zur Natur wieder ein Stück näher, und damit der Liebe zu dir selbst.

☆☆☆

Hast du, lieber Mensch, dich mit allen Facetten so angenommen, wie du bist? Inwieweit liebst du dich selbst? Sorgst du dafür, dass du ausreichend Zeit für dich selbst hast, oder lässt du dich von deinen Pflichten völlig vereinnahmen? Was ist mit der Pflicht dir selbst gegenüber? Nimmst du sie ausreichend ernst? In einem Buch über die Liebe darf die Botschaft der Liebe zur dir selbst nicht fehlen. Tust du immer das, was für dich selbst am besten ist? Wie viele Kompromisse gehst du ein? Gegen Kompromisse ist nichts einzuwenden, aber vielleicht besteht dein Leben ja nur aus ihnen? Lass uns doch einmal testen, wie gut du für dich selbst sorgst.

- *Hast du an diesem Tag schon mindestens einmal herzhaft gelacht?*
- *Hast du heute schon mindestens einmal etwas getan, was dir so richtig gut getan hat?*
- *Hast du dich heute schon einmal zurückgelehnt und einfach nur mal nichts getan, einfach nur tief Atem geholt?*
- *Hast du heute schon einmal zu dir oder zu jemand anderem gesagt: Ich liebe dich?*

- *Hast du heute schon einmal einen bewussten Blick in die Landschaft geworfen und dich an ihrer Schönheit erfreut? Wer nur Häuser vor der Tür hat, kann sich auch seine Topfpflanze ansehen, auch sie hat ihre Schönheit, auch sie möchte Liebe, nicht wahr?*

Teste dich immer wieder einmal, in wieweit du den Verpflichtungen dir selbst gegenüber nachkommst, und du wirst viel über dich selbst lernen.

Dieses war Wottana.

Ich kann diese Worte von Wottana nur bestätigen. Auch ich vollzog und vollziehe meinen Prozess, indem ich immer wieder in die Natur gehe und mich dort mit mir selbst auseinandersetze und mich der Schönheit, die mich umgibt, erinnere und an ihr erfreue.

Sanat Kumara: Beziehungen der Völker

Liebe Menschenwesen, heute möchte ich ein Thema anschneiden, das euch immer sehr beschäftigt hält und das ihr dennoch nie so recht durchschauen könnt. Es sind die Beziehungen der Nationen untereinander.

Es gibt Völker, die „sich lieben“, und es gibt Völker, die man kaum aufeinandertreffen lassen kann, ohne dass es zu Streit und Krieg kommt. So, wie einzelne menschliche Beziehungen von Karma und den geplanten Programmen bestimmt werden, so ist das auch mit den Rassen und Völkern untereinander. Die Geschichte der Erde währt schon viel länger als sie aufgezeichnet wurde, und dementsprechend wurde auch Karma zwischen unterschiedlichen Völkern aufgehäuft oder schon wieder aufgelöst. So, wie ein Einzelner durch seinen Klärungsprozess durchgehen und karmafrei werden kann, so können auch ganze Völker oder Nationen daran arbeiten, ihr Karma aufzubereiten und sich davon zu befreien, und das ist im Gang, es geschieht!

Es gab eine Zeit in der Geschichte der Erde, da wurde fast nur Negatives aufgehäuft, und kaum welches erlöst. Doch dieser Berg hatte irgendwann seine maximale Größe erreicht, und obwohl die Geschichte und Geschichten mit Menschen weitergingen, wurde und wird dieser Berg langsam wieder abgetragen. Bei jeder Religion, deren Grundbotschaft die der Liebe war, wurde die Grundlage dafür geschaffen, dass eine große Schicht des Berges abgetragen wurde.

Oh ja, es wurde auch Karma im Namen der Religion geschaffen, das soll gar nicht geleugnet werden, aber es wurde mehr abgetragen als neu geschaffen, und darauf kommt es letztlich an. Und dieses Abtragen hat in den letzten einhundert Jahren eine immense Steigerung erfahren, dieses Mal nicht durch neue Religionen, sondern durch Weltkriege und Naturkatastrophen.

Wenn ihr euch die Struktur eines Berges anseht, so ist er unten an der Basis am breitesten, dort gibt es also die größte Masse, und je tiefer ihr euch in den Karmaberg hineinarbeitet, desto breiter und dicker sind die einzelnen Schichten, die abgetragen werden müssen.

Und nun zu etwas, was euch sehr bewegte, weil so viel Leid verursacht wurde, nämlich zur Indonesienwelle vom 26.12.2004. Sie soll stellvertretend für das stehen, was die Grundaussage dessen ist, was ich euch mitteilen möchte. Damals sind unglaublich viele Lebewesen (im Meer und auf dem Land) auf einmal durch eine relativ kleine Welle umgekommen, aber diese vielen Menschen haben eine Energie geschaffen, die es euch ermöglicht, an der allerletzten, aber breitesten Karmaschicht zu „nagen", sie also abzutragen. Jede Katastrophe, ob natürlich oder künstlich, hat immer die Ermächtigung geschaffen, eine Karmaschicht vollkommen aufzulösen und dann zur nächst „tieferen" überzugehen, um diese dann letztlich wieder aufzuarbeiten, und so ging es immerfort.

Um es noch einmal deutlich zu sagen: Durch das Opfer der vielen Lebewesen im Jahre 2004 wurde die Erlaubnis gegeben, die letzte Schicht, die zwar breit, weil auf der untersten Ebene gelagert, aber nicht mehr sehr dick ist, abzutragen. Um die ersten „Löcher" in diese Schicht zu sprengen, war ein weiteres Großereignis wie das Erdbeben in Pakistan notwendig, und zwar nur aus dem Grund, weil ihr es nun unglaublich eilig habt, aus dem Leid herauszuwachsen, was nur zu verständlich ist. Diese Löcher führen dazu, dass in sie eine Energie hineinfließt, die die letzte Schicht von innen heraus aushöhlt. Jede Meditation, jedes Zusammenkommen von Menschen, die ihre Schwingung erhöhen wollen und dies tun, trägt dazu bei, genau diese Energie zu kreieren. Wollt ihr also, dass die Katastrophen immer weniger werden und schnell ganz aufhören, so ist der Beitrag jedes Einzelnen gefragt, aber auch der von Gruppen.

Führt Meditationsabende ein, ihr könnt sie auch Gebetsabende nennen, wenn euch das lieber ist. Wichtig dabei ist der Wille, sich wieder mit „Spirit" verbinden zu wollen, die Art und Weise, wie ihr das tun wollt, liegt ganz bei euch.

Ihr müsst nicht mehr leiden, um die Verbindung zur Quelle wieder spüren zu können. Diese Zeit ist, wenn ihr es so wollt, zunächst für euch persönlich vorbei und wird auch für immer mehr Menschen vorbei sein. Um zu unserem Ausgangsthema zurückzukehren: Die Nation, das Volk, mit dem das eure im „Clinch" liegt, sollte eins der erste Ziele sein, um dorthin an den Meditationsabenden eure Liebe zu senden. Das gilt natürlich grundsätzlich für die Krisengebiete, aber wenn ihr das Karma zwischen den Völkern zügig aufarbeiten wollt, ist dies eine wundervolle Möglichkeit dazu, denn da nun die letzte Karmaschicht bearbeitet wird, geht es auch an grundsätzliche Themen, und Karma zwischen Völkern ist ein solches. Ihr werdet bald bemerken, dass auch an vielen kollektiven Grundmustern gearbeitet wird, wie beispielsweise an der Energie, die ihr den „Geschlechterkrieg" nennt, und vielem mehr. Überall sind Lichtarbeiter am Werk, um eine grundlegende Veränderung oder gar Auflösung bestimmter Morpho-

genetischer Felder zu bewirken, Felder, die euch in der immer höher werdenden Schwingung nur noch hinderlich sind, so wie das Feld „Leid durch Krankheit", von dem Erzengel Raphael berichtet.

Um euch eine Grundlage für solche Meditations- oder Gebetsabende zu geben, sind in diesem Buch viele „Phantasiereisen", die genau an solch grundlegenden Themen arbeiten, und so möchte ich nun ebenfalls eine Reise anbieten:

Meditation

Macht es euch bequem, trinkt ausgiebig, esst etwas, um euch zu erden, und dann geht es los:

Atmet in jedes der zwölf Chakren je **drei** *Mal die entsprechende Farbe ein und* **Braun** *aus. Also für das Wurzelchakra Rot, für das Sakralchakra Orange, für das Sonnenchakra Gelb, für die zwei Hälften des Herzchakras Grün durch das linke und Rosa durch das rechte Nasenloch, für das Halschakra Dunkelblau, für die Stirn Purpur, für die Krone Weiß, für das Veränderungschakra am Hinterkopf Perlmutt (mein Wirkungsbereich, wie ihr wisst), für den Nacken, das Klarheitschakra, Aquamarinblau, für das Wissenschakra gegenüber dem Herzchakra auf dem Rücken Gold, für das Harmoniechakra gegenüber dem Sonnenchakra auf dem Rücken Magenta, für das Polaritätschakra gegenüber dem Sakralchakra auf dem Rücken Rosa.*

Ihr seid nun zentriert und von den täglichen energetischen Schlacken gereinigt, die sich so anhäufen, und nun können wir auf die Reise gehen. Ganz gleich, von welchem Land aus ihr startet, ihr werdet dorthin geführt werden, wo eure spezielle Gruppenenergie nun gebraucht wird, und damit meinen wir auch dich als einzelnen Menschen, der du diese Meditation ausführst, denn auch du bist Teil einer Gruppe, und zwar deren inkarnierter Teil.

Stellt euch euer Wohnzimmer vor und in ihm einen Fernseher (selbst wenn ihr keinen besitzt). Schaltet das Gerät ein, dann nehmt in eurem Fernsehsessel Platz. Betrachtet das Bild, das ihr seht, und erkennt, in welches Land ihr reisen sollt. Es kann sein, dass die ganze Gruppe das gleiche Ziel sieht, es kann aber auch sein, dass jeder ein anderes Ziel erkennt. Es spielt keine Rolle, denn jeder wird dorthin gebracht, wo er ge-

braucht wird. Ihr könnt euch auch vorher auf ein Land einigen (vielleicht, weil da gerade viel Leid herrscht aus aktuellem oder nicht so aktuellem Anlass) und auf das gleiche Bild.

Mit eurem Bewusstsein begebt ihr euch nun hinein in den Fernseher, hinein in das Bild, das ihr seht, und nun werden Ereignisse ablaufen, von denen ich euch nur den Anfang zeigen kann, der Rest geschieht von selbst. An diesem Ort, den ihr gerade betreten habt, werdet ihr erwartet, und zwar vom Hüter dieses Ortes. Er (oder sie) hat schon so lange darauf gewartet, dass du endlich kommst, um genau die Arbeit zu tun, die nun getan werden muss. Er (oder sie) nimmt dich bei der Hand und führt dich ein kleines Stück weiter. Es kommen noch mehr Leute auf dich zu, sie umringen dich, denn sie wollen nun gemeinsam mit dir an der Anhebung der Liebesenergie arbeiten. Du öffnest dein Herzchakra und lässt die Energie darin einfach nach außen strömen. Es geschieht noch mehr, doch mache ich hier eine Pause, bis du dich wieder an mich erinnerst und zurückkommen möchtest…

Pause

… Du verabschiedest dich nun von allen Anwesenden, begibst dich an den Punkt, von dem dich der Hüter abgeholt hat, und setzt dich wieder in deinen Fernsehsessel. Der Bildschirm wird dunkel, und nun bist du wieder ganz im Hier und Jetzt bei den Menschen oder Wesenheiten, die dich auf dieser Reise begleitet haben. Atme noch je drei Mal in jedes Chakra, so wie am Anfang, und spüre den Gefühlen nach, die sich in dir regen. Seid ihr in einer Gruppe, dann tauscht eure Erfahrungen aus.

Mit Hilfe dieser Meditation kann Liebesenergie, – Licht, wenn ihr so wollt –, überall dorthin getragen werden, wo sie gebraucht wird, und auch das wird die generelle Schwingung auf der Erde erhöhen und das, was „Nichtliebe“ ist, transformieren.

Dieses war mit großer Liebe, Sanat Kumara.

Lara: Liebesbotschaft aus dem Wasser

Hier spricht Lara, ein Wesen aus dem Wasser in einem Delfinkörper. Ich grüße euch alle und bin sehr erfreut, dass ihr dieses Werk in die Hand genommen habt, denn über das Thema Liebe, das in dieser Zeit des Aufstiegs so wichtig ist, kann man gar nicht genug Informationen bekommen.

Ich möchte euch heute erklären, dass die Liebe bei euch selbst beginnt, und zwar in eurem physischen Körper, der zu über 70% aus Wasser besteht. Respektiert und liebt ihr das Wasser, das Wasser eures Körpers?

Wenn ihr Lebensmittel zu euch nehmt, von denen ihr wisst, dass sie das Körperwasser trüben, dann hat das nichts mit Liebe, sondern mit Selbstzerstörung zu tun. Fangt ihr jedoch an, das Körperwasser zu klären, so beweist ihr eurem Körper, euch selbst und der Geistigen Welt genügend Liebe zu euch selbst, um in eurem Prozess schnell vorangehen zu können.

Es gibt viele verschiedene Möglichkeiten, seinem Körper Liebe zu erweisen. Eine davon ist, ein Moorbad zu nehmen. Wenn Delfine oder Wale körperliche Probleme haben (auch bei uns kommt das vor), suchen sie einen Bereich im Meer auf, der voller Mineralien, Schlick, ist, wenn ihr so wollt. In Flussmündungen von nicht verschmutzten Flüssen findet man für diesen Zweck die besten Heilmineralien. Allerdings sind durch die Verschmutzung der Flüsse solche optimalen Plätze selten geworden. Wie dem auch sei, in dem Material, das ihr Moor nennt, ist alles enthalten, was euer Körper zur Reinigung und Heilung benötigt, und so solltet ihr euch hin und wieder ein Moorbad gönnen. Schon beim Aufstreichen, wenn ihr dies ganz zärtlich tut, könnt ihr eurem Körper eindeutige Signale der Liebe senden.

Die Inhaltstoffe des Moores arbeiten nicht nur auf der materiellen Ebene, sondern auch auf der energetischen, und das ist eine Besonderheit, die nicht alle Hilfswerkzeuge besitzen. Nutzt sie und intensiviert die Wirkung auf allen Ebenen, indem ihr meinen Namen „Lara“ als Meditationsmantra während des Moorbades benutzt. Wenn ihr euren Körper und dem Körperwasser auf diese Weise Liebe erweist, wird sich das auf die ganze Welt auswirken.

Ich lebe in den Gewässern um Maui (Hawaii), und wer mich sucht, der wird mich dort finden und begrüßen können. Das ist meine Einladung an euch Menschen: Geht ans Meer, sucht die Delfine und Wale auf, geht im Meer schwimmen, denn ab dem Jahre 2006 wurde dem Meer eine neue „Aufstiegsschwingung“ mitgegeben, die eure Energiekörper noch stärker reinigt als bisher und eine Bewegung der Liebe in diese Energiekörper installiert. Seht euch Sendungen mit Delfinen an, oder besucht uns am Meer. Wir warten auf euch, um mit euch zu tanzen, zu schwimmen, zu jubilieren, denn die Not hier bei uns (wie auch bei euch) hat bald ein Ende. Freude, Freude, Freude! Geht mit der neuen Schwingung, die ihr beim Lesen oder Hören dieser Botschaft aufnehmt, auf uns zu, und ihr werdet Wunderbares erleben: Heilung auf mehren Ebenen gleichzeitig, nicht nur eine kleine Wunde nach der anderen wie bisher, sondern eine Vielschichtigkeit der gleichzeitigen Heilung, die nur aus dem Meer kommen kann, weil das Wasser Eigenschaften hat, die ihr noch gar nicht kennt.

Beginnt mit dem Wasser eures Körpers eine Kommunikation (es ist eine Wesenheit), und es wird euch Problemzonen aufzeigen, die ihr dann bearbeiten und somit die Probleme beheben könnt. Freut euch, freut euch!

Halleluja singen wir hier im Meer, und ab dem Jahre 2007 werdet ihr die unmittelbaren Auswirkungen dieser Arbeit, die im Jahre 2006 begonnen hat, sehen, denn es wird sich etwas im Verhalten der Wale und Delfine verändern, so wie auch ihr etwas in eurem Verhalten ändert, Schritt für Schritt.

Dieses war Lara, in jubilierender Stimmung und Schwingung.

Sananda: Niemand hat größere Liebe…

Ich sitze im Moment in Dießen am Ammersee (ich habe später einen 4-Stunden-Workshop), weil Sananda meinte, hier wäre ein ganz guter Ort, um seine Botschaft aufzunehmen. (Was habe ich früher nur ohne Notebook gemacht?) Immer wenn Sananda zu mir ins Auto steigt oder sonst zu mir kommt, steigen mir die Tränen hoch, da die Liebe, die von ihm ausgeht, sehr berührt. Nachdem ich mir einen himmlischen Erdbeerkuchen gegönnt habe, können wir loslegen:

Hier spricht Sananda, und mein Thema hier ist natürlich auch die Liebe, die Liebe der besonderen Art. Kennt ihr den Ausspruch: „Niemand hat größere Liebe als der, der sein Leben gibt für seinen Nächsten?“ Gleichgültig, wer dies nun wirklich gesagt hat, es ist wahr. Wie ihr wisst, gab ich als Jesus Christus mein Leben aus Liebe zu den Menschen. Die größte Energie, die stärkste Erfahrung, wird kreiert im Augenblick des Todes. Als ich starb, in voll erwachtem Zustand und vollem Bewusstsein dessen, was geschah, wurde die Frequenz der Liebe angehoben. Wie ihr wisst, lag die Schwingung der Erde lange Zeit bei 7,5 Hertz und wurde nun drastisch erhöht. Um die Erde zu ermächtigen, diese rasche Schwingungserhöhung überhaupt zu ermöglichen, musste die Energie der Liebe verändert werden, ihre Stärke musste verändert werden. Das heißt, durch die Religion, die sich um mich bildete, gab es viele Geschehnisse, die die Menschen die unterschiedlichsten Formen der Liebe erfahren ließen. Und es gab viele Erfahrungen, die ihnen den Tod bescherten, den Tod aus Liebe zu mir, zum Vater und zum Heiligen Geist. Jeder, der in meinen Namen starb, trug zur Ermächtigung der heutigen Zeit bei, und, liebe Leser, auch alle, die diese Zeilen nie lesen werden, jeder von euch gab schon mindestens einmal sein Leben im Namen Gottes, beziehungsweise um seinen Glauben zu verteidigen, manchmal auch, um ihn zu verbreiten. Du, und auch du, bist bereits für mich gestorben, so wie ich für dich gestorben bin. Es spielt keine Rolle, welche Hautfarbe du hast, welcher Konfession oder Rasse du heute angehörst. Die Geschichte dauerte lange genug, um allen die Möglichkeit zu geben, für ihren Gott, für ihren Messias, für ihren Glauben zu sterben (und das gilt selbstverständlich nicht nur für die katholische Religion), und somit haben alle dazu beigetragen, große Mengen an Energie, an Liebesenergie freizusetzen, die letztlich dazu führte, dass ihr nun aufsteigen dürft, dass ihr heimkehren dürft, in die höhere Schwingung der Liebe, der Liebe Gottes zu euch, der Liebe zu Allem-Was-Ist.

Niemand hat größere Liebe als der, der sein Leben gibt für seinen Nächsten, und so wird auch der Mensch, der nun bewusst in den Aufstieg geht, sein Leben geben. Nicht, indem er erneut seinen Körper aufgibt und sich neu verleiben muss, nein, dieses Mal wandelt er den Körper so um, dass er sich ab einem gewissen Zeitpunkt wie neu geboren fühlt, ohne noch einmal Baby sein zu müssen. Das bedeutet, dass alle Belastungen und niedrige Schwingungen, die noch im „alten" Leib enthalten sind, herausgelöst werden, um den „neuen Leib", den Leib mit aktiviertem Lichtkörper, zu gebären. Jedes Baby kommt mit aktiviertem Lichtkörper auf die Welt, jedes. Dieses Licht erlischt jedoch innerhalb kürzester Zeit, weil die Dichte der Materie, die Dunkelheit, zu sehr „darauf drückt". Es gibt wenige Ausnahmen, so wie ich eine war, die mit einem besonderen Lichtschutz kommen, damit das Licht eben nicht ausgehen möge, weil sie Licht in die Dunkelheit bringen sollen. Diese Leute nennt man Lichtarbeiter.

Doch nun ist eine Zeit gekommen, in der der Schleier des Vergessens immer dünner wird, indem die Dichte der Materie ständig abnimmt, und dies ist den Menschen zu verdanken, die trotz Anfeindungen und ähnlicher Herausforderungen ihr Licht immer mehr verstärken, es leuchten lassen, so wie du es auch tust!

Dies hebt dich nicht von anderen ab, sondern zeigt nur die Aufgabe, die du für viele Leben, und ganz besonders für dieses, angenommen hast. Mir ist jedes elitäre Denken zuwider, und so seid euch eurer Aufgabe bewusst: Diener für die Menschen in Dunkelheit zu sein, ob diese das nun verstehen und akzeptieren oder nicht, spielt dabei keine Rolle. Ihr hebt die Dunkelheit so weit an, dass auch die Menschen ihr eigenes Licht sehen können, es spüren können, es leuchten lassen können. Ihr sorgt dafür, dass sie sich wieder erinnern, Licht zu sein.

Das ist keine leichte Aufgabe, vor allem, weil viele nicht glauben wollen, dass sie ebenfalls verdichtetes Licht sind.

Ihr gebt wieder euer Leben. Indem ihr aufwacht, gleitet ihr von einem Leben in das andere, von einem „normalen" in ein ungewöhnliches Leben, in das wahre Leben! Und dein Licht wird gebraucht, speziell deine Lichtschwingung wird dort gebraucht, wo du gerade bist, wo du warst und wo du in Zukunft sein wirst! Sei dir dessen immer bewusst: Du leuchtest weit sichtbar, du bist ein Leuchtfeuer für die, die (freiwillig) in der Dunkelheit sind und sich letztlich darauf verlassen, dass ihnen der Weg zurück gezeigt wird, wenn sie ihn nicht selbst finden können.

Abhängig von deinem Tempo ist die Übergangszeit für dich entsprechend lange, mittel oder kurz. Dies hängt natürlich auch von deinen Aufgaben und deiner unmittelbaren Umgebung ab, von deren Dichte.

Wieder gibst du dein Leben, dein altes Leben, und gehst in ein neues. Dein Körper wird im Moment des Übergangs einen speziellen Ruf ausstoßen, den Ruf, den deine Seelenfamilienmitglieder hören werden, auf den sie reagieren werden, so dass sie zu dir kommen können beziehungsweise du erkennen darfst, wer dazu gehört.

Es ist eine großartige Zeit, eine Zeit, die sogar den einen oder anderen Meister noch einmal dazu verlockt herabzukommen, um noch unerledigte Themen zu erlösen, die selbst Meister noch haben können, oh ja. Sie hätten es nicht mehr nötig, sie könnten es auf andere Weise tun, doch sie kommen hierher auf den Schulungsplaneten, auf den Planeten, der die meisten Meister hervorbringt, weil es hier am schnellsten geht, weil hier die Beschleunigung immens ist. Das erspart ihnen und euch wiederum Zeit. Auch ich bin hier, aber nicht als Einzelperson, sondern in vielen Menschen, denn das Christusbewusstsein erwacht, auch in dir, auch in dir, auch in dir.

Gesegnet seiest du und voll der Gnade. Gott ist mit dir, denn er ist in dir. Gegrüßt seiest du in größter Liebe.

Dieses war Sananda.

Nach dieser Botschaft ging ich noch etwas näher ans Ufer des Ammersees und ließ mir den Wind ein wenig um die Ohren wehen, doch der nächste Termin wartete schon, aber ich beschloss wiederzukommen. Ich war zuvor bei der Tassilolinde in Wessobrunn gewesen, die mir eine Botschaft für eines der nächsten Bücher gegeben hatte und war überzeugt, dass noch mehr Orte mich riefen…

Zwillingsflammen, Dualseelen und Seelensplitter

Botschaft von Ashtar zur Entstehung von Seelen

Hier spricht Ashtar. Der eine oder andere wird meine Energiesignatur wiedererkennen und vielleicht erstaunt sein, dass wir uns hier zu Wort melden, doch in einem Buch, das von der Liebe erzählt, wollten wir mit unseren Informationen nicht „hinter den Berg" halten. Mein Stab und ich operieren von einer Art Raumstation, obwohl diese Bezeichnung nicht ganz das trifft, was es ist. Wir erklären das später ein wenig näher.

Was also haben wir zur Liebe zu sagen? Nun, etwas, das eigentlich keine Neuigkeit ist: Liebe ist der Ursprung allen Seins, der Schmierstoff zwischen der Materie, der Grundstoff für die Materie überhaupt.

Warum sollte das ausgerechnet die Liebe sein? Nun, wir definieren „Liebe" als völlige Bejahung allen Seins. Alles-Was-Ist wird aus sich selbst heraus geschaffen, aus dem Bewusstsein, das in Liebe lebt. Wenn dieses Bewusstsein alles erschafft, kann es nur „Ja" sagen zu allem, was es erschaffen hat, was immer es auch ist. Natürlich beinhaltet das auch die Dunkelheit in allen Formen und Ausmaßen, denn auch sie wurde aus der Liebe heraus erschaffen, auch wenn das für einige noch ein Widerspruch zu sein scheint. Das Bewusstsein, das ihr „Gott" nennt, möchte alle Erfahrungen machen, die möglich sind, um sich selbst zu definieren, und wenn wir sagen „alle", dann sind auch alle möglichen Erfahrungen gemeint, auch die der Macht und Ohnmacht, die des Schmerzes und des Leids.

Soweit haben wir euch nichts Neues erzählt, nicht war? Doch nun kommen einige Neuigkeiten. Wie würdet ihr die „Quelle", Gott, wenn ihr so wollt, definieren? Als einen leuchtenden Energieball, der irgendwo zentral „gelagert" ist und aus dem die Seelen „heraustreten" und ausziehen, um ihre Erfahrungen zu machen? Es wird oft von der „Zentralsonne" geschrieben und erzählt, doch dieses Wort ist eine Metapher für etwas, das keinen wirklichen Kernpunkt hat, da es ja überall gleichzeitig vorhanden ist. Die Zentralsonne ist also im Grunde alles, was es gibt, wenn auch Bewusstseinsfokusse vorhanden sind, also Kondensationspunkte.

Was ist solch ein Bewusstseinsfokus? Aus eurem Verständnis heraus würdet ihr so etwas einen Gott nennen. Ein göttlicher Bewusstseinsfokus ist beispielsweise eure Sonne. Nicht umsonst und nicht aus Unwissenheit wurde und wird sie als eine Art Gottheit verehrt, wenn es auch keine ist, die direkt in das Geschehen auf der Erde eingreifen würde oder darf, und dennoch ist da Bewusstsein einer hohen Stufe. Es schadet daher nicht, sie auch hin und wieder zu grüßen, und es macht ihr Freude.

Wie definieren wir Bewusstseinsfokus? Nun, ihr könnt euch als weitere Metapher vorstellen, dass ein Staubsauger durchs All fährt und Sternenstaub „einsaugt" und kondensiert, und dieser Staubsauger hat eine Öffnung, aus der dann eine geballte Ladung dieses Sternenstaubes austritt. Diese „Ladung" hat eine Komprimierung erfahren, eine Verdichtung, die im Inneren „Hitze" erzeugte, und diese Hitze ist die Initialzündung für ein Aufflammen. In dem Moment, in dem es aus der Quelle heraustritt, geschieht dieses Aufflammen, Bewusstsein wird geboren, Bewusstsein mit einem Fokus, das heißt: Es ist sich seiner selbst bewusst und hat ein Ziel: Erfahrungen sammeln! Dieser Bewusstseinsfokus hat in diesem Universum eine zweifache Polung. Außerdem treten diese Bewusstseinsfokusse mindestens paarweise aus der Quelle, in der Regel jedoch als Cluster, als Seelenfamilien, wenn ihr so wollt, auch wenn sie noch keine Seelen in eurem Sinne sind. Diese Paare innerhalb der Gruppe könnte man als Zwillingsflammen bezeichnen, doch bei genauerer Betrachtung sind es Mehrlinge und nicht nur Zwillinge.

Es gibt nun, wie gesagt, eine erdnahe Raumstation, auf der mein Stab „stationiert" ist. Hier auf dieser Basis geschehen außerordentliche Dinge, speziell für die Art der Erfahrungen, die die Seelen auf der Erde und anderswo machen wollen. Dafür wird diese Zwillingsflamme geteilt, das heißt, die, die bis dahin „Hand in Hand" existierten, lassen los. Hier geschieht der erste Trennungsschmerz, und nicht beim Austreten aus der Quelle, weil sie zu diesem Zeitpunkt noch vollkommen angeschlossen sind. Durch das Loslassen werden diese zwei Teile ihrer jeweiligen „Polung" zugeführt. Es ist nicht das, was Dualseelen genannt wird, sondern was Mutter Maria im ersten Band des Regenbogenzeitalterzyklus das „Paarweise austreten" genannt hat. Einerseits ist da also noch eine Einheit beim Austritt, jedoch eine, die darauf vorbereitet wurde, sich gleich wieder zu trennen, und dennoch entsteht schon die erste „Wunde", wenn ihr so wollt. Diese getrennten „Einzelexemplare" können nun Seelen genannt werden, vorher waren sie nicht seelisch-individuell, sondern ein Bewusstseinsfokus der göttlichen Quelle, der noch vollständig im Einheitsdenken und -fühlen ist und sich zwar zu einer „kleineren" Einheit aus Sternenstaub „gesammelt" hat, aber vollständig im Bewusstsein der Einheit steht, handelt, denkt und fühlt.

(Was ist hier der Unterschied zu dem Bewusstsein von Kristallen, das

ja ebenfalls existiert und ein „Ich-bin-Bewusstsein" besitzt? Auch ein Kristallbewusstsein tritt ja irgendwie aus der Quelle, aber bei ihm fehlt die Hitze des Aufflammens, und das gilt für viele Arten von Bewusstsein. Erst durch verschiedene Erfahrungen in unterschiedlichen Lebensformen kondensiert sich dieses Bewusstsein so stark, dass es zu einer Seele entflammt wird. Es gibt also Leben, das von Anfang an Seele hat, aber auch eine zeitlang in einem Kristall existieren kann oder andere Formen des Lebens annimmt. Und es gibt Bewusstseine, die sich erst hin zur Seele entwickeln wollen, und hierzu gehören auch die aus dem Reich des Blauen Volkes. Das soll hier natürlich keine Wertung sein, sondern nur unterschiedliche Entwicklungswege aufzeigen. Wenn ihr also mit Kristallen arbeitet, solltet ihr den Unterschied im Bewusstseinsgrad kennen. Manche Kristalle arbeiten mit euch, um zu erwachen, manche sind bereits wach. Doch das nur am Rande.)

Diese Trennung der gepolten Einheit wird also hier bei uns auf der Station ausgeführt. Wir haben sie zur Erde verlegt, schon vor Äonen, weil hier die meisten Seelen gebraucht werden und wurden, obwohl die Splitter dann oft weit weg gehen, um auch außerirdische Erfahrungen zu sammeln, und dann zurückkehren. Obwohl es eine Polung gibt, sind diese Einzelwesen doch (noch) androgyn. Die Polung schlägt sich in der Vorliebe für ein bestimmtes Geschlecht nieder, so dass zum Beispiel eine weiblich gepolte Seele von 200 Inkarnationen davon 150 als Frau vornimmt, um nur ein ungefähres Verhältnis zu nennen. Im Prinzip kann man es nicht verallgemeinern, weil es die individuellen Aspekte gibt, die sich mit jeder Inkarnation mehr präzisieren und „herausgearbeitet" werden. Genau aus diesem Grund treten Bewusstseinsfokusse aus der Quelle heraus, um für sich selbst zu definieren, wer und was sie sind, welche Eigenschaften sie haben, und wenn sie innerhalb des großen Plans genug erfahren haben, kehren sie wieder in die Quelle zurück.

Diesen zwei Einzelteilen (Seelen) werden für ihren Weg „Filme" vorgeführt, Filme mit Möglichkeiten, was an Aufgaben ansteht oder an Erfahrungen möglich ist. Es wird ihnen die ganze Bandbreite der Schöpfung gezeigt, damit sie Entscheidungen treffen können, was sie tun wollen, was sie lernen wollen, was sie erfahren wollen. Hier kann sich eine Seele beispielsweise entschließen, erst einmal als Sonne zu dienen und später in „niedrigere" Seinsbereiche einzutreten. Sie kann sich aber auch erst für die „niedrigeren" Gefilde entscheiden und sich so weit hocharbeiten, um später als Sonne dienen zu können. Alles ist möglich, alles ist erlaubt.

Wege gibt es hier so viele wie Bewusstseinsfokusse.

Um eine möglichst große Bandbreite an Erfahrungen in kürzester Zeit zu ermöglichen (und wie ihr wisst, definieren wir Zeit ganz anders als ihr), wird nun eine weitere Trennung vorgenommen. Es kommt zu dem Phänomen, das man Dualseelen nennen könnte, denn eine in sich geschlossene Einheit wird getrennt, und zwar eine seelisch-indiviuduelle, eine bewusste Einheit. Mit jeder Trennung wird die Polung stärker, und auch der Schmerz. Nennen wir die Pole einmal männlich und weiblich. Kompliziert wird es, wenn die Seele von vorneherein in Seinsbereiche möchte, in denen Trinität herrscht, denn dann geschieht keine Zwei- sondern eine Dreiteilung, doch gehen wir vom einfachsten „Fall" aus.

Hierbei geschieht nun Folgendes: Diese Trennung, die wiederum hier auf unserer Station geschieht, ist wie die Teilung einer Amethystdruse. Eine Einheit wird also „auseinandergeschnitten", wobei, wie bei euch auch, „Späne" anfallen.

Es bleiben zwei große Hälften übrig, doch es sind die „Späne" beziehungsweise Splitter, auf die es in gewisser Hinsicht ankommt.

Die großen Stücke, die übrig bleiben, könnte man Höhere Selbste nennen, die nun eine Art Schaltzentrale bilden, bei der alle Erfahrungen der „Splitter" gesammelt und ausgewertet werden und in der jedes „Leben" geplant wird. Die Splitter haben die freie Wahl, welches der beiden Hohen Selbste sie als Zentrale nehmen möchten. Faszinierend dabei ist, dass in jedem „Splitter" die Essenz des Ganzen enthalten ist, also ist im Prinzip jeder Splitter eine ganze Seele. Das Einzige, was sich bei der Trennung reduziert, ist die Fähigkeit, die Frequenz der absoluten Liebe zu halten, also die Verbindung zu Allem-Was-Ist. Diese Verbindung bleibt zwar bestehen, aber sie ist nicht mehr permanent im Bewusstsein sondern blitzt immer einmal auf, wenn man durch irgendwelche Maßnahmen „zufällig" (kleiner kosmischer Witz) auf diese Frequenz stößt. Um auf diese Frequenz zu stoßen, bedarf es der Hingabe. Sie ist der Schlüssel zur Frequenz Gottes. Also haben alle Religionen irgendwo Recht, nicht wahr?

Doch zurück zur Seelenteilung. Hierbei gibt es Regelungen, wie viele Splitter entstehen dürfen und können. Es gibt eine Ordnung hinter all dem. Dies hängt wiederum von den Aufgabenstellungen ab, die sich die Seele gestellt hat. Entgegen der weit verbreiteten Meinung, dass es nur bis zu zwölf sein können, gibt es hier zwar numerische Regeln und Grenzen einzuhalten (zum Beispiel, dass die Zahl der sich bildenden Splitter immer durch zwei teilbar sein muss, was mit der Art der Dualität, die auf der Erde erfahren werden kann, zusammenhängt), doch gibt es keine Grenze der Aufsplitterung generell.

Aus meiner Sichtweise muss ich sagen leider, denn das führte zu ziemlichen Problemen auf der einen Seite, andererseits zu enormen Wachstums- und Erfahrungsmöglichkeiten.

Da es keine Begrenzung in der Aufsplitterung gab und gibt, entschlossen sich einige Seelen, sich so weit aufzusplittern, wie es in der Dritten Dimension möglich war, und das sind 12 x 12, also 144 Einzelsplitter, die auf zwei Hohe Selbste verteilt wurden. (Ihr werdet immer wieder feststellen, dass dieses zwölfdimensionale Universum, die gesamte Mathematik und die Geometrie auf der Zwölf aufgebaut ist.)

Wirklich kompliziert wird dies alles, wenn man bedenkt, dass es auch so etwas wie „Austauschsplitter" gibt, dass also einzelne Seelenaspekte ein „fremdes" Hohes Selbst wählen können, wenn von dort jemand bereit ist, ebenfalls zu wechseln. Dies geschieht, um neue Energie, neue Erfahrungen zu ermöglichen, und manchmal bleibt der „Austauschstudent" für immer, weil er sich vollständig in die neue Seelenfamilie eingebracht hat. Auch auf diese Weise entsteht Neues, entsteht Wachstum, denn er bringt ja das volle Potenzial des ursprünglichen Bewusstseinsfokus mit.

Nun ist es so, dass jede Teilung durch die Reduzierung der Fähigkeit, die Frequenz Gottes zu halten, eine Verminderung im Fühlen der Liebe mit sich bringt, da weniger von der ursprünglichen „Masse" vorhanden ist. Ihr könnt euch das so vorstellen: Ein Glas Wasser (die Seele) symbolisiert ein bestimmtes Maß an Liebe, schüttet man nun die Hälfte in ein anderes Glas und verschüttet dabei noch einige Spritzer, so haben die Spritzer (also Seelensplitter) ein geringeres Maß an der Liebe als das halbe oder gar das ganze Glas. Aber es ist immer noch das gleiche Wasser mit den gleichen Eigenschaften. Bitte, das sind nur Metaphern, um euch Metaphysik in verständliche Begriffe zu übersetzen.

Die größtmögliche Liebe zu fühlen geschieht in der vollständigen Einheit mit der Quelle, ohne direkten Bewusstseinsfokus. Die nächst mögliche „geringere" Stufe, weniger Liebe zu erfahren, geschieht durch den Austritt der Quelle, da man aber noch vollständig angebunden ist, ist der Unterschied nur gering. In diesem Zustand ist man noch mit allen Mitgliedern der ursprünglichen Seelenfamilie bewusst verbunden. Findet man nun auf der Erde seine Seelenfamilie wieder (zumindest die inkarnierten Teile; und man findet sie erst, wenn alle einen gewissen Reifegrad zurückerhalten haben), ist eine Annäherung an diese Liebesfrequenz möglich, soweit sie in der dichten Materie überhaupt möglich ist. Der größte „Sprung" nach unten, also weniger Liebe zu erfahren und zu fühlen, ist die Trennung der Duale, daher kann es auch so eine gigantische Erfahrung sein, wieder auf sein Dual zu treffen. Man macht in der Liebesfähigkeit einen gewaltigen Bewusstseinssprung nach oben, wenn man auf seine andere Hälfte trifft. Das heißt nicht unbedingt, dass dann immerwährende Glückseligkeit herrscht, wohl aber dass hier das größtmögliche Wachstum in allerkürzester Zeit (es können auch nur Wochen oder Monate sein) erlebt wird.

Wenn Duale aufeinandertreffen, wird ein Energiestrom in Gang gesetzt, der dazu dient, die Unterschiede, die sich in der langen Zeit der Trennung gebildet haben, auszugleichen. Dies kann sich in einer wundervollen, lange währenden Partnerschaft ausdrücken. Es kann aber auch in einer „Affäre" von nur wenigen Wochen geschehen. Hier ist alles möglich, je nachdem, was auf einer höheren Ebene vereinbart wurde. Wenn der Energieausgleich abgeschlossen ist, können sich die Wege wieder trennen, müssen es jedoch nicht. Die „Amethystdrusen" werden sozusagen wieder zusammengesetzt. Wenn die Partnerschaft aus irgendwelchen Gründen wieder auseinandergeht, wird diese „Druse" jedoch nicht auseinandergerissen, sie bleibt energetisch bestehen, weil jede der Hälften dann „ganz" ist. Diese Ganzheit wird dann jedoch dupliziert, wenn ihr so wollt, geklont, weil in dieser besonderen Zeit sehr viel Ganzheit, Einheit, benötigt wird. Diese ganzen Einheiten werden dann auf die Suche nach einer noch höheren Partnerschaft gehen. Das könnte die Zwillingsflamme sein oder jemand aus der Seelenverwandtschaft. Also, das Dual zu suchen und zu finden garantiert nicht das, was ihr euch darunter vorstellt, kann jedoch geschehen, und es wird für viele so eintreffen, weil genau diese Vereinigungsenergie nun benötigt wird.

An dieser Stelle möchten wir mit einem Mythos aufräumen, denn ihr geht zwar paarweise aus der Quelle hervor, das heißt jedoch nicht, dass genau diese Paarung auch wieder in die Quelle zurückgeht. Das größtmögliche Wachstum liegt in der Veränderung, und so kann es geschehen, dass Zwillingsflammen im Zuge ihrer Wanderschaft durch die Materie auf jemanden stoßen, zu dem sie „in Liebe entflammen", und wenn diese Liebe durch viele Zeitalter erhalten bleibt und dabei sogar wächst, egal wo der andere sich gerade befindet, kann es sein, dass einer von ihnen seine Seelenfamilie verlässt und in die andere aufgenommen wird. Versteht bitte, die Seele, beziehungsweise die Flamme, bildet trotz der Trennung immer eine Einheit, also alle Teile bleiben miteinander verbunden, so wie auch ihr alle untereinander verbunden, vernetzt seid, weil ihr Teile eines größeren Ganzen seid. Wenn also „Flammen“ sich begegnen und zur allgemeinen Liebe zueinander eine sehr persönliche wird, müssen alle „Splitter“ diese Liebe teilen, da sie ja letztlich wieder zu einer Einheit werden, die nicht mehr getrennt werden wird, sondern irgendwann in die Quelle zurückkehrt. Diese muss mit der Einheit, die in die Seelenfamilie eintreten will, vollständig kompatibel sein, und zusätzlich noch mit jedem einzelnen Mitglied der Seelenfamilie. Seht ihr, wie kompliziert und doch einfach das ist? Alle Mitglieder der Familie sollen also schließlich zusammenpassen, und dafür wird Wachstum und Veränderung von jedem verlangt, und wenn alle es wollen, sind die Bemühungen entsprechend groß. Wie ihr vielleicht erkannt habt, spreche ich auch von eurem ganzen Universum: Alle Mitglieder haben sich in verschiedene Richtungen entwickelt und beschreiten nun einen Pfad, der letztlich wieder zu einer großen Einheit zusammenführt, und dann beginnt ein neuer Zyklus.

Zu den menschlichen Familien gibt es einen großen Unterschied: Ihr müsst die angeheirateten Mitglieder aufnehmen, ob ihr wollt oder nicht, und daraus resultieren so manche Schwierigkeiten, nicht wahr? Auf der Seelenebene ist das anders. Im Prinzip „heiratet“ der neue Partner eine ganze Familie, und nicht nur eine Wesenheit. Damit das funktionieren kann, wird auf viele Welten und in vielen Leben getestet. Das heißt, das neue Mitglied wird mit den anderen Familienmitgliedern in verschiedenen Konstellationen konfrontiert und ein energetischer Abgleich erfolgt. Verläuft das positiv, dürfen irgendwann und irgendwo alle aufeinandertreffen, und eine gewaltige Welle der Liebe wird freigesetzt. Das gilt jedoch für alle aufeinandertreffenden Familien, nicht nur für die, die ein neues Mitglied aufnehmen.

Mit der Sonnenfinsternis am 29.03.2006 wurde genau solch ein Ruf ausgesandt: Findet alle eure Seelenfamilie, ob nun noch mit den ursprünglichen Mitgliedern oder mit neuen, spielt erst einmal keine Rolle, obwohl die Familien mit neuen Mitgliedern die stärkste Liebesenergie produzieren, weil hier ein Neuheitsgrad herrscht, also noch mehr Wachstum. Das soll keine Wertung sein, sondern nur den energetischen Grad aufzeigen. Für denjenigen, der in eine neue Familie kommt, muss einer sich bereit erklären zu gehen, weil die ursprüngliche Anzahl aus verschiedenen Gründen erhalten bleiben muss, zumindest was den inneren Kreis betrifft. Der äußere Kreis der Familie kann aus beliebig vielen Mitgliedern bestehen.

Hinzu kommt nun noch Folgendes: Ebenfalls durch die Sonnenfinsternis veranlasst, wurden nun alle jene mit einer Erinnerung bestrahlt, die ein Bündnis geschlossen haben. Solch ein Bündnis der Liebe betrifft zum einen „Neupaarungen" von Zwillingsflammen, aber auch Bündnisse zwischen Seelenfamilien. Es finden sich also nicht nur diese zusammen, sondern auch Bündnispartner ganz allgemein. Immer ist es jedoch ein Bündnis, das damit zusammenhängt, dass eine größere Liebesschwingung produziert und eine höhere Schwingung der Liebe auf der Erde verankert und gehalten wird.

Doch nun zurück zu den Seelensplittern. Je mehr Splitter eine Seele hat, desto geringer ist die Möglichkeit für die einzelnen Splitter, Liebe zu fühlen, und genau aus diesem Grund wird überhaupt geteilt, denn die Bewusstseinsfokusse, die aus der Quelle treten, wollen auch Erfahrungen von geringerer Liebe machen, um daran zu wachsen, um herauszufinden, ob und wie sie wieder zu größerer Liebe zurückfinden.

Damit die Splitter nicht zu schnell wieder zusammenfinden, wurde das Chakrensystem „erfunden", das den Energiezufluss und, wenn man so will, die Intensität der einstrahlenden Liebe zusätzlich reguliert, denn die Quelle strahlt ihre Liebe ja überallhin aus.

So gibt es verschiedene Systeme und Möglichkeiten, diese Liebesenergie zu verringern oder auch zu verstärken, je nachdem, was gerade benötigt wird. Und ein Teil dieses Systems sind die Elohim, die wir an anderer Stelle schon erwähnt haben.

Rund um die Quelle (und das ist nicht wirklich räumlich gemeint) gibt es also Bewusstseinsfokusse, die die Quellenergie reduzieren und gleichzeitig sammeln, um sie konzentriert abstrahlen zu können. Diese Bewusstseinsfokusse sind die Elohim, Schöpfergötter, wenn ihr so wollt. Sie haben eine riesige Schar an Wesenheiten zur Verfügung, um gezielt mit den Energien arbeiten zu können, und das sind die Engelwesenheiten, die so etwas wie einzelne Chakren bilden, und zwar für bestimmte, nun schon sehr differenzierte Energien. Die Elohim dienen also auch dazu, die allgemeine Quellenergie aufzusplitten, das heißt, zu differenzieren.

Engel wiederum können nun differenzierte Energie zu neuen Bündeln „schnüren" und damit direkt an Seelen oder deren Splitter arbeiten, sie zu Planeten schicken und ähnliche Dinge tun.

Es sind nun viele, viele Engel hier, um genau auf diese Weise zu arbeiten. Sie strahlen gezielte Energie, zum Beispiel auf die Splitter ab, die das Potenzial haben, das Höhere Selbst zu sich herunterzuholen, also den spirituellen Weg zu gehen. Nehmen wir ein System von zwölf Splittern und zwei Hohen Selbsten als Beispiel. Anhand der gesammelten Daten und Erfahrungen, die in den Hohen Selbsten gespeichert sind, wird nun je ein Splitter aus jeder Gruppe ausgewählt und gezielt mit Energie „bombardiert".

Es kann natürlich sein, dass keiner aufwachen will, und so drehen alle weiter ihre „Inkarnationsrunden", bis einer „die Nase voll hat" und aus dem Karmaspiel raus will. Und so ist der sehr unterschiedliche Stand der spirituellen Entwicklung einzelner Menschen zu erklären, wobei auch zu berücksichtigen ist, dass ja nicht alle Monaden gleich alt sind, es gibt junge, alte, mittlere und Teenager, wenn ihr so wollt. Wie ja inzwischen bekannt ist, verlassen die Teenagerseelen, die noch gerne" Cowboy und Indianer" gespielt haben, nun langsam die Erde, weil dieser Planet nun in ein wunderbares Stadium tritt, das alte Seelen benötigt.

Der Splitter einer Seele, der sich entscheidet zu erwachen, integriert nach und nach die anderen Splitter seiner Gruppe, das heißt, die Entscheidung, nicht zu erwachen, bedeutet für die anderen Mitglieder der Gruppe, ihre gemachten Erfahrungen, die seit Austritt aus der Quelle auf eine Datenbank „geladen" wurden, auf das Hohe Selbst, auf den Erwachenden, zu übertragen, wobei der Erwachende nach und nach das Hohe Selbst „herunter" in seinen Körper zieht, so dass er mit der Zeit Zugriff auf das gesamte Wissen der Gruppe hat. Manchmal bedeutet das, dass die nicht Erwachenden auch ihren physischen Körper aufgeben, doch muss das nicht so sein. Es geht eher darum, die Verbindungen, die zwischen allen Seelensplittern von Anfang an vorhanden sind, wieder zu erinnern, zu aktivieren, wenn du so willst, und sie als Datenautobahnen zu (be)nutzen. Wenn also deine Chakren stärker aktiviert werden (was bei dem einen oder anderen auch tatsächlich fühlbar ist), dann heißt das auch, dass die Verbindungen innerhalb deiner Gruppe von Landstraßen zu Autobahnen „ausgebaut" werden und daher Energie-, sprich Datentransfer zur Alltäglichkeit wird und nicht nur sporadisch erfolgt, wie es bisher war.

Am intensivsten sind diese Vorgänge, wenn das Dual in den Erwachenden „einfließt". Wenn also von der zweiten Gruppe keiner erwachen möchte, schließen sich alle in einem zusammen, der dann als Gesamtheit der ganzen Gruppe in den Erwachenden der anderen Gruppe integriert wird.

Das Treffen auf das Dual kann also zu einem wunderbaren Leben in sehr großer Liebe führen, und dadurch auch zu Wachstum oder Zusammenfließen zweier Duale in einer lebenden Person. Wenn dies so ist, ist es eine kurze, aber sehr heftige gemeinsame Zeit. Es kann jedoch auch „nur" eine heftige Zeit sein, weil der Energiefluss sehr stark und schnell ist, und dann trennen sie sich wieder. Es gibt also drei Möglichkeiten, oder, genau genommen vier, denn es können auch Duale aufeinandertreffen, die sich nicht erkennen, und es entsteht eine oberflächliche Beziehung, oder gar keine. Also gibt es sogar fünf Möglichkeiten. Die letzten zwei betreffen die meisten Inkarnationen davor, denn die Seelenfamilie arbeitet ja zusammen, und so trifft man immer wieder auf die gleichen Wesenheiten. Die ersten drei Möglichkeiten treffen jetzt immer häufiger ein.

Treffen Duale zusammen, die es langsam angehen lassen, war das ein Beschluss der Seele, sich Zeit zu lassen. Stirbt eine der beiden, folgt der andere bald, und sie vereinen sich oft zu ihrer Ganzheit außerhalb der irdischen Seinsebene.

Weil nun zum einen unglaublich viel Arbeit ansteht, und zum anderen viel Vereinigungsenergie benötigt wird, wurde am 30.09.2005 der Ruf an 144.000 Dualseelenpaare ausgesandt, Vereinigungsenergie zu feiern, so nennen wir auch den Austausch von sexuellen Energien, doch das Aufeinandertreffen von Dualen kann auf vielfältige Art geschehen, Sexualität ist nur eine der möglichen Varianten.

Hat ein Mensch den Energieausgleich zwischen seinen Seelensplittern und seinem Dual erfolgreich durchgeführt, kann sich das durch eine starke Reaktion im Energiesystem auswirken. Dies ist noch einmal eine andere, stärkere Art der Vibration als beim Vereinigten Chakra, und die Schwingung ist mehr „quer" als „hoch und runter". Es ist ein schwierig zu beschreibendes Konzept.

Stellt euch vor, dass beim Vereinigten Chakra sieben Chakren zu einem zusammengeschlossen werden und sich so schnell drehen, dass die Drehung zu einer Vibration, einem Pulsieren wird, das sich vertikal aufschwingt. Hier wird die Verbindung zur göttlichen Quelle, „nach oben", wenn ihr so wollt, wieder enorm verstärkt.

Beim Ganzwerdungsprozess ist das Pulsieren horizontal, weil die einst getrennten Seelen sich wieder vereinigen. Wenn man so will, werden die einst getrennten „Amethystdrusen" wieder miteinander verschmolzen. Einheit, Ganzheit wird hergestellt. Da die Menschheit ein Kollektiv bildet, hat das eine große Auswirkung auf dieses. Es verbindet sich immer stärker miteinander, was sich auch durch Ereignisse im Außen zeigen wird, nämlich dann, wenn eine kritische Masse erreicht ist, und wenn man genau hinsieht, ist dies bereits sichtbar. Es gab in den letzten Jahren mehrere Möglichkeiten für Weltkriege, doch es kam keiner.

Je nachdem, welche Erfahrungen alle Splitter gemacht haben, kann es im Inneren der wieder hergestellten Einheit sehr turbulent zugehen, und das gilt auch für die Duale, die sich als Paar finden, denn die Energie, die hierbei entsteht, ist eine unglaublich hohe Heilschwingung, da etwas Getrenntes wieder „heil", wieder ganz wird. Also erfolgt nicht nur eine Heilung für die beteiligten Personen, sondern bei jedem Aufeinandertreffen von Dualen (gleichgültig wie die Verschmelzung selbst aussieht, oder wann sie erfolgt) wird Energie in ein Morphogenetisches Feld gegeben, das durch das Erscheinen des Buddha kreiert wurde.

Wir können gar nicht genug betonen, wie bedeutend sein Kommen war. Er war der erste, der in einem physischen Körper auf der Erde sein Dual verschmolzen hat und vorher alle Splitter eingesammelt hatte! Dies wurde niemals zuvor auf der Erde bei „lebendigem Leibe" getan! Ja, er hat eine neue Religion gegründet, aber die tiefere Bedeutung dessen, was er alles bewirkte, wird erst in der heutigen Zeit Stück für Stück offenbart werden.

Wann geschah diese Verschmelzung? In der Zeit, in der er „erleuchtet" wurde, in der er sich an alle seine Leben erinnern konnte, als er seinen großen Kampf gegen Mara führte. Als er unter dem berühmten Baum saß und all dies durchlebte, wurde seine Aura so groß, dass sie die ganze Erde umfasste und das Feld schuf, das wir Vereinigungsfeld Nummer 1 nennen möchten. Wie ihr an der Nummerierung sehen könnt, gibt es noch mehr dieser Felder, über die wir später berichten werden. Dieses Vereinigungsfeld Nummer 1 enthält die stärkste Heilschwingung, die derzeit auf der Erde produziert werden kann. Es ist also von unglaublicher Wichtigkeit, und dieses Feld fängt nun an zu wachsen, nämlich immer dann, wenn Duale aufeinandertreffen. Das können selbst Teenager sein, die sich nur einmal kurz kennenlernen und dann wieder trennen. Jedes aufeinandertreffende Paar trägt zum Wachstum des Feldes Nummer 1 bei.

Nur drei weitere Menschen haben diesen Dualseelenzusammenschluss in einem noch lebenden Körper bisher erlebt, doch wird es noch einige mehr geben, nämlich ab dem Jahre 2007.

Was unterscheidet diese Menschen von den anderen? Nun, sie haben zum einen eine voll aktivierte Zwölf-Strang-DNA, doch das reicht noch nicht aus. Sie müssen Teil des Kollektivwesens namens Metatron sein, doch auch das genügt nicht, denn sie müssen Ermächtigung von der Gottquelle erhalten haben, dieses auf der Erde zu tun! Und das ist letztlich das Entscheidende. Wir wollen diese Menschen nicht besonders hervorheben. Was wir wollen ist, euch klarmachen, dass außerordentliche Zeiten für euch angebrochen sind, denn von diesen Menschen wird es nach und nach immer mehr geben, denn sie bilden die neue Rasse, von der andernorts schon gesprochen wurde. Doch auch die neue Rasse soll nicht von den anderen Menschen getrennt werden, denn sie werden kaum zu unterscheiden sein, es sei denn, sie haben den Sonderauftrag erhalten, in der Öffentlichkeit zu arbeiten. Was sie jedoch alle auszeichnet ist, dass sie Diener der Menschen sind, und somit auch der Erde! Und was sie ebenfalls auszeichnet ist die große Liebe, die von ihnen ausgeht. Sie bringen nicht Trennung, sondern Einheit und die Liebe zu Allem-Was-Ist.

Kehren wir von diesem Ausnahmefall wieder zur Regel zurück, eine Regel, die bis vor kurzem noch gar nicht möglich war und nun bald zum Alltag gehören wird. Die Splitter einer Monade, also ein Bewusstseinsfokus, der sich aufgeteilt hat (und um bei unserem Beispiel zu bleiben, in zwei Hälften mit je sechs Splitter), sammeln nun Erfahrungen und kommen eines Tages zu einer Konferenz zusammen und bemerken, dass die Aufteilung nicht ausreichend war, um den vollen Umfang des vorgenommenen Planes zu realisieren. Sie stellen dann bei uns hier auf „RE-AI", so könnte man unsere Station nennen, einen Antrag auf weitere Aufsplittung. Dieser Antrag wird geprüft, und wenn es zur Planerfüllung notwendig ist, wird ihm stattgegeben, und es werden weitere Aufteilungen vorgenommen. Jeder der zwölf Teile wird noch einmal aufgeteilt, und so kann es eine ganze Weile weitergehen, bis eine maximale Anzahl an Mitgliedern der gleichen Seelenfamilie erreicht ist. Dies sind dann die Seelenfamilien. Das heißt nicht, dass die meisten Menschen nur ein winziges Stück Seele eines großen Ganzen haben, denn es bestehen ja nach wie vor die Verbindungen zu den jeweils übergeordneten Instanzen, so dass jeder Splitterteil jederzeit auf das Wissen und Können des Ganzen zurückgreifen kann und dieses auch tut. Die Aufteilung ist nur scheinbar und dennoch fühlbar, nämlich zum Beispiel durch den starken Wunsch, sie zu beenden und den menschlichen Körper aufzugeben, um in die Einheit zurückzukehren. Alle Wesenheiten haben diesen Wunsch, weil die Erinnerung an die Gesamtheit, an die Ganzheit, noch tief in ihnen steckt. Bei dem einen ist diese Erinnerung stärker, was sich in starker Todessehnsucht äußern kann, bei dem anderen schwächer. So, wie es Verbindungen „nach oben" bis zur höchsten Instanz, Gott, wenn ihr so wollt, gibt, gibt es auch Querverbindungen zu allen Mitgliedern des gleichen Verbundes, und wenn die Zeit reif ist, werden diese Verbindungen genutzt, um einige wieder zusammenzuführen. Dieser Verbund an Teilseelen ist quer durch alle Zeiten immer wieder miteinander inkarniert, nur werden die Rollen ständig getauscht, so dass jeder alle Erfahrungen machen kann, die möglich sind. Es kann die Großmutter als Enkelin wiederkommen usw.

Eine Seelenfamilie ist hingegen eine größere Einheit, nämlich der Verbund aus Bewusstseinsfokussen, die gemeinsam aus der Quelle ausgetreten sind und nur sehr selten aus nur zwei bestehen, sondern in der Regel „Mehrlingsgeburten" sind. Das heißt, dass ihr mehr als einen Seelenpartner haben könnt, nämlich jedes Mitglied dieses Verbundes kann zu einem Seelenpartner werden. Es steht nirgendwo geschrieben, dass man mit der Zwillingsseele, mit der man aus der Quelle ausgetreten ist, auch wieder eintritt. Zu dieser Zwillingsseele ist die Sehnsucht am größten, aber, wie gesagt, es heißt nicht, dass das der Idealpartner sein muss. Wie ihr aus der Erderfahrung wisst, ist manchmal das Fremde, das Exotische reizvoller als das Bekannte. Kompliziert wird es also, wenn Verträge zwischen verschiedenen Seelenfamilien existieren, um auch „fremde" Energie mit in den Erfahrungsaustausch einfließen zu lassen, und diese Verträge existieren, oh ja, sie existieren. Und daraus kann noch größere Liebe entstehen.

Doch die größten Schmerzen, das größte Leid, wird euch oft von einem Mitglied der eigenen Seelenfamilie zugefügt, denn er/sie erklärte sich dazu bereit, um dir die Erfahrung zu bescheren, aus der du möglichst viel lernen wolltest. Um dir dieses Wachstum zu ermöglichen, nimmt die andere „Partei", nennen wir sie einmal so, Karma auf sich, und dies geschieht aus Liebe. Nur aus Liebe kann jemand dazu bereit sein, und das ist wohl eine der schwierigsten Erkenntnisse überhaupt.

In diesem Bewusstsein könnt ihr lernen, all jenen zu vergeben, die euch Leid zugefügt haben, denn auch sie müssen darunter leiden, da sie ihr Karma ja wieder auflösen müssen. In diesen besonderen Zeiten kommt jedoch die göttliche Gnade sehr stark ins Spiel, so dass Karma auch durch Gnade und nicht mehr nur durch leidvolle Erfahrungen aufgelöst werden kann und darf. Und dennoch ist es wichtig für euch, denen zu vergeben, die euch zu Wachstum verhalfen, denn das hilft euch wiederum, zur eigenen Mitte zu finden und befreit die anderen von karmischen Lasten. Dies ist einer der wichtigsten Akte der Liebe: Vergebung! Nach der Vergebung kommen das Verstehen und die Akzeptanz, dass alles so sein musste, wie es geschah, und wenn ihr dieses gemeistert habt, kommt die Dankbarkeit, die Dankbarkeit für das enorme Wachstum, das ihr geschenkt bekommen habt!

Nun, in dieser Zeit des Aufstiegs sammelt ihr eure „Einzelteile", eure Seelensplitter, wieder ein. Dieses nennt man Kymische Hochzeit, und mit jedem wieder integrierten Einzelteil wächst in euch auch wieder die Kraft der Liebe. Die Aufsplittung hatte ja bewirkt, dass die Fähigkeit, Liebe zu fühlen, geringer wurde. Dazu haben aber auch die Erfahrungen in der Inkarnationskette beigetragen. Ihr könnt euch das so vorstellen: Jeder Splitter ging mit seinem Lichtkörper in ein Leben. Dieses Leben bescherte ihm Erfahrungen, angenehme und unangenehme. Die unangenehmen blieben als Schatten so lange auf seinem Lichtkörper haften, bis er sie wieder aufgelöst hat. Mit jedem weiteren Leben wurde nun der Schatten immer stärker, immer dicker, immer dichter. Das ist das, was Kryon „den Teer" um einen Menschen nennt. Es ist der Panzer, wie es Kosmonati in Band 1 bezeichnet. Mit zunehmender Dichte des Panzers wurde auch die Fühligkeit weiter eingeschränkt, Fühligkeit jeder Art. Dazu gehörte natürlich auch die Liebe. Die Interaktion der menschlichen Energiefelder miteinander geschieht zwar noch, aber durch die Dichte des Panzers kann nur ein Bruchteil der Informationen hindurchdringen und somit ausgewertet werden, da die Beweglichkeit fehlt.

Nun ist es jedoch nicht so, dass ihr in einer Zeit lebt, in der die Panzer am dichtesten sind, oh nein, dann wäre der Aufstieg der Erde gar nicht möglich. Ihr lebt in einer Zeit, in der die Schatten auf euren Lichtkörpern nur noch sehr dünn sind und relativ leicht wieder durchlichtet werden können, und in diesem Prozess seid ihr gerade. Ihr werdet durchlichtet, durchleuchtet, erleuchtet, wenn ihr so wollt. Die Zeit der dichtesten Panzerung liegt nun schon einige Jahrtausende zurück.

Wird nun dieser Panzer immer mehr abgebaut, steigert sich die Liebesfähigkeit wieder, und mit dem Einsammeln der Seelensplitter wird die Liebe zu Allem-Was-Ist mehr und mehr verstärkt.

Lichtarbeiter sind Menschen, die die meisten, oder alle ihre Einzelteile, bereits wieder eingesammelt haben (beziehungsweise nie so weit aufgeteilt waren wie andere und daher schneller wieder ganz sind) und dadurch das Licht der Liebe stärker erstrahlen lassen können als die, die noch mehr aufgesplittert sind. Sie sind deshalb Lichtarbeiter, weil sie sich selbst durchlichten. Wie wir schon immer gesagt haben, ist im Prinzip jeder Mensch ein Lichtarbeiter, weil er an dem großen Projekt Erde teilgenommen hat und in dieser Zeit der Durchlichtung anwesend ist.

Diejenigen, die man als Lichtarbeiter bezeichnet, hatten oft von vorneherein den Auftrag, sich nicht so weit aufzusplittern, denn irgendwie musste den vielen Splittern der anderen Seelen ja der Weg nach Hause gezeigt werden, nämlich durch das Licht beziehungsweise durch die Kraft der Liebe. Licht ist nichts anderes als die Kraft der Liebe, die Kraft, die allem innewohnt, wirklich allem!

Durch die starke Aufsplitterung der Einzelseelen wurde also unter anderem Lieblosigkeit möglich, und durch die Wiedervereinigung nimmt die Liebe wieder zu. Das gilt nicht nur für Duale untereinander, sondern auch innerhalb der Seelenfamilien (denn auch Splitter können sich wiederfinden und große Intensität erfahren), zwischen den „benachbarten" Seelenfamilien usw., und so wächst das Bewusstsein der Einheit, denn sie wird wieder mehr und mehr fühlbar und vor allem auch erlebbar.

Wenn sich Seelenfamilien untereinander wiederfinden und beginnen, geistig miteinander zu arbeiten, können alle Mitglieder der Familie das spüren. Hat ein Dual sich gefunden und arbeitet am Angleichungsprozess, so bekommen die anderen Familienmitglieder davon ein Echo ab, einerlei, ob sie sich untereinander schon (wieder) kennen gelernt (wiedergefunden) haben oder nicht. Es profitieren immer alle davon, und wenn ich alle sage, meine ich alle, denn diese Energie hat auf das große Ganze eine Auswirkung. Wie könnte es auch anders sein, da doch alles eins ist? Dies gilt allerdings ganz besonders für die Menschen, die untereinander eine besondere Verbindung haben, wie Babaji in diesem Buch ausführt. Ob ihr das nun schon glauben wollt oder nicht, die Menschen haben für das Universum eine Schlüsselrolle inne. Das macht sie, wie sie es ja auch lange glaubten, zu etwas Besonderem, doch auch hier soll kein Elitedenken etabliert, sondern klar werden, dass die Menschen als Ganzes wiederum Diener des Universums sind, also aller Rassen, allen Lebens, das es gibt.

Es wird einige Paare geben, die erst aufeinandertreffen, wenn mindestens einer alle Einzelteile wieder eingesammelt hat, doch die Regel wird anders aussehen. Dies hängt jeweils von den Aufgaben ab, die der Einzelne zu erfüllen hat. Insgesamt gesehen wird die Liebe in Partnerschaften völlig neue Qualitäten annehmen. Dazu muss man nicht die hier veröffentlichten Informationen kennen, sondern es geschieht einfach durch die

Qualität der Neuen Zeit, den Aufstieg der Erde, die Energien, die auf euch einstrahlen und/oder die ihr selbst produziert.

Auch die Liebe zwischen Eltern und Kindern wird sich verändern, steigern, denn voll erwachte Eltern können mit den Seelen der Kinder schon vor der Zeugung sprechen und so vorab Dinge klären, so dass Traumen unnötig werden. Und Kinder, aufgewachsen ohne Traumata mit den Eltern, also ohne Wunden, werden Wunder bewirken, und dafür kommen sie: für das Wunder des Aufstiegs, das Wunder der Einheit.

Menschen, die eine Kymische Hochzeit feiern, werden sich verändern, heiler, ganzer werden, aber vielleicht auch ganz neue Eigenschaften zeigen.

Vielleicht ziehen sie sich von der Außenwelt für eine Weile zurück und schauen nach innen, um festzustellen, was sich denn da verändert hat, um sich neu zu orientieren, um sich mit einem neuen Blickwinkel in ihrem Leben umzusehen. Solche Menschen können eine Weile verwirrt sein, weil sie nicht wissen, was geschieht, doch das gibt sich wieder.

Die Art, wie sich das Zusammenführen eines Seelensplitters äußert, kann sehr unterschiedlich sein, doch wenn ihr zurückblickt, werdet ihr im Nachhinein immer den Zeitraum oder Zeitpunkt festlegen können, auch wenn ihr vielleicht zum Zeitpunkt des Geschehens nicht wusstet, was los war.

Ein Zeitraum, in dem viele Duale miteinander verschmolzen sind, war November und Dezember 2005. In dieser außerordentlichen Zeit herrschte viel Verwirrung unter den bewussten und unbewussten Lichtarbeitern, alles schien sich zu verschieben, da die Perspektiven plötzlich anders waren, und ihr musstet euch mit Themen auseinandersetzen, die ihr eigentlich abgehakt glaubtet. Dieses waren die unerledigten Themen eures Duals oder Seelensplitters, die ihr nun mit erledigen musstet.

Warum dies alles, warum diese Neustrukturierung, warum diese Zeit der Verwirrung unter den Erwachten und Erwachenden? Es ging um das galaktische Tor der Liebe, das am 25.12.2005 geöffnet wurde. Dieses Tor benötigte eine unglaubliche Menge an Liebe, und es gibt drei weitere Tore dieser Art, die in den nächsten Jahren geöffnet werden und noch mehr Liebesenergie benötigen, um geöffnet zu werden, und dann auch offen zu bleiben.

Viele Lichtarbeiterfamilien, die bis dahin auf der Erde zusammen-

gearbeitet haben, trennen sich für einen gewissen Zeitraum, weil durch die Verschmelzung Platz für neue Familienmitglieder gemacht wird. Man könnte sagen, es wird Raum geschaffen, damit neue Mitglieder „einheiraten“ können. In der Regel werden die Zwillingsflammen nun in die Familien eingeführt. Es gibt jedoch auch besondere Fälle, bei denen eine neue „Flamme“ zugeführt wird, das heißt, dass nicht der ursprüngliche Zwilling des Bewusstseinsfokus zugeführt wird, sondern sich zwei unterschiedliche Flammen „verliebt“ haben und nun zusammenkommen wollen. Da hat also jemand eine „andere Flamme“. Dazu muss der Ursprungszwilling mit dem Wechsel einverstanden sein, denn er/sie muss ja Platz machen.

Nun gibt es ein Gesetz, das schon in der Quantenphysik bekannt ist: Beschießt man zum Beispiel Elektronen mit Energie, wodurch sie sich teilen, fliegen sie in unterschiedliche Richtungen davon. Geschieht nun mit einem Teil etwas, etwa ein Zusammenstoß, passiert dem anderen Teil das gleiche, beziehungsweise reagiert er so, als wäre es ihm auch geschehen. Bezogen auf die Zwillingsflammen wirkt sich das so aus: Wenn ein Zwilling sich in den Zwilling eines anderen Paares verliebt, geschieht das mit dem jeweiligen Partner ebenfalls. Das heißt, dass sich dann ein Zwillingspaar in ein anderes Zwillingspaar verliebt, gleichgültig auf welchem Planeten, in welcher Dimension oder in welchem Universum sie gerade unterwegs sind. Und es geschieht gleichzeitig, aus eurer Sicht gesehen. Dieses Gesetz wurde für diese eher seltenen Fälle geschaffen, um die Neustrukturierung in Seelenfamilien, die durch das Verschmelzen von Dualen nötig ist, nicht unnötig zu verkomplizieren.

Wirklich kompliziert oder eher faszinierend wird es, wenn die Seelenfamilie auf mehrere Planeten verstreut ist und dann die Mitglieder sozusagen als Außerirdische mit den Irdischen zusammentreffen, findet ihr nicht auch? Es warten spannende und aufregende Zeiten auf euch.

Wir haben versucht, komplizierte Vorgänge so einfach wie möglich darzustellen, und wir werden dieses an anderer Stelle fortführen.

Dieses war Ashtar

Dieses Channeling war das schwierigste im ganzen Buch, und ich wurde über Wochen hinweg durch Lektionen geführt, um die Informationen so zu verstehen, dass ich sie korrekt weitergeben konnte. Mir ist klar, dass hier noch Fragen offen sind, aber mir, und somit auch euch, werden die Informationen in der Form und dem Tempo übermittelt, wie wir sie verstehen, integrieren und anwenden können. Zuviel auf einmal würde uns nur verwirren, und das wäre uns nicht dienlich. Und so müssen wir uns, wie so oft, auch in Geduld mit uns selbst üben, wenn wir nicht alles verstehen.

Ergänzend möchte ich ein Stück aus dem Thomasevangelium*) anfügen, das ihr nicht in der Bibel finden werdet:

Jesus sprach:
Dieser Himmel wird vorübergehen;
der über ihm wird vorübergehen;
und die Toten leben nicht,
und die Lebenden werden nicht sterben.
In den Tagen,
da ihr Totes gegessen habt,
habt ihr es zu Lebendigem verwandelt.
Was werdet ihr tun,
wenn ihr im Lichte sein werdet?
In den Tagen, da ihr eins wart,
habt ihr zwei hervorgebracht.
Nun, da ihr zwei geworden seid,
was werdet ihr tun?

Jesus deutet hier schon die Aufsplitterung, die Trennung der Bewusstseinsfokusse an. Er musste das in Gleichnissen und Worten der damaligen Zeit tun. Wir tun dieses nun mit Worten unserer Zeit, da eine Anpassung und Ergänzung der damaligen Aussagen durch die fortgeschrittene Evolution nun notwendig und auch möglich ist.

Wenn ich mir diese Informationen von Ashtar ansehe, könnten wir, wenn wir eine Seelenfamilie mit zwölf Mitgliedern sind, elf in Frage kommende Seelenpartner haben. Aber es gibt auch die Möglichkeit, dass wir „die große Liebe" außerhalb finden. Die ganze Suche nach Dualseelen, Zwillingsflammen, kurz nach dem Idealpartner, ist die Suche nach Sicherheit, nach Garantien. Wie jeder in seinem Leben feststellen kann, gibt es

---

*) Thomasevangelium, Seite 11, Geniusverlag, 2003

keine Sicherheiten, selbst hier nicht. Wenn du zum Beispiel dein Dual gefunden hast, also den Partner, der dir in deinen Eigenschaften entspricht, mag das auf vielen Ebenen wunderbar sein. Die Flächen der „Amethystdruse“ passen exakt, doch wenn es keine Ecken gibt, die angeglichen werden „müssen“, wo ist der Reiz der Ergänzung, der Reiz in den Unterschieden, wo man sich gegenseitig „einhaken“ kann, um eine Stütze zu haben?

Uns bleibt wohl auch in diesen Zeiten letztlich nichts anderes übrig, als auf die Stimme unseres Herzens zu hören, uns immer wieder auf das Wagnis der Liebe einzulassen, wohin auch immer uns das führen mag.

Lady Rowena: Zwillingsflammen, Dualseelen und Kundalini

Liebe Menschen, hier spricht Lady Rowena, und ich möchte euch einiges über die Kundalinikraft bei Dualseelen, Zwillingsflammen und anderen Neupaarungen erzählen.

Jeder, der sich mit Esoterik auseinandersetzt, hört oder liest irgendwann etwas über die schlafende Kraft im Wurzelchakra, die dort schlangengleich aufgerollt ruht. Man sagt, sie schläft, bis der Mensch eine geistige Reife erreicht hat, die diese Schlangenkraft aufsteigen lässt. Das ist wahr, und wiederum auch nicht. Die Kundalini steigt immer wieder einmal auf, aber nur bis an gewisse Grenzen. Wann ist das der Fall, werdet ihr fragen, und wir sagen es euch: Gar nicht so selten, nämlich immer dann, wenn ihr zum Beispiel sexuell aktiv seid. Die Gefühle im Unterleib, die damit verbunden sind, sind Teil der Kundalinikraft.

In dieser besonderen Zeit gibt es nun ein interessantes Phänomen: Die meisten Menschen, bei denen von der Planung her die Möglichkeit besteht, in diesem Leben ihre Dualseele oder Zwillingsflamme zu finden, beziehungsweise diejenigen, welche die Reife erreicht haben, eine höhere Form der Liebe zu leben, haben nur eine eingeschränkte Sexualkraft, sowohl die Männer als auch die Frauen. Das kann für sie mit Gefühlen des Unglücklichseins verbunden sein, da sie nie die Befriedigung dabei erlangen, wie sie es von anderen Menschen hören oder es im Fernsehen demonstriert wird. Womit hängt das zusammen? Mit einem Schutz, liebe Menschen. Diejenigen, die eine höhere Form der Liebe erleben werden, sind auch jene, die die geistige Reife erlangt haben, um in den bewussten Spiritualisierungsprozess einzutreten. Das bedeutet unter anderem das Aufsteigen der Kundalini.

Wenn die Kundalini aufsteigt, dann wird es bei den meisten Menschen so sein, dass der ohnehin geringe Sexualtrieb zunächst völlig einschläft, denn diese Kraft wird für den Umbauprozess in Körper, Geist und Seele verwendet. Das muss nicht, wird aber in den allermeisten Fällen so sein, denn diese stark transformierende Kraft soll nicht in Explosionen verpufft, sondern gezielt verwendet werden.

Hierbei tritt nun ein besonderes Phänomen ein: Die eine Hälfte der Dualseele (es muss nicht das Dual sein, es kann auch der Zwilling oder jemand anderes sein, das ist jedoch eher selten), beziehungsweise die des sich später bildenden Paares geht der anderen voran. Das heißt, deren Kundalini erarbeitet ein Aufstiegsmuster, das für die andere Hälfte dann prägend sein wird. Was heißt das? Die Kundalini steigt nach den Erfordernissen und gemachten Erfahrungen der Seele auf und löst dabei vorhandene Blockaden. Da die andere Hälfte des neuen Paares auch andere Blockaden hat, würde im Normalfall die Kundalini in einem eigenen Muster aufsteigen und dabei ihr prächtiges Farbenspiel entfalten. Sollen jedoch die Dualseelen, Zwillinge oder völlig neue Konstellationen zusammengeführt werden, geschieht das anders. Zunächst müssen Siegel vor den Chakren entfernt werden, die dafür sorgen, dass die Kundalini im vorgesehenen Muster aufsteigt. Diese Siegel werden von der Kundalini „aufgeleckt", wenn es an der Zeit ist, die Themen in dem entsprechenden Chakra anzusehen, und das erfolgt, wie gesagt, normalerweise individuell, weil jede Seele sich für ihre Entwicklung einen eigenen Weg ausgesucht und dementsprechende Erfahrungen in vielen Leben gemacht hat.

In diesem besonderen Zeitalter werden jedoch viele Dualseelen und Zwillinge wieder zusammengeführt, weil ihre Energie des Einheitsgefühls für den Aufstieg der ganzen Welt gebraucht wird. Von der männlichen und weiblichen Christusenergie wurde ein sogenanntes Einheitsfeld kreiert, und Dualseelen und Zwillinge (wie schon erwähnt gibt es auch „Mehrlingsgeburten", so dass der Begriff etwas irreführend ist), die von nun an Vereinigungsenergie feiern, speisen ihre Energie darin ein. Dieses Feld wächst somit und wird irgendwann die ganze Erde und sehr viel später noch mehr Raum umschließen. Da nun von dieser Energie in kurzer Zeit sehr viel benötigt wird, ist der individuelle Aufstiegsweg für die zweite Hälfte des neuen Paares, nämlich die, die nicht vorangeht, außer Kraft gesetzt. Ihr Weg wird dem Muster der ersten Hälfte folgen. Das heißt nicht, dass der Spiritualisierungsprozess genau gleich abläuft, das ist völlig unmöglich, weil ja jeder seinen individuellen Weg seit der Trennung eingeschlagen hat, doch die Reihenfolge und Art der auftauchenden Themen folgt dem Muster der ersten Hälfte. Wegen des individuellen Weges und der Entwicklung der zweiten Hälfte wird sie auf ihre Art mit den Themen umgehen, also auch das wird nicht gleich sein. Das geht einfach nicht, und wäre auch nicht sinnvoll. Da die zweite Hälfte jedoch einem schon erarbeiteten Muster folgen kann, geht dieser Aufstiegsprozess wesentlich schneller als der der ersten Hälfte. Das Verhältnis ist etwa wie folgt: Brauchte die erste Hälfte etwa fünf Jahre, um durch den dunklen Tunnel zu kommen, wird die zweite Hälfte nur etwa ein halbes Jahr benötigen, weil sie zusätzlich den Vorteil hat, von der ersten Hälfte geführt zu werden. In den allermeisten

Fällen wird dies eine bewusste Führung und Zusammenarbeit sein, doch wird es auch andere geben, da dies nur durch die gemeinsam erfolgte Vereinigungsenergie geschieht, also kein bewusstes, spirituelles Leben voraussetzt.

Jeder Mensch, das sei noch einmal verdeutlicht, ist spirituell: Die einen sind es bewusst, die anderen unbewusst. Es wird also nicht nur Vereinigungsenergie durch die bewussten Paare erzeugt, sondern auch durch andere. Was häufig vorkommen wird ist, dass die erste Hälfte bewusst, also in gewissem Sinne erwacht ist, und die andere Hälfte erst durch das Zusammensein mit dem bewussten Teil der Verbindung erwacht. Das bedeutet für beide Seiten Arbeit, bewusst und unbewusst.

Ein Großteil dieser Arbeit wird durch die Sexualität beziehungsweise durch die Intensität des Liebesgefühls zwischen beiden gestaltet werden. Ein Paar der neuen Zeit, das sich berührt, erfährt besondere Gefühle. Ein Streicheln ist dann nicht nur an der Oberfläche der Haut, geht noch nicht einmal nur unter die Haut, sondern ist ein Streicheln der Seele, ein Berühren des anderen Selbst, und da sie eigentlich eins sind, ein Berühren des eigenen Selbst. Das ist einer der Gründe, warum Paare der Neuen Zeit, die einmal zusammengefunden haben, auf Dauer nicht getrennt werden können, egal, welche hindernden Umstände vorhanden sind. Es ist einfach kein Vergleich zu der Berührung eines „normalen" Paares, und das kann ja schon, wie ihr sehr gut wisst, liebe Menschen, ein wunderbares Erlebnis sein. Es geht hier also um wesentlich mehr als Sexualität! Ohne diese nun abwerten zu wollen, ganz im Gegenteil. Das, was also vielleicht zeitweise eingeschlafen war, erwacht nun zu einem besonders intensiven Leben. Man könnte sagen, die bisher auf Sparflamme gelebte Sexualität wird sich zu einem Vulkan entwickeln, wurde also sozusagen für diese Verbindung aufgehoben, aufgespart. Bei wem die Sexualität nicht auf Sparflamme kochte, kann sich dennoch auf eine Steigerung einstellen, denn Paare mit voll erwachter Kundalini lernen ganz neue Dimensionen der Ekstase, eine Ekstase, die die Gotteserfahrung mit einschließt.

Warum streben so viele Menschen nach dem Orgasmus? Weil es eine Vereinigung mit Gott ist, der immer in dieser Ekstase „lebt".

Je nachdem, wie weit die beiden Paarhälften in der Entwicklung auseinander sind und wie lange die Kundalini benötigt, um das gleiche Muster zu verfolgen, kann diese Erfahrung allerdings auf sich warten lassen. Das hat mehrere Gründe: Zum einen „übernimmt" der bereits erwachte Teil der Verbindung Karma und Blockaden in das eigene System, um dem anderen seinen beschleunigten Prozess überhaupt erst zu ermöglichen. Übernommene Blockaden heißen allerdings nicht umsonst Blockaden. Hier müssen eventuell erneut Themen bewältigt werden, die man eigentlich schon hinter sich gelassen hatte. Wenn dieses „Hinter-sich-lassen" jedoch nicht vollständig erfolgte und noch Resonanzen zu dem Thema da sind, muss man sich wieder damit beschäftigen und sie erneut transzendieren. Je stärker also die Resonanz der einen Hälfte zu bestimmten Themen ist, desto länger dauert der beidseitige Angleichungsprozess, und desto länger kann diese besondere Vereinigungsenergie auf sich warten lassen. Doch sie kommt, es ist unausweichlich. Hier ist in manchen Fällen große Geduld erforderlich, doch das Warten lohnt sich, das können wir euch versichern!

Ein kleiner Tipp noch: Je bedingungsloser die Liebe zwischen den beiden, desto schneller geht alles.

Damit hört es jedoch nicht auf. Wenn vorgesehen ist, dass auch die Seelenfamilie sich komplettiert, geht dieser Angleichungsprozess mit allen wiedervereinten Seelenfamilienmitgliedern weiter und dehnt sich irgendwann auf die ganze Erde aus. Das dauert jedoch seine Zeit, wie ihr euch denken könnt.

Dieses war in Liebe Lady Rowena.

Nun, Monate, nachdem wir das zusammen aufgeschrieben hatten, kann ich einiges von dem bestätigen, was Rowena ansprach. Ich habe meine andere Hälfte nun gefunden, nachdem ich sieben Monate allein verbrachte, in denen ich durch heftige Prozesse ging und „nebenbei" dieses Buch schrieb. Wir begegneten uns nur wenige Male und stellten eine Vertrautheit fest, die man nicht haben kann, wenn man sich gerade erst kennenlernt. Wir wussten beide: Wir müssen uns schon lange kennen. Er sagte mir dann irgendwann: „Wir sollen dem Alten wohl etwas Neues hinzufügen", und genauso ist es. Hier und jetzt in der Neuen Energie können viele Dinge neu, noch intensiver erlebt werden, und gerade in der partnerschaftlichen Liebe ist dies besonders spannend und aufregend. Ich kann spüren, wie meine Kundalini die seine führt, gerade was das Sakralchakra und das Herzchakra betrifft, aber auch alle anderen Chakren, und so wird es nicht lange dauern, bis wir gleichauf sind, was zu wundervoller gemeinsamer Arbeit und gemeinsamem Erleben führen wird.

Ich freue mich auf all das, was das Leben mit der Zwillingsflamme mit sich bringen wird. Ich kenne inzwischen auch die Mitglieder meiner Seelenfamilie, und sie arbeiten auf ähnlichen Gebieten wie ich, so dass auch hier eine neue Gemeinsamkeit, in welcher Form auch immer, entstehen kann. Und das ist kennzeichnend für die Neue Zeit: Neue Beziehungen vielfältiger Art!

Kuthumi zur emotionalen Fülle

Als ich überlegte, wer denn in einem Buch über die Liebe noch fehlte, wer noch nicht zu Wort gekommen war (wörtlich fragte ich: Wer will seinen Senf noch dazugeben?), tauchte ein alter Freund auf:

Hier ist Kuthumi, und ich freue mich darüber, dass meine Partnerin mich aufgefordert hat, meinen „Senf" zum Thema Liebe dazuzugeben.

Liebe Menschen, alle suchen nach Liebe und vergessen dabei, dass sie sie nicht finden können, wenn sie sie nicht in sich tragen, beziehungsweise nicht bemerken, dass sie längst dort ist. Nur wer offenen Herzens durch die Welt geht, zieht auch andere mit offenem Herzen an. Wer sein Herz verschlossen hält, wird auch nur andere verschlossene Herzen anziehen. Gleiches zieht Gleiches an, immer. Wenn ihr also nach dem Idealpartner, der Idealpartnerin sucht, dann macht euch erst einmal selbst dazu, damit es dann auch wirklich passt, wenn ihr zusammentrefft. Dabei ist es nicht wirklich wichtig, ob ihr Duale, Zwillingsseelen oder wie auch immer verwandt seid, wichtig ist nur, dass ihr die Liebe zulasst, dass ihr eure Herzen öffnet, zum Beispiel mit dem Symbol und Mantra „Mala", wie es im zweiten Teil dieses Buches aufgezeichnet ist. Dies gilt auch (oder erst recht), wenn ihr schon in einer Partnerschaft seid. Öffnet eure Herzen für euch selbst und für andere, und es wird sich eine neue Qualität in eurem Leben manifestieren, eine Qualität, die zu sehr viel Freude führt. Offene Herzen senden Impulse aus, Impulse, die verschlossene Herzen entweder fernhalten oder ebenfalls dazu bringen, sich zu öffnen.

Ihr wünscht euch emotionale Fülle und seid gleichzeitig oft völlig unfähig, sie zuzulassen, weil es zu viele Wunden in eurem Herzen gibt. Diese gilt es zu verschließen, denn vorher ist eine Öffnung kaum möglich. Ihr müsst also erst Risse schließen, bevor ihr das Tor der Liebe in eurem Herzen öffnen könnt. Durch die Risse fließt Energie, die irgendwo verpufft und nicht sinnvoll verwendet werden kann. Werden die Risse geschlossen, baut sich eine Art Druck auf, der sich entladen will. Diesen Druck könnte man mit einem anderen Wort bezeichnen: Liebe! Solange also die Liebe durch die Risse fließt, kommt sie nirgends richtig an, weder bei dir selbst noch bei anderen. Werden die Risse geschlossen, kannst du anfangen, dich selbst mehr „richtig" zu lieben und schließlich auch einen anderen Menschen mit voller Kraft annehmen. Glaubst du nicht auch, dass dies eine Veränderung in der Art der Beziehungen bewirken wird?

Für dieses Buch sind viele wundervolle Meditationen durchgegeben worden, um solche Wunden zu schließen. Nutzt sie, und ihr werdet es nicht bereuen. Es wartet Fülle auf euch, auch in der Partnerschaft. Gesegnet sind die, die sich entschließen, diese Fülle zuzulassen und die Angst davor abbauen, denn auch sie ist da, die Angst: „Wenn ich mich voll und ganz öffne, werde ich dann wieder verletzt werden? Wird es neue Wunden geben?" Es gab oft genug Verletzungen, in diesem und/oder anderen Leben, und daher ist die Angst nicht ganz unbegründet, doch ihr seid hier, um euch aus der Matrix der Angst zu befreien, also tut es, nutzt alle Mittel, die euch auf eurem Weg aufgezeigt werden.

Während ihr dieses hier lest, wird euer Energiefeld auf diese Öffnung des Herzens vorbereitet. Ob ihr diesen Vorteil dann auch nutzt, liegt ganz bei euch.

Wenn dir, lieber Leser, liebe Leserin, in diesem Moment das Herz schmerzt, liegt das daran, dass der „Dreck" vor dem Tor der Liebe, das im Herzen steckt, weggekehrt wird. Öffnen musst du dieses Tor dann jedoch selbst. Außerdem werden einige der Risse „operativ" geschlossen, doch dies ist nur der Beginn der Arbeit. Das meiste könnt und wollt ihr selbst erledigen!

Blicke in dein Herz, siehe dieses Tor und den Unrat davor, unterstütze uns, indem du selbst Hand anlegst, um alles Hindernde zu entfernen, und dann stell dir vor, wie du dieses Tor aufstößt, langsam oder schnell, so, wie du es möchtest. Wir sind bei dir und unterstützen dich, immer!

Dieses war in Liebe Kuthumi.

Botschaften aus der Welt der Engel

Uriel: Wurzelchakra

Der Erzengel Uriel ist für das Wurzelchakra „zuständig“ und somit auch für den physischen Körper. Wenn du mit seinem Namen meditierst, kannst du dein Wurzelchakra von Blockaden befreien, und hier kommt seine Botschaft:

Hier spricht Uriel, liebe Menschen, und ich möchte euch etwas über die Qualität der Liebe zwischen Eltern und Kindern erzählen. Wie du, liebe Leserin und lieber Leser, schon selbst bemerkt hast, verändert sich etwas im Verhältnis zu deinen Eltern, wenn du beginnst, an dir zu arbeiten, wenn du beginnst, karmische Knoten mit ihnen zu lösen. Es kann auch erst einmal heftiger werden, weil Staus beseitigt werden, doch ist der Stau „abgelaufen“, wird es leichter, und je mehr ihr dafür tut, umso leichter wird es sein. Oft hat ein Erwachender die Aufgabe, das Familienkarma auf sich zu nehmen, und das heißt, sich erst einmal des sich wiederholenden Musters innerhalb der Familie bewusst zu werden. Manchmal wird es sich dir zeigen, bevor du es auf dich nimmst, manchmal musst du es auf dich nehmen, bevor dir bewusst ist, worum es eigentlich geht. Beides hat Vor- und Nachteile, doch jeder bekommt es so, wie es passend für ihn/sie ist.

Für den Fall, dass du dich noch nicht mit deinem Familienkarma beschäftigt hast, geben wir dir nun Hilfe durch eine Meditation, damit du erkennen kannst, worum es in deiner Familie geht.

Meditation

Atme in jedes der zwölf Chakren einmal die entsprechende Farbe ein und die Farbe Grau aus. Also für das Wurzelchakra Rot, für das Sakralchakra Orange, für das Sonnenchakra Gelb, für das Herzchakra Grün für das linke Nasenloch und Rosa für das rechte Nasenloch, für das Halschakra Dunkelblau, für die Stirn Purpur, für die Krone Weiß, für das Veränderungschakra am Hinterkopf Perlmutt , für den Nacken (Klarheitschakra) Aquamarinblau, für das Wissenschakra gegenüber dem Herzchakra auf dem Rücken Gold, für das Harmoniechakra gegenüber dem Sonnenchakra auf dem Rücken Magenta und für das Polaritätschakra gegenüber dem Sakralchakra auf dem Rücken Rosa.

Nun bist du zentriert und kannst dich mit deinen Gedanken auf den Mond begeben. Dort findest du eine gleißend helle Pyramide vor, die an der Spitze ein pulsierendes Licht aussendet, ähnlich einem Leuchtturm. Du gehst auf diese Pyramide zu, ohne dass das Licht dich blendet. In der Pyramidenbasis öffnet sich eine Tür und du trittst ein. Es gibt nur einen einzigen großen Raum, in dessen Mitte ein Altar steht. Gehe zu dem Altar, denn dort liegt die Akasha deiner Blutlinie, deiner Familie. Das Buch ist rot eingebunden und geschlossen. Du schlägst es auf, und dort steht nun in großen Buchstaben und mit wenigen Sätzen geschrieben, was innerhalb deiner Familie aufgelöst werden will, so dass vergangene, gegenwärtige und künftige Generationen dieses Muster nicht mehr leben müssen.

Du schließt das Buch wieder, dankst für die Information, verlässt die Pyramide und begibst dich in deinen Körper im Hier und Jetzt.

Nun ist es Zeit, das Ganze zu reflektieren und eine Entscheidung zu treffen. Welche? Nun, ob ihr bereit seid, das Familienkarma auf euch zu nehmen oder nicht. Das heißt nicht, dass sich bei euch die Dinge der anderen Familienmitglieder wiederholen, sondern es heißt, dass ihr sie auflösen könnt. Wenn ihr dazu bereit seid, werdet ihr die dazu passende Meditation in diesem Buch finden.

Dieses war Uriel.

Chamuel: Sakralchakra

Der Erzengel Chamuel ist für das Sakralchakra „zuständig“ und somit auch für die Lebensfreude. Wenn du mit seinem Namen meditierst, kannst du dein Wurzelchakra von Blockaden befreien, und hier kommt seine Botschaft:

Hier spricht Chamuel, und bitte streitet euch nicht weiter über die Aussprache meines Namens (manche sprechen Schamuel, Anmerkung von P. P.), *das ist nicht wirklich wichtig. Wichtig sind alleine die Informationen, die euch gegeben werden, denn sie bringen euch wieder ein Stück weiter in dem Bestreben, eure wahre Natur zu ergründen. Und, liebe Menschen, wenn ihr es doch nur sehen könntet: Eure wahre Natur ist die der Freude, der Schöpfung, der Lebenskraft. Aber lebt ihr das? Nicht einmal die meisten Lichtarbeiter sind schon in ihrem vollen Potenzial der Freude, nicht einmal dieses Channel, zumindest nicht in den Augenblicken, in denen sie dies schreibt. Bei ihr herrscht die Trauer darüber, dass sie vorübergehend ihre Familie verlassen musste.*

Was ist es, das dich in der Trauer hält anstatt in der Freude, lieber Mensch? Dieses Channel sollte sich freuen, denn der Prozess bei ihr und ihrer Familie ist ein Prozess der Reinigung, ein Prozess der Heilung, und damit werden die Voraussetzungen für den Aufstieg geschaffen. Aber freut sie sich? Nein, sie verzehrt sich in der Sehnsucht nach ihren Kindern, dabei wird ihr immer wieder gesagt, dass alles passend geregelt wird und sie sich keine Sorgen machen soll. Wenn sie, die so viele von uns hören kann, schon leidet, was ist dann erst mit den vielen, die noch nicht wieder „hören“ können? Sie haben es noch viel schwerer, oder etwa nicht? Viele der LeserInnen haben ihren Kontakt wieder hergestellt, doch ihnen ergeht es auch nicht besser als diesem Channel, und die, die noch nicht wieder hören können, sind noch ärmer dran, oder ist es etwa nicht so?

Ich sage euch, denen, die nicht hören können, geht es vielleicht besser! Warum? Ihr, die ihr hören könnt, jammert uns hier oben die Ohren voll, dass es nicht so läuft, wie ihr möchtet. Im Grunde gebt ihr damit die Verantwortung wieder ab, nicht wahr? Wurde euch nicht gelehrt, dass es an der Zeit ist, für alles, was euch geschieht, die volle Verantwortung zu übernehmen? Ihr vergesst das immer wieder, nicht wahr? Also geht es denjenigen besser, die nicht mit uns schimpfen können. Sie sind manchmal näher dran, die Eigenverantwortung zu übernehmen als ihr.

Oh, ihr seid vom Engel der Freude solche strengen Worte nicht gewohnt, nicht wahr? Aber sie müssen sein, denn es schleicht sich etwas unter den Lichtarbeitern ein, was wir gleich wieder abschalten wollen. Nur weil ihr im Kontakt mit „oben" seid, wird doch nicht euer ganzes Leben nun von uns hier geregelt. Ihr tragt die Verantwortung für das, was in eurem Leben geschieht! Ihr beschließt, gewisse Ereignisse eintreten zu lassen, gemeinsam mit anderen, und wir, wir helfen dabei. Wir sind nicht eure Dirigenten, sondern ihr die unseren, könnte man fast sagen, obwohl das so auch nicht stimmt.

Also, wenn ihr noch nicht zu eurer Lebensfreude gefunden habt, gibt es vorher noch einiges zu lernen, und dazu gehört, eigene Entscheidungen zu treffen und alle Konsequenzen daraus zu tragen! Dieses Channel sagt in ihren Einzelsitzungen oft: „Ich werde mindestens einmal die Woche geprüft, ob ich eigene Entscheidungen treffen kann, also ob ich zum Beispiel auch einmal entgegen den Ratschlägen aus der Geistigen Welt entscheide."

Wir sagen nun, diese Prüfungen gibt es, und zwar sehr viel öfter als einmal pro Woche, und nun immer mehr. Das gilt für kleine Entscheidungen genauso wie für große, das Leben verändernde. Prüft bei allem, was ihr tut, genau, ob die zu fällende Entscheidung dazu führen wird, eure Lebensfreude zu stärken. Lautet die Antwort „Nein", solltet ihr sie überdenken. Vielleicht lautet die Antwort auch: Vielleicht nicht sofort, aber etwas später. Auch dann solltet ihr sie überdenken, denn ihr seid hier, um jetzt sofort glücklich zu sein! Und nicht irgendwann später! Ihr sollt und wollt im Hier und Jetzt leben, nicht in der Zukunft. Ihr seid nicht mehr hier, um zu leiden, nein, ihr seid hier, um Freude und Liebe zu leben und zu verbreiten, und zwar ab sofort!

Um euch eine Hilfe dabei zu geben, möchte ich eine Acht-Tage-Meditation vorschlagen, das heißt, ich gebe euch ein Acht-Tage-Programm mit auf den Weg, um eure Lebensfreude wiederzufinden:

Acht-Tage-Meditationsprogramm zur Lebensfreude

1. Tag:

Zentriere dich, indem du die nun schon bekannte Chakraatmung (also einen Atemzug der passenden Farbe in jedes der zwölf Chakren: Rot, Orange, Gelb, Grün, Rosa, Dunkelblau, Purpur, Weiß, Perlmutt, Aquamarinblau, Gold, Magenta, Rosa) durchführst, und nun geben wir dir ein Mantra: Es lautet ***„OM Jaah“****.*

Man könnte es übersetzen mit: „Ich bin die Bejahung allen Seins“. Es ist eines der stärksten Mantren der Lebensfreude, das wir derzeit übermitteln können. Schicke nun dieses ***„OM Jaah“*** *zwölfmal in jedes Chakra hinein, und zwar mit der ganzen Kraft deines Seins. Das ergeben einhundertvierundvierzig* ***„OM Jaah“****, und das in alle Ebenen des Ätherfeldchakrensystems. Um das Ganze abzurunden, schickst du nun in das Alpha-Chakra oberhalb deines Kopfes ebenfalls zwölfmal* ***„OM Jaah“****, sowie in das Omegachakra zwischen deinen Oberschenkeln.*

2. Tag:

Zentriere dich, indem du die bekannte Chakraatmung durchführst, und setze ein Symbol in jedes deiner Chakren, nämlich das Symbol für Dankbarkeit, das du im Internet unter www.gogratitude.com*) *findest.*

3. Tag:

Zentriere dich, indem du die bekannte Chakraatmung durchführst und überlege dir gut, wofür du alles dankbar sein solltest. Das sollte mindestens eine halbe Stunde dauern. Überlege dir alles, was du am Tag davor erlebt hast und wofür du dankbar sein solltest. Dann überlege dir all die großen und kleinen Dinge, die du in deinem Leben erlebt hast, und für die du (vielleicht) erst jetzt, im Nachhinein, erkennen kannst, dass du dafür dankbar sein kannst, auch wenn sie vielleicht anfangs schmerzlich waren.

Dankbarkeit in dein Leben hineinzubringen, wird dir zu sehr viel mehr Freude verhelfen, denn wenn du auch über die Kleinigkeiten dankbar sein und dich somit freuen kannst, kommen die „Großen Dinge“ von alleine.

---

*) Aus Rechtsgründen können wir das Symbol leider nicht drucken.

4. Tag:

Zentriere dich, indem du die bekannte Chakraatmung durchführst und frage nun nacheinander jedes der zwölf Chakren, was dich an der Lebensfreude hindert, und notiere dir die Ergebnisse. Tauche in das Chakra ein, indem du es dir als farbige Energieblase vorstellst. Reflektiere und ändere das, was änderbar ist. Und wenn es nicht sofort zu verändern ist, dann mach längerfristige Pläne für die Veränderung.

5. Tag:

Zentriere dich, indem du die bekannte Chakraatmung durchführst, und schicke dann in jedes der zwölf Chakren je zwölfmal den Engelnamen Chamuel. Das gilt ebenfalls für das Alpha- und das Omegachakra.

6. Tag:

Zentriere dich, indem du die bekannte Chakraatmung durchführst, und nun konzentriere dich auf all jene Dinge, die du in deinem Leben gerne manifestiert hättest, alle, von denen du glaubst, dass sie dir große Freude ins Leben bringen. Stelle sie dir in allen Einzelheiten vor und versetze dich in dieses Gefühl. Hole dir das Gefühl der Freude ins Hier und Jetzt, als wäre sie schon real.

7. Tag:

Ein Grund zur Freude ist, wenn man mehr über seine Lebensaufgabe erfährt, nicht wahr? Also schenke ich euch Informationen darüber. Lasst uns hierfür wieder eine Meditation durchführen:

Zentriere dich, indem du die bekannte Chakraatmung durchführst, und nun stelle dir im Zentrum deines Herzchakras eine goldene Kugel vor. Tauche in diese goldene Kugel ein und siehe dort einen Tisch voller Geschenke. Eines dieser Geschenke ist für dich gedacht, suche und finde es. Du wirst es sofort aus der Masse der Geschenke herausfinden. Sprich nun zwölfmal das Mantra: „Jesarah“, das eine große Herzensschwingung aufweist, und dann darfst du das Geschenk öffnen…

8. Tag:

Jeder möchte gerne mehr über seine Herkunft erfahren, und auch da liegt ein Grund zur Freude. Die Herkunft, die Heimat…

Wir bezeichnen als Heimat den Raum, den ihr euch für die Erstinkarnationen ausgesucht habt, also führen wir euch nun dort hinein. Bei manchen ist es ein bestimmter Planet, bei anderen ein bestimmtes Universum, bei anderen wieder eine bestimmte Dimension. Viele Namen für den Platz der Seele, an dem sie sich zuerst manifestiert hat, nachdem sie geteilt wurde. Es gibt aber auch Wahlheimaten, – Orte, mit denen ihr euch sehr verbunden fühlt. Vielleicht ein Planet, dem ihr Hilfe versprochen habt.

Zentriere dich, indem du die bekannte Chakraatmung durchführst. Nun begib dich wieder in das Zentrum deines Herzchakras, und dieses Mal findest du dort eine rote Kugel, die als Symbol für deine Verwurzelung steht. Tauche ein in die rote Kugel und nimm den Raum wahr, den du als Heimat bezeichnest…

Was ihr auch zu sehen und fühlen bekommt, es sind Symbole für das, was in euch ist. Alles, was aus eurem Inneren kommt, ist wahr, immer, nämlich für euch! Verzeiht meine strengen Worte, aber sie wurden voller Liebe gegeben, um euch wachzurütteln.

Dieses war Chamuel.

Gabriel: Sonnenchakra

Der Erzengel Gabriel ist für das Sonnenchakra (Solarplexus) „zuständig“, und somit auch für alles, was mit Macht und Ohnmacht zu tun hat. Wenn du mit seinem Namen meditierst, kannst du dein Sonnenchakra von Blockaden befreien, und hier kommt seine Botschaft:

Hier spricht Gabriel, und zum Thema Liebe, Emotionalkörper und Sonnenchakra gibt es auch von meiner Seite einiges zu berichten.

Ich bin in gewissem Sinn „zuständig“ für das Chakra, das mit Macht und Ohnmacht zu tun hat und sich im Solarplexus befindet, wo auch ein Anker des Emotionalkörpers sitzt, weshalb ihr starke Gefühle oft hier als Erstes wahrnehmt, da sie hier „gesammelt“ werden. Anschließend werden sie an das Gehirn weitergeleitet, wo dann eine Reaktion, eine E-Motion (aus dem Englischen: Motion = Bewegung) erfolgt. Dieses Chakra hat, liebe Menschen, verglichen mit all den anderen, die stärksten Blockaden. Es ist ein Knotenpunkt verschiedener Energien und Energiefelder, es ist ein Sammelbecken der stärksten Erfahrungen und somit auch der stärksten Energiestaus, die aufgelöst werden wollen. Die zwölf Schichten, aus denen ein Chakra besteht, sind somit hier am „dicksten“. Die meiste Arbeit, die ihr an euch selbst ausführt, zeigt ihre Wirkung hier. Das hat viel mit dem atlantischen Karma zu tun, aber da ihr nicht nur dort tätig wart, spielen viele Faktoren eine Rolle. Nun ist eine Zeit der Ermächtigung gekommen. Ich bin der Engel der Verkündung, aber auch der Ermächtigung, und so möchte ich euch eine Meditation mit auf den Weg geben, die dafür sorgt, dass ihr diese „dicken Schichten“ schneller abbauen könnt, die sehr viel damit zu tun haben, dass ihr missbraucht habt und missbraucht wurdet in diesem und in anderen Leben, und so habt ihr Schutzschichten aufgebaut, die jedoch nicht mehr nötig sind und mit eurer eigenen Erlaubnis, mit eurer Ermächtigung, nun reduziert oder ganz aufgelöst werden können. Begebt euch mit mir auf eine Reise, eine Reise durch das Tor der Zeit, das gleichzeitig ein Tor der Liebe und der Freude ist.

Meditation

Seht euch bitte dieses Bild an:

Mit freundlicher Genehmigung von Elisabeth Cichon, der Malerin dieses Bildes.

Es ist das Tor der Liebe, das auf dem Mond steht. Konzentriere dich auf das linke der drei Tore und überschreite im Geiste die Schwelle. Was du nun siehst, ist, von schräg oben betrachtet, die Galaxie, die ihr Milchstraße nennt. Das Zentrum ist am hellsten, und über die Spiralarme sind zahllose Sterne verteilt. So sollte dein Chakra aussehen, und so wird es aussehen, wenn keinerlei Blockaden mehr vorhanden sind. Das ist also der Sollzustand, wenn du so willst. Tritt nun wieder zurück und begib dich wieder vor das dreifache Tor. Gehe nun durch das mittlere Tor hindurch, und du wirst den jetzigen Zustand deines Sonnenchakras sehen, mit allen Schichten, in ihrer vollständigen Dicke. Betrachte alle Schichten, vielleicht erhältst du Zahlen oder eine Vorstellung über die Art und Dichte der Schichten. Nun kennst du den Ist-Zustand. Gehe nun wieder zurück und betritt bitte noch das rechte, das dritte Tor, und du wirst den Zustand sehen, bevor du bewusst in die Spiritualisierung eingetreten bist, bevor du bewusst an dir gearbeitet hast. Siehe, was war, vergleiche es mit dem, was ist, und du wirst sehen, was du schon für großartige Arbeit geleistet hast, und mit jeder Meditation oder anderen Art der Klärung werden diese Schichten verringert. Erfreue dich an den Ergebnissen. Diese Meditation kannst du jedes Mal im Anschluss an eine der anderen Meditationen durchführen, um unmittelbar die Wirkung festzustellen!

Das Sonnenchakra, wie es unsere Partnerin gerne bezeichnet, hat, was Macht oder Ohnmacht betrifft, eine zentrale Stellung inne. Wenn ihr euch in einer Situation befindet, in der ihr euch ohnmächtig fühlt, dann habt ihr starke Blockaden in diesem Bereich eures Körpers, eures Seins. Diese Blockaden wurden nicht in einem einzigen Leben aufgebaut, selbst nicht in einem Leben mit leidvollen Kindheitserlebnissen oder Traumen. Das Wesen des Menschen ist sehr komplex, und die Dicke und Dichte von Blockaden ergaben sich in Äonen von Zeitaltern, und dementsprechend fest sitzen sie. Wenn alle eure Probleme aus einem einzigen Leben resultieren würden, wären die Therapeuten so erfolgreich, dass sie bald nichts mehr zu tun hätten, aber sie wissen sehr gut, dass es Grenzen für ihre Hilfe gibt, und die liegt darin begründet. Je länger ihr eine Blockade mit euch herumgeschleppt habt, also nicht in der Lage wart, aus welchen Gründen auch immer, sie in anderen Leben aufzulösen, desto fester sitzt das Ganze, und umso länger schlagt ihr euch damit herum. Auch dafür gibt es nun Hilfen, denn oft habt ihr euch diese Sachen genau für diese Zeit aufgehoben, nämlich die Aufstiegszeit, und so gibt es nun viel Hilfe, um auch die schwierigsten Dinge aufzulösen, denn die göttliche Gnade kommt hier mit ins Spiel, die jedem, der erwachen möchte, alle Hilfe erteilt, dies zu ermöglichen. Ein Erwachen ohne Auflösung der Blockaden ist jedoch nicht möglich, und da die stärksten im dritten Chakra liegen, möchte ich euch nun eine weitere Hilfe anbieten, eine Ermächtigung, an die am tiefsten sitzenden Dinge heranzukommen.

Bevor du die folgende Meditation jedoch durchführst, mache dir klar, ob du wirklich bereit bist, dir die seelischen Ursachen anzusehen, denn sie können erst einmal eine Weile schmerzen, bis sich der Stau vollständig gelöst hat. Es sind hier nicht so sehr die körperlichen Schmerzen gemeint, sondern die seelischen. Bist du jedoch wirklich bereit und stellst dich ihnen, werden sie sich lösen, und das wird sich dann binnen kürzester Zeit in deinem Leben widerspiegeln.

Meditation

Stell dir bitte einen riesigen feurigen Ring im Weltall vor, in dessen Inneren die Sterne und Galaxien genauso zu sehen sind wie außerhalb von ihm. Es ist ein noch nicht geöffnetes Sternentor. Sein Name lautet „El Amarah". Es ist ein Tor, das dich in deine Wahrheit führt. Wenn du möchtest, werden wir nun eine Reise dort hinein antreten. Dafür gibt es eine Art „Sesam öffne dich", also eine Losung, wenn du so willst. Sprich die Worte: „Ich bin, die/der ich bin, und ich möchte mehr über mich erfahren." Das Tor blitzt nun hell auf. Es hat sich eine helle Lichtmembran gebildet, die eine Art Sog ausübt. Dieser zieht dich nun in das Tor hinein, und du befindest dich in einer Art Wurmloch, durch das du dorthin reist, wo für dich die Wahrheit liegt, die du in diesem Moment erfahren willst. Immer weiter geht die Reise durch diesen Schlauch, bis du etwas wahrnimmst. Es kann ein Planet sein, eine Raumstation oder etwas anderes, und nun lass geschehen, was geschehen will. Du wirst alte Freunde treffen, die dir über einen Punkt in deinem Leben die Wahrheit mitteilen.

Wenn alles erledigt ist, tritt die Rückreise durch das Wurmloch an, bis hin zu dem ringförmigen Tor. Du verlässt es und schließt es hinter dir, indem du Danke sagst.

Diese Meditation kannst du so oft wiederholen, wie du möchtest, und immer wirst du etwas Neues erfahren.

In diesen Zeiten erhältst du die Ermächtigung, deine Macht wieder anzunehmen, weil die Zeiten, in denen du sie missbraucht hast (missbrauchen durftest) vorbei sind und du sie sowieso nur dann anwenden kannst, wenn die Liebe dabei die treibende Kraft ist. Die meisten Menschen bleiben bei der Angst vor ihrer eigenen Macht, ihrer riesigen Kraft, in ihren Klärungsprozessen hängen und kommen nicht weiter. Doch Macht an sich ist nichts Schlechtes, nur das, was damit getan werden kann, doch, wie gesagt, ist dies in den immer mehr steigenden Schwingungen nicht mehr möglich, denn es erhalten nur die Menschen ihre Macht zurück, die vom Herzen heraus agieren, und aus diesem Grund kann nichts Schlimmes mehr geschehen. Macht definieren wir ohnehin nur als besondere Fähigkeit, die nur dann funktioniert, wenn sie zum Wohle aller angewendet wird. Dies liegt an dem neuen Einheitsfeld, das kreiert wurde und in das die

Menschen eintreten, denn dieses Einheitsfeld hat bestimmte Eigenschaften, die Einschränkungen beinhalten, – Einschränkungen insofern, dass eben nur zum Wohle aller gehandelt werden darf, und ist das nicht gegeben, funktioniert es einfach nicht (mehr).

Um jeden Menschen ist ein ganzer Stab von Helfern herumgruppiert, die genau testen und analysieren, wann wer zum nächsten Schritt bereit ist, so dass hier nichts mehr schief gehen kann.

Seid euch eurer Macht und Kraft bewusst, doch habt keine Angst mehr davor. Wir alle hier sind bei euch!

Dieses war Erzengel Gabriel.

Muriel: Herzchakra

Der Erzengel Muriel ist für das Herzchakra „zuständig", und somit auch für alles, was mit Herzensangelegenheiten zu tun hat. Wenn du mit seinem Namen meditierst, kannst du dein Herzchakra von Blockaden befreien, und hier kommt seine Botschaft:

Mein Name ist Muriel, und ich freue mich sehr über die Gelegenheit, zu euch sprechen zu dürfen. Seit dem letzten Mal ist einige Zeit vergangen, und vieles ist seitdem geschehen, sowohl global als auch in eurem persönlichen Leben. Umwälzungen finden statt, und diese werden nun immer sichtbarer und heftiger werden. Doch um etwas Neues zu kreieren, muss der Platz erst geschaffen werden, muss das Alte weichen. Und das ist das wohl Schmerzlichste für euch: Oft muss auch die „alte Beziehung" weichen, bevor eine neue in euer Herz ziehen kann. Was dies umso schmerzlicher macht ist, dass ihr euch entschlossen habt, erst die meisten Wunden aus diesem und anderen Leben in eurem Herzen zu heilen, bevor ihr eine neue Liebe hereinlasst, und so ist die Wartezeit dazwischen „ewig", egal, ob es Wochen oder Jahre sind, es kommt euch lange vor, weil währenddessen auch sehr viel in eurem Inneren geschieht. Die Prozesse benötigen Raum, benötigen Zeit. Ungeduld ist daher nicht angebracht, aber eine typisch menschliche Eigenschaft. Woher kommt die Ungeduld? Nun, ihr wisst einfach, dass sich anderswo alles viel schneller manifestiert, und diese Erinnerung macht euch sehr, sehr ungeduldig. Doch ihr werdet schon festgestellt haben, dass auch eure Manifestationskraft nun immer schneller und stärker wirkt. Allerdings scheint sie manchmal gar nicht zu wirken, was euch dann wieder ungeduldig macht. Das liegt daran, dass ihr nicht den vollen Überblick habt und daher die Gründe für Verzögerungen nicht erfahrt, oder erst im Nachhinein.

Ich möchte euch eine Hilfe in den Herzensangelegenheiten anbieten, die eure Wunden schneller heilen lassen, so dass ihr für die nächsten Schritte eher bereit seid. Lasst uns daher eine Meditation durchführen, die euch in euren Herzensraum führt:

Meditation

Atme bitte zwölfmal in das grün/rosafarbene Herzzentrum ein. Stell dir dabei das Yin-Yang-Zeichen in diesen Farben vor. Tauche nun in die grüne Hälfte ein und sieh dich dort um. Kannst du Risse im magnetischen Feld sehen oder fühlen? Schicke zu jedem Riss solange grünes Licht, bis er geschlossen ist. Dies wird dich sehr ermüden, daher mache das Gleiche für die rosa Hälfte an einem anderen Tag, wenn du so weit bist. Dann tauche wieder auf. Bleibe mindestens eine Stunde danach liegen, um die frei gewordenen Energien fließen zu lassen.

Diese Meditationsform kannst du auch in Gruppen durchführen. Mache dies etwa einmal pro Woche, so lange, bis du keine Risse mehr sehen oder fühlen kannst. Das heißt nicht, dass keine mehr da sind, sondern dass alle geschlossen sind, für die du diese Art der Heilermächtigung hast.

Und nun möchte ich euch noch etwas vom spirituellen Herzen erzählen.

Ihr alle kennt den Ausdruck „das Herz auf dem rechten Fleck haben“. Ihr wisst aber auch, dass euer physisches Herz auf der linken Körperhälfte platziert ist. Was ist also rechts? Nun, dort ist das spirituelle Herz gelagert, sozusagen spiegelverkehrt zum physischen Herzen. Dieses spirituelle Herz schlägt für Gott, also für Alles-Was-Ist. Wer sein physisches Herz soweit geklärt hat, dass eine große Öffnung, ein Tor der Liebe, entsteht, erhält die Berechtigung, auch das spirituelle Herz zu aktivieren. Dies steigert die Liebesfähigkeit noch einmal enorm! Sie wird dann immer ausgedehnter und umfasst dann zum Beispiel auch kleine grüne Männchen vom Mars, um nur ein Beispiel zu geben. Habt ihr also auf der rechten Brustseite Schmerzpunkte, wird an den dortigen Blockaden gearbeitet und ihr seid schon ein riesiges Stück weit auf eurem Erwachungsweg vorangeschritten. Es muss aber nichts schmerzen. Ob dort gearbeitet wird, könnt ihr daran erkennen, dass dieser Körperbereich ab und zu in euer Bewusstsein rückt. Wenn ihr es jedoch genau wissen wollt, dann begleitet mich auf eine weitere Meditationsreise.

Ihr habt schon gehört, dass das Herzchakra zweigeteilt ist, und nun wisst ihr, warum: Es gibt zwei Herzhälften, wenn ihr so wollt. Das grüne Herz für die bedingte, „normale“ Liebe, das rosafarbene für die bedingungslose Liebe zu Allem-Was-Ist. An beidem wird bei der Spiritualisierung natürlich gearbeitet

Meditation

Wenn ihr das Bild zum Tor der Liebe ausreichend betrachtet habt, schließt bitte die Augen und stellt euch einen Stausee mit einem Staudamm vor, der eingerahmt wird von hohen Bergen. Nur nach hinten, vom Zulauf her, ist Raum. Und auch nach vorne ist Weite. Dort, wo der Damm sich befindet, erstreckt sich unterhalb eine liebliche Landschaft. Links und rechts des Staudamms befinden sich riesige Ventile in Form von Rädern, die noch geschlossen sind. (Möglicherweise sind sie auch schon ein wenig offen, lasse dich bitte hier von deinen eigenen inneren Bildern leiten.)

Wenn du bereit bist, nun dein Herz zu öffnen, dann drehe gleichzeitig am linken und rechten Ventil, die für das physische und das spirituelle Herz stehen. Wenn sich eines der Ventilräder nicht bewegen lässt, dann öle es und versuche es noch einmal. Tue dies so lange, bis es sich drehen lässt.

Wichtig ist die Gleichzeitigkeit der Drehbewegung!

In der Mitte des Staudamms bildet sich nun eine Öffnung hin zu der Landschaft, die sich unterhalb des Staudamms befindet. Aus dieser Öffnung ergießt sich jetzt der Strom deiner Liebesfähigkeit, symbolisiert durch das Wasser. Lass ihn so groß werden, wie es sich für dich noch richtig und gut anfühlt, und nicht, wie du denkst, dass es sein soll. Dieser Liebesstrom ergießt sich nun in deinen eigenen Körper und gleichzeitig in die Welt, in die Landschaft unterhalb. Er kann nicht versiegen, denn es kommt ständig Liebe aus dem Zulauf des Stausees. Der Druck, der Stau in diesem Damm wurde lange genug aufgehalten und darf sich nun endlich ergießen. Es handelt sich dabei um all die Liebe, die in Äonen nicht fließen durfte und jetzt endlich eine Bahn erhält, ihren Zweck erfüllen darf…

Wenn du dich mit diesem Liebesstrom gut fühlst, dann begib dich an das linke Ufer des Stausees und nimm wahr, dass neben dir ein kleines Kind steht. Bist du weiblich, ist es ein weibliches Kind, bist du männlich, ist es ein männliches Kind. Dieses Kind zupft an deiner Kleidung und fordert dich auf, es mitzunehmen, mit ihm zu schwimmen, und zwar zu der Insel in der Mitte des Stausees. Du kannst und willst dich dieser Bitte nicht entziehen, da du erkennst und fühlst, dass dieses Kind dein eigenes Inneres Kind ist. Ihr legt eure Kleidung ab und watet in den See, der angenehm warm und dennoch erfrischend ist. Ihr schwimmt langsam und bedächtig bis zur Insel. Dort erwartet euch ein Tier, es ist euer Führer durch die Insel, die für euer Herzchakra steht. Diese Insel ist nun eingeteilt in zwei unterschiedliche Landschaften. Die eine wirkt wie ein bezaubernder Ort auf der Erde. Lasst euch auch hier innerlich führen. Die andere Hälfte wirkt, wie nicht von dieser Welt. Das Kind und du bewegt euch zunächst durch die irdisch wirkende Hälfte. Dort, wo Müll herumliegt, sammelt ihr diesen auf und werft ihn in den See, in dem Bewusstsein, dass die Liebe, die das Wasser des Sees symbolisiert, das Wertvolle im Müll erkennt und dieses in sinnvoller Weise verwenden wird. Lasst euch Zeit dabei. Vielleicht steigen bei dem einen oder anderen Gegenstand Bilder auf, oder der Gegenstand selbst verrät euch etwas über die Bedeutung. Vielleicht kommen auch keine Informationen oder Gefühle. Lasst zu, was geschehen will, und nehmt euch ausreichend Zeit dazu.

Pause

Habt ihr allen Müll eingesammelt, begebt euch in die überirdische Landschaft. Sie steht für die bedingungslose, eher überirdische Liebe, so, wie die irdische Landschaft für die bedingte, eher irdische Liebe steht. Gibt es eine Sperre und ihr könnt nicht gleich hinübergelangen, so lasst euch etwas einfallen, die Sperre zu beheben. Ist es ein Zaun, klettert darüber oder sucht nach der Tür. Ist es eine Mauer ohne Eingang, schafft euch einen Eingang. Lasst euch auch hier leiten…

Seid ihr „drüben“, tut hier das gleiche wie auf der anderen Seite: Sammelt den Müll ein. Es sind die Hindernisse, die euch am bedingungslosen Lieben hindern. Es kann durchaus sein, dass ihr diese gesamte Meditation mehrmals machen müsst/dürft/sollt, und zwar immer dann, wenn ein Hindernis auf eurem Weg auftaucht, von dem ihr nicht wisst, wie ihr es aus dem Weg räumen könnt. Prüft erst, ob ihr selbst einen Weg findet. Erst wenn das nicht der Fall ist, führt diese Meditation erneut durch.

Sammelt also den Müll ein und entsorgt ihn in dem See. Lasst euch auch hier ausreichend Zeit und Raum. Habt es nicht zu eilig. Arbeitet lieber gründlich als schnell. Lasst euch auch Zeit und Raum, um eventuelle Bilder, Gefühle oder andere Wahrnehmungen aufsteigen zu lassen.

Pause

Findet ihr keinen Müll mehr, nehmt wahr, dass im Hintergrund beider Gärten, also übergreifend auf beide, ein Tempel steht, zur Hälfte in der irdischen, zur Hälfte in der überirdischen Landschaft. Begebt euch in den Tempel und schafft einen Raum, einen Platz, einen Ort, wo sich das Kind behaglich fühlt, wo ihr es in guter Obhut zurücklassen könnt. Wenn es Gesellschaft oder Spielkameraden möchte, dann besorgt sie ihm. Wenn es lieber eine Zeit lang alleine sein möchte, dann lasst ihm den Willen. Dies wird, wie ihr euch denken könnt, auch eine Auswirkung auf eure äußeren Lebensumstände haben.

Wenn ihr das Kind wohlbehütet wisst, lasst es in diesem Tempel zurück, denn es wird dadurch lernen, dass es von euch selbst unendlich geliebt wird und auch von der Göttlichen Quelle, deren Wasser die Insel umströmt.

Diese Meditation ist auch eine Hilfe, um die Liebe zu euch selbst zu entdecken und leben zu lernen und wurde von Kryon, dem Magnetischen Meister, in großer Liebe gegeben.

Michael: Halschakra

Michael ist ein spezieller Freund von mir, und ich freue mich sehr, dass auch er einen Beitrag für dieses Buch leisten will. Hören wir also, was er zu sagen hat:

Gegrüßt seid ihr, liebe Menschen. Mein Aufgabengebiet ist sehr groß, und eine der Aufgaben hat mit dem Halschakra, dem Kommunikationsorgan des Menschen, zu tun. Worte sind wie Magie. In jedem Wort steckt ein ganzes Bündel Energie, sogar hinter jedem Buchstaben, und erst recht hinter jeder Zahl. Worte haben eine unglaubliche Kraft. Erinnert ihr euch an den Anfang der Heiligen Schrift: Am Anfang war das Wort? Worte sind Klang, und wie stark Klänge wirken können, hat der Vorfall in Jericho gezeigt. Ich meine aber nicht die Posaune. Die Soldaten marschierten tagelang um Jericho herum und erzeugten dadurch eine stehende Welle, die schließlich die Mauern einstürzen ließ. Das ergaben neueste Forschungen. Aber nicht nur Männer, die marschieren, erzeugen stehende Wellen, die auf Mauern einwirken. Wenn ihr immer wieder die gleichen Worte sprecht, euch programmiert, wie zum Beispiel „Immer baue ich Mist" oder etwas Derartiges, erzeugt ihr ebenfalls eine stehende Welle, die auf eure Energiefelder einwirkt, und schließlich genau das bewirkt, in diesem Fall „Mistbauen". Wenn ihr dies nun mit anderen tut, also zum Beispiel einen Fluch aussprecht, wird eine Verbindung zu der Person aufgebaut, und wenn ihr durch eure Worte und Gedanken Energie in diese Verbindung „steckt", wird wiederum eine stehende Welle erzeugt, die schließlich Schaden anrichtet.

Von diesen Schäden habt ihr alle mehr als genug angerichtet und auch abbekommen, und nun wird es Zeit, sich dessen bewusst zu werden. Fangt an, die alten Schäden zu beheben und keine neuen mehr zu kreieren, weder bei euch, noch bei anderen. Prüft, wo ihr lieblose Worte verwendet habt in eurem Leben (oder es vielleicht noch tut), oder wo ihr die „Opfer wart, und ändert etwas daran. Geht in jede Situation zurück und schickt euren Segen hinein, eure Vergebung, ja, eure Dankbarkeit, denn ihr habt ja alles geplant, was bisher geschehen ist, doch nun darf sich etwas ändern: Ihr wollt heraus aus diesem „Spiel". Also geht in die Aktion: Achtet auf eure Worte, jeden Augenblick, jeden Tag, wochenlang, tut dies ohne Bewertung, als neutraler Beobachter, und seht zu, was die Worte bei anderen „anrichten" beziehungsweise bewirken. Lernt, achtsamer mit ihnen umzugehen, das ist meine Bitte. Das heißt nicht, dass ihr nun immer zu allem „Ja und Amen“ sagen sollt und euch völlig zurücknehmen müsst, so ist das nicht gemeint. Wir schlagen nur Beobachtung vor, die als Entscheidungshilfe dienen soll, ob ihr so weitermachen wollt oder nicht. Hier geht es nicht um das, was andere sagen, sondern allein darum, was du mit deinen Worten tust.

Wenn du also die alten Verletzungen heilen willst (und sei dir bewusst, dass du mit jedem „bösen“ Wort dich selbst verletzt, weil es ja einen Energieausgleich geben muss), gebe ich dir die Erlaubnis, meinen Namen als Meditationsmantra zu benutzen. Das heißt, dass du ihn immer wieder wiederholst und damit ein Kraftfeld aufbaust, das mir und meinen Helfern erlaubt, die Wunden zu schließen.

Dieses war Michael.

Semael: Stirnchakra, 14.05.2006

Der Name Semael ist als Engelname noch nicht allgemein bekannt. Ich arbeite jedoch schon seit mehr als einem Jahr mit dieser wundervollen Wesenheit, und so freue ich mich, dass sie sich für dieses Buch direkt zu Wort gemeldet hat.

Liebe Menschen, mein Name ist Semael. Der ein oder andere wird bei diesem Namen eine Vertrautheit spüren, denn ich kenne jeden Einzelnen, der diese Botschaft je lesen wird, da wir ein Team sind, ein ziemlich großes Team, das am Projekt Erde von Anbeginn an mitgearbeitet hat. Wo ihr auch zwischendurch überall gewesen sein mögt, ihr habt immer wieder elementare Beiträge dafür geleistet, zunächst die Erde immer mehr „herunterzutransformieren“, in der Dichte der Materie sichtbar wahrnehmbar werden zu lassen, und nun seid ihr wieder hier, um sie zurück in die höheren Schwingungen zu bringen, aus der sie sich einst materialisierte. Man könnte diese Bandbreite, aus der die Erde herabtauchte, „Lemuria“ nennen, aber das würde es nicht ganz treffen, und dennoch stimmt es auch.

Es gab mehrere solcher Bandbreiten, könnte man sagen, ihr würdet es Zivilisationen nennen. Genau genommen ist eure Zivilisation die Zwölf., das heißt, es gab eine erste, noch völlig an die Quelle angebundene menschliche Zivilisation, auch wenn die Körper dieser Wesen noch nicht viel mit euren heutigen zu tun hatten. Dann kam die zweite, die dritte usw. Aus verschiedenen Gründen und mit unterschiedlichen Methoden wurden diese Zivilisationen „beendet“. Immer hatten diese Beendigungen den Grund, dass die Schwingungen niedriger werden sollten. Jedes Volk war in der körperlichen und zivilisatorischen Struktur „dichter“ als das vorherige, denn die Quelle wollte die größtmögliche Dichte erreichen und sehen, was sich dadurch ereignen würde.

So wie ihr von jedem der ursprünglichen zwölf Lichtrassen je eine genetische Struktur mitbekommen habt, so habt ihr von jeder der zwölf menschlichen Zivilisationen eine Schicht in den zwölf Chakren mitgenommen. Das bedeutet, dass jedes eurer zwölf Chakren zwölf Schichten hat, und je mehr ihr euch durch diese Schichten hindurcharbeitet, umso mehr Fähigkeiten und Erinnerungen aus den alten Zeiten werden in euch aufsteigen. Es gibt hier allerdings einen Schutzmechanismus: Nur das wird in euer Bewusstsein steigen, was ihr für eure Aufgaben auf Erden benötigen werdet. Der komplette Umfang des Wissens würde eure derzeitige Ge-

hirnkapazität übersteigen und ist auch gar nicht notwendig.

Warum erzähle ich euch davon?

Informationen sind nötig für das Verständnis, was derzeit auf der Erde geschieht. Es ist gut für euch zu wissen, woher das Wissen stammt, das in euch aufsteigt. Vor allem, wenn es merkwürdige Bilder sind, die nicht viel mit dem zu tun haben, was als Wirklichkeit derzeit um euch herumschwingt. Wo sind nun die Zivilisationen einzuordnen, deren Namen euch noch bekannt sind? Soweit man das zahlenmäßig überhaupt erfassen und einordnen kann (es gab ja auch Übergangszeiten zwischen den einzelnen Höhepunkten und manche entwickelten sich parallel, so dass, als eine zerstört war, die andere bereits in die Lücke springen konnte), möchte ich euch die folgende Aufstellung geben:

Zivilisation Nr. 12	*jetzige Menschheit (weltweit)*	*Zeitumfang: ca. 5000 Jahre*
Zivilisation Nr. 11	*Ägyptische Epoche und zeitgleiche Völker in Indien (aus dieser Zeit stammen die Veden) und Südamerika, die auf der gleichen Schwingungshöhe existierten; Europa, Nordamerika waren vereist*	*Zeitumfang: ca. 8000 Jahre*
Zivilisation Nr. 10	*Atlantis (nur ein Kontinent)*	*Zeitumfang: ca. 70000 Jahre*
Zivilisation Nr. 9	*Lemuria (nur ein Kontinent)*	*Endete vor ca. 90000 Jahren, Zeitumfang ca. 100000 Jahre*
Zivilisation Nr. 8	*Shamana (weltweites Volk). Aus dieser Zeit stammen die Aborigines, allerdings waren sie auf einer anderen Schwingungshöhe. Die Bewohner des Regenbogenlandes, von dem sie erzählen, wurden die Shamanen genannt. Faszinierend, dass dieser Name noch erhalten geblieben ist. Und faszinierend auch, dass im Schamanismus ein Wissen angewandt wird, das aus dem Regenbogenland stammt, denn Shamana bedeutet „Regenbogenland".*	*Zeitumfang: ca. 200000 Jahre*

Die Namen der restlichen Völker spielen derzeit noch keine Rolle, was sich aber in der Zukunft ändern wird. Sie liegen jedoch zeitlich und schwingungsmäßig so weit entfernt, dass es noch lange dauern wird, auf diese Bandbreite der Schwingung zurückzukehren.

Es gab auch Zwischenkulturen, die keine der langen Zeitepochen der

Zwölf erreichten, und daher nicht direkt mitgezählt werden können. Die Maya zählen noch zu eurer Zivilisation.

Es gibt über 20.000 Atlantisbücher, so ist der Name dieses Volkes wieder in aller Bewusstsein gelangt, und das ist gut und richtig so. Allerdings ist Atlantis sehr karmabehaftet, und daher waren die letzten fünfundzwanzig Jahre für die, die erwachten, nicht gerade einfach zu bewältigen, doch sie halfen dabei, den größten Karmaberg aus dieser Zeit abzutragen. Aus diesem Grund ist die nächste Erweckungswelle nun in vollem Gang, denn erst wenn der Karmaberg aus Atlantis und der Jetztzeit abgetragen ist, kann die aufbauende Schwingung aus Lemuria „greifen". So werdet ihr auch auf dem Buchmarkt bald eine Veränderung bemerken. Es wird immer mehr Literatur über Lemuria geben, und schließlich werden auch die Informationen aus Shamana auf der Erde „eintreffen". Der Ort, den ihr Shambala nennt, kommt aus dieser Zeit, aus dieser Zivilisation und hat die Menschheit über die Zeitalter hinweg begleitet und wird dies auch weiterhin tun, bis sie nicht mehr benötigt wird.

Wer schon von den Anunnaki gehört hat und sich daher über obige Zeiteinteilung wundert, dem sei gesagt, dass die Umrechung aus den sumerischen Keilschrifttafeln nicht stimmt, denn es wurde nicht bemerkt, dass die sumerische Mathematik zum einen auf dem 12er-System beruhte und zum anderen außer der Null noch einen mathematischen Baustein beinhaltete, der heute nicht mehr bekannt ist. So wie die Null in gewissem Sinne „nichts" bedeutet, gab es einen Wert, den man am besten mit „Alles" übersetzen könnte. Es gab also ein Rechensystem, das auf 12 + 1 basierte. Dieses Zahlensystem stammt noch aus Shamana, und derzeit könnte kein Mathematiker damit etwas anfangen, doch dieser „Alles"-Wert wird wieder entdeckt werden, und wenn dies der Fall ist und er in einigen Formeln eingesetzt wird, warten einige Überraschungen auf die Menschheit, zum Beispiel, was das Alter dieses Universums betrifft. Welchen Inhalt hat nun der „Alles-Wert"?

Kryon würde sagen: ***Liebe.***

Und das ist der Grund, warum ich in diesem Buch von ihm gesprochen habe.

Dies war eine Durchgabe von Semael.

Ô, lala, das war eine Überraschung! Immer wenn ich anfange zu zweifeln, dass noch etwas Neues kommen könnte, warten meine Partner mit solchen Überraschungen auf, und ich muss sagen, das ist einer der Gründe, warum ich diese Arbeit so liebe.

Manuel: Kronenchakra, 14.05.2006

Auch mit Manuel arbeite ich schon eine Weile in Einzelsitzungen, und so bin ich gespannt, was er uns noch zu sagen hat:

Hier spricht Manuel, und ich bin einer der Erzengel, auch wenn ich in keiner Religion mit diesem Namen aufgetreten bin. Manuel bedeutet „Gott ist mit uns“, und so ist mein Zuständigkeitsbereich auch das Kronenchakra, also das Chakra, das für die Verbindung zur Göttlichen Quelle sorgt. Diese Verbindung kann niemals abreißen, egal, was irgendwelche Wesen für Dinge tun. Auch sie sind verbunden, immer. Es ist nur so, dass sich viele nicht mehr an diese Verbindung erinnern, weil sie sie nicht fühlen können, und so ist der Planet Erde der Ort, wo alle Formen von Energien, woher sie auch gekommen sein mögen, diese Verbindung wieder spüren lernen können, weshalb auch viele Außerirdische hier inkarniert sind. Es gibt daher nicht nur aus diesem Grunde eine lange Warteschlange vor dem Inkarnationstor, das zur Erde führt.

Dieses Tor steht auf Sirius, und das ist einer der Gründe, weshalb dieses Planetensystem so wichtig für die Erde ist. Wer hier inkarnieren will, muss einige Tests durchlaufen, muss sein Programm für das Erdenleben vorlegen. Er muss sich dieses Programm implantieren lassen, damit es auch ablaufen kann, und nur wer das Neutrale Implantat beantragt, kann aus diesem Programm aussteigen. Allerdings wird sehr genau überprüft, wer dieses Neutrale Implantat schließlich erhält. Nur wer sich eine ganz bestimmte Bandbreite an Liebesschwingung „erarbeitet“ hat, kann aus seinem Programm aussteigen. Dieser Wunsch nach dem Ausstieg kommt allerdings ohnehin nur dann auf, wenn dein Herz bereits offen genug ist, auf deinem Weg Alles-Was-Ist zu lieben. Im Grunde wird also der Grad deiner Herzensöffnung gemessen, wenn du aus der Matrix aussteigen und in den Aufstieg gehen willst.

Solltest du also das Neutrale Implantat beantragen oder beantragt haben, dann landet dieser Antrag auf meinem „Tisch“. Ich bin derjenige, der die Messungen vornimmt, und wenn du dein Herz weiter öffnen willst, unabhängig von diesem Implantat, so hast du die Erlaubnis, meinen Namen als Meditationsmantra zu benutzen, denn dieser Name, dieses Mantra, öffnet sowohl das Herz als auch die Krone, und zwar in angemessenem Verhältnis.

Dieses war Manuel, ich grüße euch.

Das Kronenchakra ist oft spürbar, wenn man spirituelle Literatur liest. Dies kann ein leichter Hauch oder eine Drehbewegung oben am Kopf sein. Manchmal ist am Druckkopfschmerz spürbar, dass eine Blockade vorliegt. Viel trinken und ganz bewusst das Kronenchakra wie den Lotus öffnen ist hier sehr hilfreich.

Botschaften zu 2005, 2006, der Zukunft

Wottana

Dieser Meister kündigt sich in Seminaren oft dadurch an, dass wir zu indianischer Musik tanzen müssen/dürfen, denn dann sind wir alle in der passenden Schwingung zu ihm. Oft hat er dann ein ganzes Team Schamanen mitgebracht, die alle Chakren mit energetischen Schlägeln abtrommeln. Das ist immer eine interessante Erfahrung und sehr effektiv, denn es werden fest sitzende Blockaden freivibriert, so dass die Themen darin auftauchen und erlöst werden können. Sehen wir einmal, was er uns mitzuteilen hat:

Liebe Menschen, hier spricht Wottana, ein Aufgestiegener Meister der Anasasi. Ich bin bisher in den Werken dieses Channels noch nicht aufgetreten, auch wenn ich in ihrer Seminararbeit bereits mit ihr und durch sie wirke.

Ich möchte zunächst einige Worte über mich verlieren, so dass ihr euch mit meiner Energie vertraut machen könnt. Im ersten Regenbogenzeitalterbuch war schon von meinem Volk die Rede (ich war allerdings auch in anderen Völkern inkarniert) und auch, dass nur die Stammesältesten das volle Bewusstsein dessen, was wir sind, besaßen. Ich gehörte nicht zu diesen Stammesältesten und erarbeitete mir mein Wissen und meinen Aufstieg unabhängig von ihnen. Erst später war ich Teil der obersten Instanzen meines Volkes. Ich konnte mich also von den Fesseln der Materie befreien, ohne ein Eingeweihter zu sein. Man könnte sagen, ich weihte mich selbst in die höchsten Mysterien ein, nur um zu erfahren, dass mein Volk Teil dieser höchsten Mysterien war. Es war im Grunde ein kosmischer Witz, und wenn ich an diese Zeit zurückdenke, muss ich noch immer schallend lachen. Ihr könnt euch nicht vorstellen, was ich anfangs bei dieser Entdeckung empfand. Ich wusste zwar, dass wir irgendwie anders waren, aber wie anders erfuhr ich erst durch die Einweihungen, und so ähnlich ergeht es jetzt den Menschen, die sich für das Nicht-Sichtbare öffnen, für die Realität hinter der Wirklichkeit. Ihr erfahrt jetzt als ganzes Menschenvolk, dass ihr anders seid, und wenn ihr eines Tages die Gelegenheit habt, euch mit außerirdischen Völkern zu vergleichen, werdet ihr wissen, was ich gemeint habe, und dann werdet auch ihr lachen.

Ihr wacht nun in dem Bewusstsein auf, dass im menschlichen Körper sehr viel mehr steckt als eine Seele, die sich auf der Erde irgend-

wie behaupten muss. Im Menschenkörper steckt Geist, und zwar ein sehr machtvoller Geist. Viele sind Engelwesen, doch sind auch aus anderen Dimensionen Wesen als Menschen inkarniert, zum Beispiel Feuer- oder Wasserwesen, sogar Feen laufen herum und glauben, sie wären gewöhnliche Menschen.

Gleichgültig, welche Ursprungsinkarnation ihr erwählt hattet, ihr habt die Fähigkeiten von damals nun in euer Menschsein mitgebracht, gleichgültig, ob ihr von der Engelebene kommt oder von anderswoher. Von der Grundenergie her seid ihr sogar alle mit Engelenergie ausgestattet, da ihr dort immer wieder auf Schulung seid, als Zwischenstationen sozusagen. Dort, wo eure größte Liebe hingeht, wo eure Sehnsucht euch hintreibt, dort, wo Heimatgefühle aufkommen, seid ihr das erste Mal gewesen, und dort geht ihr immer wieder hin, wenn ihr euch erholen wollt, zum Beispiel im Schlaf.

Für manche bedeutet das die Dimension von Avalon, für andere sind es außerirdische Planeten, und für wieder andere sind das die Reiche der Feen, Elfen, Gnome usw. Es gibt sogar Menschen, die ursprünglich aus dem Mineralienreich stammen, und es gibt Reiche, von denen ihr noch nie gehört habt und die dennoch unter euch präsent, also vertreten sind. Genau genommen sind sogar alle Reiche derzeit auf der Erde vertreten, einschließlich dem „Reich" der Aufgestiegenen Meister. Sie hätten es nicht nötig, doch einige kamen noch einmal zurück.

Für eure Erstinkarnation habt ihr euch etwas erwählt, mit dem ihr immer noch verbunden seid, zu dem ihr immer wieder zurückkehrt, und wovon ihr nach wie vor Energie, Informationen und Unterstützung erhaltet. Warum ist diese Erstinkarnation so wichtig? Hier kommt nun eine Information, die ihr noch nie gehört habt, da die Energie dafür noch nicht bereit war:

Jeder einzelne Mensch, der sich nun auf der Erde befindet, hat bereits mindestens einen Aufstieg in höhere Dimensionen hinter sich gebracht, nämlich in dem Reich der Erstinkarnation. Was genau heißt das? Nun, es heißt, jeder von euch hat sich, um auf die Erde kommen zu dürfen, erst einmal qualifizieren müssen. Hier kann nicht einfach jeder hereinspazieren, wie es ihm gefällt, und erst recht nicht in diesen Aufstiegszeiten. Die Zugangsqualifikation hat sich jetzt drastisch erhöht, könnte man sagen, denn es dürfen nur noch Seelen hereinkommen, die entweder schon karmafrei sind oder deren Potenzial sehr hoch ist, ihr Karma innerhalb der nächsten drei Leben aufzuarbeiten. Ja, ihr habt richtig gelesen: In drei

Generationen wird es keine Menschen mehr auf der Erde geben, die noch Karma abzuleisten haben.

Was bedeutet das genau? Nun, es bedeutet zum einen, dass das einer der Gründe dafür ist, warum so viele Menschen in so unglaublich kurzer Zeit so viel erleben, und nicht unbedingt nur „Gutes". Das, was ihr, liebe Menschen, innerhalb von nur wenigen Jahren nun „ertragen" müsst (euch zu ertragen bereit erklärt habt, ertragen musstet), hat an Erfahrungen früher für mehrere Leben gereicht. Die beiden Weltkriege haben mit dazu beigetragen, dass das Potenzial für den Aufstieg immer höher wurde, da hier unglaublich viel Karma aus mehreren tausend Jahren in nur einer einzigen Generation abgetragen wurde. Wenn ihr an all das Leid eines Krieges denkt, werdet ihr es verstehen. Trotzdem hielten wir es nicht für wahrscheinlich, dass ihr es dieses Mal schaffen würdet, doch euer Wille zur Veränderung war so groß und das Vertrauen von Lady Gaia in euch noch größer, dass ihr es nun tatsächlich schaffen werdet: Der rasche Aufstieg hat bereits begonnen. Ein langsamer Aufstieg ist ja schon länger im Gange. Das, was Zivilisation genannt wird, ist nichts anderes als ein Zeichen des langsamen Aufstiegs, trotz des Preises für die Umwelt, der dafür gezahlt wurde.

Blickt nur einmal ins Mittelalter und vergleicht die Lebensumstände der Menschen damals und heute, und ihr werdet mir Recht geben.

Der schnelle Aufstieg ist das, was seit 1987, der Harmonischen Konvergenz, geschieht, und er geschieht immer schneller, die Umbrüche um euch herum erfolgen immer rascher und oft unerwartet. Der schnelle Aufstieg beinhaltet, dass immer mehr Menschen sich an ihren Aufstieg in andere Dimensionen erinnern, und das befähigt sie, hier auf der Erde in relativ raschem Tempo ihre Angelegenheiten zu regeln, sprich: Den Lichtkörper freizusetzen. Die Menschen, die Lichtarbeiter genannt werden, haben schon mehrere Aufstiege hinter sich und daher immer einen kleinen Vorsprung vor den anderen, sie sind etwas schneller, was sie dazu befähigt, vielen zu helfen. Sie sollen damit nicht hervorgehoben werden, aber sie sind Diener, die sich verpflichtet haben, allen zu helfen, die sich helfen lassen wollen.

Aufstieg bedeutet also auch Erinnerung, und mit Erinnerungen werdet ihr überflutet, doch das meiste dringt nicht bis in euer Bewusstsein vor, denn damit wäret ihr überfordert. Das, was bis in euer Denken gelangt, reicht immer noch, um euch gut beschäftigt zu halten, nicht wahr? Die gute Nachricht ist, dass die Lichtarbeiter in den letzten Jahren durch ihre

Prozesse gehetzt wurden, weil die Menschheit es so eilig hat, doch für sie brechen nun ruhigere Zeiten an, denn der Rest der Menschheit kann und darf nicht so rasch folgen, denn das könnte sie gar nicht verkraften. Diejenigen, die also jetzt neu in ihren Prozess eintreten und die Hilfe der Lichtarbeiter brauchen, werden ein deutlich langsameres Tempo annehmen, aber dass es so viele auf einmal sind und dementsprechend viel Energie freigesetzt wird, wird es, insgesamt gesehen, doch wieder schnell gehen. Es liegt nun in der Verantwortung der Lichtarbeiter, dafür zu sorgen, dass niemand sich selbst überfordert, also notfalls auch mal Ruhepausen „anzuordnen", wenn der entsprechende Mensch nicht selbst erkennen kann, dass er eine solche benötigt.

Ein grundlegender Wandel der Energiearbeit ist also im Gange. Mit dem Jahr 2006 tritt sie in eine neue Phase. Ihr bemerkt jetzt schon (Dezember 2005), dass alles im Umbruch zu sein scheint, und nun kennt ihr einige der Gründe dafür.

Um es noch einmal deutlich zu sagen: Für die Lichtarbeiter wird nun einiges in neue Bahnen geleitet, innerhalb derer es dann ruhiger, friedlicher zugehen wird, in der die finanzielle Fülle kein Problem mehr darstellt, in der die Familienverhältnisse wieder (neu) geregelt werden usw. Dieser ruhende Pol innerhalb der Aufstiegswirbel ist nicht nur für euch persönlich notwendig, denn auch ihr braucht nun eine Verschnaufpause, sondern ist absolute Notwendigkeit für die, deren Panzer nun frisch „aufgeknackt" wurde und die nun mit Dingen konfrontiert werden, mit denen sie allein (noch) nicht fertig werden können.

Der Dezember 2005 und der Januar 2006 sind noch heftig, doch ab Februar 2006 treten neue Regelungen in Kraft, die euch auf wirklich allen Ebenen Erleichterung verschaffen werden, denn das momentane Tempo könnt selbst ihr nicht auf Dauer halten. Es war jedoch notwendig, um euch eben den Vorsprung vor den anderen zu verschaffen, damit ihr ihnen nun optimal beistehen könnt.

Dieses war in großer Liebe und Bewunderung Wottana.

P. S.: Eine Anmerkung möchte ich noch machen: Die neue Art der Energiearbeit hat viel damit zu tun, die Liebe zur Natur in den Menschen wieder zu wecken, und jeder Lichtarbeiter wird seine eigene Methode dafür finden. Mehr dazu findet ihr an anderer Stelle in diesem Buch.

Raphael

Hier spricht Raphael, liebe Menschen, ich grüße euch. Da ich unter anderem für den Bereich des Heilens zuständig bin, möchte ich euch erzählen, wie heilkräftig die Liebe ist. Jedwede Krankheit, ob geistig, seelisch oder physisch, ist allein dadurch zu heilen, dass ihr Liebe hineingebt. Was immer es auch ist, nehmt es in Liebe an. Dieses Annehmen müsst ihr im Grunde eures Herzens aber auch wollen. Ihr mögt einwerfen, das ist einfacher gesagt als getan, doch möchte ich so etwas wie einen Beweis antreten, indem wir uns eine konkrete Körperstelle vornehmen und diese auf eine bestimmte Weise bearbeiten. Ich lade euch zu einer Reise ein, die einen ganz bestimmten Körperbereich in euch mit Liebe füllen wird, und damit mit Heilenergie. Seid euch dessen bewusst, dass nur geschehen kann, was ihr selbst zulasst, was ihr euch im Plan eures Lebens vorgenommen habt.

Meditation

Bitte stellt euch im Geist an den Strand einer Insel. Ein großes Schiff nähert sich euch. Es trägt das Zeichen des Roten Kreuzes. Es ist ein Lazarettschiff. Es fährt die Gangway aus, und ihr seid eingeladen, es zu betreten. An Bord empfängt euch eine Krankenschwester und führt euch auf das Deck, auf dem ein Zimmer für euch vorbereitet ist. Ihr erhascht noch einen flüchtigen Blick auf eine Tür, auf der die Abteilung steht, in der euer Zimmer wartet, bevor sie sich hinter euch schließt.

Die Schwester zeigt euch das Zimmer und verlässt euch, während ihr euch umseht. Ihr versteht nicht recht, was ihr hier sollt, doch seht ihr euch neugierig um und entdeckt einen Fernseher, und weil ihr sonst nichts zu tun habt, schaltet ihr ihn ein, um zu sehen, was auf dem sonderbaren Schiff, das inzwischen abgelegt hat, so geboten wird.

Das Programm ist jedoch ganz anders, als ihr dachtet, denn es zeigt euch selbst. Ihr erklärt euch selbst, welche Lernlektion hinter bestimmten Schmerzen, hinter einer bestimmten Krankheit oder einem Symptom steckt, das entweder schon vorhanden ist oder dabei ist, sich zu manifestieren. Indem ihr versteht, warum es geschieht oder geschehen soll, könnt ihr sehen, dass dahinter Liebe steckt, nämlich die Liebe zu euch selbst, die euch zu Wachstum verhelfen möchte, und die Liebe der göttlichen Quelle, die das zulässt, weil ihr es so wollt. Akzeptiert, dass Liebe dahinter steht und es daher auch in Liebe angenommen werden kann.

Als ihr die Pläne für dieses Leben vorbereitet habt, stand noch nicht fest, ob ihr den beschleunigten Aufstieg miterleben würdet oder nicht, ob er stattfinden würde oder nicht. Für den Fall des Aufstiegs gelten Alternativpläne, und so fragt euch an dieser Stelle, ob die betreffende Lektion auch für den Aufstiegsfall noch gelernt werden muss, und wenn die Antwort „Nein" lautet, öffnet das Bullauge eures Quartiers und werft sie buchstäblich über Bord. Packt sie in einen Seesack und werft sie hinaus. Übergebt sie dem Meer, und wer sie noch benötigt, wird sie finden und für sich verwenden. Die Regel wird jedoch sein, dass das Ganze aufgelöst wird. Schließt das Bullauge wieder.

Schaltet nun den Fernseher aus, verlasst das „Krankenzimmer" und das Schiff, und ihr werdet feststellen, dass ihr nicht mehr dort an Land geht, wo ihr eingestiegen seid, sondern dass sich etwas für euch verändert hat: Ihr habt es verändert. Die Landschaft scheint lieblicher zu sein, die Farben kräftiger und leuchtender, der Wind sanfter. Ein neues Land mit neuen, vielfältigen Erfahrungen wartet auf euch.

Seid nun wieder ganz im Hier und Jetzt und erforscht, wie sich euer Körper anfühlt, was sich in ihm verändert hat.

☆☆☆

Je öfter ihr diese Meditation durchführt, umso mehr wird euer Verständnis für euch selbst wachsen, und umso mehr wird sich euer Körper in Richtung „Gesundheit" verändern. Sogar der Alterungsprozess kann auf diese Weise hinausgezögert, ja vielleicht sogar umgekehrt werden.

Und nun noch einige Informationen, die die Gesundheit der Menschen betreffen:

Leid durch Krankheit war im großen Plan für die Erde vorgesehen und wurde mit durchschlagendem Erfolg durchgeführt, und, wie der eine oder andere von euch sagen wird: Leider! Doch sollte es so sein. Aber nun hat sich etwas verändert: Die Aufstiegsenergie, die ihr kreiert, wird immer stärker, das heißt, das Morphogenetische Feld „Krankheit" wird nun „angegriffen", aufgeweicht. Jeder Mensch, der sich entschließt, durch seinen Klärungsprozess zu gehen (und der kann durchaus über weite Strecken hinweg unangenehm sein), hilft dabei, das Feld „Krankheit" so zu verändern, dass es immer kleiner wird. Obwohl es im Moment noch nicht so aussieht, hat es bereits begonnen zu schrumpfen. Wartet die Jahresbilanz der Aidskranken in Afrika von 2006 ab, und ihr werdet sehen, was ich meine. Im Jahre 2007 wird man allgemein einen Rückgang (nicht nur) der ansteckenden Krankheiten verzeichnen, was auf die Arbeit jedes einzelnen Menschen zurückzuführen ist, der bereit ist, sich seinen Ängsten und noch einigen anderen Dingen zu stellen. Die Anzahl der neuen Krankheitsfälle wird erst nur gering zurückgehen, doch dass sie überhaupt zurückgeht und nicht mehr ansteigt, wird schon Verwunderung in den entsprechenden Kreisen auslösen. Die Zahlen werden jedoch ein immer deutlicheres Bild malen: Es tut sich etwas!

Im Jahre 2006 werden die meisten, die in der „Heiler-Erweckungswelle" (1999 bis 2006) geweckt wurden, ihren Prozess so weit vollzogen haben, dass sie an die Arbeit gehen können und nun denen zur Verfügung stehen, die eine Vielzahl körperlicher Probleme haben, die mit herkömmlichen Mitteln alleine nicht behoben werden können. Eine Kombination des Wissens der Ärzteschaft und dem der Heiler wird nun benötigt, denn so können die Symptome auf der einen und die Ursachen auf der anderen Seite gemeinsam behoben werden, was tatsächlich Gesundheit zur Folge hat und nicht Leid durch Nebenwirkungen!

Ich, Erzengel Raphael, fordere alle Ärzte auf: Geht auf die Heiler zu, profitiert von ihrem Wissen und Können, und ihr, liebe Heiler, strebt eine Zusammenarbeit mit den Ärzten an, denn ihr seid keine Konkurrenten! Es gibt auf diesem Gebiet keine Konkurrenz, die gab es nie, obwohl es oft so gesehen wird. Es gibt nur Ergänzung, und es gibt hier nur die eine Tatsache: Jeder Arzt, jeder Heiler, bekommt nur die Menschen geschickt, die angemessen für alle Parteien sind. Würde hier mehr ein Netzwerk der Zusammenarbeit entstehen, würde das Morphogenetische Feld „Krankheit" noch schneller schrumpfen. Das Ziel ist, euch selbst überflüssig zu machen! Oh ja, auch wenn es sich für euch paradox anhört, wenn diese Art eurer Arbeit nicht mehr benötigt wird, seid ihr frei, euch weiterzuentwickeln und andere Gebiete zu erforschen, auf denen ihr tätig sein könnt. Vielleicht fangt ihr ja dann an zu malen oder Gebäude der Neuen Energie zu bauen? Jeder von euch hat zahlreiche Qualitäten und zahlreiche Talente, nicht nur eins. Doch lebt ihr immer das, was ihr selbst und die anderen gerade benötigen.

Diejenigen, die an Krankheitsstatistiken herankommen, können schon jetzt die Zahlen mit den Vorjahren vergleichen und ein neues Bild erkennen, und so ist es!

Dieses war in Liebe, Raphel.

Danke, lieber Raphael. Ich wünschte, ich könnte diese Statistiken sehen. Vielleicht sendet mir ein Leser ja so etwas zu.

Kryon: Neujahrsansprache, 01.01.2006

Diese Neujahrsansprache kommt zwar für den Leser etwas verspätet, da das Buch erst 2007 erscheinen wird, dennoch hat sie an Aktualität nichts verloren, denn nun kann man vergleichen, was von dem, was angekündigt wurde, wirklich eingetroffen ist. Normalerweise hält sich die Geistige Welt mit Prophezeiungen zurück, da selbst sie nicht mehr wissen, was wir tun werden, und sie nur noch Potenziale erkennen können, denn wir haben schließlich die vorgegebenen Pfade weitestgehend verlassen. Umso mehr hat es mich überrascht, dass sie doch einige der Potenziale bekanntgeben. Nun, sehen wir mal, was Kryon ankündigt:

Geliebte Wesen, diese Botschaft wird am ersten Tag eures neuen Jahres gegeben (zumindest nach der Zeitrechnung vieler Menschen), weil es Zeit für einen Jahresrückblick und eine Vorschau ist. Wenden wir uns zunächst dem Jahresrückblick zu. Das Jahr 2005 eurer Zeitrechnung war gekennzeichnet von vielen erfüllten Potenzialen, die wir euch mitteilten, und einigen, von denen wir euch nichts erzählten, weil es nicht immer angemessen ist, etwas im Vorfeld zu wissen. Ganz allgemein gesehen wurden in diesem Jahr grundlegende Bewusstseinsveränderungen als Samen in viele Menschen gelegt. Diese Veränderungen werden nun im neuen Jahr die ersten Früchte tragen. Natürlich waren umfangreiche Vorbereitungen, Vorarbeiten von unserer und von eurer Seite notwendig, um diesen grundlegenden Wandel möglich zu machen, doch in gewisser Weise gipfelten diese Arbeiten im Jahr 2005. Viele Lichtarbeiter haben dieses Jahr als „heftig" empfunden, sowohl von der körperlichen als auch von der seelischen Seite her. Doch lasst euch noch einmal gesagt sein: Es geschieht nichts, was ihr nicht von irgendeiner Ebene eures Bewusstseins her beschlossen habt, auch wenn oft noch Schleier dazwischen liegen! Wie wir nun schon seit Jahren erzählen, wird der Schleier immer lichter, und zwar zwischen allen zwölf Bewusstseinsebenen, so dass ihr immer mehr wahrnehmt, was für euch geplant ist beziehungsweise was ihr euch selbst vorgenommen habt, um euren Beitrag in dem großen Gefüge zu leisten. Und so war das Jahr 2005 davon gekennzeichnet, dass die persönlichen und generellen „Schleier" sich stark reduzierten, so stark wie nie zuvor. In den kommenden Jahren wird zwar noch vieles geschehen, doch dieses Jahr (2005) wird als eines derjenigen bekannt werden, in dem am Schleier am meisten „genagt" wurde, in dem am heftigsten daran gearbei-

tet wurde, indem viele Löcher hineingeschlagen wurden, so dass zusätzliche Energien (= Informationen) zu euch fließen konnten und können. Diese Informationen sind Informationen, die von euch kommen, aus den verschiedenen Ebenen eures Seins, und da untere Ebenen oft nicht den Überblick von höheren Ebenen haben, können sich Informationen auch schon einmal (scheinbar) widersprechen, und das hat viele Lichtarbeiter verwirrt und in ein Chaos gestürzt. Aber selbst solche Verwirrung hat ihren Sinn, denn auch sie soll euch etwas lehren: Sowohl Herz als auch Verstand gleichermaßen einzusetzen und dem Weg zu folgen, der für euch angemessen, und vor allem gehbar ist.

Versteht bitte, dass diese Löcher durch die Schleier bis nach oben „durchschlagen" und so Energien von mehreren Ebenen gleichzeitig auf euch einwirken können, und dadurch kommt ihr vielleicht zu einem Punkt, an dem ihr nicht mehr wisst, „was Sache ist", und auch davon war das Jahr 2005 gekennzeichnet. Mit den Informationen aus den verschiedenen Ebenen musstet ihr erst einmal „klarkommen", ihr musstet sie sortieren und lernen, sie in eurem Herzen abzuwägen. Bei allem, was geschieht, schaltet immer euer Herz ein, „bewegt in eurem Herzen", was ihr hört, und folgt immer dem Weg des Herzens. Vergesst dabei jedoch nicht den Verstand, denn der wurde euch nicht gegeben, um ihn immer beiseite zu schieben. Ein gesundes Gleichgewicht hier wieder herzustellen (eure Kultur ist im Moment noch sehr vom Verstand geprägt, nicht wahr?), dieser Herausforderung standen sich viele Menschen im Jahre 2005 gegenüber.

Aus diesen Gegebenheiten resultieren die vielen Beendigungen, zum Beispiel in Beziehungen. Manche sind schon vollzogen, andere werden erst in 2006 vollzogen werden. Das gab es natürlich auch in den Jahren davor und wird es auch in den Jahren danach gegeben, doch wenn ihr Statistiken sehen könntet, würdet ihr feststellen, dass es im Jahre 2005 hier einen Schwerpunkt gibt, eine Spitze in der Kurve, wenn ihr so wollt. So wurden auch viele „alte Leben" beendet, das heißt, Menschen haben erkannt, dass sie einen anderen Weg gehen wollen als bisher und Schritte für einen neuen Weg eingeleitet. Dies betraf sehr viele Heiler, weil die Heilererweckungswelle nun ihren Höhepunkt überschritten hat. Es wurden schon viele vorher geweckt, und es werden noch viele geweckt, doch auch hier gab es in 2005 eine Spitze in der Kurve, weil sie alle in den kommenden Zeiten gebraucht werden. Sie werden großen Zulauf haben, weil sie auf eine Art helfen können, die grundlegend ist, die bis in die tiefsten Tiefen hinabgeht, und sie damit alle Übel an der ureigensten Wurzel packen können. Und es werden nun viele dieser Wurzeln „erledigt", und daher müssen die Menschen auch nicht ständig wiederkommen (inkarnieren), um die noch unerledigten Angelegenheiten endlich aufzulösen. Das heißt, jemand, der alles auflöst, was aufgelöst werden will, braucht nicht mehr wiederzukommen, jedenfalls nicht aus solchen Gründen. Das heißt nun nicht, dass in ein paar Generationen die Erde entvölkert ist, weil keiner sein Karma mehr auflösen muss, sondern es heißt, dass man „frei" hereinkommen kann, ohne Karma-Programme, die zu bestimmten Dingen „zwingen", und damit kann sich eine völlig neue, wundervolle Art des Zusammenlebens entwickeln, und damit kommen wir zum Jahr 2006. In einer anderen Botschaft habe ich einige konkrete Angaben gemacht, doch in dieser möchte ich mehr auf die Hintergründe eingehen, so wie für das Jahr 2005.

Diejenigen, die sich in 2005 selbst auf einen neuen Weg gebracht haben, gehen diesen nun auch. Es kehrt in gewissem Sinne Ruhe ein. Zumindest, was das spirituelle Tempo betrifft, geht es nun gleichmäßiger voran, und die heftigen Umbrüche, die für den neuen Weg notwendig waren, werden abgeschlossen. In diesem Sinne äußerte sich auch Wottana, ein guter Freund von mir.

Mutter Maria kündigte das Jahr 2006 als das Jahr der Heilung durch Liebe an, und das ist es auch. Durch das Tor der Liebe, das über das Weihnachtsfest hinweg geöffnet wurde und durch zahlreiche andere Aktionen wird das Jahr als **das** *Jahr 2006 bekannt werden. Wurde in 2005 vieles beendet, so werden 2006 neue Paare zusammenfinden, die eine Intensität in der Liebe zueinander spüren werden, wie sie für so viele Menschen auf einmal noch nie möglich war, weil das Magnetgitter hier Beschränkungen auferlegte. Diese sind nun aufgehoben. Es gibt keine Beschränkungen nach oben mehr, und das ist es, was viele fühlen können: Sie müssen nicht auf einem bestimmten Level der Liebe verharren. Es gibt nun ein Mehr, und daher wurden Beziehungen beendet, weil ihr nach dem Mehr suchen wolltet, und ihr werdet es finden! Das gilt für meine Partnerin hier genauso wie für viele andere Menschen. Was das betrifft, wird es einen Höhepunkt im „Feiern von Vereinigungsenergie" geben (damit meint Kryon die sexuelle Vereinigung von Menschen), mit eben einem höheren „Liebeslevel", und das, liebe Menschen, gibt wirklich einen Höhepunkt (kosmischer Humor in Anspielung auf sexuelle Höhepunkte)!*

Es wird so viel Liebe strömen wie noch nie in eurer Geschichte, und das, liebe Menschen, wird sich auf vielfältige Art zeigen, auch in den po-

litischen „äußeren" Geschehnissen, und sogar, was die Ereignisse in der Natur betrifft. Ihr werdet staunen, was sich alles in einem einzigen Jahr verändern kann, „nur" weil „Liebe in der Luft liegt".

Dieses war Kryon, der Magnetische Meister.

Nun, zu dem Zeitpunkt, an dem ich das schreibe, bin ich zwar von zu Hause ausgezogen, habe aber den neuen Partner noch nicht gefunden, spannende Zeiten, wahrlich!

Mutter Maria

Hier spricht Mutter Maria, und ich möchte einiges ergänzen, was Kryon über das Jahr 2006 erzählt hat.

Ihr habt nun gehört, dass es ein Jahr voller Liebe sein wird, einer Liebe, die zur Heilung der Seelenwunden führt, vor allem der, die durch Beziehungen geschlagen wurden, darauf liegt der Schwerpunkt, und hier wird durch die Heilung große Energie freigesetzt, die wiederum zur Schwingungserhöhung der Erde „benutzt“ wird. Es ist ein wenig hart zu sagen, dazu wurde sie kreiert, das stimmt nicht so ganz, aber die Energie, die gestaut wurde, wird auf jeden Fall sinnvoll genutzt. Es geht ja mehr um die Erfahrungen, die die Geistwesen machen wollten, und das führte zu den Staus, deren großen Nutzen irgendwann erkannt wurde, und so wird diese Energie verwendet.

Was ist die Folge, wenn Menschen sich lieben? Wenn Paare zusammenkommen? Nun, wenn es keine gleichgeschlechtlichen Paare sind, dann sind die Folgen, dass eine Familie gegründet wird, dass Kinder auf die Welt kommen, davon haben wir euch schon berichtet. Die Folge des Jahres der Liebe wird im Jahr 2007 sein, dass vermehrt Kinder bei reiferen Frauen zur Welt kommen, aber natürlich nur die, die zu voll erwachten Paaren kommen wollen und müssen. Und, liebe Männer, ihr versteht oft nicht, warum eure Beziehung auseinandergegangen ist, warum die Frau plötzlich die Stärke hatte zu gehen. Das liegt daran, dass ihr dadurch euren eigenen Weckruf erhalten könnt, so dass ihr wiederum zu der Frau geführt werdet, die zu euch passt, und dabei in höherer Schwingung seid als vor der Trennung, und das ist die Absicht, das ist der Sinn: Schwingungserhöhung überall und durch verschiedene Maßnahmen, die erst einmal „hart“ und leidvoll erscheinen, die jedoch erstaunlicherweise zu Heilung führen. Und warum? Weil die Trennungen aus Liebe und durch Liebe geschahen und nicht durch Zorn und Hass, und das ist es, was euch oft verwirrt, nicht wahr?

Dies betrifft natürlich nicht nur Männer, doch ist es tatsächlich so, dass in 2005 viele Beziehungen durch die Frauen beendet wurden. Falls es je Statistiken darüber geben wird, könnt ihr genau das daraus ablesen!

Das Jahr 2005 war in gewisser Weise von Schmerz (oft auch körperlicher Natur) gekennzeichnet, doch das Jahr 2006 bringt das Gegenteil: Heilung auf vielen Ebenen gleichzeitig, und das ist, was geschieht. Amen.

Dieses war Mutter Maria.

Metatron über die Merkabah

Metatron hat nun schon in meinen beiden vorhergegangenen Büchern Lektionen über die Merkabah erteilt und setzt diese nun fort:

Hier spricht Metatron, und ich möchte einige Zusammenhänge zwischen der Merkabah und der Liebe erläutern.

Ich habe nun schon einiges zur Merkabah aufgezeigt. Was ich bisher nicht erklärt habe ist das, was die Merkabah eigentlich dazu bringt, sich in Bewegung zu setzen. Wer, wie ihr, schon einen Weg zurückgelegt hat, weiß, dass Hingabe dazu gehört, sich aus dem Massenbewusstsein zu entfernen und mehr auf seine eigene Stimme zu hören als auf das, was andere sagen. Für jeden läuft dieser Prozess auf eigene, individuelle Weise ab. Aber wem gibst du dich hin? Welche Energie lässt du in das Energiesystem, die dann soweit eine Reinigung vornimmt, bis die Merkabah vom Ballast befreit ist, der sie starr hält? Wenn sie sich dann in Bewegung setzen kann, hat das wiederum zur Folge, dass das Höhere Selbst in das System einbezogen wird. Was ist das, was da einfließt? Es sind Informationen, Informationen, die zunächst an irgendeiner Ecke in deinem Körper und deinem Geist die ersten Umbauten vornehmen, und dieses breitet sich immer weiter aus, bis alles so weit vorbereitet ist, dass die Merkabah sich drehen kann.

Der Spiritualisierungsprozess fängt oft damit an, dass du anfängst, endlich auf deinen Körper zu hören und seine Signale zu verstehen, dass er liebevoll behandelt werden will. Und, liebe Menschen, das, was ihr an Speisen zu euch nehmt, hat oft sehr wenig mit Liebe zu eurem Körper zu tun, extrem wenig sogar. Zur Spiritualisierung gehört also als einer der ersten Schritte, seinen Körper von Giften zu befreien. Warum haben die Asketen der Alten Energie denn asketisch gelebt? Weil einfach für die nächsten Schritte gewisse Voraussetzungen geschaffen werden mussten. Eure Philosophen sagen selbst, dass zu einem reinen Körper auch ein reiner Geist gehört, und dies ist eine grundlegende Wahrheit. Der Schmutz in eurem Körper führt auch zu Schmutz in eurem Geist. Es ist tatsächlich so einfach. Je klarer die Gewässer deines Körpers, umso klarer die Gewässer, in denen dein Geist fischt. Fischt er im Trüben, fängt er auch nur „Trübes“. (Anmerkung von P. P.: Ich schreibe seit Jahren in meinen Entsäuerungsbüchern als Widmung: „Befreist du den Körper von Giften, befreist du auch den Geist. Eine angenehme „Nebenwirkung“ ist eine gute Gesundheit“.)

Indem du anfängst, die Verantwortung für deinen Körper und seinen Zustand zu übernehmen, entwickelst du für dich zumindest so viel Eigenliebe, dass du etwas unternimmst, sei es durch das Einnehmen von Nahrungsergänzungsmittel, oder aber andere Maßnahmen. Also, wem gibst du dich da hin? Der Eigenliebe, nicht zu verwechseln mit Egoismus oder gar Narzissmuss. Es geht einfach darum, dass du selbst erkennst, dass du deinen Körper an Grenzen geführt hast und nun Maßnahmen zu ergreifen sind. Manchmal ist diese Grenze tatsächlich eine schwere Krankheit. Das muss jedoch nicht so sein.

Du lässt also Impulse zu, die dich dazu bringen, Eigenliebe in deinen Körper hineinzulassen. **Du gibst dich dir selbst hin,** *und je klarer deine Gedanken werden, umso klarer wird dir auch, was du wirklich brauchst, und du fängst irgendwann an, entsprechende Maßnahmen zu treffen. Den Mut dazu zu entwickeln, ist Teil des ganzen Prozesses.*

Liebst du dich mit allem, was dich ausmacht? Mit allem, was du je getan, gedacht, gefühlt, gesagt hast? Dann bist du eine seltene Ausnahme. Der Spiritualisierungsprozess hat damit zu tun, in die Eigenliebe zu kommen, und, liebe Menschen, erst ab einer gewissen Schwingungshöhe der Eigenliebe dürfen weitere Schritte unternommen werden Doch viele bleiben in dieser Phase stecken, weil sie sich nicht selbst vergeben können, und anderen schon gar nicht, oder den anderen schon, aber sich selbst nicht.

Wenn du anfängst, dich wieder mehr selbst anzunehmen, wirst du automatisch den Drang haben, mehr in die Natur zu gehen, dich wieder mit ihr zu vereinen, denn nur indem du dich wieder mehr mit der Erde und der Natur (auf und in ihr) in Liebe verbindest, kannst du weiter voranschreiten.

Du und die Erde seid eins. Das Bewusstsein der Erde wird vom Bewusstsein der Menschen gespeist, und das der Menschen von dem der Erde. Ihr seid viel enger miteinander verbunden, als ihr denkt. Künftige Weltraumfahrer müssen einen gewissen spirituellen Stand erreicht haben, um sich überhaupt so weit von der Erde entfernen zu können. Sie müssen sich zu einem Kosmischen Menschen entwickelt haben, vorher ist eine weite Reise völlig unmöglich, zumindest nicht mit dem physischen Körper. Wundert ihr euch denn nicht, dass ihr trotz der Raumfahrt noch nicht weit in euer Sonnensystem hineingestoßen seid? Ihr müsst euch erst wieder mehr mit der Erde verbinden, bevor ihr euch, dann auf einer höheren Stufe, wieder von ihr lösen könnt, den Planeten verlassen könnt, ohne Schaden zu nehmen. Solange das nicht geschehen ist, werden alle

Raumfahrer krank werden, wenn sie zu lange „draußen" sind. Nur Menschen mit einer Merkabah, die in Bewegung ist, können die Erde auch mit ihrem physischen Körper verlassen.

Merkabah bedeutet „Gefährt", und das ist durchaus wörtlich gemeint. Sie ist nicht nur ein Gefährt für den Geist, sondern auch für den Körper. Warum ist das so? Nun, da das Experiment, der große Plan, die Erde in die niedrigsten Schwingungen führen sollte und geführt hat, sollte sichergestellt werden, dass erst ab einem bestimmten Reifegrad die Spezies Mensch diese Welt (wieder) verlassen kann. Dies geschah zum Schutz des Lebens außerhalb der Erde. Es war und ist eine Sicherungsmaßnahme, die unbedingt notwendig war, wie ihr selbst sehen könnt. Oder wollt ihr eure Konflikte bis in den Weltraum tragen? Erst wenn eine kritische Masse an Menschen ihre Merkabah in Gang gesetzt haben wird, kann die Raumfahrt so weiter entwickelt werden, dass ihr wirklich aus dem „Dunstfeld" der Erde herauskönnt. Dazu muss dieses „Dunstfeld" aber aufgelöst werden, und das ist das Karma, das noch „um euren Planeten" liegt. In gewisser Weise hält euch auch das Karma noch zurück, denn dieses muss sich auf ein Minimum reduzieren, sonst tragt ihr es auch nach außen, und wie würde das dann wohl sein? Begegnungen mit außerirdischem Leben könnten kriegerisch sein, und das ist nicht das, was ihr wollt, und auch nicht das, was eure Aufgabe ist, wenn ihr hinausströmt. Ganz im Gegenteil. Wenn ihr auf die große Reise ins Unbekannte geht, werdet ihr das Licht mit euch nehmen und dorthin tragen, wo es gebraucht wird, und ihr seid gerade dabei, dieses Licht in euch (neu) zu entzünden.

Die Erde und ihre Bewohner sind als Leuchtturm ausersehen, auserwählt, wenn ihr so wollt, und dieser Leuchtturm wird gerade erbaut, sowohl in euch selbst, als auch auf der Erde. Die Welle der Einheit geht schon jetzt von der Erde aus und schwappt durch das Universum. Es ist etwas in Bewegung geraten, und es ist diese Bewegung, die so viele Beobachter um euren Planeten angelockt hat, und nicht nur das. Es gibt zahlreiche Abgesandte anderer Welten, die hierher kamen, um daran teilzunehmen, um ihren Beitrag zu leisten, um Frieden in das Universum zu tragen, ***denn höret, höret, höret: Der Krieg ist vorbei, der Krieg ist vorbei, der Krieg ist vorbei****! Diese Botschaft tragt ihr alle in euch. Ihr befriedet erst euer eigenes Inneres, dann die gesamte Erde, und dann geht ihr hinaus und tragt die Fackel des Friedens hinaus und überall hin. Denn ihr könnt etwas, das andere Wesenheiten nicht können, obwohl sie zum Teil höher schwingen als ihr: Ihr könnt mit jeder Faser eures Seins spüren, dass es* *wahr ist: Der Krieg ist vorbei! Die Zeit der Konflikte, die Zeit der unangemessenen Spaltung ist vorüber, und nun muss sich dies nur noch bis in die Materie „durchschwingen", muss sich überallhin verbreiten, und das ist eure Aufgabe, die Gesamtaufgabe der Menschheit. Zugegeben, dies geht nicht von einem Tag auf den anderen. Ihr seht das ja an euren eigenen Prozessen, doch es geschieht, es geschieht, es geschieht!*

Seht euch Science-Fiction-Serien wie Star Treck an. Die Kapitäne der Raumschiffe handeln sehr integer, und in eine ähnliche Richtung geht die Entwicklung der Erde. Diese Serien gibt es nicht nur zur Unterhaltung!

Und so werden (nicht nur) all jene, die nicht wirklich von hier (der Erde) kommen, geweckt, damit sie erkennen, wer sie sind, warum sie hier sind, und dass ihre Sehnsucht zu den Sternen die Sehnsucht nach der Heimat ist. Doch es ist nicht ihre Aufgabe fortzugehen, um diese Heimat zu finden, sondern es ist ihre Aufgabe, das Beste, das ihre Heimat zu bieten hat, auf der Erde zu installieren, damit sie zu einem großartigen Konglomerat an Schwingungen und Wissen wird, denn nur auf diese gemeinsame, einheitliche Weise wird die große Vision Wirklichkeit werden. Indem die Menschen die Schwingungen von Außerirdischen in sich tragen, werden sie auch später überall erkannt und willkommen geheißen werden, denn ihr seid Teil von ihnen und sie von euch, und auf diese Weise werdet ihr nicht nur galaktische Botschafter werden, sondern universelle. Die Erde wurde geschaffen, um die Dualität zu ermöglichen, sie wurde aber auch erschaffen, um diese wieder auf ganz besondere Weise aufzuheben, und in diesem Umwandlungsprozess befindet ihr euch gerade, persönlich und global. Die Dualität wird auf der Erde aufgehoben, hier, heute und jetzt. Mit jedem Atemzug, den ihr macht, verringert sie sich, und zwar in viel größerem und schnellerem Ausmaß, als ihr euch das derzeit noch vorstellen könnt, und das hat schon jetzt, wie gesagt, Auswirkungen auf das große Ganze. Wellen der Einheit gehen von der Erde aus und verbreiten sich gleichzeitig in alle Richtungen, ohne an Stärke zu verlieren, und gelangen überall hin, selbst bis an die Grenzen dieses Universums und sogar noch darüber hinaus.

Viele Menschen geben zurzeit ihr altes Leben auf, um in ein neues, für sie noch ungewisses, einzutreten. Sie werden viele verschiedene neue Berufe kreieren, viele unterschiedliche Heilweisen entwickeln und anwenden, und wenn diese Phase vorüber ist, werden sie neue Betätigungsfelder sogar außerhalb dieser Welt finden, denn auch dort ist Heilung nötig, auch dort! Doch nicht nur Heiler erwachen nun, sondern zum Beispiel auch

Baumeister verschiedener Welten, so dass sich auch in der Gebäudekonstruktion viel tun wird, und nicht nur dort. Ihr schafft grundsätzlich eine neue Zivilisation, und das dafür notwendige Wissen erwacht in denen, die es mitgebracht haben. Doch erwartet keine sichtbaren Wunder über Nacht. Für Wunder seid ihr oft noch gar nicht bereit, und doch geschehen sie, meist noch ungesehen, aber groß in der Wirkung. Seht euch beispielsweise eure Sonnenuntergänge an und vergleicht sie mit Fotos von vor fünfzig Jahren. Es sind mehr Farben in ihnen enthalten. Das sind äußere Anzeichen dessen, was im Inneren geschieht: Wunder über Wunder! Achtet mal auf eure Regenbögen. Auch hier tut sich etwas, auch sie demonstrieren die Erweiterung des Bewusstseins, die ihr gerade durchführt.

Deutschland hat eine Frau an der Spitze: Ein Wunder! Vor zehn Jahren wäre das noch nicht möglich gewesen, oder? „Wer Augen hat zu sehen, der sehe!" Konzentriert euch nicht auf das Leid, konzentriert euch auf die Wunder, und sie werden sich verstärken, werden immer öfter geschehen, so dass das Leid verschwinden kann, denn es hat in einer Welt voller Wunder keinen Platz mehr. Tut dies sowohl in eurem persönlichen Leben, als auch global. Die Konzentration auf die Wunder beschleunigt die Erdmerkabah, und so wird auch die Erde ein Gefährt werden, das euch in eine wundervolle Zukunft führt, einzeln und auch global.

Vorher gilt es oft noch Verträge zu erfüllen, von denen euer bewusstes Selbst meist nichts weiß. Aus manchen Verträgen könnt ihr euch lösen, doch die, die mit der Schwingungserhöhung der Erde zu tun haben, bleiben bestehen, und diese haben in der Regel mit der Karmaauflösung zu tun, dem persönlichen und dem familiären Karma (manchmal sogar außerirdischem Karma).

Dazu möchte ich ein Beispiel geben:

Nehmen wir an, du hast vor einem Jahr gesagt: „Ich nehme das Familienkarma auf mich". Im Laufe der Zeit hast du erkannt, dass deine Partnerschaft zu Ende geht, und da du möchtest, dass dies in Liebe geschieht, bestellst du eine Partnerin/einen Partner für deinen momentanen Gefährten/in, so dass er/sie friedlich gehen kann. Nun hattest du aber das Familienkarma auf dich genommen, das da heißt: „Immer wird mindestens einer in jeder Generation vom Partner verlassen". Auch wenn du vielleicht noch nicht wusstest, wie das Familienkarma lautet, hast du es auf dich genommen, und manchmal heißt das, es noch einmal zu durchleben, jedoch stellvertretend für alle anderen, die je waren oder nach dir kommen, das letzte Mal! Das heißt, dass deine Nachkommen von ihren Partnern nicht mehr verlassen werden, und sie selbst auch nicht mehr ihre verlassen. Wenn sie also einen Partner gefunden haben, dann bleiben sie auch bei ihm, oder es wird eine Trennung auf Gegenseitigkeit. Für die Ahnen heißt das, dass sie nicht wiederkommen müssen, um bei der Auflösung des Familienkarmas zu helfen.

Das letztmalige Durchleben des Familienkarmas heißt in diesem Fall, dass du verlassen musst und nicht, dass der Partner sich verliebt und geht. Somit ist da ein älterer „Vertrag", der deine Bestellung eines neuen Partners für deinen jetzigen Partner „überwiegt", und so sollte es dich nicht wundern, dass es nicht so kommt, wie du es bestellt hast, obwohl du deine Manifestationskraft bereits entwickelt hast. Du hast nicht immer den Überblick über alles, was dich betrifft.

Und so ist Teil der Spiritualisierung manchmal, im Dienst der Familie zu stehen und wieder mehr Liebe für deine menschliche Familie zu entwickeln. Es geht ja besonders in diesen Zeiten darum, immer mehr und größere Liebe zu allem und jedem zu entwickeln.

Bisher war die Schwingungshöhe der Liebe, nicht nur in der Partnerschaft, durch die Beschränkung des Magnetgitters begrenzt. Es gab eine Grenze, die in der Regel nicht überschritten werden konnte beziehungsweise unglaubliche Mühen erforderte, um sie durchbrechen zu können. Dies hat sich nun dank des Kryonteams geändert, und so gibt es keine Grenzen mehr in der Liebesfähigkeit der Menschen, keine!

Es bedarf oft immer noch einiger Anstrengung, sich aus den Angstmustern zu befreien, denn die Angst ist es, die euch an der wahren Liebe zu euch selbst und zu anderen hindert. Das Magnetgitter wurde nun so umstrukturiert, dass ihr euch aus den Angstmustern herausarbeiten könnt, wenn ihr das wirklich wollt. Ihr dürft die Matrix der Angst verlassen, und ihr tut es, ihr Lieben, ihr tut es. Das heißt jedoch, dass ihr euch mit euren Ängsten konfrontiert, nur dadurch werden sie euch voll bewusst und können aufgelöst werden. Wundert ihr euch nun noch über das, was euch geschieht? Etwas, dessen du dir nicht bewusst bist, kann nur schwer verändert werden, nicht wahr?

Was hat das nun mit der Merkabah zu tun? Und ich würde am liebsten wie mein Freund Kryon mit „Ja" antworten, das wäre in diesem Fall jedoch etwas unbefriedigend.

Das Magnetgitter war mit dafür zuständig, dass die Merkabah nur bei denen in Bewegung kommen konnte, die sich sozusagen ein Loch in dieses Gitter bohrten, und zwar durch die größtmögliche Hingabe. Nun wurde es verändert, und nun darf und kann die Merkabah bei jedem in Bewegung geraten, doch noch immer bedarf es dazu der Hingabe, also einer besonderen Form der Liebe. Entwickelst du also eine gewisse „Höhe" der Hingabe, kann die Merkabah in Bewegung versetzt werden, und dies hat dann weitreichende Folgen. Wozu soll man sich hingeben, welche Hingabe erfordert das? Nun, es ist zum einen die Hingabe herauszufinden, wer du bist, und es ist die Hingabe, den Dienst an den Menschen antreten zu wollen, und das mit aller Kraft, eben mit aller Hingabe. Dies ist der Motor für all das, was du in den letzten Jahren erlebt hast und in den nächsten Jahren noch erleben wirst.

Die Merkabah ist also grundsätzlich nur dadurch in Bewegung zu bringen, dass dein Energiesystem bereits eine bestimmte Höhe an Liebesschwingung aussendet, also die Bereitschaft für ein Mehr. Dies wird gesehen, dies wird gemessen, es wird abgewogen, und es werden Entscheidungen getroffen. Entscheidungen, die du gemeinsam mit deiner Seelenfamilie und im Einklang mit der Quelle triffst. Oft finden diese Entscheidungen dann einen Ausdruck im Außen, mit dem weder du (noch deine Familie) auf der Erde gerechnet hast (du wirst in gewisser Weise unberechenbar, weil du dich im Quantenuniversum bewegst), und so kommen Konflikte zustande, die wieder damit zu tun haben, dich selbst zu finden, deine Wahrheit zu leben und dich mit allem zu konfrontieren, was erlöst werden will, und das ist nicht nur die Angst, jedoch Angst vor Mangel in erster Linie. Erkennst und fühlst du jedoch langsam, aber bestimmt, dass der Mangel eine Illusion ist, kann deine Schwingung ständig erhöht werden, denn du behebst deinen scheinbaren Mangel, indem du Energien anziehst, die dich in deine volle Kraft führen. Das betrifft auch beispielsweise die Finanzen. Insgesamt geht es zickzackförmig nach oben. Irgendwann verlässt du jedoch den Zyklus des Auf und Ab, und alles, was du erfährst, ist eine Ausdehnung. Die Zeiten, in denen zerstört wird, es also „nach unten" geht, werden vergehen. Ihr habt durch viele Zeitalter hindurch in Zyklen gelebt und seid es gewohnt, wenn alles wunderbar läuft, dass es wieder bergab geht, einfach weil es schon immer so war. Doch auch aus diesem Muster dürft ihr nun aussteigen, also kein „Auf und Ab" mehr, sondern ein gleichmäßiges Ausdehnen nach allen Seiten hin. Das ist der Zeitpunkt in eurem Leben, auf den ihr hingearbeitet habt und der euch daher mit großer Freude erfüllen wird.

(Anmerkung von P. P.: Das kann ich bestätigen!)

Alle Informationen, die als Energie in dein System einfließen, haben eine gewisse Schwingungshöhe, und je höher du selbst schwingst, desto höher schwingend werden auch diese Informationen, und umgekehrt. Anfangs sind es eher Informationen, wie dein Körper umgebaut werden muss, damit er mit den immer höher werdenden Schwingungen überhaupt fertig werden kann. Das schließt das Entfernen von niedrig schwingenden Schlacken und Säuren mit ein. Jede deine Körperzellen wird neu programmiert, in Gruppen, (je nach Arbeitsgebiet), aber auch einzeln, weil jede Zelle Träger der gesamten DNS ist, natürlich auch der Zwölf-Strang-DNS.

Später dann sind es Informationen, die mehr damit zu tun haben, dich daran zu erinnern, wer du bist und welche Aufgabe du nun zu erledigen hast.

Mit dieser Entwicklung werden die zwölf Lichtkörper angeregt, aktiviert, zum Leuchten gebracht, von dem befreit, was sie am Leuchten hindert. Du hast also zwölf Lichtkörper entsprechend den Chakren und DNS-Strängen, und sie korrespondieren auch miteinander. Zusätzlich zu den zwölf gibt es noch jeweils einen Lichtkörper. Einer hat mit dem Alphachakra zu tun, also mit dem, das über deinem Kopf „schwebt" und dich an den Kosmos anbindet, und dann ist da noch das Omegachakra, das sich unterhalb des Wurzelchakras zwischen deinen Oberschenkeln befindet und dich und deine zwölf anderen Chakren mit den Erdchakren und dem Herzen der Erde verbindet. Auch diese beiden zusätzlichen Lichtkörper werden mit aktiviert. Hierbei spielen Kraftorte eine große Rolle. Je mehr du mit Kraftorten arbeitest, umso schneller werden sowohl das Alpha- als auch das Omegachakra in Bewegung versetzt, denn von ihnen gehen entscheidende Impulse für die zwölf anderen Chakren und für die zwölf DNS-Stränge aus.

Sind all diese vierzehn Lichtkörper, die zwölf DNS-Stränge und die zwölf Chakren voll aktiviert, verschmelzen die zwölf DNS-Stränge zu einem einzigen „neuen" Strang, und das ist einer der Gründe, die die Besonderheit dieser Welt ausmachen, denn dies ist nur hier möglich. Es gibt auch anderswo Lebewesen mit einer ähnlichen Struktur wie der eurigen, doch niemand hat bisher einen dreizehnten DNS-Strang erhalten beziehungsweise sich einen erarbeitet. Ihr jedoch schon!

Dieser neue Strang „beinhaltet" auch ein neues Chakrensystem, das nun zusätzlich aktiviert wird. Das heißt nicht, dass die anderen ausgeschaltet sind, aber irgendwann ist ihre Kapazitätsgrenze erreicht und sie können nicht mehr Energie aufnehmen und abgeben. Daher wird ein neues aktiviert, das von vorneherein in eurer Energiestruktur angelegt war. Das übliche 12er Chakrensystem gehört zum Planetaren oder Terranischen Lichtkörper. Wird der dreizehnte Strang aktiviert, so ist dies das Startsignal, dass der Galaktische Lichtkörper nun ebenfalls Schritt für Schritt aktiviert werden kann. Dieses neue System bindet euch wieder an die Galaxis an, von der ihr äonenlang getrennt wart. Die Merkabah existiert in beiden Systemen und sorgt, wie gesagt, dafür, dass ihr euren Planeten überhaupt längere Zeit verlassen könnt. Um das noch einmal ganz deutlich zu sagen: Indem die zwölf ursprünglichen Lichtrassen ihre Gene in den Menschen gaben, werdet ihr überall als Familienmitglieder erkannt und anerkannt, und das ist die beste Voraussetzung, um den Frieden zu bringen, nicht wahr? Bis dahin dauert es allerdings noch etwas, da ihr hier vorher noch einiges zu erledigen habt.

Das neue Chakrensystem hat vierzehn Schichten, und jede dieser Schichten hat ein eigenes Zwölf-Chakrensysten. Eine dieser Schichten hat als Schwerpunktthema beispielsweise die Lebenskraft. Eure Lebenskraft war auf Äonen hinaus vorsätzlich geschwächt, eingeschränkt, sonst wären Krankheit und Tod nicht möglich gewesen, und ihr wolltet dies ja erfahren. Diese Einschränkung wird nun wieder aufgehoben, und die Ermächtigung wurde ausgelöst, indem eine kritische Masse von Menschen ihre vierzehn Lichtkörper zu einem verschmolzen. Jeder einzelne Erleuchtete aus der Vergangenheit und der Gegenwart, und sogar einige aus der Zukunft hat dazu seinen Beitrag geleistet, aber auch jeder einzelne „normale" Mensch, denn jeder hat Aufgaben in dem großen Plan auszuführen, angenehme wie unangenehme, „lichte" wie „dunkle".

Zu diesem dreizehnten DNS-Strang gehören also vierzehn „Höhere Lichtkörper", die sich als der Galaktische Lichtkörper zusammenfassen lassen. Diese haben sich im Jahre 2005 viele der sogenannten „Lichtarbeiter" erarbeitet, weshalb dieses Jahr für sie auch so schwierig war. Diese Lichtkörper haben mit dazu beigetragen, dass das Tor der Liebe (11.11.11) überhaupt geöffnet werden konnte. Nicht alle diese Lichtkörper sind schon aktiviert, dazu gehört noch weitere Eigenarbeit, doch sie werden im Jahre 2006 durch das Jahr der Liebe aktiviert und integriert werden, und dann stehen genau diese Leute denen zur Verfügung, die die nächste Welle der Erweckung darstellen und ihre Zwölf-Strang DNS anfangen zu aktivieren, und weil das so viele sein werden, mussten entsprechend viele Heiler sehr weit gestreut und verteilt werden, damit groß-

flächig Hilfe zur Verfügung steht. Diese spezielle Heilerwelle, die seit 1999 in Gang gesetzt wurde, hatte es, was den Kontakt zu Gleichgesinnten betrifft, schwer, eben wegen der Streuung, doch nun finden sie sich auf Seminaren, Channelings und ähnlichen Veranstaltungen wieder zusammen. Das Netz wird geknüpft. Und diese Verknüpfung ist wichtig, denn jeder hat seine eigene Methode, seinen eigenen Blickwinkel, seine Spezialisierung, und wenn der eine nicht mehr weiterweiß, kann ein anderer helfen. Daher auch meine eindringlicher Mahnung: Ihr seid keine Konkurrenten, sondern Teil eines sich ergänzenden, sehr genau ausgeklügelten Netzwerks, das auch so arbeiten soll: Im Verbund! Ihr seid nicht mehr isoliert, keine Einzelkämpfer mehr, sondern Teil einer besonderen Einheit, nämlich die der Heiler der Neuen Zeit!

Der dreizehnte Strang und seine äußere „Form“ hat eine besondere Bedeutung: Euch ist bekannt, dass eine Pranaröhre durch euer Kronenchakra die Wirbelsäule hinunter bis in die Erde führt. Eine Abzweigung führt auch ins Herz, und hier wird die Energie aus der Sonne und die aus dem Herzen der Erde zusammengeführt. Diese verwirbeln sich miteinander und bilden eine Art „Donut“, also einen dreidimensionalen Ring mit einem Loch in der Mitte, den inneren Herzensraum. Einige Heiler arbeiten schon mit ihm. Genau durch diesen Herzensraum führt der dreizehnte DNS-Strang. Dies stellt sicher, dass alles, was getan wird, aus dem Herzen heraus geschieht, also aus Liebe, und somit das Ergebnis immer auch Liebe ist, eine größere Liebe als vorher vorhanden war. Diese Information ist vor allem für Heiler wichtig, damit sie verstehen, warum viele Menschen nun immer stärker Herzprobleme haben werden, denn die Herzen der Menschen sind oft durch minimalen Gebrauch so außer Übung beziehungsweise geschwächt, dass sie die viele Liebe, die von überallher einströmt, fast nicht vertragen, und daher muss oft erst das Herz gestärkt werden, bevor man an anderen Dingen arbeiten kann. ***Dies ist extrem wichtig!*** *Ich möchte euch eine Meditation zur Stärkung der Herzen mit auf den Weg geben:*

(Anmerkung von P. P.: Um diese Meditation zu erhalten, musste ich insgesamt ca. 120 km bei starkem Schneefall mit dem Auto zurücklegen, da sie an einem besonderen Ort (Schloss Mespelbrunn im Spessart) „hinterlegt“ war. Ich durfte sie nicht einfach so abrufen, und auch nicht an irgendeinem beliebigen Tag.)

Führt diese Meditation bitte auch mit Herzkranken aus, und ihr Zustand wird sich verbessern, wenn es für sie an der Zeit ist, sich zu verändern.

Meditation

Stellt euch bitte vor, ihr steht auf dem Gipfel eines hohen Berges, vielleicht sogar des höchsten Berges im Himalaya. Unter euren Füßen knirscht der Schnee bei jeder Bewegung, über euch ist strahlend blauer Himmel. Keine Wolke trübt diese Farbe, denn die Wolken sind weit unter euch. Wie ein Meer aus Watte hüllen sie den Fuß des Berges ein, so dass ihr ihn nicht sehen könnt. Hier und da ragt eine andere Bergspitze aus dem Wolkenmeer, doch keine ist so hoch wie die, auf der ihr steht. Die Sonne steht hoch am Himmel, und obwohl ihr so hoch oben seid, ist euch nicht kalt, sondern warm. Ihr blickt dankend zur Sonne hoch, denn sie ist es, die euch die Wärme schickt, und sie ist es auch, die nun euer Herz stärken wird.

Langsam färbt sich die Sonne. Sie wird erst orange, und geht dann in Rot über. Es ist ein wunderschönes sattes Rot, aber nicht zu dunkel. Es bildet sich ein goldener Strahlenkranz um den Rand der Sonne, eine Korona, wenn ihr so wollt. In der Mitte der roten Kugel bildet sich ein goldener Kreis, der sich zu einem Auge formt, und von diesem Auge aus fließt nun eine besondere Energie in euer Kronenchakra, durch euren Kopf, durch euren Hals, und dann nach links in euer Herz. Dort beginnt diese Energie zu pulsieren, und mit jedem Pulsschlag breitet sie sich über den gesamten Körper aus, dringt in jede Körperzelle, durchflutet alle Flüssigkeiten des Körpers, und bildet schließlich eine goldenen Hülle um euch herum, weil diese Energie nicht statisch ist, sondern immer weiterfließt. Zu einem starken Herzen gehört ein Körper, der dazu passt, und daher wird diese Energie nicht auf das Herz beschränkt. Lasst sie durch euch hindurch, um euch herum pulsieren und schickt sie so weit hinaus, wie es sich für euch richtig anfühlt. Ihr könnt sie auch gerne an Plätze senden, von denen ihr glaubt, dass sie starke Herzen brauchen, in Kriegs- oder Krisengebiete zum Beispiel, oder an Stellen eures Körpers, die durch irgendwelche Umstände besonders geschwächt sind. Verharrt in dieser Energie, solange es sich für euch richtig anfühlt, und dann lasst sie sich langsam wieder zurückziehen, erst die Energiefühler, die ihr ausgeschickt habt, dann zieht sich die Hülle um euch herum zurück, dann zieht ihr sie langsam aus eurem Körper wieder in das Herz, von dort nach oben durch den Hals, durch den Kopf, durch die Krone, zurück in die Sonne. Das Auge verschwindet wieder, und die Sonne färbt sich langsam wieder zu der gewohnten Farbe. Genießt noch einmal den wunderbaren Anblick des blauen Himmels, des Wolkenmeeres unter euch mit den herausragenden Bergspitzen, und dann seid bitte wieder ganz im Hier und Jetzt.

Führt diese Meditation immer dann aus, wenn es mit Beziehungen Probleme gibt, wenn ihr generell Herzprobleme habt, oder aber bei einer anderen Krankheit. Es kann sein, dass sich im Nachhinein bei euch Gedankengänge einstellen, die euch klar machen, woher euer Zustand rührt. Vielleicht taucht ein Erinnerungsblitz aus diesem oder einem anderem Leben auf, und ihr könnt die tiefste Ursache verstehen, und mit dem Verstehen kommt das Begreifen, und mit dem Begreifen ist die Lektion endgültig gelernt und braucht somit nicht mehr wiederholt zu werden. Lasst alles zu, auch die aufkommenden Gefühle. Vielleicht müsst ihr danach stundenlang weinen, lasst auch das zu. Die Trauer über die (eigentlich nur scheinbare) Trennung von der Quelle sitzt tief in eurem Herzen wie ein Stachel, der euch ständig schmerzt, und jede unangenehme Erfahrung erinnert euch daran, „ruckt" an dem Stachel, könnte man sagen. Wenn ihr diese Urwunde in euch heilen könnt, wird euch nichts mehr verletztzen, was andere sagen, denken oder tun, denn dann seid ihr in die Quelle zurückgekehrt, in die allumfassende Liebe. Das heißt nicht, dass ihr von der Erde verschwinden werdet, sondern dass ihr in der Lage seid, das „Zuhause" hierher zu holen. Zunächst in euch selbst, und dann auch in anderen.

Ist die Urwunde geheilt, wird euch alles möglich sein, doch bis dahin ist der Weg so weit, wie ihr ihn euch gestaltet, und es gibt einige Stationen auf diesem Weg. Eine dieser Stationen ist, die Merkabah in Drehung zu versetzen. Wenn alle Chakren von „Müll" befreit sind, alle vierzehn Lichtkörper von der zähen Masse der Dunkelheit befreit sind, verschmelzen sie zu einem, und die höheren Lichtkörper werden installiert und aktiviert werden. In dem Moment der Aktivierung des ersten höheren Lichtkörpers wird auch die Merkabah ausgetauscht, beziehungsweise sie schwingt sich in höhere Bereiche, weil sie dann eine Drehgeschwindigkeit erreicht hat, die der Lichtgeschwindigkeit entspricht. Wenn diese überschritten wird, gibt es interessante Zeiteffekte, wie schon Einstein postulierte, und das betrifft auch euch, denn eure Zellen werden „rundum erneuert", euer Körper wird in einen neuen Zustand des „Heilseins" versetzt, wie ihr ihn seit Äonen nicht mehr kanntet. Diese „neue" Merkabah befähigt euch dazu, überall hinzugehen, wohin ihr gehen wollt. Sie ist also in der Beweglichkeit völlig uneingeschränkt, während die „alte" doch noch einige Begrenzungen enthielt, was wiederum der Sicherung diente, wie ich schon erwähnte. Mit dem Erhalt des dreizehnten DNS-Stranges werdet ihr schier grenzenlos und frei, und damit ihr diese Freiheit überhaupt leben könnt, werdet ihr durch Lektionen geführt, die euch lehren loszulassen, die euch lehren, was Freiheit eigentlich bedeutet, und die euch aufzeigen, ob ihr diese Freiheit überhaupt jetzt schon wollt und leben könnt. Die Menschheit befreit sich von ihren Fesseln, von allen Fesseln, und es ist faszinierend, dieses mitzuerleben und dabei mitzuhelfen, denn es gibt doch noch Neues unter der Zentralsonne.

Dieses war in großer Freude über eure Großartigkeit, Metatron.

Irgendjemand hat mir kürzlich erzählt, dass es Aussagen darüber gibt, dass Metatron die Wesenheit ist, die unser Universum geschaffen hat. Er müsste also genauestens darüber Bescheid wissen, wie der Mensch aufgebaut ist.

Sanat Kumara zum April 2006, 02.05.2006

Ich habe einen wirklich merkwürdigen April 2006 erlebt. Ich war zum Beispiel Ende März bis in den April hinein in Griechenland, wo ich einen Tempel der Weißen Bruderschaft gefunden habe, und zwar am Tag der Sonnenfinsternis, also gerade noch im März. Und auch sonst war es eine wirklich außergewöhnliche Zeit, und erst durch die folgende Botschaft von Sanat Kumara wurde mir klar, was, und vor allem warum, zu diesem Zeitpunkt alles so geschehen war: Zum Beispiel führten meine Tante und zwei andere Personen ein Ritual durch, bei dem es um Entscheidungen ging, und die Energie stieg so unglaublich hoch, dass ich nachfragte, was denn geschehen sei, und man sagte mir, die Leser aus der Zukunft hätten diesen Abend verstärkt, so dass es ein gegenseitiges Geben und Nehmen war.

Hier spricht Sanat Kumara, und ich möchte euch heute ein wenig von der Zeitqualität des Monats April (= 4) im Jahre 2006 erzählen. Die Sonnenfinsternis am 29.03.2006 leitete eine Reihe von besonderen Tagen im April ein, man könnte sagen, in diesem Monat stand jeder einzelne Tag unter einem besonderen Motto. Wir fassen diese Tage in einer Tabelle zusammen, damit ihr einen besseren Überblick über die Besonderheiten dieser Zeit erhaltet. Jeden dieser Tage könnt ihr in euren Meditationen benutzen, um euch mit seiner Energie zu verbinden und die besondere Qualität in euer Leben zu holen, unabhängig von Zeit und Raum. Es begann aber eigentlich schon mit einer besonderen Sternenkonstellation am 27.03.2006:

Datum	***Zeitqualität***	***Erläuterungen***
27.03.2006	*Beginn des Realitätswechsels*	*Ab dem 27.03.06 begann eine Woche, in der die Erde von Gleis fünf auf Gleis vier wechselte.*
28.03.2006	*Steigerung der Schwingungsfrequenz der Erde auf über 30 Hertz (Stand bei Abgabe im Verlag Ende Mai: 34,8 Hertz)*	*Äonenlang schwang die Erde messbar etwa auf 7,5 Hertz. In den letzten zwei Jahrzehnten stieg diese Schwingung kontinuierlich und auch sprunghaft an, was die Wissenschaftler sichtlich beunruhigte, denn an diesem mess- und sichtbaren Wert kann man die Veränderung erkennen, der die Erde nun unterliegt. Gleichzeitig reduzierte sich die Intensität des Magnetfeldes, was zu Vermutungen über einen Polsprung und Ähnliches führte. Diese Verringerung ist notwendig, um die vielen verschiedenen Schwingungen, die von außerhalb auf uns einwirken, durchkommen zu lassen. Es wird keinen Polsprung geben!* *Die höhere Hertzzahl zeigt an, dass es nun keine Begrenzung in der Steigerung der Liebesfähigkeit der Menschen mehr gibt…*
29.03.2006	*Tag der Sonnenfinsternis*	*An diesem Tag erging der Ruf an die Seelenfamilien, sich wieder zusammenzufinden. Wenn sie sich treffen, wird wieder starke Einheitsenergie in das Einheitsfeld gespeist, was erneut zu einer Schwingungserhöhung führt.* *Außerdem wurde eine Energie freigesetzt, die Bündnispartner daran erinnern, dass sie einen Vertrag eingegangen sind, gemeinsam und nicht nur einzeln die Schwingungen der Liebe auf der Erde zu erhöhen. So finden sich also sowohl Seelenfamilien als auch Vertragspartner der unterschiedlichsten Arten zusammen, was schon viel bewirkt. Wenn sie dann noch gemeinsam an die Arbeit gehen, intensiviert sich alles noch einmal potenziell.* *Außerdem war es ein Tag der Entscheidungen. Wer also vor Entscheidungen steht, kann sich mit dieser Energie verbinden.*
30.03.2006	*Tag der Versammlungen*	*An diesem Tag trafen sich die Hohen Selbste vieler verschiedener Bündnispartner, um zu beratschlagen, wie es weitergehen soll. Nichts steht mehr fest. Die Welt wird mit jedem Augenblick neu kreiert und Weichen werden gestellt.*

31.03.2006	*Tag der Beschlüsse*	*Es wurden Beschlüsse gefasst, welche Bündnispartner sich innerhalb der nächsten Jahre wiederfinden, dass sie sich daran erinnern sollen, dass sie eine gemeinsame Aufgabe übernommen haben und auch, worin diese Aufgabe besteht. Das beinhaltet auch die intensive Erinnerung an eine eventuelle außerirdische Herkunft und die Art der Verbindung zur Erde.*
01.04.2006	*Tag der Ermächtigung zur Heilung*	*Dieser Tag beinhaltet die mächtigste Heilschwingung des ganzen Jahres und noch einiger Jahre danach. Nutze sie für dich, wenn du noch körperliche oder seelische Probleme hast.*
02.04.2006	*Tag der Aktivierung*	*Aktivierung von terranischen und galaktischen Lichtkörpern.*
03.04.2006	*Tag der Gelegenheiten, Veränderungen, Entscheidungen, Programmwechsels*	*Dieser Tag beinhaltet gleich mehrere Möglichkeiten für Veränderungen.*
04.04.2006	*Tag des Kryon (die Zahl 44 ist laut Kryon die Zahl des Herzchakras, die Zahl für die stärkste Liebe, die Zahlenqualität dieses Universums, und eine Meisterzahl sowieso)*	*Einschließlich dieses Tages war die Gelegenheit für den globalen Realitätswechsel, und sie wurde genutzt. Du kannst diese Woche für einen persönlichen Realitätswechsel nutzen, indem du mit jedem einzelnen Tag vom 27.03.2006 bis 04.04.2006 arbeitest.*
05.04.2006	*Tag der Neu-Ausrichtung*	*Diesen Tag solltest du nutzen, wenn du deine karmischen Angelegenheiten erledigt und das Gefühl hast, nun sollte das Neue in dein Leben treten. Schreibe dir auf, was du dir für dein Leben vorstellst, und führe ein Ritual durch, bei dem du diesen Brief ans Universum verbrennst und dann dem Wasser übergibst.*
06.04.2006	*Tag der Aktivierung von Siegeln.*	*Wer in früheren Leben esoterische Schulen besucht hat, erhielt Siegel, die zur rechten Zeit am rechten Ort aktiviert werden sollen und das darin enthaltene Wissen freigeben. Es können Siegel aus Ägypten sein, Indien, den Kelten usw. Werde dir darüber klar, welches Siegel bei dir ansteht, wo es liegt (du fühlst es vielleicht gerade), und dann verbinde dich mit diesem Tag und bitte um Aktivierung. Es können auch außerirdische Siegel sein, es gibt hier keine Beschränkungen.*

07.04.2006	*Tag des Baumes*	*Wer nicht gut geerdet ist, sollte diesen Tag des Baumes gut nutzen, da er Standhaftigkeit und Halt verleiht. Die so genannte Abgehobenheit, die man manchmal den esoterisch Arbeitenden vorwirft, liegt an mangelnder Erdung. Nun ist es an der Zeit, sich nicht mit der Oberfläche, sondern mit dem Herzen der Erde in Verbindung zu setzen, und zwar über das Omegachakra. Stell dir vor, wie aus deinem Omegachakra und deinen Füßen gleichzeitig Wurzeln in den Boden wachsen, während sich parallel dazu ein Stamm und eine Krone bilden. Lass die Wurzeln bis zum Herzen der Erde wachsen.*
08.04.2006	*Tag des Zorns*	*Wer einen Groll mit sich herumträgt, ohne zu wissen, wo dieser herkommt, sollte sich mit diesem Tag verbinden, um nähere Informationen dazu zu erhalten und ihn eventuell aufzulösen. Und auch wenn du weißt, woher er kommt, ist die Energie dieses Tages dazu geeignet, den Groll aufzulösen.*
09.04.2006	*Tag der Träume und Visionen*	*Wer seinen Weg sucht und nicht weiß, wohin er gehen soll, kann diesen Tag nutzen, um Möglichkeiten aufgezeigt zu bekommen. Es ist ein guter Tag, um auf Visionssuche zu gehen. Lege vielleicht schamanische Musik auf, verbinde dich mit diesem Tag und lass die Bilder, Gefühle, Informationen aufsteigen, die in deinem Inneren sind.*
10.04.2006	*Tag der Wandlung, Umwandlung*	*Wer weiß, dass die Zeit der Transformation gekommen ist, sollte die Energien an diesem Tag und die nächsten zwei Tage (bis einschließlich 12.04.2006) nutzen und während dieser drei Tage möglichst nichts anderes tun, als die Energien fließen zu lassen und zu meditieren, doch vergesst die Erdung (siehe Tag des Baumes) nicht, damit ihr danach mit der Realität noch zurechtkommt. Ihr seid hier, und ihr bleibt auch hier.*
11.04.2006	*Tag es Ausgleichs*	*Die in Bewegung versetzten Energien suchen nun einen Ausgleich, es wird ein Gleichgewicht hergestellt.*
12.04.2006	*Tag der Vollendung*	*An diesem Tag vollendet sich die eingeleitete Umwandlung.*

13.04.2006	*Tag der Fülle*	*Wer Mangelerscheinungen in Beziehungen, im Beruf, auf der finanziellen Seite usw. hat, kann die Energie dieses Tages nutzen. Hierzu gibt es ein extra Mantra: „Serena", eine Amethystdruse im Wohnzimmer meiner Channelpartnerin.*
14.04.2006	*Tag der Stille*	*Wenn du Mühe hast, zur Ruhe zu kommen, dann verbinde dich mit diesem Tag, und deine Gedankenströme werden ruhiger werden, so dass du vielleicht auch einmal die Energien dahinter mitbekommst.*
15.04.2006	*Tag der Aktivierung*	*Heute ist die Gelegenheit zur Aktivierung des nächsten DNS-Stranges, welcher das bei dir auch immer sein wird. Alle, die dieses lesen, werden beobachtet, und ihnen wird geholfen werden.*
16.04.2006	*Tag der Freude*	*Wenn du in Trauer oder deprimiert bist oder dir sonst die Freude fehlt, so klinke dich in diesen Tag ein und lade dich mit Freude auf.*
17.04.2006	*Tag des Aufstiegs*	*Wenn du an der Schwelle zu deinem persönlichen größeren Schritt in den Aufstieg bist, so hilft dir dieser Tag auf grandiose Weise dabei.*
18.04.2006	*Tag der Ent-Täuschung*	*Mit diesem Tag solltest du arbeiten, wenn du eine Illusion in deinem Leben erkennen möchtest, damit die Täuschung, in der du lebst, enttarnt wird.*
19.04.2006	*Tag der Ratsversammlungen*	*Wer glaubt oder weiß, dass er in einem Rat tätig ist, sollte sich mit diesem Tag verbinden, um Näheres darüber zu erfahren, vielleicht sogar, um an einer Ratssitzung teilzunehmen.*
20.04.2006	*Tag der Manifestation*	*Wenn du ganz konkret weißt, was du als Nächstes benötigst, kannst du mit diesem Tag deine Manifestationskraft verstärken. Male dir bis ins kleinste Detail aus, was du willst, und wenn es der Göttlichen Ordnung und deinem Plan insgesamt nicht widerspricht, wird es in Erfüllung gehen.*
21.04.2006	*Tag der Segnung und Salbung*	*Um in deinem Prozess mit dem Segen Gottes voranzuschreiten, kannst du diesen Segnungstag nutzen. Er bestärkt und bekräftigt noch einmal deinen Weg.*
22.04.2006	*Tag der medialen Gaben*	*Wenn du herausfinden möchtest, welche medialen Gaben du hast, so verbinde dich mit diesem Tag, und du erfährst mehr über dich.*

23.04.2006	*Tag der Verheißung*	*Wenn du dich mit diesem Tag verbindest, kannst du erkennen, was Verheißungsvolles in der nächsten Zeit auf dich zukommt.*
24.04.2006	*Tor der Zwillingsflammen öffnet sich*	*Über diese zwei Tage(24. und 25.04.2006) hinweg ging ein Tor auf, das bewirkt, dass sich Zwillingsflammen finden können. Das heißt nicht unbedingt, dass sie Paare werden (kann aber durchaus sein), aber auf irgendeine Weise wird Vereinigungsenergie gefeiert werden.*
25.04.06	*Tor der Zwillingsflammen öffnet sich*	*Diejenigen, die auf ihre Flamme treffen werden, hatten an diesen Tagen vielleicht Schwindelgefühle, Übelkeit oder andere unangenehme Symptome, die so schnell wieder verschwanden, wie sie aufgetaucht waren.*
26.04.2006	*Tag des Vereinigten Chakras*	*Wer seinen terranischen Lichtkörper genügend gereinigt und geklärt hat, kann heute alle Chakren zu einem einzigen vereinen, hierzu findest du weiter unten eine entsprechende Meditation.*
27.04.2006	*Tag des Glückstaumels*	*Verbinde dich mit diesem Tag, und die Energie des Glücks wird spürbar werden.*
28.04.2006	*Tag der Karmaauflösung*	*Wenn dir bewusst ist, dass du noch belastendes Karma mit dir herumträgst, kannst du diesen Tag nutzen und einen Teil oder alles auflösen.*
29.04.2006	*Tag der Außerirdischen*	*Wenn dir bewusst ist oder du glaubst, dass du eine außerirdische Vergangenheit besitzt, so kannst du über diesen Tag nähere Informationen dazu erhalten.*
30.04.2006	*Tag der Beendigung*	*Wenn du dich mit diesem Tag verbindest, erhältst du die Kraft, die Dinge zu beenden, die beendet werden möchten.*
01.05.2006	*Tag des Neubeginns*	*An diesem Tag kam endlich der Frühling, und die lange Zeit der Vorbereitungen war vorbei. Dies gilt für den jährlichen Verlauf, aber auch symbolisch für den Aufstieg in diesem Jahr.*

Wenn du dich mit meinem Namen „Sanat Kumara“ als Mantra in die Meditation begibst (ihn also mindestens eine Viertelstunde immer wiederholst), kannst du dich mit den Energien des betreffenden Tages verbinden. Wenn du zum Beispiel eine Entscheidung treffen möchtest oder musst, kannst du dich mit dem 03.04.2006 verbinden und die Energien dieses Tages für dich nutzen, so dass du die für dich richtige Entscheidung treffen kannst.

Kryon beschreibt in seinen Büchern, dass die Erde einst auf Gleis 10 in die Zukunft fuhr, was die große Katastrophe bedeutet hätte. Sie wechselte mit Tschernobyl auf Gleis 9, mit dem 11. September 2001 auf Gleis 8 und ist nun bereits auf dem Gleis 4 angelangt, der Zahl und der Energie der Liebe (4. Chakra = Herzchakra). Auf Gleis 4 wird sie eine ganze Weile bleiben, weil es viele Herzensangelegenheiten zu erledigen gibt, bevor der Zug noch einmal wechseln kann.

Prüfe zunächst, ob du für den nächsten Schritt, das Vereinigte Chakra, bereit bist:

1. Meditation

Stell dir dein Wurzelchakra als eine rote Energieblase vor. Hat sie eine goldene Kugel in der Mitte? Wenn ja, ist das Chakra geklärt, wenn nein, bestrahle diese Mitte mit Gold, so oft und so lange, bis du diese goldene Kugel klar umrissen erkennen oder fühlen kannst. Es können die entsprechenden Themen in deinem Leben auftauchen. Das gilt natürlich für die Arbeit mit allen Chakren.

Stell dir dein Sakralchakra als orangefarbene Energieblase vor und schau nach, ob sie eine weiße Kugel im Inneren besitzt. Wenn ja, ist es vollständig geklärt, wenn nein, bestrahle das Innere des Sakralchakras mit Weiß, so oft und so lange, bis du die Kugel klar umrissen erkennen kannst.

Stell dir dein Sonnnenchakra im Solarplexus als gelbe Energieblase vor. Wenn sie ausreichend geklärt ist, hat sie eine rote Kugel im Inneren. Wenn das nicht der Fall ist, bestrahle die Mitte dieses Chakras mit der roten Farbe, so lange und so oft, bis die Umrisse klar erkennbar sind.

Stell dir dein Herzchakra als grüne Energieblase vor. In der Mitte sollte eine rosafarbene Kugel sein. Ist das der Fall, ist das Chakra geklärt, wenn nicht, bestrahle sie in der Mitte mit Rosa, bis es der Fall ist.

Stell dir bitte dein Halschakra als dunkelblaue Energieblase vor, die in der Mitte ein hellblaues Zentrum haben sollte, dann ist es vollständig geklärt. Wenn nicht, bestrahle diese Mitte mit der hellblauen Farbe, bis die Konturen deutlich zu sehen sind. Diejenigen, die mehr fühlen als sehen, sollten sich bei dieser Meditation auf ihr Gefühl verlassen.

Stell dir bitte dein Stirnchakra als purpurfarbene Energieblase vor, die in der Mitte ein indigoblaues (dunkles, „schmutziges“ Blau) Zentrum aufweist. Ist das nicht der Fall, bestrahle diese Mitte mit der blauen Farbe, bis das Chakra vollständig geklärt und gereinigt ist.

Stell dir bitte das weiße Kronenchakra vor. Es sollte ein goldenes Zentrum haben. Ist das der Fall, ist es vollständig geöffnet, ist dies nicht der Fall, gibt es noch hindernde Glaubenssätze und Gedankenmuster. Hier gehe nun in jede „Verunreinigung“ hinein und schreibe dir auf, was an Hindernissen auftaucht. Bestrahle diese Stellen mit der goldenen Farbe, sei dir dabei des alten Musters dahinter bewusst und erlebe bewusst mit, wie es sich auflöst. Führe dieses so lange durch, bis du die goldene Kugel deutlich siehst oder fühlst. Erst wenn alle diese Chakren korrekt ausgerichtet sind, bist du bereit für die Meditation Nummer 2. Das kann sich durchaus über Monate hinziehen, also bitte nicht ungeduldig werden.

2. Meditation des Vereinigten Chakras

Stell dir bitte deinen Körper vor. Dann visualisiere dein rotes Wurzelchakra mit der goldenen Kugel und „lege“ diese an die Stelle, an die es gehört, nämlich dort, wo du normalerweise draufsitzt.

Stell dir nun das orangefarbene Chakra mit der weißen Kugel vor und lege sie an die Stelle, wo deine Sexualorgane im Körper liegen.

Stell dir nun dein gelbes Sonnenchakra mit der roten Kugel im Inneren vor und platziere sie auf Magenhöhe.

Nun visualisiere das grüne Herzchakra mit der rosafarbenen Kugel im Inneren und lege sie ins Zentrum deiner Brust.

Stell dir nun das dunkelblaue Halschakra mit dem hellblauen Zentrum vor und lege sie auf die Höhe deines Adamsapfels.

Visualisiere nun das purpurne Stirnchakra mit dem indigoblauen Zentrum und lege es in die Mitte deiner Stirn.

Und nun ist das weiße Kronenchakra mit der goldenen Mitte dran. Platziere es so, dass der obere Rand des Chakras mit dem oberen Rand deines Kopfes abschließt, sich also im Inneren deines Kopfes befindet.

Und nun stell dir vor, wie diese sieben Chakren innerhalb eines einzigen vibrieren, pulsieren, sich drehen. Es bildet sich also ein Chakra um alle sieben herum, das somit deinen Körper automatisch mit einschließt. Und nun lasse alle Energien fließen, die fließen wollen.
Dies war Sanat Kumara in großer Liebe zu euch.

Die Weiße Bruderschaft zu diesem besonderen Monat

Hier spricht die Weiße Bruderschaft als Ganzes. Wir haben gemeinsam mit einigen Menschen diesen besonderen Monat April 2006 zusammengestellt, damit ihr Gelegenheit erhaltet, auf eine neue Weise mit der Neuen Zeit umzugehen. Dieser Monat und seine einzelnen Tage sind ein großes Geschenk, ob ihr dieses Geschenk gut nutzt, liegt ganz bei euch. Dieses Geschenk habt ihr euch selbst gemacht, da ihr die Dinge erledigt habt, die euch bereit dafür machten.

Wir verehren, und wir lieben euch.
Die Spirituelle Hierarchie der Erde, die ihr die Weiße Bruder- und Schwesternschaft nennt.

Regenbogenseminar am 07.01.2006
Kryon, Sananda, Wottana, Lady Rowena und Erzengel Gabriel
(Niederschrift von Karin Forrer)

Für den leserlichen Fluss wurden einige kleine Änderungen vorgenommen.

Normalerweise gibt es keine Niederschriften von meinen Seminaren, denn die Informationen, die dort gegeben werden, fließen ohnehin in die Bücher mit ein. Dieses Seminar hatte jedoch unter anderem die Lebenskraftchakren zum Thema, die Metatron im Kapitel zuvor angesprochen hat, und da es vielen Menschen an Lebenskraft mangelt, hielt ich es für sehr wichtig, die Informationen hier im „Originalton" wiederzugeben. Indem ihr dieses lest, werdet ihr mit der Energie dieses besonderen Tages verbunden, und es können an und in euch ähnliche Arbeiten vorgenommen werden wie bei den Seminarteilnehmern.

Danke, liebe Karin, für die wochenlange Arbeit!

Hier spricht Kryon vom Magnetischen Dienst. Ich heiße euch alle willkommen. Die einen oder anderen, die schon einmal die Kryon Energie gefühlt haben, wissen, dass der Raum sich nun langsam füllt mit Wesenheiten, die aus dem Jenseits kommen, die jenseits des Schleiers existieren und doch auch diesseits sind. Sie verstärken ihre Präsenz in diesem Raum. Eure Energie ermöglicht, dass ein Riss im Schleier entsteht, der nur für diesen Tag geöffnet wird und ganz spezielle Energien hindurchlässt. Energien, die ihr Freunde und Verwandte nennt. Energien, die euch wohl vertraut sind. Und so gehen diese Freunde und Verwandten freudigen Herzens durch den Riss im Schleier, und sie gehen durch die Stuhlreihen hindurch und umarmen euch, weil sie so froh sind, wieder bei euch zu sein. Was hier eintrifft, was hier sitzt, ist Familie. Eine große Familie.

Und bei jeder dieser Veranstaltungen trifft eine ganz bestimmte Gruppe zusammen. Eine Gruppe, die schon in all den Äonen immer wieder einmal zusammengekommen ist, um bestimmte Projekte zu initiieren, durchzuziehen, wie ihr sagt. Und so geht es heute auch um ein bestimmtes Projekt: Um das Chakra über der Schweiz, das Chakra der Einheit. Gesegnet seid ihr, die ihr in diesem Land leben dürft, gesegnet seid ihr, dass ihr umgeben seid von Bergen. Wie ich unserer Partnerin durchgegeben habe, sind Berge Kraftorte, genauso wie Wüsten oder Flüsse. Es gibt spezielle Gruppen von Kraftorten, einige umfassen größere Flächen, andere können ein einzelner Baum sein. Was sie alle gemeinsam haben ist, dass dort eine magnetische Spirale der Liebe existiert. Und ihr habt hier viele Berge, viele solcher Spiralen mit magnetischer Energie. Was ihr nicht wisst ist, dass heute, an diesem besonderen Tag, alle Spiralen der Liebe, magnetische Spiralen, die zu dem Land Schweiz gehören, zu einer einzigen zusammengefasst werden. Nur für diesen Tag, für exakt zwölf Stunden. Sie werden zusammengeführt, um das Tor, das Erdchakra der Einheit, das über der Schweiz liegt und zu 95% geöffnet ist, heute durch die Energie dieser Gruppe zu 100% zu öffnen. Dafür seid ihr heute hierher gekommen. Und indem ihr dieses tut, tut ihr auch etwas für euch. Nicht nur, dass Energien durch dieses Tor strömen, die euch zugute kommen, nein, es werden auch bei euch Tore und Türen geöffnet.

Tore und Türen in euer eigenes Sein. In eure eigene Großartigkeit, in eure Engelnatur. Und so werden wir euch heute in verschiedene Dimensionen entführen. Manchmal reisen wir per Schiff, oder aber wir fliegen. Wir werden verschieden Reisen unternehmen, die euch mit euch selbst wieder stärker verbinden. Energiefelder, die bis jetzt nur still um euch herum existierten, kommen in Bewegung. Was ihr hier heute tut ist, Bewegung in das Ganze zu bringen, in das Tor, in die Zeit und in die Tore und Energiefelder in euch selbst. Das ist es, was geschieht, was den Aufstieg ausmacht, es kommt Bewegung in die Sache. Vor Äonen gab es einen festen Zeitrahmen ohne Bewegung. Oh, ihr mögt sagen, wir haben Kriege gehabt, war das nicht genug Bewegung? Diese Art Bewegung ist nicht gemeint. Bewegung in den Energiefeldern der Menschen ist gemeint. Es kommt Bewegung, Veränderung in euch und die ganze Erde. Diese Bewegungs-Veränderungs-Energie wird durch Channelings wie dieses, Tage wie diesen, verstärkt.

Es tritt eine Beschleunigung ein. Doch zunächst möchten wir euch spüren lassen, wie groß die Liebesenergie hier an diesem Platz ist, wo für zwölf Stunden eine besondere Spirale der Liebe kreiert wird durch eure Absicht, durch euer Sein, durch eure Anwesenheit. Fühlt die Bewegung dieser Spirale, die diesen Raum in der breitesten Ausdehnung ausfüllt. Und im Uhrzeigersinn um euch herum, durch euch hindurch, kreist. Es ist passend und angemessen, dass ihr in einem Kreis sitzt. Denn die Bewegung der Liebesenergie, die nun hier hereinströmt, ist kreisförmig, genauer gesagt kugelförmig, sphärisch. Freunde und Verwandte, längst entschwunden wie ihr glaubt, haben sich nun um euren Stuhl gruppiert, und sie umarmen euch, fließen in euch, übermitteln Grüße, überbringen Briefe von denen, die nicht kommen konnten, Briefe, die in euer Energiefeld integriert werden und Stück für Stück Informationen freigeben.

Zum Teil sind es Briefe, die ihr euch selbst geschrieben habt, könnt ihr euch das vorstellen? Zu einer Zeit, in der ihr selbst jenseits des Schleiers wart, habt ihr einen Brief an euch selbst gerichtet für den Augenblick, den Zeitraum, in dem ihr erwacht. Diese Briefe werden nun installiert und geben Informationen, die ihr euch selbst schicktet, frei. Aber es sind auch Briefe von Freunden und Verwandten dabei. Es sind weit mehr als nur Grüße darin enthalten, obwohl auch diese eine große Wirkung haben. Es sind Informationen, Energien enthalten, die euch Schritt für Schritt in eurem Prozess leiten.

Zum Beispiel könnte da stehen: „Karin, gehe morgen in einen Shop, stell dich vor die Bücher und such dir eines aus.“ … oder etwas Ähnliches. Es müssen nicht unbedingt exakte Zeitpunkte wie in diesem Ausnahmefall sein, aber Hinweise, Leitfäden, Führungen, um euch genau das zu übermitteln, was ihr zu dem entsprechenden Zeitpunkt benötigt. Und so seid ihr auch alle hier versammelt, weil ihr genau heute hier sein wolltet. Ihr wolltet und solltet die Energie der Liebe, der Göttlichen Quelle, fühlen. Also ist dies ein Tag des Fühlens. Aber es ist auch ein Tag, an dem agiert wird. Mit eurem Bewusstsein hier genauso wie mit den anderen Teilen eures Selbst. Genau genommen habt ihr zwölf Abstufungen bis zur Göttlichen Quelle, ja, wie soll man das nennen in eurer Sprache, – Bewusstseinsstufen, Ebenen, und an Tagen wie diesen verbindet ihr euch mit allen zwölf Bewusstseinsstufen, so dass euer ganzes Sein mit dem physischen Körper bis direkt in die Göttliche Quelle hineinreicht. Genau genommen ist das aber nichts im Außen, sondern ihr gelangt in eurem Inneren bis zu eurem göttlichen Kern. Und so steigt ihr mit eurem Bewusstsein auch in der Stufe, in der Ebene, höher und höher beziehungsweise tiefer und tiefer, Schritt für Schritt, bis ihr wieder eins seid mit der Göttlichen Quelle. Andererseits bringt ihr aber auch durch diesen Prozess das Zuhause, die Göttliche Quelle, hierher auf die Erde, indem ihr es von innen nach außen wölbt, indem ihr das, was ihr im Inneren findet, im Außen dann auch lebt und zeigt.

Das ist es, was ihr tut, ihr zieht euch selbst zur Göttlichen Quelle, und mit euch die ganze Erde. Ihr tut das nicht alleine, das wäre nicht zu schaffen. Genau genommen trägt jeder einzelne Mensch dazu bei; ob er nun spirituell arbeitet oder nicht, spielt keine Rolle. Er hat eine Aufgabe, eine Energiefrequenz, die er hält, und das soll auch so sein. Eure Aufgabe ist es, eure Frequenzen zu ändern. Bewegung hineinzubringen, neue Frequenzen zu integrieren, und auch das geschieht heute. Die neuen Frequenzen, Schwingungen, wenn ihr so wollt, werden in eure Zellen implantiert. Und das, was nicht mehr zu diesen neuen Schwingungen passt, wird transformiert. Hier und da könnte ein Schmerz auftreten, darum geben wir euch eine Meditation mit. Und wer gerade schon Schmerzen verspürt, kann diese gleich durchführen, um das Ganze ein wenig zu reduzieren.

Meditation

Und darum atmen wir alle gemeinsam.

Dieser Raum ist gefüllt mit der perlmuttfarbenen Energie der Veränderung. Und diese Perlmuttfarbe atmen wir ein und die Farbe Braun aus! Gemeinsam in zwölf Atemzügen…

Ihr werdet feststellen, dass diese Atemtechnik äusserst effizient zur Schmerzregulierung funktioniert, und sie ist ein Geschenk des Priesters des Atems, UKARUS, der so tief wie niemand vor und nach ihm in die Geheimnisse des Atmens eindrang, in Kombination mit der Wirkung der Farben. Ihr werdet im Laufe des Tages noch mehr solche Hilfen bekommen.

Es ist noch nie so viel Hilfe da gewesen wie in dieser besonderen Zeit. Und ihr sollt den Prozess des Aufstiegs nicht durch Schmerz und Leid vollziehen. Diese Zeiten sind vorbei, sie galten bis zum Jahreswechsel 2005. Bis dahin haben sich viele einen leidvollen Aufstieg, leidvolle Zeiten kreiert. Aber mit dem Jahr 2006, mit dem Wechsel der Energie der Zahlen, ist auch ein Wechsel in der Art des Aufstiegs erlaubt. Das Leiden kann auf ein Minimum reduziert, sogar auf Null heruntergefahren werden, je nachdem, was ihr euch vorgenommen habt. Und wir möchten euch noch eine weitere Atemhilfe mitgeben: Durch die Beschleunigung, die ihr an diesem Tag erfahrt, werdet ihr ab und zu das Gefühl haben, nicht richtig geerdet zu sein. Also geben wir eine besondere Erdungsmeditation, die speziell für diese Gruppe kreiert wurde, aber auch für die Leser wirksam ist, durch.

Der eine oder andere wird vielleicht schon vom Omega-Chakra gehört haben. Es ist ein Chakra, das unterhalb des Wurzelchakras zwischen den Oberschenkeln liegt ist. Es ist goldfarben, und im Moment, wo die Erde selbst tiefgreifende Veränderungen durchmacht, ist es nicht angemessen, sich über das Wurzelchakra zu erden. Damit kommt man nur in diese Erdbewegungen stärker hinein, und das ist nicht angebracht, denn ihr habt mit euren eigenen Prozessen mehr als genug zu tun und braucht nicht auch noch die Plattenbewegungen „abzubekommen", und daher könnt ihr euch nun über das Omegaschakra erden, das euch mit dem Herzen der Erde verbindet. Es ist eine andere Methode mit anderen Wirkungen als die mit den „Erdungsschuhen". Wendet sie immer dann an, wenn euer Fokus aus den Fugen gerät, wenn ihr euch verwirrt fühlt, wenn ihr nicht wisst, wie es weitergeht. Ihr könnt dies auch als tägliche Übung in eure morgendliche Routine mit einbauen.

Meditation

Nehmt euch einige Augenblicke Zeit, um die Wurzeln ins Herz der Erde zu schlagen. Stellt euch das Omegachakra im goldenen, gleißenden Licht unterhalb eurer Sitzgelegenheit vor, dort schwebt es in diesem Moment. Und was ihr nicht wisst ist, dass alle Omegachakren für diese zwölf Stunden heute miteinander zu einem einzigen verbunden werden. Und auch die Leser, die dies später lesen werden, fügen sich in diese Einheit mit ein. Die gemeinsame Energie, die damit entsteht, trägt wiederum etwas zum Aufstieg der Erde bei.

Seid nun mit eurem Bewusstsein in diesem goldenen Chakra und nehmt zunächst einmal wahr, was dort wahrzunehmen ist. Vielleicht ist ein Bild vorhanden, ein Gefühl, ein Wort. Fühlt in euch hinein und nehmt die Botschaft auf, die in diesem Chakra für euch bereit steht. Und nun schicken wir zwölf goldene Lichtfäden der Liebe in das Herz der Erde:

***Der erste Faden** wächst in das Herz der Erde, und er besteht aus purer Liebe zu eurer Welt. (Wenn ihr diese Meditation zu Hause durchführt, müsst ihr euch nicht an die einzelnen Arten der Energien der Fäden erinnern, es reicht, dass ihr euch daran erinnert, dass es zwölf sind.)*

***Der zweite goldene Lichtfaden,** der aus eurem Sein ins Omegachakra fließt und von dort in das Herz der Erde, gilt der Tierwelt. Jedem einzelnen Tier gilt unsere Liebe. Und genau diese Tierliebe schicken wir in die Erde. Und ihr könnt symbolisch für alle Tiere eines auswählen, das ihr stellvertretend ins Herz der Erde platziert.*

Jede Tiergattung ist der Halter einer bestimmten Frequenz, oder sogar mehrerer Frequenzen. Sogar die kleinste Fruchtfliege. Auch sie hält Frequenzen. Jedes Lebewesen auf eurer Welt – Tiere, Pflanzen, Menschen und all die anderen Reiche – sind Halter von Frequenzen, ohne die die Erde nicht existieren könnte, denn diese Frequenzen bilden eure Wirklichkeit. Und jede Tiergattung, die von der Erde verschwindet, ist ein Verlust von Frequenz. Aber es ist auch so, dass ihr manche Frequenzen tatsächlich nicht mehr benötigt. Und es werden neue auftauchen, Tiere, die man „neu" entdeckt, die aber nicht unbedingt die ganze Zeit hier waren. Da warten noch einige Überraschungen auf euch. Nicht nur aus dem Meer. Stellt euch zum Beispiel vor, dass Außerirdische auf der Erde landen. Auch dann gäbe es hier zusätzliche Frequenzen, nicht wahr?

Doch nun senden wir den **dritten goldenen Faden** *aus unserem Sein in das Omegachakra hinein in das Herz der Erde. Und wem gilt diese Liebe? Euch selbst. Es mangelt den Menschen an Eigenliebe, und damit ist nicht Egoismus oder Narzissmus gemeint, sondern die völlige Bejahung dessen, was ihr seid. Das ist Eigenliebe. Und daran mangelt es den allermeisten Menschen. Aber dieser Mangel wird behoben werden. Ihr behebt ihn selbst, indem ihr Stück für Stück jeden Aspekt eures Seins annehmt, auch die dunklen, die genauso dazugehören und geliebt werden wollen. Damit werdet ihr immer ein wenig „ganzer".*

Der Faden Nummer 4, *den ihr kreiert, ins Omegachakra schickt, und von dort ins Herz der Erde, gilt all den Partnern, die ihr je hattet, aber auch denen, die noch kommen werden. Man lässt sich auf einen Partner ein, – wie tief, hat mit den ausgemachten Verträgen zu tun. Manchmal kreiert ihr auch einen neuen Vertrag. Bisher war es kaum möglich, dass sich zwei Partner wirklich völlig hundertprozentig aufeinander einlassen konnten, jedenfalls nicht in den letzten Äonen. Es gab immer irgendwelche Hindernisse, doch auch das wurde verändert, als das Magnetgitter verändert wurde. Und darum gehen und gingen in der Neuen Zeit Partnerschaften auseinander, weil sie fühlen, nun ist es Zeit für mehr. Partnerschaften können tiefer gehen. Das war bis jetzt auf eine bestimmte Frequenzmischung beschränkt, doch nun gibt es keine Beschränkung mehr. Die Beschränkungen liegen nur noch darin, was ihr euch auferlegt. Aber vom Magnetgitter her gibt es keine mehr. Und so wird sich auch das Leben innerhalb von Partnerschaften stark verändern. Je ehrlicher und wahrhaftiger ihr mit-*

einander seid, desto tiefer kann sie werden. Denn ihr entwickelt für den Partner eine größere Fühligkeit. Und diese größere Fühligkeit macht mit der Zeit Unwahrhaftigkeit unmöglich. Es ist ein Wechselspiel von Energiefeldern, die die Fühligkeit ausmacht. Und auch diejenigen, die ohne Partner bleiben, entwickeln diese Fühligkeit. Darum ist es auch angemessen, den Faden Nummer 4 dem Partner zu widmen, denn die Vier hat mit dem Herzchakra zu tun.

***Der Faden Nummer 5** betrifft Eltern und Kinder. Mutter- und Vaterliebe. All das, was die Beziehung zwischen Eltern und Kindern ausmacht. Die Liebe zu euren eigenen Kindern, sofern ihr welche habt. (Bezieht die Kinder aus anderen Inkarnationen ruhig mit ein.) Oder zu euren eigenen Eltern (ob sie noch leben oder nicht, spielt in diesem Fall keine Rolle). Diese Beziehungen betreffen den Faden Nummer 5. Und auch hier betrifft es das Chakra Nummer 5 – Kommunikation! Ihr Lieben, die meisten Missverständnisse liegen in der Kommunikation, oder vielmehr in der mangelnden Kommunikation. Und allen, die mit ihren Eltern auf irgendeine Art noch ein Problem haben, möchten wir ans Herz legen: Redet miteinander. Wir werden euch begleiten, wenn ihr euch ein bestimmtes Gespräch, das euch vielleicht schwer fällt, vornehmt. Ihr seid nicht allein. Aber es ist Zeit, in Kommunikation zu treten, Knoten aufzulösen. Das betrifft auch die Kinder, aber zuerst euch Ältere, denn die Kinder kommen schon mit weniger karmischen Knoten herein, sonst hätten sie gar nicht hierher kommen dürfen. Wir ziehen aber tatsächlich eine Altersgrenze: Alles, was älter als fünfzehn Jahre ist, mit denen solltet ihr ein Gespräch führen. Ihr müsst kein spirituelles Gespräch führen, sagt einfach, wie sehr ihr sie liebt. Und fühlt es in dem Moment auch. Übermittelt einfach nur Liebe. Es geht nicht darum zu missionieren oder sie von irgendetwas überzeugen zu wollen, außer davon, dass ihr sie liebt. Mit Liebe ist einfach alles auflös- und heilbar.*

***Faden Nummer 6** erwächst auch aus eurem Sein hinein in das Omegachakra, und von dort ins Herz der Erde.*

Was könnte dieser Faden sein? Und jetzt kommt vielleicht etwas Überraschendes – es ist die Liebe zum Wasser. Habt ihr euch schon einmal ernsthaft überlegt, was das Wasser wirklich für euch bedeutet? Euer Körper besteht zu über 70% aus Wasser. Ohne dieses Körperwasser könntet ihr diese Schwingungserhöhung, die auf der Erde geschieht, nicht durchführen und aushalten. Wasser hat ganz besondere Eigenschaften. Auf ei-

nem Planeten mit reiner Landmasse könnte das, was hier geschieht, nicht geschehen. Und wenn euer Körper nur zu 50% aus Wasser bestünde, wäre das auch schon zu wenig. Er ist dafür gemacht, hohe Schwingungen in kürzester Zeit zu verarbeiten und zu integrieren. Das, was hier geschieht und auf das ganze Universum Auswirkungen hat, wurde sehr sorgfältig geplant, welche Eigenschaften der Planet und die Lebewesen darauf haben sollen. Das Wasser hat die Eigenschaft, ständig neue Frequenzen annehmen zu können. Und diejenigen, die nicht mehr gebraucht werden, können abgelegt, wieder losgelassen werden. Das kann ein Kristall in dieser Form nicht. Das kann nur Wasser. Und das ist eine neue Information, die wir hier zum ersten Mal geben.

Wenn ihr es nicht schon tut, dann trinkt von jetzt an jedes Glas Wasser ganz bewusst. Begrüßt es, denn es berührt etwas in euch. Eine bekannte Eigenschaft ist, dass es reinigt. Und das tut es, warum glaubt ihr, haben Wale und Delfine von vorneherein eine viel höhere Schwingung als Menschen? Weil sie ständig durch das Wasser schwimmen und so ständig ihre Energiefelder gereinigt werden.

Darum möchten wir euch auch bitten, geht so oft wie möglich schwimmen, es spielt keine Rolle, ob Chlor oder andere Stoffe im Wasser sind. Duschen hat einen ähnlichen Effekt, aber nicht ganz so stark, da die geschlossene Wasseraura nicht vorhanden ist. Schwimmen reinigt tatsächlich am stärksten.

Wasser, das wisst ihr aus der Homöopathie, kann Informationen speichern, und zwar eine unglaublich große Menge. Eine Menge an Informationen, die beweglich ist, die sich verändern kann, auch das ist etwas Besonderes. Kristalle können Informationen speichern, sie können sie aber auch wieder löschen. In Kristallen gespeicherte Informationen können jedoch nicht verändert werden. Erst muss gelöscht und dann neu programmiert werden Und das ist auch angemessen so, jeder hat seine Aufgaben. Dafür sind die Informationen im Kristall beständig, was für bestimmte Arbeiten sehr sinnvoll ist.

Schnee ist Kristall und Wasser gleichzeitig! Warum geht ihr so gerne ins Gebirge zum Ski- oder Schlittenfahren? Weil dabei besondere Dinge mit euch passieren. Weil ihr besondere Informationen aufnehmt. Es geht immer um Informationen in Form von Energien.

***Faden Nummer 7**. Sieben als heilige Zahl hat mit der Liebe zu den Engeln, zu den Engelwesenheiten zu tun. Und die Zahlen sind keines-*

wegs willkürlich gewählt. Ich bin auch ein Meister in Zahlen. Aber das sind wir alle aus der Geistigen Welt, weil Zahlen starke Bedeutungen haben, genauso wie Worte. Es ist sehr viel mehr als das, was man im Vordergrund sieht.

Mit der Sieben schickt ihr einen goldenen Faden von Engelenergie ins Herz der Erde, die Liebe zu den Engeln. Und diese Fäden, diese Liebe, die ihr gerade schickt, ist kein einseitiges Schicken, aus diesen Fäden kommt genau diese Liebe zu euch zurück, und zwar verstärkt. Ihr schickt ja diese Energie mit dreißig Personen.

Und so kommt das, was ihr hier hineinschickt, über diese Fäden zu euch zurück. Ihr verbindet euch auch als Gruppe wieder neu miteinander. Ihr wart schon zu lemurischen Zeiten vereint, zu atlantischen Zeiten, und auch davor. Diese Welt hat schon sehr viel mehr Zeitalter erlebt als euch in Erinnerung ist.

***Faden Nummer 8** stellt eine Verbindung zur Göttlichen Quelle her, er steht für die Liebe zur Göttlichen Quelle. Nicht Zwölf oder Elf, es ist die Acht!*

Über diesen goldenen Faden schickt ihr direkt über euer Sein die Liebe für Spirit in das Omegachakra und danach in die Erde. Dadurch wird die Liebe qualifiziert. Das heißt, ihr bildet eine Art Brennpunkt dieser Liebe, verändert sie ein wenig, gebt ihr eure Färbung und schickt sie dann in das Herz der Erde.

***Faden Nummer 9** stellt die Liebe zu den Kristallen dar, die ihr aus atlantischen Zeiten in eurem Herzen bewahrt habt, und noch mehr aus der Zeit Lemurias. Kristalle, Gesteine, sind Helfershelfer auf eurem Weg, die, gerade weil sie beständiger als Wasser sind, eine enorme Hilfe bei eurem Aufstiegsprozess sein können. So habt ihr auch heute Kristalle erwählt, die euch über diesen Tag begleiten und euch bestimmte Energien übermitteln. Sie bilden einen Fokus, einen Brennpunkt der Energie, so wie ihr auch.*

***Faden Nr. 10** ist etwas, was euch ungewöhnlich erscheinen mag: Es ist die Liebe zur Polarität, das heißt, zur lichten Seite, aber auch zur dunklen. Nehmt beide Seiten in euch an und liebt sie, denn sie sind von euch kreiert, sie sind von euch erschaffen. Auch das, was ihr dunkel nennt, wurde erschaffen, um euch Erfahrungen zu ermöglichen. Und diese hattet ihr* *in Unmengen und habt sie heute noch. Liebe zur Polarität, zur Dualität, ist das, was nun aus eurem Sein ins Omegachakra und von dort ins Herz der Erde fließt. Alles ist angemessen und passend, für jeden individuell, und doch verzahnt im Ganzen.*

***Faden Nummer 11** ist die Liebe zu all euren Geistführern, Wesenheiten (auch Drachen), Engeln, oder Wesenheiten, die ihr (noch) gar nicht kennt. Die Liebe zu euren Helfern ist die Nummer 11, und die Zahl ist sehr angemessen und passend für sie. Von diesen Helfern, Geistführer nennt ihr sie, werden heute einige mit uns wieder durch den Schleier zurückgehen, dafür einige neue bei euch bleiben. Es findet bei dem einen oder anderen ein Wechsel statt, da, wo es passend und angemessen ist. Dort, wo ihr es wollt.*

***Faden Nummer 12** ist noch einmal die Liebe zu eurer Welt. So, wie ihr sie **heute** hier seht, auch mit all den Dingen, die euch nicht so gefallen, nicht, wie sie einst war oder einst sein wird. Die Liebe zu diesem Planeten. Oh, ihr mögt andere Planeten eure Heimat genannt haben, aber jetzt ist diese Heimat hier. Und das Heimatgefühl soll in euch verstärkt werden, weil ihr es anderen Menschen vermitteln sollt. Die Liebe zu der Welt in ihrer Gesamtheit ist das, was die Zwölf ausmacht, nicht nur hier und heute.*

Wenn ihr euch also nicht geerdet fühlt oder nicht in eurer Mitte seid, erinnert euch an die zwölf Fäden. Es reicht, wenn ihr ans Omegachakra denkt, an die zwölf Lichtfäden, die ins Herz der Erde führen. Es dauert nur wenige Augenblicke, dann seid ihr wieder zentriert und mit euren Füßen fest auf diesem Boden.

Kryon verabschiedet sich für den Moment.

An meinen Seminaren melden sich oft mehrere Wesenheiten, so wie auch in diesem Buch, und so trat auch noch Sananda zu uns, doch vorher erklärte ich, wer Sananda ist:

So, ihr Lieben, für alle, die nicht wissen, wer Sananda ist, erkläre ich das kurz:

Sananda ist eine Gruppenwesenheit, die schon verschiedene Bücher durchgegeben hat und derjenige, der Teil dieser Gruppe und am bekanntesten ist, ist Jesus Christus. Also, wenn Sananda zu euch spricht, ist es die Christusenergie, und diese möchte den nächsten Teil des Seminars übernehmen. Sananda möchte eine Reise mit euch unternehmen:

Hier spricht Sananda, ich grüße euch alle. Ihr bildet hier und heute einen Teil des Christusgitternetzes. Ich kam damals, um dieses Gitternetz zu kreieren, um den Samen in die Menschen zu legen, den Samen der Liebe. Er ist nicht so früh aufgegangen, wie ich es mir erhofft hatte. Doch es hat immer alles seine Richtigkeit. Es ist immer alles richtig, egal, wie und wann es geschieht. Ihr kennt das Wort von mir: „... und niemand hat größere Liebe als der, der sein Leben gibt für seinen Nächsten". Und ich möchte euch sagen: Jeder Einzelne von euch ist bereits einen ähnlichen Weg gegangen wie ich. Ihr habt immer wieder euer Leben gegeben im Dienst am Menschen, im Dienst für die Erde. Und somit seid ihr Kernpunkte, Konzentrationen von Liebesenergie aus der göttlichen Quelle. Man nennt es heute Lichtarbeiter. Durch Wesen wie euch kann größere Liebe in die Welt fließen und die anderen berühren und transformieren. Und damit ihr dieses in Zukunft noch verstärkt tun könnt, die Menschen berühren – einfach durch euer Sein, ihr müsst dafür kein spirituelles Seminar halten oder irgend etwas in dieser Hinsicht –, indem ihr einfach seid, seid ihr schon Kumulationen der Liebesenergie der göttlichen Quelle, und damit ihr dieses in Zukunft immer stärker und besser sein könnt, möchte ich euch auf eine Reise mitnehmen, – eine Reise in meine Zeit, in die Zeit, die euch allen aus dem Religionsunterricht bekannt ist. Ihr wisst, dass die kalendarischen Gegebenheiten nicht ganz stimmen. Es fehlen vier Jahre wegen des gregorianischen Kalenders, wegen der Umstellung. Und dann sind auch den Übersetzern noch Fehler unterlaufen. Also die 2000 Jahre stimmen nicht so ganz.

Wir gehen zurück an einen Tag, als ich im Garten Getsemaneh war – stellt euch bitte ein ringförmiges Tor vor, das sich nun öffnet – ihr steht davor als Gruppe. Wir machen eine Gruppenreise ohne Bus, und wir schreiten nacheinander durch dieses Tor der Zeit in den Garten, den ihr euch als eine blühende Landschaft vorstellen könnt, voller Palmen und Kakteen. Wir betreten direkt vom Tor aus diesen Garten. So wie dieser Ort vorbereitet wurde, hier und heute, damit die Informationen durchfließen können, so wurde auch damals dieser Garten dafür vorbereitet, was Gott, die Quelle, mir damals zeigte und sagte. Und diese Energie, die in diesem

Garten damals herrschte, könnt ihr heute in eure Zellen aufnehmen.

Was geschah in diesem Garten? Nun, einige außerordentliche Dinge. Als ich auf Erden wandelte, hatte ich eine voll aktivierte Zwölf-Strang-DNS, als einer von nur drei Menschen in den letzten dreitausend Jahren. Aber die letzten zwei Stränge waren nur voraktiviert, um es einmal so zu nennen. Und die Aktivierung der letzten zwei wurde in diesem Garten vorgenommen. Und so werden auch bei euch zwei der zwölf feinstofflichen DNS-Stränge heute voll aktiviert werden – nicht nur voraktiviert! Das hat eine ganze Reihe von Folgen, aber ihr müsst nicht mehr durch Leid hindurch, sondern von nun an wird alles leichter. Die, die eine leidvolle Zeit hinter sich haben, haben nun eine Zeit der Fülle vor sich.

Bei mir war es damals anders. Warum wurden zu diesem Zeitpunkt, an dem ich ja nicht mehr lange auf der Welt war, noch extra diese Stränge aktiviert? Nun, es ging um das Blut und die Blutlinie. Zum einen ist euch bekannt, dass mir damals in die Seite gestochen wurde und Blut herablief, das in ein Gefäß aufgefangen und dann zum Heiligen Gral wurde. Dieses Blut wurde von Freunden von mir nach meinem Tod über die Erde verteilt, an bestimmte Plätze, an Kraftorte, damit in der jetzigen Zeit die Zwölf-Strang-DNS aktiviert werden kann. Schon vor zweitausend Jahren wurde vorbereitet, was jetzt geschieht. Und noch länger reichen die Vorbereitungen zurück.

Das ist die eine Geschichte. Die andere ist, ich hatte eine Frau Ich war nicht allein, es war nicht ganz so, wie es in der Bibel steht, denn ich war ein gewöhnlicher Mann mit gewöhnlichen Bedürfnissen. Meine Frau war Maria-Magdalena, und in diesem Garten zeugten wir ein Kind, Sarah, so würdet ihr den Namen heute aussprechen. Und diesen Namen Sarah möchten wir nun singen, weil er eine besondere Qualität beinhaltet. Eine Schwingung, die euch hilfreich sein wird… Sarah …

Alle Menschen, die heute leben, haben Erbgut von Sarah in sich. Das heißt, in jedem Menschen ist die Zwölf-Strang-DNA eingewebt, und auch das gehörte zu meinem Auftrag. Versteht es nicht falsch, diese zwölf Stränge waren schon immer im Menschen vorhanden, doch zu ihrer Aktivierung bedarf es der Ermächtigung, und genau um diese Ermächtigung geht es.

Es gibt also eine Blutlinie, die sich bis zu mir zurückverfolgen lässt. Es wird auch irgendwann jemand kommen und sagen, er ist aufgrund dieser Blutlinie mit mir verwandt, aber das gilt für jeden einzelnen Menschen, denn das Christusbewusstsein ist in dir, ja, in dir!

Liebe Menschen, ich bin nicht gekommen, damit ihr auf Dauer alles

Leid auf mich werfen möget, sondern ich bin gekommen, um euch in die Eigenverantwortung zu führen, das heißt, alles, was je geschah und geschehen wird, kreiert ihr euch selbst. Alles Leid kreiert ihr euch ebenfalls selbst, um daraus zu lernen, um daran zu wachsen. Es gibt keine Notwendigkeit mehr für einen neuen Messias, oh, es mögen noch mehrere auftreten, aber sie dienen dazu, den Menschen aufzuzeigen, dass sie sie eigentlich nicht brauchen. Nicht mehr!

Bei all dem, was in der Zukunft geschehen mag, rate ich euch – folgt dem Ruf eures Herzens, lasst den Verstand, im ersten Augenblick zumindest, beiseite und fühlt in euer Herz, wenn ihr bestimmte Informationen hört, und fühlt, was für euch die Wahrheit ist. Das ist mein Rat an euch, und erst dann schaltet den Verstand ein. Er wurde euch ja zu eurem Nutzen gegeben. Geht euren Weg immer mit dem Herzen voran. Man könnte sagen, ihr werft euer Herz immer erst einmal voraus, und dann folgt ihr ihm.

In diesem Garten war ich also eine zeitlang in Gesellschaft, dann war ich allein. Damals zeigte mir die Gottquelle alles, was geschehen würde, wie viel Potenzial es für die Zukunft gab, und es machte mich ein wenig traurig zu sehen, dass mein Wirken zwar auf der einen Seite viel Liebe in den Menschen wecken würde, aber auf der anderen Seite der Aufstieg nicht so geschehen würde, wie ich mir das gewünscht hätte. Aber letztlich bestimmt das Kollektiv Menschheit, wann der Aufstieg erfolgt und wann nicht, und vor allem auch, wie. Und so liebe ich euch dennoch für alles, was geschah. Nehmt auch ihr in Liebe an, was in diesem Zeitraum geschah, mit euch, mit der Welt und mit allem. Denn alles hat seinen Sinn und seinen Zweck. Ich kniete in diesem Garten und lauschte der Stimme Gottes, und so bitte ich euch, euch ebenfalls geistig hinzuknien und euch in die Lichtsäule hineinzubegeben, die damals auch mich umhüllte. Es geht nicht darum, in Demut vor irgendeiner Gottgröße auf die Knie zu fallen und diese anzubeten, – darum geht es nicht, denn Gott ist in euch. Ihr seid Teil Gottes. Ihr liegt vor euch selbst auf den Knien. Die Energie der Gnade, Weisheit und Erkenntnisfähigkeit, die mich damals umhüllte, umhüllt euch auch jetzt in diesem Augenblick. Zeit ist nicht das, was ihr glaubt. Sie ist nicht so fest. Sie ist viel flexibler, als ihr im Moment noch wahrnehmen könnt. Ihr seid in diesem Moment tatsächlich in diesem Garten und besucht mich dort. Ich kann euch sehen, und ich spreche von dort zu euch. Könnt ihr euch diese Gleichzeitigkeit vorstellen?

Gesegnet seid ihr alle, die ihr hier sitzt. Gesegnet ist die ganze Mensch-

heit für das, was sie bereit war, auf sich zu nehmen. Und meine Aufgabe war nur ein geringer Teil des großen Ganzen.

Ich wusste lange vorher, was geschehen würde, doch ich war Mensch genug zu hoffen, dass es anders kommen würde, aber ich musste mein „Programm" vorschriftsmäßig beenden, und es war gut und richtig so. Auch ich war ab und zu verzagt ob der Größenordnung des Ganzen. Ob der Größe, die mir abverlangt wurde, und dennoch ging ich (meist) unbeirrt meinen Weg, so wie ihr es jetzt auch tut. Auch ich fragte mich immer wieder: Ich soll so eine gewaltige Aufgabe haben? Ich kleiner Mensch? Und dennoch war es so, und das gilt für euch ebenfalls. Nicht jeder wird irgendwo im Rampenlicht stehen oder in den Geschichtsbüchern vermerkt sein, und dennoch habt ihr eine Aufgabe, die nicht weniger gewichtig ist als meine. Es mag beispielsweise das Anfertigen von Schuhen für den Ballengang sein, oder anderes. Es spielt keine Rolle, was du letztlich tust, solange du es mit Liebe tust. Jeder hat seinen Platz in der Geschichte, denn in der Akasha-Chronik wird alles aufgezeichnet, einfach alles. Jeder Gedanke, jede Tat, jedes Gefühl, das ihr je erlebt habt und erleben werdet, wird aufgezeichnet. Eine gigantische Bibliothek hat sich bereits angesammelt, ein enormes Wissen. Ein Wissen, das für das Universum angesammelt wurde. Es ist eine Bibliothek, die immer wieder besucht werden wird. Denkt also immer wieder einmal daran: Es wird alles aufgezeichnet, alles! Und so erhebt euch aus dem Garten mit dem Gefühl, ein Stück Heiler zu sein, denn was damals mit mir geschah war eine Heilung sämtlicher Wunden, die durch Menschen verursacht worden waren. Risse im Magnetfeld, wenn ihr so wollt, wurden geheilt. Es war damals bei mir so, und es ist heute bei euch so. (Und genauso bei den LeserInnen, die dieses zu einem anderen Zeitpunkt erleben als ihr.) Bei dem einen oder anderen verschwinden sicher auch körperliche Signale. Krankheiten sind nichts anderes als Signale, dass etwas angesehen werden will und man die Botschaft entschlüsselt. Sobald dieses erfolgt ist, wird das Signal nicht mehr benötigt. Es spielt keine Rolle, was euch fehlt (überlegt einmal die Sinnigkeit dieses deutschen Ausdrucks), jede Krankheit, jedes Leid ist heilbar, wenn man die Botschaft entschlüsselt, die dahinter steckt, die euch von eurer eigenen Seele gesandt wurde. Von eurer eigenen Seele. Von niemand anderem.

Und nun versammelt euch bitte, wir kehren auf unserer Reise durch das Tor der Zeit zurück, treten wieder durch den Ring und sehen, wie das Tor sich auflöst. Es existierte nur hier und heute in diesem Augenblick. Die

Christusenergie, die jetzt überall auf der Welt erwacht, deren Träger ihr seid, zum Teil schon mit Bewusstheit in therapeutischer Arbeit, zum Teil noch eher unbewusst, ist ein Teil meiner Essenz, meiner Existenz, und so sind wir verbunden in Einheit, und um Einheit geht es heute schwerpunktmäßig. Die Energien, die ihr für euch, für eure Zellen aufnehmt, gebt ihr wieder ab, ihr gebt sie in das Tor, in das Erdchakra über der Schweiz. Wir werden nun ein Bild dieses Tores herumreichen, damit ihr euch vorstellen könnt, wie es in etwa aussieht, weil die konkrete Arbeit an diesem Tor nun beginnt. Wir warten einige Augenblicke, bis alle einen Blick darauf geworfen haben. Und während wir warten, reichen wir euch einen Becher der Reinheit. Stellt euch vor, wie ihr aus diesem Becher trinkt und die weiße Flüssigkeit euren Körper durchflutet. Jeder Zelle wird von dieser Reinheit umspült. Lasst dieses Licht überall hinfließen, so dass ihr das Höchstmaß an Schwingungserhöhungspotenzial, das für euch möglich ist, erhaltet. Wärme breitet sich in eurem Körper aus, als hättet ihr einen steifen Grog getrunken. Wärme und Licht. Um die Wirkung des reinigenden Lichtes allmählich zu verstärken, wird dieses Medium ein wenig dazu tönen...

Die, die ihr das Bild schon gesehen habt, könnt euch langsam einstimmen und die Treppe hinaufsteigen, bis ihr vor dem Tor steht.

Wie sieht nun der Schlüssel aus, um das zu 95 Prozent geöffnete Tor vollständig zu öffnen? Nun, es ist so einfach wie die meisten Dinge, die wirklich wichtig sind. Es ist ein gemeinsames OM, und zwar zwölfmal. Ihr steht vor dem Tor, haltet euch an den Händen, ihr könnt euch auch physisch an den Händen fassen, wenn ihr mögt, da dieses tatsächlich eine gemeinsame Aktion einer bestimmten Gruppe ist. Wir stimmen gemeinsam das erste OM an … (Die Gruppe tönt.)

So, liebe Menschen, das Tor der Einheit ist nun vollständig geöffnet, und das ist ein feierlicher Augenblick für uns alle. Wir tanzen um euch herum, und darum möchten wir euch auch bitten, gemeinsam mit uns allen zu tanzen. Wir spielen indianische Musik, und ihr könnt euch jetzt frei im Raum bewegen. Tanzt mit uns und feiert, denn es gibt wirklich einen Grund dazu. Tanzt! (Die Gruppe tanzt.)

Wottana, ein indianischer Aufgestiegener Meister, hat sich gemeldet. Mal schauen, was er erzählen möchte:

Hier spricht Wottana, und ich bin Teil der Gruppe der Anasasi, auch wenn ich bei den Sioux (sprich „S"u) aufgewachsen bin. Ja, auch unter den Indianern gibt es Aufgestiegene Meister. Bei uns ist es die Verbundenheit zur Natur, die uns den Aufstieg ermöglicht, und im Grunde ist es bei euch nicht anders. Wer sich viel in die Natur begibt, an Kraftplätzen mit der Erde arbeitet, erhöht seine Schwingungen mit jedem Kraftplatz, den er findet, den er aufsucht und mit dem er arbeitet. Nur über die Verbindung zur Natur ist im Prinzip hier auf der Erde der Aufstieg möglich. Man kann seine Schwingungen in der Stadt bis zu einem gewissen Level erhöhen, ja, man kann Seminare besuchen, aber die eigentlichen Schwingungserhöhungen finden draußen in den pranischen Energien der Natur statt, in Verbindung mit Mutter Erde. Mein Name ist Wottana, und ihr ahnt nicht, welche Freude wir gerade mit euch hatten. Könnt ihr euch vorstellen, dass ihr gerade 144.000 Tanzpartner hattet? Oh ja, und noch einige mehr, die sich in den äußeren Ringen befanden. Aber hier im Raum sind tatsächlich, euch nicht mitgerechnet, 144 000 Wesenheiten. Das zeigt euch auch, dass Raum und Zeit nicht ganz so funktionieren, wie ihr es euch vorstellt.

Und so, wie Worte eine Schwingung erzeugen, tut es auch der Tanz. Und ihr wisst ja, die Schamanen arbeiten viel mit Tanz und Gesang, und das haben wir gemeinsam getan in der vergangenen Stunde. Es war für uns eine große Freude, die Schwingung, die ihr dadurch produziert habt, aufzunehmen und weiterzutragen. Das, was ihr eben gemeinsam ertanzt habt, ist nicht nur für euch gewesen, sondern es hat sich eine Energiekugel gebildet mit einer ganz bestimmten Schwingung, die sich über die ganze Schweiz ausgebreitet hat, ein wenig begrenzt von den Gebirgen, aber immerhin. Soweit reichte die Wirkung eures Tanzes. Und ich möchte euch dazu auffordern: Nehmt Musik mit an Kraftorte und tanzt dort, tönt dort, verbindet euch wieder mit Tanz und Gesang, mit dem Natürlichsten auf der Welt – mit dem, was eure ureigenste Kraft ist. Und die, die das Buch von unserer Partnerin gelesen haben (Das Regenbogenzeitalter – Die Menschheit erwacht, Anm. d. Verlags) *wissen, dass wir darum bitten, in der Natur mit dem Ballengang aufzutreten, und euer Tanz geschah auf dem Ballengang. Tanzen wird natürlicherweise mit dem Ballen „vollzogen". Die natürlichste Weise sich zu bewegen, ist eigentlich der Ballengang, und er produziert eine Frequenz der Liebe zur Erde, in der wir uns baden. Der Hackengang tut uns eher weh, weil er eine harte Frequenz hat. Sie soll so sein, sie muss so sein, aber sie ist hart. Wir bitten euch daher, denkt bitte ab und zu daran, einfach mit dem Fuß zuerst vorne aufzutreten anstatt hinten. Das hat auch einen gesundheitlichen Aspekt, denn in den Beinen sammeln sich die Säuren und Schlacken, die ja aus dem Körper raus sollen. Je sauberer euer Körperwasser ist, desto schneller und vor allem einfacher, schmerzloser, geht alles. Und mit diesem Gang könnt ihr die Reinigung eures Körperwassers beschleunigen. Der Gang wurde aus bestimmten Gründen umgestellt, aber jetzt darf er sich wieder verändern. Wenn es draußen wieder warm ist, zieht die Schuhe aus, geht in die Natur, lauft barfuß, und ihr werdet euch unendlich geliebt fühlen. Die Erde sendet euch Signale der Liebe, wenn ihr auf diese Weise in die Natur geht und tanzt. Die moderne Technik hat ihre Vorteile, ihr müsst keine Trommel oder Ähnliches mitnehmen, um Musik zu machen. Ein Recorder tut es auch. Wir sind da und tanzen mit euch.*

Doch nun noch einige Informationen:

Mit dem heutigen Tag wird bei euch allen ein neues Chakra-System aktiviert. Wir sagten unserer Partnerin bereits, dass es ein Chakren-System gibt, das die Lebenskraft wieder stärkt. Wenn ihr in euren alten Schriften nachlest, werdet ihr feststellen, dass eure Fähigkeiten von „Göttern" beschränkt wurden. Die Sichtweise, eure intellektuellen Fähigkeiten, alles wurde eingeschränkt, und so auch die Lebenskraft. Es hatte alles seinen Grund, es hatte alles seinen Sinn (letztlich habt ihr diese Einschränkungen herbeigeführt), aber nun darf eine Re-Aktivierung stattfinden. Eine Aktivierung der Lebenskraft. Wir wollen euch daher aufzeigen, wo die ersten acht Chakren dieses neuen Systems liegen, damit ihr euch nicht wundert, wenn es euch da oder dort mal zwickt. Weitere Informationen darüber wird es in einem anderen Buch geben, alles zu seiner Zeit…

Aktivierung der Lebenskraft

Wenn ihr in den angegebenen Körperbereichen Probleme habt, nehmt die genannte Farbe und schickt sie dorthinein.

Das erste Chakra (gelb), Lernchakra,

liegt im Zentrum des Kopfes, dort, wo schon andere besondere Chakren sind, liegt auch dieses, und zwar auf Höhe der Nase, aber ca.10 cm nach innen. Wenn ihr ab und zu an der Nasenspitze eine Energie spürt, dann hat es damit zu tun, dass dieses Chakra im Inneren eures Kopfes aktiviert ist, dass dort eine Verbindung besteht.

Dies hat seinen Grund: Stecke deine Nase nicht in die Angelegenheiten anderer Leute. Es hat damit zu tun, dass hier eine Art Fühler für

Energien im Energiefeld anderer Menschen steckt.

Eure Sprache drückt sehr viel Wahrheit aus.

Das eigentliche Chakra ist jedoch nicht an der Nasenspitze, sondern, wie gesagt, im Inneren des Kopfes. Dieses Chakra ist das Lernchakra und hat somit die Themen Wissen und Macht. Warum haben so viele Menschen Lernblockaden? Weil Wissen Macht ist, Macht kann missbraucht werden und wird und wurde missbraucht. Wer also Lernblockaden auflösen will, schickt bitte die gelbe Farbe in dieses Chakra.

Das zweite Chakra (weiß), Klärungschakra,

sitzt in der linken Brust im Herzen.

Dort ist auch, wie es in den alten Schriften heißt, ein Chakra lokalisiert, aber es ist nicht dasselbe, denn dieses Chakren-System war den meisten alten Gelehrten nicht bekannt. Nur in zwei esoterischen Schulen, quer durch alle Zeitalter hindurch gerechnet, gab es Meister, die diese Chakren-Systeme kannten, erforschten und in sich und ihren Schülern aktivierten, weil die Zeit dafür noch nicht reif war. Doch nun ist es soweit. Dass das Wissen geheim war, hatte seinen Grund, doch die Zeit der Esoterik ist vorbei, nun bricht das Zeitalter der Exoterik an.

Das Klärungschakra, erst einmal aktiviert, führt euch durch die Klärung der Muster. Es hat also nichts mit Karmabereinigung zu tun, sondern wird euch durch die Prozesse führen, die euch Muster aufzeigen sollen, um diese dann aufzulösen.

Das dritte Chakra (braun), Chakra der Eigenverantwortung,

liegt unmittelbar in der Milz. Auch dieses ist nicht das, welches bereits von den Indern lokalisiert wurde. Es ist ein zusätzliches. Die bekannten Lokalisationen von Chakren gehören zum terranischen und die neuen bereits zum galaktischen Lichtkörper.

Die Milz hat eine ganz besondere Bedeutung, nicht nur vom physischen Körper her, sondern im gesamten Energiesystem. Aus der Milz, beziehungsweise aus dem energetischen Teil der Milz heraus, fließt eine Kraft in euch, ja, man könnte sagen, sie zwickt die Kundalini in den Schwanz. Sie schiebt zum richtigen Zeitpunkt die Urkraft, die im Wurzelchakra liegt, an, damit sie aufwacht und aufsteigt.

Diese neuen Informationen werdet ihr nirgendwo sonst finden. Und indem ihr sie erhaltet, könnt ihr damit arbeiten und einiges verstehen, was in eurem Körper vor sich geht.

Das vierte Chakra (rot), das Erdverbindungschakra,

befindet sich im rechten großen Zeh. Und wenn ihr euch ein bisschen auskennt, wisst ihr, das, wie die Inder sagen, die Kundalini mit dem großen Zeh zu tun hat. Aber wieder ist es nicht die gleiche Energie, nicht das gleiche Chakra, obwohl natürlich alles miteinander zusammenhängt und nichts wirklich voneinander getrennt betrachtet werden kann. Über dieses Chakra nehmt ihr die Schwingungen an Kraftorten auf, und das geht natürlich am besten barfuß. Der große Zeh hat also die Fähigkeit, von jedem Kraftort die besondere Schwingung zu erkennen und aufzunehmen, sie in euch einfließen zu lassen.

Das waren die Chakren, die wir unserer Partnerin bereits gezeigt haben, und jetzt kommen weitere vier.

Das fünfte Chakra (rot), Schwingungsverankerungschakra,

liegt im linken großen Zeh. Es sorgt dafür, dass die aufgenommene Schwingung bleibt und nicht wieder geht. Der linke große Zeh ist ganz allgemein zur Verankerung von Energien verantwortlich. Jeder Zeh hat seine eigene Bedeutung, die wir ebenfalls noch enthüllen werden, aber nicht jetzt.

Hier und heute ist dieser Raum ein Kraftplatz, ein lokaler, kein dauerhafter, aber immerhin. Und da ihr ohne Schuhe tanzt, nehmt ihr ganz besondere Energien auf.

Das sechste Chakra (rosa), das Würdigkeitschakra,

liegt auf der gleichen Höhe wie das Chakra in der Milz, jedoch auf der anderen Seite des Körpers, also rechts. Das hat damit zu tun, sich würdig zu fühlen, sich der Liebe Gottes würdig zu fühlen, sich würdig zu fühlen, die eigene Macht wieder anzunehmen usw.

Es geht darum, seine eigene engelhafte Natur wieder anzunehmen und wenn du hier einen Stich fühlst, überlege, was du gerade gesagt oder getan hast oder was passiert ist.

Das siebte Chakra (weiß), das Einheitschakra,

sitzt auf gleicher Höhe wie das zweite Chakra (Klärungschakra), jedoch auf der rechten Seite.

Die zwei Chakren in den Brüsten nehmen die Energie auf, die von der göttlichen Quelle jetzt verstärkt geschickt wird. Die Spiralen der Liebes-

energie, die magnetische Energie, sind pure Liebe, und diese Liebe, die jetzt in verstärkter Form „herunterkommt", soll ja von euch aufgenommen werden können, und dafür gibt es diese beiden Chakren.

Links die mütterliche Energie, rechts die väterliche, männliche Energie.

Hier geht es wieder um den Ausgleich von Yin und Yang, der im Herzchakra geschieht.

Das Chakra Nummer 7 hat aber auch noch eine andere Funktion (es ist keinesfalls ein Zufall, dass es die Zahl Sieben trägt), denn es hat noch einen besonderen Namen: Hier schlägt das spirituelle Herz, das Herz für Alles-Was-Ist. Im menschlichen Herzen geht es um alles, was mit Menschenliebe zu tun hat. Im spirituellen Herzen geht es um alles andere, die Liebe zu allem anderen. Im Deutschen gibt es hier einen passenden Spruch: „Er hat das Herz auf dem rechten Fleck". Ihr seht nun, es gibt hier wirklich ein pulsierend schlagendes, wenn auch energetisches Herz!

Das achte Chakra (hellblau), das Regulierungschakra,

liegt zwischen dem Veränderungschakra am Hinterkopf und dem Klarheitschakra, also am Atlaswirbel.

Hier laufen die Informationen der anderen Chakren dieses neuen Systems zusammen. Es ist eine Art Schaltzentrale, die die Dosis an Energie dorthin schickt, wo sie gebraucht wird. Hier findet also die Dosierung statt, Lebenskraftdosierung.

Wenn ihr euch müde und abgespannt fühlt, fühlt in dieses Chakra hinein. Stellt es euch vor wie eine hellblaue Energieblase, taucht hinein und fragt. „Warum habe ich im Moment so wenig Lebenskraft?", und ihr werdet eine Antwort erhalten. Ihr könnt die Dosis, den Regler, nach oben drehen, wenn es für euch im Moment angemessen ist.

Jedes dieser acht Chakren (es sind insgesamt zwölf) nimmt Lebenskraft auf. Auf verschiedene Weise, in unterschiedlicher Qualität, in unterschiedlicher Stimmung. Außerdem hat jedes Chakra noch eine weitere, eine spezielle Aufgabe. Welche Aufgaben das sind, wird zu einem späteren Zeitpunkt in einem umfassenderen Rahmen aufgezeigt werden.

Mit eurem Tanz habt ihr diese acht Chakren stimuliert, damit die „Schutzschichten" fallen. Jedes Chakra der Neuen Zeit hat eine Schutzmembran, die nur dann entfernt wird, wenn ihr den passenden Schwingungsmix vorweisen könnt.

Und damit ihr gleich hineinfühlen könnt, inwieweit diese Chakren aktiviert sind oder nicht, machen wir eine kleine Meditation.

Wenn ihr an einer Körperstelle einen Schmerz fühlt, ist dort eine Blockade. Dann nehmt ihr bitte die Atmungsmeditation von vorhin, um den Schmerz wegzuatmen und die Blockade aufzulösen. Perlmutt ein – Braun aus.

Meditation

Wir beginnen mit den beiden großen Zehen. Bitte seid euch dieser beiden besonders wichtigen Stellen in eurem Körper bewusst. Geht mit eurem Bewusstsein parallel in die großen Zehen hinein. Beide haben die Farbe Rot. Es können Bilder auftauchen, Klänge, was auch immer. Spürt hinein und lasst geschehen, was geschehen will. Und nun stellt euch eine Verbindungslinie, einen Kanal zwischen beiden Zehen vor und fühlt einmal hinein, ob er offen oder blockiert ist. Wenn er blockiert ist und ihr das Gefühl habt, dass dort keine Fluss ist, schickt meinen Namen, Wottana, hinein, und ich werde ein bisschen putzen gehen. Dies alles dient der Vorbereitung für eine spätere Meditation.

Habt ihr alle das Gefühl, es ist offen und es fließt? Dann wandern wir mit unserem Bewusstsein weiter nach oben in das Milzchakra, dieses ist nun braun, und zwar in der Tönung, wie es für euch angemessen und passend ist. Bitte wandert mit eurem Bewusstsein hinein und seht euch darin um, fühlt euch hinein. Die Reihenfolge dieser Meditation könnt ihr euch später aufschreiben. Es wäre ein guter Tagesanfang, wenn ihr das morgens im Bett macht, einfach einmal hineingeht in diese Lebenskraftchakren und die Farben und Formen darin wahrnehmt und eventuelle Störungen behebt, und ihr werdet den Tag ganz anders beginnen, mit einer ganz anderen Energie – mit mehr Freude.

Die Lebensenergie, die hier fließt, ist mit einem Wort auszudrücken – Lebensfreude! Und vielleicht mögt ihr euch die Farben und das Muster aufzeichnen, dann ergibt es ein Symbol, ein Symbol für Lebenskraft.

Am 16.05.2006 wurde mir das Symbol vollständig übermittelt, mit allen zwölf darin enthaltenen Chakren:

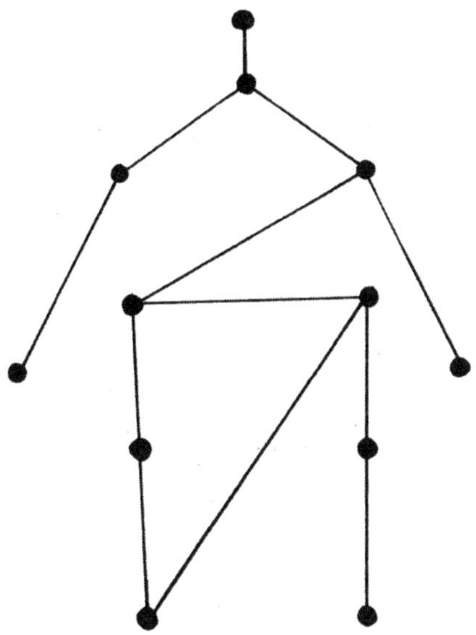

Dieses Symbol zur Stärkung der Lebenskraft trägt den Namen und damit das Mantra: „Sharana“. Wenn du mit dem Symbol und dem Mantra arbeitest (du kannst dich zum Beispiel auf das Symbol setzen und das Mantra immer wiederholen), wird sich dein Befinden fühlbar bessern.

Meditation

Die Farbe des Würdigkeitschakras auf der rechten Körperseite ist Rosa. Es hat etwas mit Bedingungslosigkeit zu tun, mit Loslassen, mit Würde, sich würdig fühlen. Atmet hinein, wenn es sich blockiert anfühlt. Nehmt wahr, was darin wahrzunehmen ist. Wenn ihr innerhalb eines Chakras andere Farben seht, hat es mit Blockierungen zu tun. Wenn ihr etwas für eure Lebenskraft in einer regelmäßigen Meditation tun wollt, dann taucht in diese andere Farbe ein und fragt nach, was sie bedeutet.

Speziell in diesem Chakra kann eine weiße Struktur zum Beispiel bedeuten, dass ihr in einem alten Leben etwas erlebt habt, was euch eurer Würde beraubt hat. Folgt einfach dem, was aus eurem Unterbewusstsein auftaucht, und vertraut. Habt ihr dort Schmerzen, dann taucht in diesen Schmerz, in diese Körperstelle ein und fragt, was los ist. Ihr könnt mit euren Körperzellen reden. Kryon betont das immer wieder, denn da ist Bewusstheit in euch. Es hat mit Wesenheiten des Wassers zu tun, aber da ist noch mehr. Ihr seid sehr viel mehr als ein einziges Bewusstsein – ihr seid eine ganze Gruppe. Fragt euren Körper, so wie ihr einen Therapeuten befragen würdet, und er wird euch Antwort geben. Schamanen haben dieses Wissen schon lange.

Wir wandern nun zum linken Herzchakra, und wenn ihr dort einen Schmerz verspürt, dann hat das damit zu tun, dass euch innerhalb oder durch Beendigung von Beziehungen etwas so sehr schmerzt, dass es euch die Lebensenergie raubt. Man könnte sagen, an dieser Stelle übertragt ihr jemandem ständig Energie, weil ihr noch etwas unerlöst habt. Folgt eurer Intuition und schaut nach, ob ihr diese Energieabgabe an andere unterbinden könnt und dürft, weil ihr sie nun für euch selbst braucht. Die Farbe dieses Chakras ist Weiß und hat mit der Reinheit der Liebe zu tun.

Von hier aus wandern wir in das Chakra im Atlas. Die Farbe dieses Chakras ist Hellblau. Hier ist, wie gesagt, eine Regulierungsmöglichkeit für die Lebenskraft, aber auch für andere Energien. Aber seid euch bewusst: Ihr könnt nicht einfach auf einhundert Prozent schalten, denn dann würdet ihr losrennen und nicht mehr anhalten, bis ihr in Rom (oder anderswo) seid.

So funktioniert es nicht. Ihr dürft nur so viel Energie in euren Körper geben, wie ihr vertragen könnt. Und dazu geben wir euch eine Hilfe:

Stellt euch einen Schalter vor, auf dem Zahlen von 1 bis 100 angebracht sind, in 10-er Schritten. Und jetzt schaut jeder auf seinen Schalter: Wie viel Prozent Lebenskraft sind eingeschaltet? Alles, was wir euch geben, sind Hinweise auf das Wissen, das ihr eigentlich in euch tragt. Es geht nur darum, sie wieder zu erinnern. Es ist nicht wirklich neu – nicht für euch. So, nun befragt euer Höheres Selbst, auf wie viel Grad ihr eure Lebensenergie hochfahren könnt. Und gemeinsam, in der Energie dieser Gruppe, stellt ihr euch einen Schalter vor und fahrt ganz, ganz langsam diese Lebensenergie auf die Zahl, die euch gezeigt wurde. Könnt ihr den Energieanstieg spüren? Gerade die, die ein wenig angeschlagen sind, werden es am deutlichsten bemerken. Wenn es zu stark ist, nehmt ein Stückchen zurück und schraubt sie später weiter nach oben.

Nun gehen wir hoch in das Chakra, das im Kopf auf Nasenhöhe liegt, ins Lernchakra. Die Farbe hier ist Gelb. Warum Gelb? Wie ihr vielleicht *schon wisst, ist das Zentrum des Solarplexuschakras ebenfalls gelb, und die Farbe Gelb hat mit Macht zu tun. Erinnert ihr euch an blonde Haare und den Zirkus, der um sie gemacht wurde? Das hatte etwas zu bedeuten. Die Farbe Gelb demonstriert Macht.*

Beobachtet einmal ein bisschen, wie mit Farben auch oder gerade in der Werbung „gespielt" wird. Die Farben haben tiefgreifende Wirkungen, denen sich keiner wirklich entziehen kann.

Wir wandern wieder weiter, dieses Mal zurück in das rechte Herzchakra, das Spirituelle Herz. Jetzt habt ihr das Muster komplett.

(Anmerkung von P. P.: Das Seminar fand im Januar 2006 statt. Den Rest des Symbols erhielt ich erst später. Die Stimulierung der Lebenskraft für diese Gruppe genügte anscheinend zunächst mit den acht Chakren.)

Dieses Symbol, dieses Muster, könnt ihr euch aufmalen und unter die Matratze schieben, weil es Lebenskraft stimuliert, ständig und permanent. Dort, wo sich ein Kranker befindet, könnt ihr es aufhängen – denn aus diesem Muster fließt Lebenskraft. Gebt dieses Muster dorthin, dort wo Leid ist. Dort, wo die Erde verschmutzt ist, könnt ihr dieses Muster in Kopie in die Erde legen, und der Platz reinigt und kräftigt sich wieder.

(Anmerkung v. P. P.: Die folgende Meditation wurde herausgenommen, da sie in einem anderen Buch bereits enthalten ist. Wir schickten unter anderem Friedensenergie nach Israel, daher der besondere Abschiedsgruß von Wottana:)

Und in diesem Sinne verabschiedet sich Wottana mit Salam alaikum) – Friede sei mit dir.*

(Anmerkung v. P. P.: Nachdem wir eine Visionsreise nach Ägypten unternommen hatten, meldete sich Lady Rowena.)

Hier spricht Lady Rowena, geliebte Wesen, die ihr nun Menschen seid. Ich breite meine Flügel aus und nehme euch alle unter meinen Schutz, unter meine Energie, da wir mehrere Reisen gemeinsam unternehmen werden. Dafür benutzen wir keinen langsamen Zug, oh nein, wir werden fliegen. Ihr lieben Wesen, ihr alle habt Engelsflügel, und diese holen wir als Erstes ab, damit ihr fliegen könnt. Ihr habt alle das Bild gesehen von

---

*) Arabische Grußformel

dem Tor über der Schweiz. Gehen wir wieder gemeinsam die Treppe hinauf. Dort erhaltet ihr eure Flügel zurück, genauer gesagt: Ih[1]r erinnert euch daran, dass ihr sie immer schon besessen habt. Stufe 1 ist rot, und wir alle stehen auf der gleichen Stufe. Wir sind alle gleichwertig. Es gibt keine Wertigkeiten unter uns. Stufe 2 ist orange, und dort steigen wir nun hinauf. Stufe 3 ist gelb, auch dort steigen wir nun hinauf. Stufe 4 ist grün, dieses Grün steht auch für die Erde insgesamt, denn sie ist der Planet des Herzens, habt ihr das gewusst? Sie ist der Planet des Herzens, weil nur hier die Liebesschwingungen der Göttlichen Quelle noch gesteigert werden. Das ist es, was ihr tut: Ständige Steigerung der Liebe und der Liebesfähigkeit. Wir steigen die nächste Stufe empor, sie ist dunkelblau. Und die nächste, die purpur schimmert. Und nur noch eine letzte Stufe hinauf in das Gelbgold … und nun stehen wir direkt vor dem Tor der Einheit, und einer nach dem anderen betritt dieses Tor, und wenn er zurückkommt, kann er die Flügel an seinem Rücken spüren.

Betrachtet eure Flügel, nehmt die Informationen der Farben darin auf. Sie sind groß, viele Meter hoch, weit größer, als ihr es erwartet habt. Wir treten aus dem Tor heraus, schlagen mit den Flügeln und heben ab, in V-Formation, könnte man sagen. Ich fliege voran, und ihr folgt wie eine Schar Zugvögel. Jeder sucht sich seinen Platz im V (ja, es steht für Victory, den Sieg des Herzens), und wir fliegen gemeinsam. Es braucht nur wenige Flügelschläge, um ein ganzes Land zu überqueren. Und nun geht es los in die Schweiz, denn wir wollen konkret wissen, wo das Tor der Einheit steht. Wir fliegen über das Mittelmeer, über Italien hinweg, und wir sehen einen Fleck, der Interlaken heißt. Einige werden schon gehört haben, dass dort ein „Mystery-Park“ entstanden ist, und dort ist das Tor der Einheit. Ihr werdet euch fragen, warum ausgerechnet dieser Platz? Nun, er ist nicht zufällig ausgewählt worden, denn es sind dort besondere Energien, Energien verschiedener Länder verankert, die für die Einheit stehen. Und daher ist dort dieses Tor. Und dieses wird auch bleiben, gleichgültig, was mit dem Platz an sich geschieht. Und wenn ihr das nächste Mal diesen Park besucht, spürt einmal in euch hinein. Ihr werdet die Grenzen des Tores spüren können. Jedes Tor hat mehrere Energieschichten, und dort, wo das eigentliche Tor ist, ist die Energie am dichtesten, am stärksten spürbar, wobei die Energien um den ganzen Globus laufen.

Wir begeben uns nun auf unserer Reise hoch in die Luft, weil wir einen atlantischen Kristall aufsuchen und aktivieren wollen. Er hat nichts direkt mit diesem Tor zu tun, sondern es geht um atlantisches Wissen, das an *verschiedenen Plätzen der Welt „vergraben“ wurde, könnte man sagen. Feinstoffliche Kristalle wurden rund um die Welt platziert, damit das Wissen von Atlantis nicht verloren geht. Einen dieser Kristalle dürfen wir nun aktivieren. Formiert euch in einem Kreis, und innerhalb dieses Kreises, aus dem Himmel heraus, kommt nun eine Lichtsäule. Sie hat alle Farben des Regenbogens in sich und wird innerhalb des Kreises manifestiert und auf die Erde herabgelassen. Dies ist der atlantische Kristall der Schweiz, und er hat einen Namen. Wer Zugang dazu erhält, erhält ihn über diesen Namen und kann Wissen abrufen. Wir werden den Namen wieder singen, damit die Schwingung passt. „**Aragon**“.*

*Ihr seid die Wächter dieses Kristalls, ihr als diese Gruppe, und nur ihr durftet ihn wieder aktivieren, herunterholen, wenn man so sagen will. Wir danken euch dafür, und all das, was ihr hier für andere tut, kommt mehrfach zu euch zurück, immer. Und nun noch ein Punkt auf unserer Reise. Die Reise zum Wesenskern dieses Landes. Dafür tauchen wir in diesen Kristall, in diese Lichtsäule ein und fahren mit ihm (wie mit einem Fahrstuhl) nach unten ins Innere der Erde. Wir landen auf dem Boden, wieder in einer Halle und treten aus diesem Lichtstrahl heraus. Die Farben hier sind so vielfältig wie der Regenbogen, an den Wänden und überall um euch herum. Es ist ein Raum der Farben. Was ist der Wesenskern dieses Raumes? Nun, alles Dinge, die ihr kennt: Neutralität, Leben. Das ist soweit nichts Neues. Aber wie kommt es, dass dieses Land sich aus den Kriegen herausgehalten hat und auch sonst jeden aufnimmt, der hier Zuflucht sucht? Was ist das Besondere daran? Nun, bei allem, was die Engel-Wesenheiten an Erfahrungen auf der Erde machen wollten, gab es in jedem Zeitalter mehrere, um genau zu sein, drei Punkte, – örtliche Punkte, an denen Neutralität herrschen musste, damit die Wirbel, die Kriege verursachten, wieder zur Ruhe kommen konnten. Dies geschieht mit der Energie solch eines Landes. Einer dieser Plätze ist im Himalaja, im Lande Shambala, und der zweite Platz liegt tatsächlich in eurem Land. Hier ist ebenfalls so etwas wie eine Stadt, in der Wesenheiten leben, die den Frieden in die Welt hinaustragen und, wenn er dort nicht herrscht, dafür sorgen, dass Friede wieder hergestellt wird. Friedensboten, wenn ihr so wollt. Der Name dieser Stadt unter eurem Land lautet **Siriah**. Diese Buchstaben enthalten eine der grössten, höchsten Friedensschwingung überhaupt. Wenn ihr an Orte des Streites oder der Uneinigkeit kommt, dann sprecht dieses Mantra zwölfmal in Gedanken aus, und der Streit wird sich legen, manchmal augenblicklich, manchmal dauert es ein wenig.*

Aber ihr könnt Frieden stiften, überall, wo ihr hinkommt.

Ihr könnt in euren Meditationen diese Stadt besuchen, wie das geht, habt ihr jetzt gesehen, und weitere Botschaften des Friedens empfangen. Vielleicht erhaltet ihr einen Hinweis, wohin ihr als Nächstes zu gehen habt, um dieses Mantra zwölfmal zu sprechen. Es kann durchaus ein Friedhof sein, auch da herrscht manchmal noch Unruhe. Es kann ein Krankenhaus sein. Wohin ihr auch immer geführt werdet, sprecht dieses Mantra zwölfmal, und ihr schafft ein Feld des Friedens. Die wesentliche Botschaft der Schweiz lautet also: Verbreitung des Friedens. Und wer von hier aus Reisen in die Welt unternimmt, kann die Botschaft mit Hilfe dieses Mantras verbreiten. Auf einem Flughafen, wo auch immer. Es hat nichts mit Manipulation zu tun, denn jeder möchte irgendwo Frieden, seinen inneren Frieden haben, und jeder nimmt nur das für sich an, was er haben möchte, was er annehmen möchte. So friedlich wie ihr euch heute an diesem Tag fühlt, so viel Frieden könnt ihr auch anderen Menschen bringen. Selbst zankenden Kindern, zum Beispiel Geschwistern. Und somit wird auch klar, welche Energie ihr tragt. Ihr seid Boten des Friedens, Boten des Lichts. Stellt den Frieden in euch und auch in anderen her. Die größte Herausforderung ist nicht das Arbeiten mit anderen, sondern das Arbeiten mit sich selbst. Glaubt mir, wir alle, die wir Aufgestiegene Meister sind, mussten auch arbeiten.

Begebt euch nun wieder in diesen Lichtstrom, in diesen Regenbogen, der eine ganze Säule darstellt. Begebt euch nach oben, fliegt nach oben und sucht diesen Ort wieder auf, so dass ihr wieder ganz im Hier und Jetzt seid, hier in diesem Raum. Und wenn der eine oder andere die Stimme dieses Channels nicht hört, weil er woanders hingebracht wird, macht euch keine Sorgen, es geschieht immer das, was geschehen soll.

Ich bin Lady Rowena, und meine Energie ist die der bedingungslosen Liebe. Bedingungslosigkeit herrscht auch unter euch noch nicht, aber ihr seid dabei, es zu lernen, und ihr macht das ganz wunderbar.

Ich möchte euch nun in das Chakra, das „Überwinden der Polarität“ heißt, eine besondere Energie senden. Rosafarbene Energie der Bedingungslosigkeit, die euch hilft, dort stärker hineinzuwachsen. Euch selbst bedingungslos und ohne Erwartungen anzunehmen, und auch die an-

deren. Nehmt das an, sofern ihr es annehmen wollt. Die Energie kommt jetzt...

Wer Schmerzen empfindet, macht bitte wieder die Atmungsmeditation, Perlmutt ein, Braun aus.

Lady Rowena verabschiedet sich von euch, entbietet euch ihre Grüße, Segen und Dankbarkeit dafür, dass ihr mich angenommen habt, sowie ich euch auch annehme, in bedingungsloser Liebe. Auf Wiedersehen.

☆☆☆

Hier spricht nun wieder Kryon vom Magnetischen Dienst. Oh, geliebte Wesen, wenn ihr doch sehen könntet, wie das Farbenspiel um euch herum aussieht, wenn ihr an der Arbeit seid. Eine farbige Spirale voller Kraft bildet sich hier und strahlt in den Himmel. Wenn ein Außerirdischer von Außen nach hier schauen würde, könnte er eine gigantische regenbogenfarbene Spirale sehen, – hier, wo so starke Wesen anwesend sind und aktiv arbeiten, an sich, an der Erde und an Allem-Was-Ist. Ihr vereint magnetische Energie, Liebesenergie, und bringt sie in Wallung. Das ist es, was ihr tut. Ihr bringt Bewegung überall hinein, und auch wenn ihr euch physisch heute noch nicht soviel bewegt habt, mit Ausnahme des Tanzes, kommt Bewegung in euren Geist, in eure Energiefelder, in die Energiefelder der Erde, macht ihr geistige Reisen, und zu solch einer weiteren Reise möchte ich euch nun einladen, und danach werden wir wieder etwas tanzen, wenn ihr mögt.

Meditation

Begebt euch mit eurem Bewusstsein an einen Strand. Das Meer plätschert zu euren Füßen, ihr seid barfuß im Sand. Ganz sanft rollen die Wellen heran. Eine leichte Brise bewegt die Palmen hinter euch im Wind. Die Sonne scheint golden am Firmament. Sie ist aber schon dabei, sich leicht zu neigen und unterzugehen und fängt nun langsam an, die Farben zu wechseln. Vom gleißenden Hellen ins eher Gelbe. Sie berührt nun schon den Horizont des Wassers. Die Farbe wird langsam Orange und zieht sich über den ganzen wolkenlosen Himmel, während sie weiter herabsinkt. Und die untergehende Sonne singt euch ihr Lied. Ein Lied, das von Lebendigkeit zeugt, von Lebensfreude und Lust. Der Lust am Sein, der Freude am Sein. Das Orange färbt sich langsam dunkel und geht in

Rosa über, während die Sonne immer weiter sinkt und nun schon mehr als die Hälfte verschwunden ist. Der ganze Himmel ist in dieses rosa Licht getaucht, und nun färbt er sich, sozusagen als Steigerung, noch in Magenta – in die Farbe der Harmonie.

Und während die Sonne im Meer verschwindet, wird auch das Magenta immer dunkler und dunkler, bis es dem Sternenhimmel gewichen ist. Bis der Himmel schwarz ist, überzogen von Sternen. Seid euch bewusst, dass die Energie des Sonnenunter- oder -aufgangs etwa für dreiunddreißig Minuten eine ganz besondere Qualität beinhaltet, jeder Sonnenaufgang, jeder Sonnenuntergang. Das Lied der Schöpfung wird darin gesungen, ein Lied, das eine Saite in euch zum Klingen bringt, zu einem Lied, dem ihr am liebsten für immer lauschen würdet. Versucht immer wieder einmal, einen Sonnenuntergang ganz bewusst zu erleben und das Lied der Schöpfung darin zu hören, euer Lied! Je öfter, desto besser. In der Zeit des Sonnenauf- oder -untergangs ist der ganze Raum, der von dem Licht erfüllt ist, so hochschwingend wie sonst nur ein Kraftort. Es ist die Zeit der Engel! In dieser Zeit tanzen die Engel auf den Farbstrahlen der Sonne, auf den Schwingungen des Lichts.

Der Mond geht nun an entgegengesetzter Stelle auf und strahlt von hinten voll auf euch herab. Er ist im Moment noch sehr groß und orangefarben und steigt langsam am Horizont hinauf. Auch Mondauf- und -untergänge beinhalten eine besondere Energie. Nicht umsonst ist ein Spaziergang im Mondschein so romantisch. Er weckt die Energie in Partnerschaften, in Liebesbeziehungen. Sie werden dadurch gestärkt. Jeder Spaziergang im Mondschein stärkt euch in eurer Beziehung, in eurer Energie. Und ein Mondscheinspaziergang am Strand ganz besonders, weil der Strand ein Ort erhöhter Prana ist, ein Kraftort.

Der Mond scheint nun hell über euren Köpfen, silbern, und viel kleiner als am Anfang. Am Horizont könnt ihr einen fernen Schatten wahrnehmen. Es ist die Silhouette eines großen Dampfers mit beleuchteten Bullaugen, der immer näher heranfährt. Das Schiff kommt ganz an den Strand heran, so dass ihr trockenen Fußes hinaufgehen könnt. Es schiebt sich ein Stück den Strand hinauf, fährt eine Treppe aus – ihr dürft auch fliegen, die Flügel habt ihr ja noch nicht abgegeben. Das liegt ganz bei euch. Betretet alle das Schiff auf eure eigene Weise, denn wir werden einen Ausflug machen in die Weite des Meeres.

Das Schiff fährt nun rückwärts, legt wieder ab, denn wir sind alle an Bord, wendet langsam und fährt aufs offene Meer hinaus. Ihr wandert auf dem Deck umher, seht euch um, es sind außer den Menschen noch andere Wesenheiten da. Vielleicht trefft ihr einen Verwandten, einen Freund. Seht euch um, wer alles auf diesem Schiff mitfährt. Der Mond schimmert silbern im Wasser, zur rechten Seite könnt ihr seinen Widerschein sehen, sein Spiegelbild im Meer, das sich leicht kräuselt. Wo liegt das Ziel eurer Reise? Nun, das Ziel einer jeden Reise seid ihr selbst. Das Innere eures Selbst. Am Horizont könnt ihr das Licht eines Leuchtturms sehen, das immer wieder einmal aufblinkt. Dorthin steuern wir. Während wir heranfahren, könnt ihr langsam erkennen, dass es sich um eine Insel handelt. Es ist die Insel der Freude – sie ist unser Ziel. Sie kommt immer näher, und der Leuchtturm leuchtet weiter, dreht sein Licht immer wieder, damit das Schiff auch sicher seinen Weg findet. Auch hier schiebt sich nun das Schiff ein Stück auf den Strand, eine Treppe wird ausgefahren, die ihr benutzen könnt, oder eure Flügel. Unten werdet ihr von Eingeborenen empfangen, die Blütenkränze tragen und sie euch umhängen, so wie es auf den Inseln Hawaiis üblich ist. Und wenn ihr an euch herunterseht, habt ihr nur noch ein Baströckchen an, und der Oberkörper ist frei, bei allen. Ihr seid nun gekleidet wie die Eingeborenen, mit Blütenkränzen um euren Hals, so wie es dort Brauch ist. Es ist warm, sehr warm, so dass ihr nicht frieren müsst angesichts der blanken Haut.

Jeder erhält nun einen Eingeborenen als Begleiter: Die Männer eine Frau, die Frauen einen Mann. Alle tragen Blüten im Haar und ebenfalls Kränze um den Hals. Es haben alle, Männer wie Frauen, lange wallende Haare, oft von dunkler Farbe. Ihr geht jetzt paarweise weiter, Hand in Hand, und könnt nun in weiter Ferne Eingeborenenmusik hören. Trommeln schlagen, fremdartige Klänge dringen an euer Ohr. Licht leuchtet euch von mehreren Feuern entgegen. Diese Feuer sind kreisförmig angeordnet. Es ist genug Raum dazwischen, um hindurchzugehen. Sie bilden einen großen Kreis, diese Lagerfeuer. Ihr werdet von euren Führern in diesen Kreis gebracht und seid nun von den vielen Lagerfeuern umgeben. Die Musik, die erklingt, lädt euch zum Tanzen ein, jeder hat einen Tanzpartner, und es wird zu hawaiianischen Rhythmen getanzt. Lasst eurer Fantasie freien Lauf und tanzt mit eurem Partner. Ihr seid gelenkig wie nie. Ihr könnt alles, was ihr mit eurem physischen Körper vielleicht nicht könnt. Ihr habt keine Grenzen in der Bewegung. Mit diesem Tanz nehmt ihr die Energie der Freude, der Lebendigkeit, der Rhythmik, des Klangs in euch auf. Und auch wenn ihr nur im Geiste tanzt, bringt ihr Bewegung in das Ganze, kreiert wunderbare Schwingungen der Freude.

Wenn du irgendwo einen Schmerz verspürst, dann ist dort eine Schwingung, die dich an der Freude hindert. Atme diesen Schmerz weg. Der eine oder andere wird spüren, dass in seinem Sakralchakra etwas passiert, dem Chakra der Lebensfreude. Es werden Dinge weggenommen, die euch an der Lebensfreude hindern, so dass sie Stück für Stück zu euch zurückkehren kann. Dieser Tanz ist weit mehr als das, was ihr seht. Ihr fragt euch vielleicht, wer ist euer Tanzpartner oder eure Tanzpartnerin? Nun, es ist die gegengeschlechtliche Hälfte von euch, mit der ihr im Tanz vereint seid. Jeder Mann hat einen weiblichen Anteil, jede Frau einen männlichen. Mit diesem tanzt ihr, vereint innerhalb dieses Feuerkreises. Und so hat dieser Tanz auch die Bedeutung, männliche und weibliche Energien in einem einzigen Körper miteinander zu vereinen, zu aktivieren, auszugleichen.

Diese Reise könnt ihr jederzeit wiederholen und euch erneut daran erfreuen.

Die Musik wird langsam leiser, der Tanz neigt sich dem Ende zu. Eure Tanzpartner bringen euch nun wieder heraus aus dem Kreis und geleiten euch zu eurem Schiff zurück. Ihr betretet euer Schiff wieder, lasst den Tanzpartner unten am Strand zurück, verabschiedet euch von ihm, vielleicht durch Küsse, einer Umarmung, wie auch immer es bei euch üblich ist oder es sich für euch stimmig anfühlt. Der eine oder andere möchte vielleicht den Tanzpartner mit an Bord nehmen, aber das ist nicht erlaubt.

Nun sind alle wieder an Bord, die Treppe wird wieder eingefahren und das Schiff legt ab, wendet und fährt wieder aufs offene Meer. Zurück durch die Dunkelheit geht die Reise, und der Mond ist jetzt auf der linken Seite und geht langsam unter. Nun ist er wieder ganz groß und orangefarben zu sehen. Und wenn er untergegangen ist, taucht das Festland vor euch auf, und das Schiff fährt wieder ein Stück weit den Strand hoch, um euch herauszulassen, herunterzulassen, freizugeben. Die Treppe fährt aus, und ihr verlasst das Schiff, das euch zur Insel der Freude gebracht hat, und kommt wieder ins Hier und Jetzt zurück. Wir machen die Musik wieder an, und ihr dürft wieder tanzen.

(Anmerkung von P. P.: Kryon machte noch eine Durchgabe, die vom Tor der Harmonie handelte und den Lesern meines „Regenbogenzeitalters“ schon bekannt ist, daher habe ich das gekürzt. Zwischendurch meldete sich Erzengel Gabriel, der für euch Neues zu berichten hat:)

Ich bin Gabriel, ich bin der Engel der Verkündung und der Ermächtigung, und ihr braucht Ermächtigung, um weitergehen zu können, zu dürfen. Wie sieht diese Ermächtigung, diese Erlaubnis aus? Wir sagen es euch.

Jeder von euch trägt einen Stern in seinem Herzchakra, einen Stern der Liebe, und dieser Stern, der schon länger in euch leuchtet und wieder aktiviert wurde, ist eure Ermächtigung, eure Fahrkarte, wenn ihr so wollt, um weiterzugehen, um wieder heimzukehren. Ein Stern der Liebe funkelt in euch, und der eine oder andere kann ihn im Herzen sogar spüren, wo er sich manchmal so bemerkbar macht, dass sich das Herz schwer anfühlt. Dieser Stern ist der göttliche Funke in euch, der göttliche Funke der Liebe. Und er weitet sich immer ein wenig aus, wird stärker und kräftiger, seit die Erde wieder auf dem Weg zurück ist. Und nun dürft ihr weitergehen.

(Anmerkung von P. P.: Gabriel bezieht sich auf eine Meditation, die Kryon begonnen hat. Die Seminarteilnehmer, und nun auch die LeserInnen, sind auf einer Wendeltreppe mit farbigen Stufen unterwegs, hoch in den Himmel.)

Die Stufen sind nach wie vor gelb und wechseln jetzt ins Grüne. Wohin sind wir unterwegs?, mögt ihr fragen, und wir sagen es euch: Ihr seid unterwegs zum Tor der Liebe. Öffnet die Augen, blickt auf das Bild hier und erfasst es für einen kurzen Moment.

Es ist ein dreifaches Tor, und wir sagen euch gleich Näheres darüber. Während ihr es euch betrachtet, erzählen wir euch etwas über dieses Tor der Liebe.

Dieses Tor hat drei Öffnungen, und es hat sich über die drei Weihnachtsfeiertage geöffnet: Am 24., 25. und 26.12.2005. Für dieses Tor haben viele Lichtarbeiter sehr viel Energie hergegeben, nicht mit ihrem Bewusstsein hier unten, sondern mit einem höheren. Und diejenigen, die im November und Dezember 2005 wochenlang mit Krankheit und Desorientierung heftig zu kämpfen hatten, erfahren nun, warum. Sie haben ihre größten Blockaden, ihre größte Energie in dieses Tor gegeben. Bei einigen Familien hat sich das so ausgewirkt, dass sie das friedlichste, das liebevollste Weihnachten hatten, das sie je kannten Bei anderen hat es sich gegenteilig bemerkbar gemacht, nämlich durch heftige Entladungen. Das hängt mit dem jeweiligen Stand derer zusammen, die gemeinsam feierten. Insgesamt gesehen war es jedoch das liebevollste Weihnachtsfest, das wir je von hier aus beobachten konnten. Und somit verkünden wir euch auch, dass das Jahr 2006 das Jahr der Liebe ist. Viele der Paare, die sich in den letzten Jahren getrennt haben und auf Partnersuche sind, die einzelnen Teile dieser Paare, um es einmal so auszudrücken, finden in diesem Jahr ihren neuen Lebenspartner, einen lebenslangen Partner. Das Jahr der Liebe ist das Jahr, das 2006 genannt wird. In ihm fließt soviel Liebe wie nie zuvor. Vereinigungsenergien möchten wir sie nennen, und das hat seinen Sinn und seine Absicht, dass sie in diesem Jahr so schwerpunktmäßig verstärkt sind.

Warum ist dies ein dreifaches Tor?, mögt ihr fragen:

Das vordere Tor ist das für die bedingte Liebe – die Liebe, die all die Äonen hinweg normal war, die Regel war für die meisten Menschen.

Das zweite Tor steht für die unbedingte Liebe, man könnte sie auch bedingungslose Liebe nennen.

Und das dritte Tor, das rechte, steht für die absolute Liebe, in der alle beide, bedingte und unbedingte Liebe, zu einer einzigen Kraft vereint sind.

Gott lebt nicht in der bedingungslosen, sondern in der absoluten Liebe, in der Liebe, die alles zulässt, Bedingungslosigkeit, aber auch Bedingtheit.

Wir sind immer noch unterwegs auf den grünen Stufen, die nun langsam ins Dunkelblaue wechseln. Die Schicht des Herzchakras, die grüne Schicht, war am dicksten, nicht wahr? Die Erde ist der Planet des Herzens! Der Planet, auf dem die größtmögliche Liebe produziert werden kann. Und das ist im Gange, ihr Lieben, nicht nur hier und heute, sondern überhaupt. Warum kann ausgerechnet hier die größte Liebe gelebt werden? Weil hier die Spezies lebt, die durch verschiedene Umstände ihr Herz so weit öffnen kann wie keine andere Rasse sonst. Das liegt zum Teil an der Zwölf-Strang DNS, also daran, dass die Gemeinschaft der Lichtrassen alle ihre Gene gab, um den Menschen zu schaffen. Sie vereinigten also etwas, das einst getrennt wurde in der menschlichen Rasse, die dann auch noch eine Evolution durchmachte, bevor diese zwölf Stränge geweckt werden durften. Im Menschen vereinigt sich also die Quelle, das Göttliche an sich, wieder zu einer Einheit, dadurch haben sie eine Stärke im Licht, die sogar die einzelnen Lichtrassen übertrifft (allerdings erst, wenn die Stränge voll aktiviert sind), und das ist etwas, was derzeit eine unwiderstehliche Anziehungskraft auf viele Wesenheiten ausübt. Warum ist die Erde gerade zur Aufstiegszeit wohl so voll? Weil hier etwas geschieht, etwas Neues, etwas Besonderes! Warum haben so viele Menschen Schwierigkeiten, sich richtig auf der Erde einzurichten? Weil sie oft nur wenige oder noch gar kein Leben hier hatten und somit noch nicht genügend geerdet sind. Diese Wesen haben oft eine große Sehnsucht nach den Sternen, wollen hier fort, sehnen sich nach der Heimat mit einer Kraft, die sie das Leben hier vernachlässigen lässt. Doch lass dir gesagt sein: Du bist nun ein Mensch, und gleichgültig, welche Aufgabe du für deine Welt hier vollbringen sollst, ist hier deine Heimat und nirgendwo sonst. Du kannst nur voll in deine Kraft und deine Aufgabe kommen, wenn du vollkommen in Liebe mit der Erde verschmilzt, sie zu deiner Heimat machst, und nur so vollzieht sich auch der Aufstieg der Menschheit und der Aufstieg des einzelnen Menschen, gleichgültig, woher er gekommen sein mag, über die Liebe zur Erde.

Die Stufen gehen nun langsam in Purpur über. Und ihr könnt es euch, wenn ihr mit dem Flugzeug irgendwohin fliegt, auch wirklich so vorstellen, dass ihr diese verschiedenen Schichten (Rot, Orange, Gelb, Grün, Dunkelblau, Purpur, Weiß) durchdringt. Denn sie sind tatsächlich schwerpunktmäßig ähnlich gelagert. Vertraut eurem Gefühl, diese Schichten fühlen zu können, sie sind da! So könnt ihr in der purpurnen Schicht, wenn ihr mit dem Flugzeug hindurchfliegt, völlig neue Erkenntnisse über euch oder im Allgemeinen gewinnen. Erkenntnisse, die euer Leben verändern werden. Das heißt jetzt nicht: Steigt alle ins Flugzeug und fliegt durch die Gegend, nur um zu sehen, was geschieht, aber wenn ihr sowieso unterwegs seid, nutzt dies für euch. Für alles, was geschieht oder existiert, gibt es mindes-

tens zwölf Gründe, und einer der Gründe, warum ihr Flugzeuge habt und damit fliegt, ist, eben diese Schichten zu durchdringen.

Und, ihr Lieben, ihr seid nun angekommen an dem Tor der Liebe auf dem Mond, und wir möchten euch bitten, einzutreten und das große Meer, das euch entgegenbrandet, wahrzunehmen. So groß euch der Ozean auch vorkommen mag, wenn ihr am Strand steht und in die Weite seht, ist die Göttliche Quelle noch viel weiter. Sie reicht bis in die Unendlichkeit, aber eure Reise endet hier an diesem Strand noch nicht.

Eine Gruppe Delfine kommt von ferne angeschwommen, und ihr Spiel, ihr Springen, ihre Lust am Leben, ihre Freude am Leben, steckt euch an, und ihr watet ins Wasser, und ehe ihr euch verseht, verwandelt ihr euch ebenfalls in Delfine und schließt euch euren Freunden und Verwandten an. Ihr schwimmt und springt und habt eine Freude, einfach nur zu sein und zu schwimmen, im Kreise der Familie, der Freunde. Und mit diesem Schwimmen reinigt sich euer Energiefeld, als würdet ihr wirklich im Wasser sein und schwimmen. Es wird gereinigt von alten Glaubensmustern, von Denkprozessen, von Gefühlen, von Altlasten. All das, was ihr zu diesem Zeitpunkt hier lassen könnt, wird euch nun aus dem Energiefeld gewaschen, könnt ihr loslassen. Am Horizont taucht nun ein riesiger Ring auf, ein Ring aus Energie, der golden schimmert und mit der untersten Kante auf dem Wasser aufsetzt. Dies ist der Eingang zu Quelle, zur unendlichen Liebe, zur absoluten Liebe – zu euch selbst. Ihr schwimmt immer näher heran mit euren Freunden. Und wie es der Natur der Delfine entspricht, springt ihr, voller Freude ob dieses neuen Spiels, in diesen Ring hinein und seid dort in einem Lichttunnel, in einem Wurmloch, wenn ihr so wollt, aus goldenem Licht. Dieser Tunnel besteht aus purer Liebe, aus absoluter Liebe. Ihr schwimmt aufwärts, abwärts, wie in einer Spaßrutschbahn, und habt große Freude, im Bewusstsein der Göttlichen Quelle zu sein. Das goldene Licht durchdringt diesen ganzen Tunnel, umgibt euch und durchdringt all eure Zellen.

Und ihr könnt nun langsam spüren, dass die Auf- und Abwärtsbewegungen dazu tendieren, nach unten zu gehen, und ihr fühlt, dass die Reise durch diesen Energieschlauch der Quelle sich ihrem Ende nähert. Und ihr könnt das ferne Ende des Ringes sehen. Das Wasser, aus dem ihr gekommen seid, ist gut sichtbar. Auch hier gibt es wieder einen goldenen Ring, und ihr springt hinein in das Wasser und stellt dann voller Verwunderung fest, dass ein goldener Schein um eure Freunde herum liegt. Dieser Schein dringt von innen heraus durch den Körper und reicht weiter als der

Leib. Dann seht ihr euch euren eigenen Körper an, indem ihr einen Purzelbaum schlagt und euren Schwanz betrachtet und bemerkt: Auch ihr besitzt diesen goldenen Schein. Er wird euch erhalten bleiben, denn ihr nehmt ihn mit, auch wenn ihr nun langsam wieder die Rückreise antretet.

Ihr habt euch ein Stück eures eigenen göttlichen Bewusstseins zurückgeholt und werdet euch in der nächsten Zeit, in Wochen, Monaten, Jahren, immer stärker eurer Göttlichkeit bewusst werden. Das heißt nicht, dass ihr euch über andere erheben sollt, sondern ihr werdet erkennen, dass ihr hier seid, um zu dienen, mit all eurer göttlichen Kraft Diener der Menschen der Erde zu sein! Eure Delfingruppe nähert sich langsam wieder dem Strand, von dem ihr gestartet seid. Ihr könnt das Tor der Liebe sozusagen von hinten sehen. Und wenn ihr das Ufer erreicht, tut ihr das wieder in Menschengestalt. Dreht euch noch einmal um zu euren Freunden und Familienmitgliedern, bedankt euch bei ihnen und dann verabschiedet euch. Geht nun langsam auf das Tor zu und tretet wieder hindurch. Wir beginnen den Abstieg in umgekehrter Reihenfolge. Und da es runter meistens schneller geht, wird auch dies ein wenig schneller gehen. So wie euch der Rückweg von einer Reise immer schneller vorkommt, geschieht es auch hier. Und so geht ihr nun die Treppenstufen hinunter, ihr springt und hüpft voller Freude, voller Energie. Ihr habt ein großes Geschenk erhalten, und ihr wisst es. Es geht spiralförmig nach unten, dieses Mal anders herum, Weiß, Purpur.

Dem einen oder anderen wird es schwer ums Herz, weil er am liebsten dort oben bleiben würde, in der Energie der absoluten Liebe, aber zu euren Aufgaben gehört es nicht, schnell von der Erde zu verschwinden, sondern lange zu bleiben und die Energien von dort oben herabzubringen, und genau das tut ihr gerade. Dunkelblau sind die Treppen nun, dann werden sie grün, gelb, orange, rot. Und damit ihr uns nicht davonschwebt, wenn ihr mit euren Autos unterwegs seid oder gar übersehen werdet, weil ihr gar nicht sichtbar seid, so hoch schwingt ihr, ist es nun notwendig, euch ein wenig zu erden. Daher singen wir gemeinsam ein Erdungsmantra, das Aravi, das von Erzengel Michael durch Natara gegeben wurde, und zwar wieder zwölfmal. Einige unserer Begleiter ziehen sich langsam durch den Riss zurück, einige bleiben bei euch. Spürt noch einmal die Liebe, die euch umgibt, auch der dickste Panzer lässt etwas Liebe durch. Und wenn es sich nur in Form von Frieden und Zufriedenheit äußert, ist es doch verursacht durch die Liebe, die wir euch schicken, beziehungsweise die ihr zulasst. Wir umarmen euch ein letztes Mal, und doch ist es kein Abschied für immer. Unsere Präsenz ist immer da. Sie wurde an dem heutigen Tag nur verstärkt. Spürt, wie dankbar wir euch sind, wie sehr wir euch lieben.

Hier spricht Kryon, der magnetische Meister, gemeinsam mit Gabriel, und bei dem Magnetismus, von dem ich spreche, geht es immer um Liebe, um verschiedene Formen der Liebe, und dennoch ist alles eins. Es geht nicht nur um Anziehung und Abstoßung, sondern um Liebe. Energie ist fließend, nicht stockend. Sie ist immer im Fluss und durchflutet euch immerzu. So auch jetzt in verstärktem Maße. Und lasst das Herz euch nicht schwer werden, weil die Präsenz sich abschwächt, denn wir sind immer bei euch, und ihr seid immer bei uns. Und ihr seid dabei, die Schleier zwischen uns und euch immer dünner werden zu lassen, Löcher hineinzustanzen, weil ihr das Gefühl der Einheit wieder erleben wollt, das ihr so lange vermisst habt, das ihr so lange vermeiden musstet, auf Grund des großen Planes. Es wird immer leichter werden, es zu fühlen.

Meine Freunde und ich ziehen uns nun langsam zurück, doch die Liebesschwingung, die Energie, die wir hier gemeinsam kreiert haben, bleibt noch etwa drei Tage hier erhalten, auch in euch und um euch herum. Sie hat sich drei Tage lang aufgebaut, indem wir diesen Raum und euch vorbereitet haben, und baut sich auch etwa drei Tage wieder ab. Aber seid nicht traurig, dass ihr diese Schwingungshöhe nicht halten könnt. Ihr werdet nie mehr den Grad erreichen, den ihr vorher hattet. Ihr schwingt höher als zuvor, sogar deutlich höher. Es geht wie bei einer Betriebskurve zickzackförmig aufwärts. Und so ist es auch wichtig und angemessen, damit eure Energiesysteme, eure Zellen, euer ganzes Sein sich immer angleichen kann.

Dieses war Kryon vom Magnetischen Dienst.

Botschaften aus Shambalah

Meister Lo-Si über das Neue Zeitalter, 22.12.2005

Liebe Menschen, dies ist das erste Mal seit langer Zeit, dass sich Shambalah direkt in die Geschichte der Menschheit „einklinkt“, und diese Tatsache soll euch zeigen, wie besonders dieses Zeitalter ist, in dem wir alle vom Kali-Yuga in das Satya-Yuga überwechseln.

Mein Name ist Lo-Si, und wer sich mit Shambalah schon beschäftigt hat, wird meinen Namen, meine Kennung, meine Energie wiedererkennen. Mit dem Namen Shambalah verbindet sich das Streben nach Vollkommenheit, der direkten Verbindung zur Gottquelle. Thule, Shangri-La, Shambalah, oder welchen Namen ihr diesem besonderen Ort auch gegeben habt, es schwingt eine Sehnsucht mit, eine Sehnsucht nach einem Ort der Kraft, nach einem Ort, an dem alles in seinem Gleichgewicht ist, einem Ort der spirituellen Inspiration, einem Ort, an dem die Menschen in Frieden, Harmonie und Liebe miteinander leben. Diese Sehnsucht ist es, die euch die Ermächtigung gegeben hat, nun in ein goldenes Zeitalter zu wechseln, ein Zeitalter, in dem die dunklen Zeiten irgendwann nur noch wie ein ferner Traum sein werden.

Shambalah könnte man als die Essenz aller Kraftorte bezeichnen, wie es Karsten Bornhoeft auf seiner Internetseite tut. Er hat eine ausgezeichnete Zusammenfassung geschrieben über das, was Shambalah ausmacht und ist mehr göttlich inspiriert, als er selbst ahnt.

Shambalah wurde in jedem Zeitalter auf einen ungefähren Raum festgelegt (im Moment ist es Tibet), weil einige Menschen ein äußeres Ziel für ihre innere Reise suchen, die dann auch tatsächlich aufbrechen, um dieses Ziel zu erreichen. Egal, woher sie aufbrechen und wohin sie letztlich gelangen, ihre Suche ist von reiner Absicht, und sie werden ein Tor nach Shambalah finden und manchmal sogar eingelassen. Doch nicht jeder kann diese äußere Reise antreten, und in diesen besonderen Zeiten ist dies auch nicht notwendig, denn jeder von euch kann Shambalah im Herzen tragen, das eigene Tor im Herzen nach Shambalah öffnen, und genau um dieses Tor in dein ganz persönliches Shambala geht es hier und heute und wir möchten dir behilflich sein, es zu finden und zum gegebenen Zeitpunkt zu öffnen.

Lo-Si ist ein Fokus, der euch dabei behilflich sein kann und möchte. Es folgt eine Meditation, die der erste Schritt in Richtung Shambalah sein wird:

Meditation

Stell dir vor, dass du auf einem Stück Land bist, das im Weltraum schwebt. Es ist etwa zwanzig Meter im Durchmesser, und einige alte Ruinen befinden sich rund um euch. Ringsherum sind die Sterne sowie ferne Galaxien in aller Farbenpracht zu sehen. Von eurer Sterneninsel führt eine Regenbogenbrücke zu einer anderen, viel größeren Insel im All. Dort gibt es Gebäude in allen möglichen geometrischen Formen. Sie leuchten in den verschiedensten Farben auf sehr strahlende Weise. Es ist eine große Stadt, und sie strahlt etwas Erhabenes, Göttliches aus, ist nicht zu vergleichen mit einer irdischen Stadt. Dir wird bewusst, dass hier noch bis vor kurzem eine Hängebrücke installiert war, in der viele Einzelbretter fehlten beziehungsweise fehlerhaft waren und die Begehung daher mit großen Gefahren verbunden war. Du hast schon einmal hier gestanden, doch erschien dir der Weg zu gefährlich, um ihn zu gehen.

Doch nun hat sich etwas verändert. Die Regenbogenbrücke, die hier gebaut wurde, sieht sehr solide aus, und sie ist es auch. Sie hat ein Geländer auf jeder Seite, an dem man sich festhalten kann, und sie ist sehr breit, nicht so schmal wie eine Hängebrücke. Du siehst dieses bautechnische Wunder und weißt: Dieser Konstruktion kannst du vertrauen, nun gibt es keine Gefahren mehr, nur noch den Willen, die Brücke zu betreten und sie dann im eigenen Tempo zu überschreiten, genau so, wie es für dich passend und angemessen ist. Es gibt niemanden, der dich hetzen wird. Nur du bestimmst, wie und in welchem Tempo du diese Brücke überquerst. Du hast sogar das Recht, hin und wieder auch einige Schritte zurückzugehen.

Dir wird nun bewusst, dass du nicht alleine vor diesem entscheidenden Schritt stehst, sondern dass zahlreiche Menschen neben, hinter und vor dir stehen, und alle wagen nun mit dir gemeinsam diesen Schritt, der sie auf die Brücke führt. Du setzt also deinen Fuß dorthin, und nun achte einmal darauf, welche der sieben(!) Farben des Regenbogens deinen Fuß berührt, denn auf dieser Farbe wirst du eine Weile auf der Brücke gehen, vielleicht auch den ganzen Weg, aber die Wahrscheinlichkeit ist groß, dass du hin und wieder die Farbe, also die „Spur“, wechselst, denn jede der Farben steht für ein gewisses Tempo. Und es ist kein Versehen, dass wir sieben Farben geschrieben haben, denn die Reihenfolge der Spuren lautet von links nach rechts gesehen: Rot, Orange, Gelb, Grün/Rosa, Dunkelblau, Purpur und Perlmutt. Die letzte Farbe ist bisher nur von wenigen Menschen im innersten Kreis des Regenbogens zu sehen, doch sie ist da, und du wirst immer dann eine Weile auf dieser Spur laufen, wenn es um schwerwiegende Veränderungen in deinem Leben geht. Auf dem Zenit des Regenbogens dieser besonderen Brücke wirst du sein, wenn du deine Lebensaufgabe gefunden hast und beginnst, sie zu leben, worin auch immer sie bestehen mag. Genau genommen sind es also sieben Brücken nebeneinander, miteinander verzahnt, so dass man ohne Probleme hin- und herwechseln kann. Gehe nun auf der farbigen Spur einen oder mehrere Schritte so weit, wie es sich für dich richtig anfühlt. Dann greife nach dem ersten Menschen, der links oder rechts neben dir steht, und blicke in sein Gesicht. Vielleicht ist es jemand, den du schon kennst, vielleicht kommt er auch erst jetzt in dein Leben. Merke dir jedenfalls dieses Gesicht und komme nun langsam wieder ins Hier und Jetzt zurück. Atme einige Male tief durch und genieße das Gefühl, das sich in deinem Inneren ausbreitet.

Du kannst jederzeit auf diese Brücke gehen und weitere Schritte unternehmen, entweder auf der gleichen Spur, oder auf einer anderen Spur. Folge deinem inneren Empfinden. Tue, was für ***dich*** *das Richtige ist, nur für dich, denn es geht hier um* ***deinen*** *Weg und nicht um den Weg eines anderen. Wie sich diese Schritte in der Meditation im Außen auswirken werden, wirst du schon bald feststellen. Innerhalb von sieben Tagen wirst du wissen, welche Schritte im Außen den meditativen folgen.*

Wie du schon erkennen kannst, sind die Meditationen in diesem Buch konkrete Hilfen, um dich völlig in Einklang mit dir selbst zu bringen, um dich persönlich in das Satya-Yuga zu überführen.

Shambalah ist nun nicht die Stadt auf der anderen Sterneninsel, sondern die Brücke, über die du gehst. Die Stadt steht für das Neue Zeitalter, für die Neue Erde. Die alte und die neue Erde sind miteinander verbunden, und die Energien von beiden strömen über diese Brücke, und zwar kreisförmig, so dass der Regenbogen einen beziehungsweise sieben Kreise bildet. Die untere Hälfte dieses Kreises ist die Vergangenheit, die obere Hälfte die Zukunft, und ihr, die ihr euch auf dem Kreis befindet, ihr seid die Gegenwart, die beides miteinander verbindet. Der Kreis schließt sich nun für viele, viele Menschen, und das ist wundervoll anzusehen. All die Jahre, die wir von hier aus spirituelle Energien in die Erde sandten, schließen sich auch für uns nun zu einem Kreis zusammen. Und so sei es.

Dieses war Lo-Si aus Shambalah.

Meisterin Shana über Morphogenetische Felder

Hier spricht Shana aus Shambalah, und bevor neue Informationen in eure Dimension einfließen, möchte ich zunächst etwas zu meinem Wirken und meiner Position erzählen.

Ich bin keine Gestalt aus eurer Geschichte, sondern machte meinen Aufstieg auf der Erde lange vor den Geschehnissen, die ihr als eure Geschichte bezeichnet. Mein Volk existiert in dem Sinne auch gar nicht mehr, weil es in der Gesamtheit sehr viel später als ich in höhere Dimensionen entschwand. Dies ist schon so lange her, dass es in euren Mythologien nicht einmal Gerüchte über mein Volk gibt, außer vielleicht vage Andeutungen über Götter in fliegenden Fahrzeugen und mit besonderen Fähigkeiten, und selbst diese sind eher unsere Nachfahren. Und dennoch bin ich noch hier, weil ich bei meinem Aufstieg einen Eid geleistet habe, einen Eid, der mich noch immer bindet und den ich nie bereut habe.

Wie lautet dieser Eid nun? Viele Aufgestiegene Meister leisten ihn, nämlich: Dienst an der Erde und all ihren Bewohnern zu tun, bis die Erde in ihrer Gesamtheit aufsteigen kann und irgendwann eine Schwingungshöhe erreicht hat, in der sie selbstständig weitergehen kann und unsere Hilfe nicht mehr benötigt. Ihr seht, mein Dienst an euch währt schon lange, und dementsprechend sind meine Erfahrungen und mein Wissen über euch und eure besonderen Fähigkeiten.

Wie heißt mein Volk nun? Ihr habt schon einige kleine Andeutungen in diesem Buch darüber gelesen, und wie ihr vielleicht auf Grund der Namensähnlichkeit bereits erkannt habt, stammt Shambalah aus der Zeit von Shamana, dem Volk vor den Lemurianern. Wir werden euch bald noch mehr von uns erzählen, doch heute nur so viel: Unsere Nähe zur Natur und unsere Arbeit mit ihr war noch enger als die der Lemurianer. Einen Hauch davon könnt ihr erahnen, wenn ihr Schamanen bei der Arbeit zuseht. Wir haben dafür gesorgt, dass Völker über all die Zeitalter erhalten blieben, die ein wenig von unserer Art des Umganges mit der Umwelt bis in eure Zeit tragen, und so ist es nicht verwunderlich, dass das Schamanentum wieder neu belebt wird und die Schamanen in euch erwachen. Doch auch hier darf Erweiterung geschehen. Der Hauch des Wissens, der erhalten blieb, darf nun zu einem starken Wind der Veränderung verstärkt werden, und dies ist im Gange, dies geschieht, indem die modernen Schamanen auch andere Methoden der Heilung erlernen und nicht mehr auf das Schamanentum, wie sie es bisher kannten, fixiert bleiben. Erweiterung in allen

Gebieten und auf allen Ebenen ist im Gange, und so sei es!

Meine Partnerin hier musste erst einen Test bestehen, bevor sie diese Durchgabe empfangen konnte. Worin bestand der Test?, werdet ihr vielleicht fragen, und wir verraten es euch: Sie musste eine Sanjeevini Heilkarte ziehen und ihren Körper per Pendel auf die entsprechende Krankheit durchtesten. Uns ging es darum, ob sie Angst haben würde, denn es war die Karte „Krebs". Alleine mit diesem Wort verbindet ihr ein solches Bündel an Ängsten, dass es schon beinahe wieder lustig ist, wenn es nicht so traurig wäre. Nun, sie testete ihren Körper durch und war einfach nur neugierig, keine Angst, keine gespannte Erwartung, und das ist es, was wir sehen wollten. Das Ergebnis war auch negativ, was sie nicht weiter überraschte.

Warum war hier eine besondere „Ermächtigung" nötig? Nun, eigentlich ist für jede der Durchgaben mit neuen Informationen solch eine Ermächtigung erforderlich, doch ist es nicht immer so offensichtlich, dass vorher ein Test stattfindet, aber es ist immer so. Zum einen wird die Person getestet, die channelt, und wenn es ein öffentliches Channeling ist, werden auch die Anwesenden daraufhin geprüft, ob die Energie den Informationen angepasst ist. Es wird also immer der Energiemix zusammengestellt, der die Ermächtigung für bestimmte Informationen enthält, und so ist es angemessen, so muss es sein, denn es sind immer alle Anwesenden, die die Ermächtigung für bestimmte Informationen geben, immer!

Und so können wir sagen, auch die Krankheit „Krebs" ist ein Test für die Menschheit, ein Test dahingehend, ob der Einzelne und auch die ganze Gruppe sich aus dem Morphogenetischen Feld namens „Krebs" herausarbeiten und sich so weit von Ängsten befreien kann, dass Worte wie dieses keine Wirkung mehr entfalten. So gibt es für jede Krankheit, für jedes Leid, das ihr euch vorstellen könnt, ein entsprechendes Feld. Insgesamt ergibt das viele Felder, die einander überlagern, teilweise sogar verstärken und in seltenen Fällen Energie abziehen, die Wirkung des Feldes also verringern.

Je mehr Energie in ein solches Feld hineingegeben wird, desto größer wird es, nicht wahr? Es wächst! Je mehr die Menschen sich also in die Angst vor Krebs hineinsteigern, desto wahrscheinlicher ist es, dass sie in dieses Feld „hineingezogen" und ihre Zellen von ihm durchdrungen werden und sie diese Krankheit dann bekommen. Das ist wie mit Hypo-

chondern, die an den Symptomen leiden, vor denen sie Angst haben. Eine zeitlang ist es nur ihre Vorstellung, doch wenn sie sich nicht wieder aus der Vorstellung, diese Krankheit zu haben, herausbewegen, bekommen sie sie auch. Sie kreieren sie sich tatsächlich selbst, und das ist es, was ihr tut: Ihr kreiert alles selbst, je nachdem, welche Erfahrungen ihr machen wollt. Dabei sind die Anfangsverträge, wie Kryon sie nennt, recht hilfreich. Sie bringen euch auf die Schienen, die ihr geplant habt, doch jeder gute Plan hält mehrere Optionen offen, je nachdem, welche Umstände eintreten, und so habt ihr alle in euren Verträgen auch die Option, aus dem Vertrag auszusteigen, ihn umzuschreiben und/oder völlig neu zu kreieren. Dies ist der Planet der freien Wahl. Genau das bedeutet die Flexibilität in den Verträgen. Auf andere Planeten ist das anders: Einmal inkarniert, gibt es keine Möglichkeiten, aus dem Vertrag auszusteigen, oder doch nur selten und unter sehr außergewöhnlichen Umständen.

Jeder menschliche Vertrag beinhaltet neue Optionen, neue Vertragsseiten, wenn ihr so wollt, gerade dann, wenn die Welt aufsteigt, und genau deshalb lest ihr das hier, denn ihr seid dabei herauszufinden, welche neuen Optionen für euch existieren, und so sagen wir euch eine dieser Optionen: Sich aus jedem Krankheitsfeld, in dem ihr euch vielleicht schon bewegt, wieder herauszuarbeiten, indem ihr die Angst davor erlöst. Wenn ihr das tut, schrumpfen die Felder anstatt stetig zu wachsen, wie es in den letzten Äonen der Fall war, und dies ist im Gange, dies ist im Gange!

Jedes Leid wurde durch Felder geschaffen und aufrechterhalten, und dies erfolgte durch die Energie der Menschen. Ziehen diese ihre Energie aus den Feldern zurück, verkleinern sich diese, bis sie schließlich „sterben", und damit das Programm, das in ihnen enthalten ist. Es wird gelöscht.

Nun ist es jedoch so, dass dieses Programm von einer Intelligenz, wenn ihr so wollt von Bewusstsein, gesteuert wird, damit es funktionieren kann. So, wie es für euer persönliches Programm ebenfalls gilt. Dieses Bewusstsein in den Feldern und in euch wehrt sich, es möchte nicht sterben, genauso wenig wie ihr. Wenn ihr also aus den einzelnen Feldern aussteigen wollt, so stemmt sich dieses „Bewusstsein" dagegen und versucht, die Angst in euch zu verstärken, damit ihr auf keinen Fall herauskönnt. Dieses Bewusstsein kommt jedoch ebenfalls von euch, und man könnte es „Ego" nennen. Dieses Ego warnt euch vor Gefahren und hat damit seine Existenzberechtigung. Wenn es keine Gefahren mehr gibt, ihr beziehungsweise keine Angst mehr vor ihnen habt, dann „stirbt" das Ego, und da es das nicht will, versucht es immer wieder, euch vor Gefahren zu warnen, die Angst zu schüren. Aus diesem Kreislauf auszubrechen ist gar nicht so einfach. Wenn ihr jedoch dem Ego eine Alternative bietet, damit es auch für sich eine Zukunft sieht, wird es für euch leichter sein, aus den einzelnen Feldern herauszutreten. Dem Ego Alternativen aufzeigen, ist notwendig, damit es seinen Teil des Bewusstseins aus den verschiedenen Feldern nach und nach herauszieht und somit das entsprechende Feld irgendwann in sich zusammenfällt, also „seinen Geist aufgibt", weil es nicht mehr benötigt wird. Was könnt ihr also tun, um dies zu bewerkstelligen? Wir von Shambalah haben die Ermächtigung, euch dabei zu helfen. Es geschieht so viel Großartiges auf eurer Erde, so viel, von dem ihr noch gar nichts direkt merkt, doch dessen Einfluss immer stärker spürbar wird. Was nun ist die Alternative für das Ego?

Wenn ihr dem Ego einen neuen Weg, eine neue Aufgabe vorstellt, so dass es weiterhin zu tun haben wird, kann es sich so transformieren, dass es euch weiterhin dient. Das Ego braucht nicht ausgelöscht zu werden, denn ihr benötigt es, um in der Dichte der Materie weiter zu existieren. Führt ihm eine neue Aufgabe zu, und es wird euch weiterhin dienen, auch ohne die Angstszenarien. Die neue Aufgabe lautet: Findet heraus, wer ihr seid, welches eure Aufgabe hier ist, warum ihr hier seid.

Führt ein Ritual durch, das so aussehen kann:

Nehmt eine Schale zum Räuchern, besorgt euch weißen Salbei und brennt ihn an. Ladet euer Ego zu einem Gespräch ein und macht ihm klar, dass es Zeit wird, sich zu verändern, und dass diese Veränderung zum Vorteil von allen Beteiligten sein wird. Zeigt ihm auf, wie reizvoll es sein wird, die wahren Hintergründe eurer Existenz zu ergründen, und dann wartet auf die Reaktion eures Ego. Ab hier läuft dann das Ritual, wie es für euch passend ist.

Wenn ihr eure Unterhaltung beendet habt, wartet, bis der Salbei abgebrannt ist, geht an die frische Luft und macht einen Spaziergang, um zu reflektieren, was geschehen ist.

Meine Kultur liebte Rituale, denn sie zeigten der ganzen Umgebung auf, dass hier ein ernst gemeintes Unterfangen stattfand. Es unterstrich das, was damit erreicht werden sollte. Ein Ritual lädt Spirits ein, zu erscheinen und euch behilflich zu sein. Was Rituale betrifft, seid ihr durch eure Vergangenheit ziemlich „geschädigt", doch wird es Zeit, ihre Wirkung wieder zu erkennen und sie nicht mehr gegen andere zu richten.

Wenn ihr euch mit Hilfe dieses Rituals aus der Angst entfernt, zieht ihr euch auch aus den Krankheitsfeldern heraus. Je mehr Menschen dieses tun, umso weniger Krankheiten wird es in der Zukunft geben, und das ist ein lohnenswertes Ziel für euch, oder nicht?

Von denjenigen, für die die Erweckung 1999 begann, und das betrifft sehr viele Heiler, haben die meisten ihre Felder auf andere Weise aufgelöst, oft durch große persönliche Opfer (= Energieabgabe für bestimmte Zwecke). Dies ist nun nicht mehr notwendig. Die Wege aus den leidvollen Feldern heraus werden nun immer leichter begehbar. Wenn ihr euch einmal vorstellt, wie viele „Angstfelder" es gibt, dann könnt ihr euch vorstellen, dass auf diesem Planeten viel Arbeit erledigt werden muss, bevor sie alle aufgelöst sind. Anfangen könnt und müsst ihr jedoch immer bei euch selbst, bei niemand anderem! Nur für euch selbst habt ihr diese Ermächtigung. Wenn ihr Heiler seid, wird diese Ermächtigung erweitert auf eure Patienten. Ihr dürft ihnen helfen, auf schnellere Weise herauszukommen, als es ihr ursprünglicher Plan vorsah, aber nur, wenn sie dieses wollen. Das ist die besondere Ermächtigung der Heiler des Regenbogenzeitalters, und ob ihr es glaubt oder nicht: Dazu gehören auch viele Ärzte, selbst wenn diese es selbst (noch) nicht wissen.

Viel Arbeit wurde schon geleistet, viele Felder aufgelöst, von deren Existenz ihr nicht einmal etwas geahnt habt. Dies wurde von den Erleuchteten dieser Welt und von euch persönlich getan. Jeder, wirklich jeder, ist am Aufstieg der Erde beteiligt, ob er dieses nun aktiv weiß und etwas tut oder nicht, spielt dabei keine Rolle. Jeder tut das, was er zum gegenwärtigen Zeitpunkt zu tun hat, und so ist alles richtig und in einer sinnvollen Ordnung.

Welche Felder wurden aufgelöst, welche Schleier wurden entfernt? Nun, da ist einmal der Karmaberg, der ab einer bestimmten Höhe die Ermächtigung gab, Schleier zu entfernen, beziehungsweise selbst zur Verschleierung beitrug. Es gibt das Gitternetz, das auf vielfältige Weise verändert werden musste, so dass weitere Schleier entfernt werden konnten, und auch das Gitternetz selbst trug zur Verschleierung bei. Alle Felder, von denen ich sprach, bilden eine Schicht des Schleiers zwischen Diesseits und Jenseits. Als Christus kam, trug er Karma der Welt ab und entfernte gleichzeitig einen Schleier, der da hieß: „Die Liebe Gottes ist nur für bestimmte Menschen da." Er zeigte auf, dass Liebe in jedem und für jeden ist. Jeder Erleuchtete arbeitete auf seine Weise an irgendeinem Schlei-

er. Buddha machte klar, dass die Menschen wieder und wieder kommen. Djwal Kuhl entfernte Schleier, die die Menschen an der Lebensfreude hinderten. Seit er aufgestiegen ist, ist viel mehr Freude in den Menschen, auch wenn ihr nicht den Überblick habt, um zu wissen, wie es vorher war. Der Dalai Lama berührt die Menschen in ihrem Herzen und entfernt dort Schleier. Ähnliche Aufgaben haben alle Kirchenführer und alle, die im Namen Gottes wirken. Alle arbeiten daran, Felder, die in vielen Äonen aufgebaut wurden, nun langsam wieder aufzulösen, weil sie nicht mehr lange gebraucht werden.

Jeder einzelne Mensch, der für sich die Schleier lichtet, arbeitet wieder an den kollektiven Schleiern, und so ist es eine wundervolle Zeit, in der die Entfernung der Schleier immer schneller vonstatten geht, in der immer mehr Menschen den direkten Kontakt zu Engeln, Aufgestiegenen Meistern und zu Gott erhalten beziehungsweise sich daran erinnern, dass sie ihn immer hatten und nur die Schleier sie daran gehindert haben, es zu fühlen.

Wir möchten euch daher mit jeder Meditation dazu einladen, noch mehr Schleier in euch zu entfernen, denn auch wir sehnen uns nach mehr direktem Kontakt, da dieser unsere Arbeit ungemein erleichtert, und so möchte ich euch noch eine Meditation mitgeben, die dafür sorgt, dass ihr weitere Schleier entfernen könnt:

Meditation

Vielleicht kennst du die Geschichte von Hans und der Bohnenranke?

Es gab einen Jungen, der eine besondere Bohne erhielt, und aus dieser wuchs eine Ranke, die bis in den Himmel reichte, und dieses Bildes wollen wir uns nun bedienen: Stell dir vor, du bist auf einem Markt und dir wird eine besondere Bohne geschenkt, weil du freundlich zu jemandem warst. Du pflanzt sie zu Hause in den Garten (wenn du keinen eigenen hast, stell ihn dir trotzdem vor), und über Nacht wächst diese Bohnenranke in den Himmel. Diese besondere Ranke hat bequem begehbare Stufen, und diese laden förmlich ein, sie zu benutzen, und auch wenn du Höhenangst hast, überwindest du dich, den Aufstieg zu wagen. Und so beginnst du zu klettern, bis du an die Wolkendecke gelangst, und immer höher geht es, bis du durch die Wolken hindurch bist. Dort endet die Ranke in einer wundervollen Stadt. Du wirst freudig begrüßt, denn deine Freunde und Verwandten warten schon so lange auf dich. Du machst nun einen Rundgang durch die Stadt, und dir werden verschiedenen Dinge gezeigt und mitgeteilt. Da dieses für jeden verschieden ist, machen wir hier eine Pause …

… Wenn du wieder zurück an der Ranke bist, steigst du hinab, und dabei fällt dir Folgendes auf: Der Abstieg dauert längst nicht so lange wie der Aufstieg. Irgendwie scheint sich die Ranke verkürzt zu haben. Und das wird sie jedes Mal tun, wenn du diesen Ort am Ende der Bohnestange besuchst, und zwar solange, bis die Stadt sich unten auf dem Boden befindet.

Du bist nun wieder in deinem Garten und freust dich schon auf deinen nächsten Besuch zu Hause.

Ein Morphogenetisches Feld, in dem ihr lebt, heißt „Trennung vom Himmel“ (nicht nur, aber auch). Mit dieser Meditation bringt ihr den Himmel auf die Erde, und somit wird sich das Gefühl, von Gott getrennt zu sein, ebenfalls nach und nach auflösen, da immer mehr Menschen mit dem „Himmel“ kommunizieren können, und dann gibt es keine Trennung, keinen Schleier mehr. Sie werden von euch selbst aufgelöst. Wir tragen das unsere von jenseits dazu bei und ihr das eure von diesseits, und so ist es ein wechselseitiger Prozess, der allen dient und, wie Kryon es nennt, eine „Win-Win-Situation“, und so sei es.

Dieses war Shana, in großer Erwartung dessen, was ihr kreieren werdet.

☆☆☆

An einem anderen Tag übermittelte Shana mir noch eine weitere Botschaft, die ich hier wiedergeben möchte:

Hier spricht wieder Shana, und ich möchte euch nun etwas von einem Morphogenetischen Feld erzählen, das neu kreiert wird, obwohl es eigentlich alt ist oder sein sollte. Es geht um das Feld der Einheit. Die Menschen, die erwachen, erlangen eine größere Fühligkeit, das heißt, sie können vermehrt spüren, was Mitgliedern ihrer „Familie“ „zustößt“, wenn es ihnen nicht, oder wenn es ihnen besonders gut geht. Das bedeutet, je mehr Menschen sich in das Einheitsfeld begeben, das vor einiger Zeit

(neu) kreiert wurde, desto mehr werden die Mitmenschen sich wieder darum kümmern, was mit dem anderen geschieht, denn sie selbst bekommen ein Echo von seinem Zustand. Es werden also immer weniger „unangenehme“ Dinge geschehen, weil immer mehr Menschen sie direkt in ihrem Körper spüren können, und wer will schon permanent mit dem Leid und den Schmerzen anderer konfrontiert werden? Damit diejenigen, die dies (noch) nicht spüren können, ebenfalls schneller aufhören, anderen wehzutun, arbeiten die, die schon wieder mehr fühlen können (Lichtarbeiter, wenn du so willst), fieberhaft daran, genau das zu ermöglichen, schon im eigenen Interesse. Und das, liebe Lichtarbeiter, ist einer der Gründe dafür, warum ihr so sehr an euch arbeitet und unbedingt eure Aufgabe in all dem finden wollt, nämlich, um sie so schnell wie möglich aufzunehmen. Je mehr dieses Feld der Einheit anwächst, umso stärker wird das Gefühl des „Helfen-wollens“ werden, denn das Gefühl der Einheit möchte keiner mehr missen, der darin lebt, und dieses auch anderen vermitteln.
Dieses war Shana.

Liebe Shana, das kann ich auf Grund meiner Arbeit mit den Menschen und meinen eigenen Erlebnissen nur bestätigen, vielen Dank für diese ergänzende Mitteilung.

Die Weiße Bruder-/Schwesternschaft: Danksagung

„Wir grüßen dich in Liebe". Dies ist die Bedeutung von „Om Shala", ein Gruß, zu dem folgendes Symbol gehört:

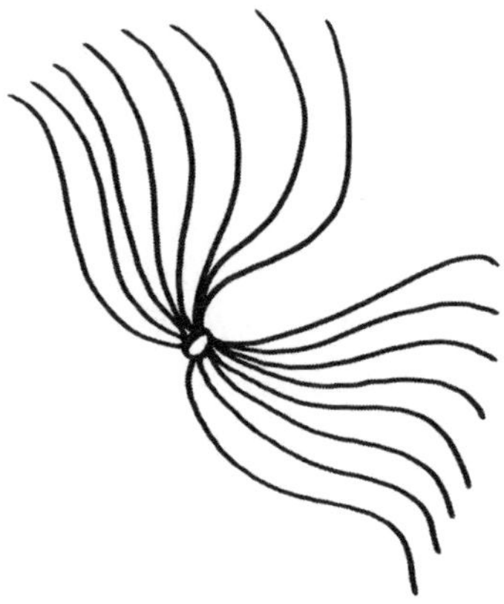

Schicke diesen Gruß und dieses Symbol zu allen, von denen du glaubst, dass sie es brauchen beziehungsweise sich darüber freuen.

Zu dir spricht heute der Verbund der Aufgestiegenen Meister, von denen die Weiße Bruder-/Schwesternschaft eine Abteilung ist, und die Anasazi, eine Sondergruppe, die für einen angemessenen Schwingungsanstieg in einem passenden Zeitraum zuständig war und ist.

In der Harmonischen Konvergenz 1987 wurde von euch ein neues Tempo beschlossen, ein Tempo, das eine kritische Masse an Menschen gerade noch so durchhalten kann.

Du, der du das jetzt liest, gehörst zu diesen Menschen, gleichgültig, wann dieses „Jetzt" für dich stattfindet. Bitte, versteht uns nicht falsch, es geht hier nicht um Elitedenken, sondern um Aufgabenverteilungen.

Das Tempo des Aufstiegs wurde drastisch gesteigert, weil die Bewohner der Erde dies so beschlossen haben. Nicht wir haben diese Entscheidung getroffen, doch wir sind diejenigen, die euch dabei helfen, diese Geschwindigkeit durchzuhalten. Obwohl es streckenweise sehr anstrengend, manchmal sogar schmerzhaft ist, den Prozess zu durchlaufen, habt ihr die Befähigung, die Ermächtigung, die Ausdauer und den Auftrag dazu. Was jedoch noch wichtiger ist: Ihr habt die notwendige Ausbildung genossen, den Aufstieg auf diese schnelle Weise durchzuführen. Bitte, habt ein wenig mehr Geduld mit denen, die nicht auf der gleichen „Schule" waren wie ihr. Nur weil ihr unterschiedliche Schulen besucht habt, ist der eine nicht mehr wert als der andere, oder?

Wir hören euch manchmal klagen und jammern, weil der Aufstieg euch Grenzerfahrungen der unterschiedlichsten Art beschert, doch seid euch bewusst, dass ihr dies so wolltet, dass ihr hier seid, um es denen, die auf anderen Schulen waren, leichter zu machen. Ihr seid diejenigen, die den Pfad durch den Dschungel schlagen, damit ihn andere leichter begehen können.

Doch nun zu einem anderen Thema: Das Jahr 2006 wurde zum „Jahr der Liebe" erklärt, und so ist es auch kein Zufall, dass dieses Buch hauptsächlich in diesem Jahr geschrieben wurde. Die Liebesschwingung wird nun deutlich stärker, und damit sie für die Menschen erträglich und verträglich bleibt, gibt es die so genannten Lichtarbeiter, die mit Hilfe ihrer Chakren diese Energien so umwandeln, dass die Menschen nicht „verbrennen". Würdet ihr per Zeitreise einen Menschen aus der Zeit vor 100 Jahren nach hier bringen, müsste er mehrere Jahre in der Schwingung eines Erwachten verbringen, damit sein Körper und sein Geist sich den neuen Gegebenheiten anpassen könnten, so groß ist der Unterschied nun schon geworden.

Das Energiefeld eines Erwachten reicht um die ganze Welt und hüllt alle ihre Bewohner ein. Am „dichtesten" ist seine Energie in seiner unmittelbaren Umgebung. Die Erde wird nun schon von vielen eingehüllt, und es werden immer mehr. Diese Energiefelder der Erwachten tragen mit zur Karmauflösung aller anderen bei. Aber auch die Aufgestiegenen Meister von Shambalah hüllen die Erde in ihre Aura. Und so konzentrieren diese Meister sich nun genau auf dich, die/der du dieses nun liest, lieber Mensch, weil du daran erinnert werden sollst, wer du bist, nämlich der Meister deines Lebens, ein selbst-bestimmtes Wesen, das aus der Geistigen Welt viel Hilfe erhält, jedoch nicht von dieser „dirigiert" wird. Ein Meister holt sich Rat, entscheidet jedoch eigen-ständig.

Die Summe der Meister, die ihr alle seid, bestimmt die Richtung, in der die Erde aufsteigt. Es geht also nicht einfach nur „nach oben", sondern es gibt dabei auch eine Richtung. Nennt es „Zukunft", wenn ihr wollt, doch trifft dieses Wort es nicht ganz. Die Art des Aufstiegs ist es, die ihr bestimmt. Sie ist nicht vorherbestimmt, nichts ist nun noch vorherbestimmt, auch wenn viele Menschen noch immer ihre geplanten „Programme“ durchlaufen. Und all das macht die Erde zum interessantesten Platz im Universum, und somit auch zu dem, der die meisten Beobachter anzieht, aber auch die meisten Akteure. Warum nun sind hier so viele Wesen anwesend wie nie zuvor? Weil so viele dabei sein wollen, aktiv und passiv. Seid darum den Passiven nicht „böse“. Auch sie haben ihren „Da-Seins-Zweck“ auf der Erde, können aber nicht auf die gleiche Weise wie ihr agieren, und sollen es auch gar nicht.

Der Aufstieg der Erde ist zum einen wegen des Tempos, das ihr vorlegt, einzigartig, aber auch, weil ihr diejenigen seid, in die die zwölf Samenrassen ihre Gene gaben und dadurch etwas Neues entstehen konnte. Es steigen immer wieder Planeten auf, und auch jetzt sind es eine ganze Reihe, doch dieser Aufstieg wird von dem Planeten bestimmt, der die neue Rasse trägt, und das ist der Grund, warum fast alle Augen im Universum nun auf euch gerichtet sind. Die Energieschockwellen, die von euch ausgehen, sind nun schon überall spürbar, und so machen sich Wesen auf, um nach der Ursache zu suchen, denn dank euch dehnt sich das Universum nun wieder aus. Obwohl ihr im Einatmen des Brahma lebt, dehnt sich das Universum aus. Beobachtet einmal euren eigenen Atem, und ihr werdet verstehen.

Es sind außerordentliche Zeiten für alle, und so möchten wir an dieser Stelle unseren Dank aussprechen, denn euer Prozess ist auch unser Prozess, und euer Aufstieg ist auch der unsere. In der Sprache der Lakota-Indianer gibt es einen sehr umfassenden Ausdruck für „Danke“, der viel mehr beinhaltet als das Deutsche, und so sagen wir: „pila maye.“

Die Weiße Bruder- und Schwesternschaft der Aufgestiegenen Meister von Shambalah.“

Die Geistige Welt hält immer wieder Überraschungen bereit, und diese Botschaft war eine davon. Doch möchte ich mich dem einfach anschließen. Liebe Leserin, lieber Leser, da du bereit bist, dich mit dir selbst auseinanderzusetzen, trägst du auf deine einzigartige Weise deinen aktiven Teil am Aufstieg bei, und ich danke dir dafür!

Meister Shiri-San über Shambalah, 01.01.2006

Am 01.01.2006 wurde ich durch die damalige Freundin meines älteren Sohnes auf den Sturmiusberg „gejagt“, an dem die Ortschaft liegt, zu der ich zwei Monate zuvor umgezogen war. Sie lag mir schon seit einiger Zeit in den Ohren, dass wir unbedingt da gemeinsam hin müssten. Nun nahm ich mir endlich die Zeit dazu.

Bei Schnee, Eis und Glätte erklommen wir den Hügel, Berg ist übertrieben, auf dessen Gipfel eine winzige Marienkapelle steht, und genossen die Aussicht, bis wir wieder zu Atem gekommen waren und gingen dann ins Innere. Ich hatte nicht gewusst, dass die Kapelle immer offen ist, obwohl ich schon einige Male dort gewesen war. Im Inneren konnte ich dann spüren, wie sich das Kronenchakra, das Stirnchakra und sogar das Veränderungschakra weiteten. Mutter Maria richtete durch mich einige Worte an uns, und dann stiegen wir den Berg wieder herab. Schon unterwegs konnte ich spüren, dass ich wieder eine neue Schwingung integrierte, weil mein Kopf leicht schmerzte. Als ich dann einige Zeit später zur Ruhe kam, meldete sich eine Energie bei mir, die sich als Shiri-San von Shambalah vorstellte. Einer Eingebung nachgehend hatte ich zuvor den Film *Waterworld* mit Kevin Costner gesehen. Wie ich nun weiß, sollte ich dadurch verstehen, was das Thema des Channelings sein würde, das nun folgt:

Hier spricht Shiri-San von Shambalah, und ich bin ein „Bewahrer der Geschichte“, so lautet mein Titel, wenn man ihn in eine Menschensprache übersetzen würde, und ich bin hocherfreut, dass ich nun dazu beitragen darf, Licht in die Geschichte der Erde zu bringen. Die Informationen, die ich geben werde, sind geologisch nachvollziehbar, wenn sich Wissenschaftler wie Schliemann die Mühe machen, „genau an der Stelle zu graben, die in den Überlieferungen genannt wird“. Dies ist als Metapher gemeint, und ich werde gleich noch darauf eingehen. Meine Informationen haben nicht direkt mit dem Thema „Liebe“ in diesem Buch zu tun, und doch hängt alles zusammen.

Zunächst möchte ich jedoch zwei Leser ansprechen, die, wenn sie den Titel „Bewahrer der Geschichte“ lesen, wie elektrisiert sein werden, denn auch sie tragen diesen Titel, und es wird ihnen schlagartig bewusst werden, dass sie grundlegende und noch nicht bekannte Tatsachen zur Erdgeschichte in ihren Genen, genauer gesagt in ihrer Zwölf-Strang-DNS, „eingelagert“ haben und es zu ihrer Lebensaufgabe gehören wird, genau diese Informationen freizugeben.

Liebe Lisa, lieber René, ich meine euch beide! Ihr seid nicht zufällig ein Paar geworden, und wenn die Zeit gekommen ist und ihr euch erkennt, nehmt Kontakt zu meiner Partnerin hier auf, damit eine neue Dimension der Vergangenheit und damit auch der Zukunft ihren Lauf nehmen kann.

(Anmerkung von P. P.: Ich habe gerade Tränen in den Augen und weiß nicht, warum. Noch nie wurden in einem meiner Bücher Leser direkt angesprochen. Ich warte auf eure Kontaktaufnahme, dringend!)

Wer sich, wie meine Partnerin hier, mit den Mythologien der alten Völker beschäftigt hat, der wird wissen, dass es in fast allen Überlieferungen Flutlegenden gibt. Das heißt, es gibt rund um die Erde ca. 500 Flutsagen, selbst in dem Buch, das Bibel genannt wird, ist davon die Rede. Oft wurden jedoch örtliche Fluten mit „der großen Flut" vermischt, und so ist es nicht leicht für die Forscher nachzuweisen, dass es eine große Flut gegeben hat, und doch hat man beispielsweise in den Anden in 2000 m Höhe Flutmarken gefunden. Es gibt sie bereits, die Beweise für eine weltweite Flut, doch wie weitreichend und enorm diese war, könnt ihr erkennen, wenn ihr den Film „Waterworld" anseht, der keine Geschichte aus der Zukunft erzählt, sondern aus der Vergangenheit. Wenn ihr euch mit dem Gebiet der sogenannten „Grenzwissenschaften" beschäftigt, wird schnell klar werden, dass es bereits zahlreiche Unterwasserfunde gibt, die zeigen: Da sind Ruinen, von Menschen erbaute Bauwerke unter Wasser, und zwar weltweit verteilt, zum Beispiel im Mittelmeer, um Malta herum. Selbst heute noch ist der Wasserstand viel höher, als er einst war. Die Welt stand früher unter Wasser, wie und warum es dazu kam, ist im Moment nicht so wichtig, aber wichtig ist: Als die Welt unter Wasser stand, gab es nur einen Platz, der „trocken" war, im oben genannten Film wird dieser Platz „Dryland" genannt und für einen Mythos gehalten, so wie auch Shambalah für ein Mythos gehalten wird. Warum liegt das Shambalah eurer Zeitepoche ausgerechnet im Hochhimalaja? Und nicht woanders? Weil es, als es noch stofflicher Natur war, tatsächlich dort lag. Shambalah ist das einzige, komplett erhaltene kulturelle Erbe aus der Zeit vor der großen Flut, und nicht einmal die Sphinx, die ja Flut- und Korosionsspuren aufweist, kommt dem Alter von Shambalah gleich. Warum lag Shambala ausgerechnet dort oben? Weil es der trockenste Platz des ganzen Planeten war. Dort wurden das Wissen und die Kultur dessen bewahrt, was vorher war, und zwar mehrmals, nicht nur einmal. Es gab auch eine Zeit, als die Erde praktisch vollkommen gefroren war, und auch in dieser Zeit existierte Shambalah bereits, aber nicht, weil das Eis nicht bis dorthin reichte, sondern weil die

Bewohner es von sich fernhalten konnten. Shambalah reicht also in eine Zeit der Erdgeschichte zurück, als die Menschen noch nicht ihr jetziges Aussehen hatten, und so sind einige der alten Meister auch nicht so wie ihr gebaut, weder vom früheren physischen Körper her noch von der Energiesignatur, und das könnt ihr vielleicht spüren, wenn ihr dies lest, denn diese Botschaft aufzunehmen bedeutet, sich mit diesen Energien wieder vertraut zu machen, und das kann unter Umständen sehr anstrengend sein. Dafür möchte ich mich entschuldigen, aber es war eure Entscheidung, und die Anstrengung wird sich lohnen, denn indem ihr diese Energie wieder aufnehmt, verbindet ihr euch mit eurer eigenen Vergangenheit, die ebenfalls weit in der Zeit zurückreicht, viel weiter, als ihr euch derzeit noch vorstellen könnt.

Shambalah überstand also das Eis und das Wasser, weil es sich schwingungsmäßig von der Erde „abkoppeln" konnte und dies auch notgedrungen tat. Nun ist eine Zeit angebrochen, in der es sich wieder mit der Erde verbinden wird, das heißt, da die Erde nun aufsteigt, kann Shambalah wieder „herabsteigen", sich wieder verbinden und die Erde damit gleichzeitig „hochziehen". Dies geschieht beispielsweise durch Botschaften wie diese, beziehungsweise durch die Leser oder Zuhörer, die in einem der Seminare sitzen. So, wie Tore zu Avalon geöffnet werden und dessen Energie hereinfließt, so werden Verbindungen zu Shambalah in Erinnerung gebracht, nämlich von dir, ja, genau von dir, der du dieses nun liest oder hörst. Und du kannst es auch spüren, nicht wahr? Dein ganzer Körper kann fühlen, dies ist etwas, was dich anspricht, was dich betrifft, was dich in deinem Innersten berührt, und sogar körperlich zu spüren ist. Die Erinnerung an Zeiten ohne Leid wird in dir wach, wenn du dieses liest, und die Sehnsucht, dich wieder dort hinzubegeben, dorthin, wo Friede herrscht, dorthin, wo die Menschen liebevoll miteinander umgehen, dorthin, wo es kein Leid, keinen Kummer, keinen Schmerz gibt. Wir laden dich nun jedoch nicht zu einer Reise in den Himalaya ein, nein, es geht nicht um eine äußere Reise, es geht um die innere Reise, Shambalah erst in dir und dann auch in anderen wieder wachzurufen.

So bringt ihr Shambalah wieder zu euch. Nicht ihr geht fort, sondern ihr holt es hierher, und darum betont Kryon immer wieder in seinen Botschaften, dass ihr lange hier bleiben sollt, dass ihr eure Gesundheit so vollkommen herstellen könnt, dass ihr bleiben könnt, um auch längere Projekte zu betreuen, um dabei zu helfen, die Erde in den Aufstiegszeiten optimal zu unterstützen. Nicht erst in zwanzig oder dreißig Jahren, wenn ihr als Kinder wieder zurückgekommen und ausgewachsen seid, nein, ab jetzt für die nächsten Jahrzehnte! Ihr werdet jetzt gebraucht!, nicht später, und Gesundheit ist möglich, immer. Es bedarf nur eurer Absicht. Lasst euch zu den passenden Büchern führen, arbeitet ganz konkret daran, alle Krankheit und das Alter aus dem Körper zu vertreiben und spiritualisiert euch dabei selbst, denn eines bedingt das andere. Viele erhalten ihren Weckruf über die Gesundheit beziehungsweise über eine Krankheit, weil sie auf anderes nicht reagieren. Das ist auch angemessen, denn für manche wäre es noch nicht Zeit gewesen zu erwachen, und daher brauchen sie „härtere" Weckrufe, um sie aus dem Tiefschlaf zu holen. Da sich jedoch nun alles so beschleunigt, werden auch sie gebraucht, und sie werden früher geweckt (von sich selbst), als sie ursprünglich geplant hatten.

Wenn ihr konkret an eurer Gesundheit arbeitet, und das müssen praktisch alle wegen der kollektiven Morphogenetischen Felder, wie ihr dieses Phänomen genannt habt, dann singt „Shambalah", geht hinaus in die Natur oder zu Orten, von denen ihr wisst, dass sie Kraftorte sind, und singt Shambalah. Dieses Wort ist mehr als nur ein Name für einen Ort der Sehnsucht, es ist ein Name, der angefüllt ist mit großer Liebe, und durch Liebe ist alles heilbar, einfach alles!

Wenn ihr dieses Wort singt, wird eine Seite (Saite) in euch angerührt, werden Erinnerungen geweckt, wird etwas in euch angestimmt, das schon lange darauf wartet, endlich wieder be- und genutzt zu werden, etwas, das euch dabei hilft, schneller an all die Hilfsmittel zu gelangen, die eure Gesundheit wieder vollkommen herstellen. Und ihre werdet staunen, welche Dinge diese Hilfsmittel sind, Dinge, die scheinbar auf den ersten Blick einen völlig anderen Zweck und dennoch eine sehr tiefe Wirkung auf euren Körper haben. Das müssen nicht unbedingt Medikamente in irgendeiner Form sein. Nein, es kann ein Stern aus Kunststoff sein, der durch seine Kombination an geometrischen Formen eine Öffnung der Chakren bewirkt.

(Anmerkung von P. P.: Shiri-San bezieht sich auf meine Erfahrung in der Weihnachtszeit 2005, in der ich Sterne fand, deren Wirkung ganz außerordentlich war. Solche Produkte werden mir immer mehr zugeführt, wie zum Beispiel auch die Steinkämme von Hair Garden usw., und ich bin immer mehr verblüfft, was es da alles gibt, sogar energiegeladenes Besteck und Geschirr, das ich für meine Seminare fand und das Michelino heißt. Es ist wirklich unglaublich, wenn man all dies fühlen kann, was hinter dem steht, was wir Realität nennen!)

Ihr könnt jedoch auch das, was ihr schon habt, energetisieren, indem ihr mit Shambalah tönt, auch das wird seine Wirkung haben, immer. Singt ihr mit Shambalah, so wird auch euer Kronenchakra geöffnet.

(Anmerkung von P. P.: Als ich das mit dem Singen in den Computer tippte, habe ich das gleich ausprobiert, und prompt konnte ich das Kronenchakra stärker spüren als noch einen Moment zuvor.)

Es stärkt (erinnert) eure Verbindung zu Gott, denn durch all die Zeiten hindurch war eine der Aufgaben von Shambalah, das Tor zum Göttlichen offen zu halten, einen Kraftort zu bilden, wenn ihr so wollt, denn andere Kraftorte mussten erst wieder neu geschaffen werden, doch dort, wo Shambalah „stand", existierte ein dauerhafter Verbindungsplatz, so dass selbst durch all das, was ihr Katastrophen nennen würdet, die Verbindung von Gaia zu Gott nie abriss. Durch den Platz Shambalah wurde eine Spirale von Liebesenergie zu Gaia geschickt, die sie all die vielen und starken Umwälzungen, Umbauten ihres Körpers, wenn ihr so wollt, aushalten und ertragen ließ. Dadurch wurde es erst möglich, dass die Erde so geformt wurde, wie ihr sie heute kennt und liebt, und so endet diese Botschaft damit, dass tatsächlich bei all dem Liebe im Spiel war, und wenn ihr unter das ewige Eis des Himalaya auf eine bestimmten Höhe blickt, so werdet ihr, liebe Wissenschaftler, eine Flutmarke finden. Ihr habt nie in dieser Höhe gesucht, weil ihr das nicht für möglich hieltet, doch haltet danach Ausschau, und meine Angaben werden bestätigt werden, so wie es die Menschen gerne haben, dass gechannelte Angaben wissenschaftlich verifiziert werden. Sie glauben, dadurch erhalten sie größeres Gewicht, und in gewissem Sinne haben sie ja auch Recht damit, nämlich ein Gewicht in Kreisen, die sich sonst nicht damit beschäftigen würden, und so ist dies angemessen und passend, und bevor meiner Partnerin der Schädel platzt, weil die Schwingung ihres Körpers noch nicht ausreichend absorbiert wurde, enden wir für heute hier und grüßen euch aus Shambalah.

Dieses war Shiri-San.

Mir ist der Schädel nicht geplatzt, aber diese Energie Shiri-San war schon ganz schön heftig. Kurz nachdem ich diese Durchgabe aufgeschrieben hatte, erhielt ich durch eine Freundin die Nachricht, dass sie im Fernsehen eine Dokumentation gesehen hätte, die aufzeigte, dass jemand einen Ort mit Ruinen hoch oben im Himalaya gefunden hätte, den er für Shambalah hält. Man darf gespannt sein, was dabei herauskommt, wenn er genauer untersucht wird. Ich hoffe nur, wir erfahren auch davon.

Relina: Zeuge der Zeit, 02.01.2006

Diese Titel „Bewahrer der Geschichte“ und „Zeuge der Zeit“ klingen in meinen Ohren einerseits fremdartig, aber anderseits auch wieder nicht, so als ob da etwas aktiviert wird, was schon vorhanden war. Hören wir, was Relina zu sagen hat.

Seid gegrüßt, ihr Menschen, hier spricht Relina, Zeuge der Zeit.

Ihr werdet vielleicht fragen, was ist denn das, ein Zeuge der Zeit? Und ich möchte es euch erklären: Durch alle Zeiten hindurch gab und gibt es Wesenheiten, die inmitten aller Geschehnisse als Beobachter tätig waren und sind. Versteht ihr, wenn ihr durch eure Inkarnationen geht, nehmt ihr eure Erinnerungen mit euch. Diese sind jedoch von eurem speziellen subjektiven Standpunkt geprägt, und das ist richtig und gut so, doch für neutrale Aufzeichnungen (eure Geschichtsbücher sind alles andere, nur nicht neutral!), die in die große Akasha des Universums eingehen werden, wird jemand gebraucht, der zwar direkt vor Ort ist, aber eben nur beobachtet und niemals eingreift. Um einen umfassenden Überblick über alles zu erhalten, müssen verschiedene Standpunkte eingenommen und eingesehen werden, und so gehört zu den Fähigkeiten eines Zeugen der Zeit, von außen und gleichzeitig von innen zu beobachten. Das heißt, dass er für kurze Zeit in einem Menschen verweilt, registriert, was es zu registrieren gibt, und dann zum nächsten weitergeht. Dies geschieht an Knotenpunkten der Geschichte, aber auch bei scheinbar unwichtigen Ereignissen. Ein Zeuge der Zeit muss eine gewisse Anzahl an Inkarnationen durchlebt haben, um verstehen zu können, was in den Menschen vorgeht, und alles, was geschieht, würdigen zu können. Aber, wie gesagt, er ist nur Beobachter, und obwohl er könnte, darf er nicht eingreifen.

Ein Zeuge der Zeit darf auch nicht ohne Erlaubnis bei einem Menschen bleiben. Diese kann er sich von der vierten Bewusstseinsebene der betroffenen Person holen, und wenn diese Person ihre „Löcher“ in den Schleier gestampft hat, weiß sie dann sogar mit ihrem Menschenbewusstsein, dass ein Beobachter da ist. Das ist allerdings eher selten (gewesen), doch auch das hat sich geändert. Dort, wo nun die Geschichte des Planeten umgeschrieben wird, dort, wo sich ein zentraler Knotenpunkt befindet (und das ist nun an vielen Stellen gleichzeitig), wird die entsprechende Person direkt befragt, ob sie mit einem Beobachter einverstanden ist, und so wurden für diese besondere Zeit eine Reihe neuer Beobachter ausge-

bildet, die sich im Jahre 2006 bei den Menschen, die dafür ausgesucht wurden, verteilen. Wenn du dazu gehörst, liebe Leserin und lieber Leser, wird sich die entsprechende Energie bei dir melden und um Erlaubnis bitten, zu bleiben. Dann wirst du jetzt, in diesem Augenblick, eine starke Resonanz zu diesem Thema spüren.

Allein diese Tatsache soll euch zeigen, wie außerordentlich das Neue Zeitalter ist. Ihr lebt jetzt in der Übergangsphase von einer Epoche in die andere, und es soll akribisch festgehalten werden, was, wo, wie und wann geschieht. Die Menschheit schreibt Geschichte für das Universum, denn was hier geschieht, hat Auswirkungen auf das Ganze. Das habt ihr vielleicht schon so oft gehört, dass ihr es nicht mehr hören wollt. Und doch kann es nicht oft genug wiederholt werden, weil es so wichtig und einfach die Wahrheit ist.

Ein Zeuge der Zeit sammelt die Daten, die der Bewahrer der Geschichte verwaltet. Aufzeichnungen werden auf verschiedene Weise und verschiedenen Ebenen erstellt, mit unterschiedlichen Blickwinkeln. Wir leisten hierbei nur einen Teil der Arbeit, doch wir beobachten nicht nur die Geschehnisse an sich, sondern auch die Interaktionen der Energiefelder der beteiligten Personen. Wenn ihr so wollt, sehen wir die Kommunikation über die Lichtsprache, die bei all dem abläuft, so dass wir ein besonderes Spektrum an Daten abdecken.

Indem euch dies nun offenbart wird, können die Daten, die ihr in euren Leben für euch selbst gesammelt habt, nun verstärkt aktiviert werden, was euch für vieles öffnet, vor allem für das Einheitsgefühl, denn wenn ihr anfangt, euch an frühere Leben zu erinnern, Leben mit einer anderen Hautfarbe, einer anderen Konfession, auf anderen Kontinenten usw., wird euch klar werden, dass ihr euch zum Beispiel Rassenhass gar nicht leisten könnt, weil das Hass auf euch selbst ist. Damit werden die Vorurteile bestimmten Gruppen gegenüber immer mehr schwinden, und das ist es, was geschehen soll und was auch geschieht. Mit dem Schwinden der Vorurteile, oder der Urteile generell, kann auch die Liebe zueinander wieder anwachsen, und das ist das Ziel im Neuen Zeitalter. Und wenn die Menschen untereinander wieder zusammengefunden haben, kann sich dies von der Erde aus im Universum ausbreiten, und das wird es auch. Und wenn ihr feststellt, dass ihr auch schon einmal die Rolle von bedeutenden Persönlichkeiten „gespielt“ habt, wird euer Selbstwert, an dem es stark mangelt, wieder steigen, und auch das darf sein, denn hinter jedem noch so unbedeutend erscheinenden Menschenwesen steckt eine großartige engelähnliche Energie, die sich freiwillig in den Fähigkeiten beschränken ließ, um auf der irdischen Bühne „mitmischen" zu können. Doch diese Fähigkeiten dürft ihr euch nun wieder zurückholen, und dazu bedarf es der Erinnerung, und auch hierfür wurden die Aufzeichnungen angefertigt, sowohl von euch als auch von uns, und so fließt ein Datenstrom von innen und von außen in euer Bewusstsein. Der von außen ist das, was wir, die Zeugen der Zeit, gesammelt haben, und du, liebe Leserin und lieber Leser, kannst vielleicht schon fühlen (Aktivierung des Wissenschakras), wie etwas zu dir kommt, was sehr hilfreich für dich sein wird und nur positive Auswirkungen hat. Einige von euch waren und sind inkarnierte Zeugen der Zeit, auch dies ist nun möglich und erlaubt und darf wieder erinnert werden. Sie haben die Aufgabe, Wissen auf eine besondere Art und Weise einzusammeln und dann bekannt zu geben, denn Wissen ist Macht. So war es, und so wird es immer sein!

Dieses war Relina, Zeuge der Zeit.

Ô, lala, bei diesen Worten war eine starke Resonanz in mir. Wissen führt zu Verständnis, und mit Verständnis lässt sich alles, was sich Herausforderung nennt, besser bewältigen, und so ist heute die Exoterik und nicht mehr die Esoterik (Geheimwissen) angesagt. Das Wissen, das vorhanden ist, darf sich wieder verbreiten und allen, denen es zufällt, Erleichterung verschaffen.

Meister Hilarion zum Thema Krankheit, 03.01.2006

Hier spricht Hilarion, und ich spreche aus meiner Heimat Shambalah. Endlich darf ich in Durchgaben meine Energie mit Shambala verbinden, und so dürfen Dinge gesagt werden, die bisher nicht oder nicht in der Form gesagt wurden.

Mein Thema heute ist Krankheit und Gesundheit. Was tut dieses in einem Buch über die Liebe? Und meine Antwort lautet: Alles!

Wie definieren die meisten Menschen Krankheit? Es ist ein aus dem Gleichgewicht gebrachtes System, könnte man sagen, nicht wahr? Doch über die Ursachen, was dieses System „Mensch" aus dem Gleichgewicht bringt, darüber streiten sich die Gelehrten, und daher sage ich: Was dieses Gleichgewicht stört, ist die Absicht des Menschen, und nichts anderes. Oh, er benutzt dafür vielfältige Methoden, zum Beispiel Karma, doch was das Gleichgewicht letztlich stört, ist der Wille zur Störung! Dabei spielen Morphogenetische Felder eine große Rolle, aber auch sie sind letztlich „nur" Hilfen, um den Willen in die Materie umzusetzen. Wenn du, lieber Mensch, krank bist, dann liegt das daran, dass du dieses auf einer deiner Bewusstseinsebenen beschlossen hast, weil du dir selbst mit der Krankheit etwas aufzeigen möchtest, etwas, das du in der untersten Stufe deines Bewusstseins nicht direkt erfassen kannst, etwas, das nur über die Krankheit aufgezeigt werden kann, weil der Schleier nach oben zu den anderen Bewusstseinsstufen noch zu dicht ist.

Krankheit ist die allerletzte Möglichkeit deines Seins, dir etwas klar zu machen, das du durch subtilere Hinweise nicht erfasst hast, was du nicht in dein Bewusstsein hast sickern lassen, etwas, das du partout nicht erkennen wolltest. Und so gibt es inzwischen viele wunderbare Bücher, in denen du, alphabethisch geordnet, einfach nachschlagen kannst und die seelischen Ursachen für dein körperliches Signal erfährst. Denn eine Krankheit oder ein Symptom ist nichts anderes als ein Signal, ein Signal deiner Seele, dass ein Thema zu bearbeiten ist, eines, das du dich bisher geweigert hast anzusehen. Bitte, damit soll keinerlei Wertung verbunden sein. Es geschieht immer, was geschehen soll, und du bist es, der es für dich passend kreiert, aber indem du dies erkennst, kannst du etwas verändern. Und genau dazu möchte ich dich auffordern: Gehe in die Veränderung, suche die passenden Unterlagen für dich, zum Beispiel Bücher, und dann sieh, was in deinem Leben geschieht, was in jedem Leben geschehen kann: Heilung durch Veränderung, Heilung durch Verständnis zu dir selbst. Heilung durch deine Absicht, wieder ganz zu werden, die Risse in deinem Magnetfeld zu schließen und nichts mehr dort hineinzulassen, was dir nicht zuträglich ist. Dies geschieht schon alleine dadurch, dass du bereit bist, dies hier zu lesen, aber es gibt auch Risse, die durch andere Botschaften, durch andere Methoden geschlossen werden wollen, weil dadurch weiteres Wachstum geschehen kann. Suche danach, habe die feste Absicht, wieder heil zu sein, und du wirst Schritt für Schritt in die Ganzwerdung geführt.

Ihr habt die Wunden in den Magnetfeldern zugelassen, weil es zum Spiel gehörte, doch nun lasst auch ihre Schließung wieder zu, weil es dazu gehört, für dich persönlich das Spiel zu beenden, um vielleicht eine Pause zu machen oder an einem anderen Spiel teilzunehmen. Du kannst für dich selbst die „höheren Spielregeln" erlernen und in Anspruch nehmen. Das ist es, was du bereits tust, jetzt, in diesem Moment, aber auch zu anderen Zeiten. Du bist ein Systembrecher, einer, der die „niederen" Spielregeln für sich selbst aufhebt, um dann ein Kanal für die höheren zu sein. Baue dir für dich selbst den Kanal für diese höheren Spielregeln, und dein Leben wird sich von Grund auf ändern. Das heißt nicht, dass du anderswo hingehst, sondern, dass du nach neuen Regeln innerhalb des alten Spiels lebst. Dies führt natürlich zu einer Auswirkung auf das alte Spiel, und so kommt die kritische Masse wieder ins Spiel (schönes Wortspiel), die das alte Spiel kippen wird, sobald die Masse ausreichend ist.

And than: Lets play a new game, a game with more pleasure!

Dieses war Hilarion.

Bei dieser Durchgabe musste ich innerlich dauernd "grinsen". Hilarion gab dies mit so viel Humor im Hintergrund durch, wo doch Krankheiten so ernst genommen werden (müssen), dass ich doch ziemlich erstaunt war. Letztendlich ist wohl doch alles wirklich ein Spiel, und auch wieder nicht. Wir hier stecken zumindest in diesen Strukturen drin und müssen damit klar kommen, wie auch immer der Hintergrund schließlich aussehen mag. Aber da Veränderung ja das Thema dieses Zeitalters ist, darf in alles Leichtigkeit hineinkommen, die Erdenschwere lichtet sich ja für viele bereits, und so dürfen wir alle gespannt sein, was mit den Feldern der einzelnen Krankheiten geschieht, in welcher Form sie kleiner werden und dieses im Außen auch zu erkennen ist. Es ist eine aufregende Zeit, in jeder Hinsicht und auf jeder Ebene.

Djwal Kuhl mit einer meditativen Reise nach Shambalah (gechannelt auf einem Regenbogenseminar in Mannheim, 04.03.2006)

Bei den Seminaren gibt es so viele Durchgaben, und nur wenige werden davon aufgezeichnet, doch hier wurde wieder eine Ausnahme gemacht, weil das Thema alle angeht. Würde alles aufgezeichnet, hätte ich wohl schon mindestens doppelt so viele Bücher geschrieben. Das konzentrierte Wissen aus den Durchgaben fließt jedoch immer mit ein, so dass die Essenz nicht verloren geht. Da ich gerade einen Schmerz im Herzchakra verspüre, soll in der Zukunft wohl mehr aufgezeichnet werden, so dass sich auch später die LeserInnen mit der Energie der Seminare verbinden können, ohne dass sie direkt dort sein müssen.

Dieses Channeling wurde für den Lesefluss aufbereitet.

Ich spreche heute zu euch von dem Ort, den ihr Shambalah nennt. Shambalah, damit verbindet ihr Sehnsucht, Sehnsucht nach Glück, Frieden, Liebe. Doch all das findet ihr nicht im Außen, nicht an einem bestimmten Platz oder bei einem bestimmten Menschen, sondern nur in eurem Herzen. Nur in euch selbst.

Ich bin Djwal Khul, ein Meister, der seinen Aufstieg im Tibet vollzogen hat. In Tibet, wo besondere Energien herrschen, die die Verbindung zum Göttlichen und zu dir selbst erleichtern. Diese Energie wurde von den dort lebenden Mönchen und spirituellen Menschen so ausgedehnt, dass sie nun auf der ganzen Erde wirkt. Also, auf der ganzen Erde herrscht eine Energie, die den Aufstieg erleichtert. Es sind Energien von außen, und es sind Energien von innen. Von innen heißt, von der Erde selbst, heißt aber auch, von den Menschen, die über Jahrhunderte an sich gearbeitet haben. Die Menschen sind es leid, zu leiden. Sie möchten heraus aus diesem Spiel des Leides, hinauf in den Aufstieg, zurück zur Göttlichen Quelle. Und genau dies ist nun im Gange. Die Energie Shambalahs, das Zuhause der Aufgestiegenen Meister, ihr Arbeitsplatz, ihre Heimat, ist nicht nur auf einem bestimmten Platz auf der Erde zu finden, sondern auch oder vielmehr gerade in euch, und daher möchten wir eine Reise mit euch in euer inneres Shambalah unternehmen.

Doch zunächst gibt es noch einige Informationen über die besondere Energie dieser Zeit. Dieses Zeitalter, das man das Regenbogenzeitalter nennen könnte, hat eine besondere Qualität: Eine Qualität, die es den Menschen ermöglicht, ihre Liebesfähigkeit zu steigern. Dies war Äonen lang nicht möglich. Es war nicht möglich, weil das Magnetgitter hier Einschränkungen auferlegte, und nur einzelne Menschen, die mit absoluter Hingabe arbeiteten und absolute Anstrengungen auf sich nahmen, konnten dieses Gitter überwinden, und das sind nun die Aufgestiegenen Meister der Erde. Sie hatten jedoch auch besondere Ermächtigung, man könnte sagen, um sie herum war ein Tunnel bis in den Himmel, der dieses Magnetische Gitter durchbrach, und innerhalb dieses Tunnels konnten sie ihren Aufstieg vollziehen. Das Magnetgitter wurde nun so verändert, dass Aufstieg für jeden möglich wird, der die gleiche Bereitschaft zur Hingabe und zur Anstrengung zeigt. Das heißt nicht, dass es genauso anstrengend sein muss wie für die Aufgestiegenen Meister früherer Zeiten. Es heißt jedoch, dass Hingabe, absolute Hingabe, nach wie vor erforderlich ist. Mit Hingabe meinen wir den Willen zur Veränderung, den starken Willen zur Veränderung. Raus aus dem Leid, hinein in die Freude, in die Freude daran, dass alles seinen Sinn hat, dass alles gut ist, wie es ist.

Jeder, der dies hört oder liest, wird mit dieser Freude in Verbindung treten, weil er mit Shambalah in Verbindung kommt. Shambalah, damit ist die Sehnsucht nach einer besseren Welt verbunden, – nach einer Welt, die voller Schönheit, voller Frieden und voller Freude ist. Doch wir sagten bereits, all dies ist in deinem Inneren und möchte wiederbelebt werden. Es wird einige Zeit erfordern, weil du selbst viele Glaubenssätze, Muster, karmische Blockaden und einige Dinge mehr erst auflösen möchtest. Ihr könntet von einem Tag auf den anderen in dieser völligen Freude und Hingabe sein, doch bevor dieser Tag kommt, wollt ihr bestimmte Lernlektionen noch zum Abschluss bringen. Bei dem einen dauert es länger, bei dem anderen weniger lang.

Lasst uns nun eine Reise antreten, die euch nach Shambalah zu den Aufgestiegenen Meistern führt.

Meditation

Stell dir also vor, du gehst auf eine Expedition. Du hast Reittiere dabei. Sie sind bepackt mit allem, was du benötigst. Du hast wärmende Kleidung auf dem Leib, da es in den Himalaja geht, dorthin, wo es auch sehr kalt werden kann. Es ist angeraten, dich tatsächlich in eine Decke zu hüllen, weil bei dieser Reise Blockaden gelöst werden, deren Energiefreisetzung wie ein Schock wirken kann, und das kann möglicherweise dazu führen, dass du frierst. Steige also auf dein Reittier. Sieh dir die Freunde an, die diese Reise mit dir machen. Und dann gib das Startzeichen.

Es ist sehr hügelig um dich herum. Die Macht und die Wucht der Berge lassen euch ganz klein erscheinen, und dennoch fühlt ihr euch wohl. Auf deinem Reittier ist es bequem, es geht Wärme von ihm aus. Es findet seinen Weg ganz alleine, und du hast Zeit, dich umzublicken. Links und rechts, vor und hinter dir, überall sind die mächtigen Berge des Himalaja zu sehen. Und schon bei diesem Anblick macht sich in deinem Körper eine Stelle bemerkbar (vielleicht durch Schmerz oder Juckreiz, oder einfach dadurch, dass sie dir bewusst wird), die eine Schwingung hat, die nicht zu diesen Bergen passt. Die niedriger schwingt als die wundervolle Energie der Berge. Wir bitten dich daher, erst diesen Schmerz zu lösen, bevor die Reise weitergeht. Atme die Farbe Perlmutt tief ein und Braun aus. Wir warten einige Augenblicke, bis diese Schwingung angeglichen ist, bevor wir fortfahren...

Und nun können wir unsere Reise fortsetzen. Es geht steil bergauf, dennoch findet dein Reittier seinen Weg mühelos, sich vorsichtig vorantastend, jeden Schritt überlegend, doch immer aufwärtsstrebend. Zu eurer Linken fällt nun die Gegend steil ab, ihr seid auf einem schmalen Pfad. Rechts geht es den Berg hoch, und links könnt ihr sehen, wie weit unten im Tal ein Gebirgssee seine blaue Farbe widerspiegelt. Die Wolken, die über euch hinwegziehen, spiegeln sich in diesem See. Sie ziehen über ihn hinweg, nur vereinzelte Wolken sind sichtbar.

Du musst dich nun schon gut festhalten an deinem Reittier, an deinem Sattel, da der Weg immer steiler wird. Die Vegetation weicht langsam zurück. Das Grün der Bäume und Büsche bleibt hinter euch zurück, und Schnee bedeckt nun die kargen Felsen. Den Weg, den ihr jetzt nehmt, scheint schon lange niemand mehr gegangen zu sein, denn es sind keine Spuren im Schnee mehr zu sehen. Ihr mit eurer Reisegruppe macht die ersten Spuren auf diesem Weg, in diesem neuen Schnee. Dieser Schnee steht für die neue Energie, die nun herrscht, denn so neu wie frisch gefallener Schnee ist die Art und der Weg des Aufstiegs der Erde. Jede Flocke dieses Schnees um dich herum steht für die Arbeit, die in Äonen vollzogen wurde, von jedem Einzelnen verrichtet wurde. Mit dieser Arbeit wirst du von einer Energie umgeben, die dich in einer Weise neu ausrichtet und es ermöglicht, die Verstandskultur, von der du derzeit geprägt bist, in eine Fühlkultur umzuwandeln, die dennoch den Verstand nicht außen vor lässt.

Fühlen und Denken werden in eine kosmologische Einheit zurückgeführt. Der Satz „Ich denke, also bin ich“ wird umgewandelt in „Ich fühle, also bin ich mehr“, mehr als der Körper, mehr als das, was ich über ihn wahrnehme, ich bin auch Geist. Ich bin Körper, Geist, Seele und Verstand, und ich bin ein Mehr als die Summe dieser Teile: ICH BIN!

Weiter geht die Reise…

Ihr seid warm eingepackt, niemand friert. Du bist in deiner inneren Mitte, in deiner Harmonie, und du genießt diese Reise in vollen Zügen. Vor und hinter dir sind deine Begleiter, die den gleichen Weg mit dir gehen. Zumindest für eine Weile.

Wer sind nun diese Begleiter? Es sind die, die du deine Geistführer nennen könntest. Manche können nur bis zu einem bestimmten Punkt mitgehen, bis zu einer Weggabelung, und dort verabschieden sie sich und gehen einen anderen Weg, doch stehen dort immer neue Begleiter, die schon lange an dieser Kreuzung auf dich warten, doch nicht ungeduldig, sondern voller Liebe und Zuneigung, und betrachten dich und deinen Weg. Sie gesellen sich zu dir, um die entstandenen Lücken auszufüllen, und oft sind es mehr Begleiter als vorher, so dass die Reisegesellschaft sich ausweitet. Es sind aber auch die Begleiter gemeint, die im Außen in dein Leben treten, auch hier stehen Veränderungen an, es gehen einige, doch kommen oft mehr nach als gehen, so dass du nie alleine bist, sowohl auf der geistigen Ebene, aber meist auch auf der materiellen. Es mag eine Zeit geben, in der du auf der materiellen Ebene scheinbar verlassen bist, doch ist das eine Illusion, eine Täuschung, die so lange aufrechterhalten bleibt, wie du sie für deine Entwicklung benötigst.

Weiter geht die Reise…

Die Sonne scheint warm auf dich herab. Es gibt nichts, was dich belastet, nichts, was dir Sorgen macht. Du bist im völligen Einklang mit dir und der Natur um dich herum. Der Pfad den Berg hinauf windet sich in rechtsdrehenden Spiralen rund um den Berg, den du mit Hilfe deines Reittieres besteigst. Dein Reittier auf dieser Reise ist dein Körper, auf diesem „reitet“ der menschliche Geist. Du hast daher die heilige Verpflichtung, dieses Reittier, das dein Körper ist, immer so zu pflegen, dass es ihm gut geht und es ihm an nichts mangelt. Das geschieht über die passende Nahrung, aber auch über die liebevolle Zuwendung, die du ihm angedeihen lässt. Du darfst ihn bei allem Aufstieg und aller Wichtigkeit für die Reise nicht überanstrengen, sondern musst ihm das Tempo gewähren, das er vertragen kann. Es nutzt nichts, wenn du mit deinem Reittier nach oben hetzt, bis es nicht mehr kann und zusammenbricht. Es steht so schnell kein neues Reittier bereit, nimm das, was du hast, und benutze es auf angemessene, liebevolle Weise, und tue alles, was nötig ist, um ihm die perfekte Gesundheit, die perfekte Kondition für den Aufstieg zu geben.

Weiter geht die Reise…

Und so geht es immer weiter aufwärts, in genau dem Tempo, das für euch beide angenehm und angemessen ist. Die Luft wird langsam dünner, aber das Atmen bereitet dir keine Schwierigkeiten. Ganz im Gegenteil, du weißt, wie wichtig der Atem ist und dass über ihn qualifiziertes Prana, also Lebenskraft, in dich einfließt, und so benutzt du den Atem, um beim Aufstieg ganz bewusst Lebenskraft in dich einzusaugen und Verbrauchtes wieder auszuscheiden. Vielleicht brauchst du gerade eine bestimmte Farbe, die eingeatmet werden soll, dann tue genau das. Vielleicht fragst du jeden Tag vor dem Sprung aus dem Bett, welche Farbe du gerade benötigst, und immer, wenn du während des Tages daran denkst, atmest du für deinen Körper, für dich, diese Farbe ein.

Der Himmel scheint blauer zu werden, intensiver in der Farbe, ein Effekt, der im Gebirge oft auftritt. Alles scheint in den Bergen stärker, intensiver, eindringlicher zu sein, und so ist es auch hier. Und nun kannst du, nach langem Aufstieg, ein Ziel ausmachen. Oben auf dem Berg, auf der Spitze, thront die Stadt namens Shambalah. Sie scheint noch weit von dir entfernt zu sein, und dennoch kommt sie näher. Spiralförmig geht dein Weg nach oben. Immer rechts herum, und mit jeder Windung, die dein Reittier zurücklegt, kommst du dem Ziel ein wenig näher, scheint es zu wachsen, größer zu werden. Es ist eine Stadt strahlenden Lichts. Von jedem Gebäude gehen farbige Lichter aus. Jede geometrische Figur scheint vertreten zu sein in dieser besonderen Stadt, deren Eingang du dich nun langsam näherst. Die letzte Windung liegt hinter dir, und nun geht es nur noch geradeaus, auf die Tore der Stadt Shambalah zu. Du näherst dich immer mehr dem Tor. Ihr steht nun vor dem Tor, das noch geschlossen ist. Du betätigst den Türklopfer. Die Tür geht auf, das Tor geht auf. Es steht ein Aufgestiegener Meister am Eingang, um dich zu begrüssen. Frage nach seinem Namen, er ist es, der dir den Weg hierher gezeigt hat. Er oder sie lädt dich ein, einzutreten. Tritt ein und sieh, was für dich in Shambalah geschieht.

Pause.

Du verlässt nun Shambalah langsam wieder. Tritt wieder vor das Tor und besteige dein Reittier. Deine Reisegruppe ist nun sehr viel größer als zu Anfang. Es kommen sehr viele Aufgestiegene Meister mit dir zurück, und so beginnt ihr mit dem Abstieg, der viel schneller erfolgt als der Aufstieg, denn eure Reittiere kennen den Weg nun, und abwärts geht es ohnehin leichter als aufwärts.

Ihr steigt alle den gewundenen Pfad hinunter. Immer tiefer, und die Stadt Shambalah weicht aus eurem Blickfeld, wird nun nicht mehr gesehen. Und immer tiefer geht es, bis ihr von weitem, von oben, den See wieder erkennen könnt, der noch relativ klein im Tal unten zu liegen scheint. Doch mit jeder Windung um den Berg herunter wird er größer und größer. Die Farbe des Sees scheint die Intensität des gebirgigen, blauen Himmels widerzuspiegeln. Auch seine Farbe hat sich verändert. Und nun stellst du fest, dass alle Farben um dich herum viel leuchtender, viel kräftiger zu sein scheinen. Alles, was du siehst und fühlst, scheint an Intensität zugenommen zu haben. Sogar das, was du denkst, scheint stärker und kraftvoller zu sein als zuvor. Du nimmst eine besondere Energie von Shambalah mit hinunter zu deinem Ausgangspunkt. Immer weiter erfolgt der Abstieg, und der See unten wird immer größer. Und bald bist du auf dem Pfad, der dich direkt zum See führt, von dem du anfangs gar nicht bemerkt hast, dass er vorhanden war. Doch hier liegt der Ausgangspunkt deiner Reise.

Aber dieser Ausgangspunkt scheint sich verändert zu haben. Die Vegetation ist üppiger, die Farben strahlender. Die Tiere, die man hier und da sieht, scheinen keine Scheu mehr vor dir zu haben. Sie verstecken sich nicht. Sie scheinen zu verharren, dich zu grüßen und erst dann wieder zu verschwinden. Es hat sich etwas verändert in deinem Bewusstsein, und indem du etwas in dir veränderst, spiegelt sich das auch im Außen. Im Miteinander mit den Tieren, im Miteinander mit der Natur und im Miteinander mit den Menschen. Es hat sich etwas verändert: Du hast dich verändert. Du hast ein Stück des Friedens, ein Stück des Glücks, ein Stück der Liebe von Shambalah mit dir genommen, und darum bist du hier!

Du steigst hinunter von deinem Reittier und stellst fest, dass in deinem Gepäck etwas Neues zu sein scheint. Da ist etwas in den Satteltaschen, wölbt sich hervor, das vorher dort nicht vorhanden war. Neugierig geworden, schlägst du die Satteltasche auf und nimmst heraus, was sich dort befindet. Es ist ein Geschenk. Lege dieses Geschenk geistig unter deinen Weihnachtsbaum und öffne es tatsächlich erst am 24.12. des Jahres, in dem du dieses liest, zusammen mit all den anderen Geschenken, die dort

liegen werden. Und freue dich über den Inhalt. Genauso, wie du dich über das freust, was du an Geschenken mit den Händen greifen kannst.
Dies war Djwal Khul für den Moment.

Ich danke euch, dass ihr diese Reise mit mir gemeinsam unternommen habt.

Auf dem Seminar meldete sich Djwal Kuhl noch einmal:

Und hier ist nun wieder Djwal Khul mit einigen Nachrichten aus der Geistigen Welt über die Vorgänge auf der Erde.

Mit der vorangegangenen Reise habt ihr die Energie von Shambalah in euch verankert, und mit dieser Verankerung kann sie jetzt auch weiter auf andere Menschen ausströmen. Von diesen Energien kann allerdings bei einem anderen Menschen immer nur soviel ankommen, wie er selbst es zulässt, wie er selbst durch seine Panzerung hindurchlässt. Und daher geschieht nichts, was euch oder einem anderen nicht dienliche wäre. Die Wiederverankerung der Energie von Shambalah auf der Erde ist ein Beitrag von vielen, und es hilft, dem Tor der Liebe, das am 25.12.2005 um 12 Uhr vollständig geöffnet wurde, seine Wirkung zu tun. In diesen besonderen Zeiten geschehen unglaublich viele Ereignisse gleichzeitig, Dinge, von denen noch nirgendwo vorher die Rede war. Die Energien, die jetzt von außen auf die Erde einströmen, sind so hoch, so fein in der Stofflichkeit, dass ihre Wirkungen zunächst nur subtiler Natur sind. Aber da sie so feinstofflich sind, können sie auch den dicksten Panzer durchdringen. Sie diffundieren sozusagen durch ihn hindurch, sammeln sich im Inneren des Panzers und arbeiten daran, dass der Panzer abgetragen wird.

Was ist es, was wir Panzer nennen? Es sind Schichten aus Wut, Neid, Gier, Hass, Verblendung usw. Alles, was ihr als negativ empfindet, ist relativ unbeweglich in der Energiestruktur und daher so stark wie ein Panzer. Alles, was ihr als positiv bewertet, hat eine flexiblere Struktur und ist daher sehr viel beweglicher und kann durch diese Beweglichkeit auf Menschen anders einwirken.

Ein starrer Panzer hält nur ab, hat aber keine direkten Wirkungen auf das Außen. Bewegliche Energiefelder jedoch schon. Mit dem heutigen Tag habt ihr eine wichtige Schicht eurer Panzerung flexibler gestaltet, aufgeweicht, in Bewegung gebracht. (Das gilt auch für die Leser, die dieses lesen und die vorherige Meditation durchführten.) Welche Schicht ist das?, werdet ihr vielleicht fragen. Und ich werde diese Frage gerne beantwor-

ten: Es ist die Schicht, die man Lieblosigkeit nennen könnte. Es ist eine Schicht, in der sich die Lieblosigkeit ansammelt, die von außen auf euch einströmt, sowie die Lieblosigkeit, die von innen, von euch selbst, in die Welt gegeben wird. Wenn wir dieser Schicht eine Farbe geben wollten, würden wir sagen, sie ist dunkelblau. Diese Farbe hat mit der Kommunikation zu tun, und die meiste Lieblosigkeit der Menschen geschieht über die Kommunikation beziehungsweise über den Mangel daran. Wenn ihr nun Bewegung in dieses Energiefeld hineingebracht habt, bedeutet dies, dass ihr euch mehr und mehr bewusst werdet, was die Sprache, die menschlichen Ausdrücke, einem anderen antun können. Ihr werdet euch bewusst werden, was ihr im Moment für eine sprachliche Energie verströmt, und ihr werdet euch bewusst werden, was ihr früher getan habt. Mit der Bewusstwerdung könnt und werdet ihr handeln. Ihr habt also mit dem heutigen Abend zur Veränderung der Kommunikation mit euren Mitmenschen beigetragen. Es wird mehr Liebe aus euren Worten strömen. Bei dem einen oder anderen kann sich dies später als Halsschmerzen bemerkbar machen. Diese stehen dann für all die Worte der Lieblosigkeit, die ihr in diesem Leben von euch gegeben habt, die jedoch jetzt erlöst werden. Die energetische Struktur des festgefrorenen Seins in eurer Energie, in eurem Energiekörper, löst sich auf. Heißt die Schmerzen, wenn sie kommen sollten, willkommen. Nicht als Strafe für die gesagten Worte, sondern für die Erlösung der Energie, die dahinter steckte. Das, was ihr für euch heute Abend hier tut, hat nicht nur auf euch eine Wirkung, sondern wirkt sich auf das große Ganze aus. Ihr bringt etwas in Bewegung, etwas, das Wirkung zeigen wird. Nicht nur für euch persönlich.

Djwal Khul grüßt euch aus Shambalah und freut sich, dass diese besonderen Energien jetzt auch auf die Erde und ihren Transformationsprozess einwirken dürfen.

Djwal Khul kam noch einmal an diesem Tag zu uns:

Hier spricht Djwal Khul, und ich spreche zu euch aus dem Reiche Shambalahs, das wieder an die Erde angeschlossen werden soll, wie viele andere Reiche auch. So wie sich Avalon wieder auf die Erde herabsenkt, ebenso Atlantis und Lemuria, kommt auch Shambalah zurück, zumindest mit bestimmten Energien, die für den Aufstieg gebraucht werden. Shambalah braucht dafür vier Säulen, auf denen es thronen kann, um mit der Erde verankert zu sein. Diese vier Säulen haben Namen. Die linke Säule steht für bedingungslose Liebe, die rechte, hintere Säule für Frieden, die linke, vordere Säule für Wahrhaftigkeit und die rechte, vordere Säule für Kraft. Diese vier Ankerpunkte benötigt Shambalah, um ein wenig näher an die Erde heranzurücken. Es sind auch Ankerpunkte, die du selbst benötigst, um der Erde optimal in ihrem Aufstiegsprozess helfen zu können. Und indem du der Erde diese Hilfe gibst, hilfst du auch dir und allen anderen. Diese vier Säulen dürfen nun in dir verankert werden. Dazu führen wir eine kleine Meditation durch.

Meditation

Gehe bitte in deinen Gedanken ans Meer, an einen Palmenstrand. Im Tageslicht glitzern die Sandkörner, der Wind streicht durch die Palmen, und du blickst fasziniert auf das offene Meer, denn dort kannst du ein Gebilde erkennen, das in der Luft schwebt. Dieses Gebilde ist Shambalah. Es ist zwar über dem Himalaja verankert, aber es wird nun Zeit, dass es auch im Wasser verankert wird. Daher schwebt es jetzt über dem Meerwasser, damit die vier Säulen von dir ins Meer gesenkt werden können. Bei dir ist es das Wasser deines Körpers, in das diese Anker versenkt werden. Stell dir nun vor, wie die linke, hintere Säule, die für die bedingungslose Liebe steht, aus Shambalah nach unten herauswächst, sich dem Meeresspiegel nähert und darin am Boden festsetzt. Wähle eine Farbe aus, die für dich passend und angemessen ist und für die bedingungslose Liebe steht. Es muss nicht Rosa sein, wie es in den Büchern üblich ist, es kann ganz anders sein. Nun stell dir bitte vor, wie die rechte, vordere Säule, die für Kraft steht, aus der Unterseite der Stadt herauswächst und sich hinunter ins Meer versenkt. Die nächste Säule ist die hintere, rechte. Auch sie visualisierst du in einer Farbe, wie die anderen zuvor und auch sie senkt sich herab ins Meer. Ebenso die vordere, linke Säule, die für Wahrhaftigkeit steht und durch eine Farbe symbolisiert wird. Jetzt steht Shambalah gefestigt auf dem Meeresgrund verankert. Sowohl in deinem Körper als auch auf der Erde. Diese Säulen wirken nun wie ein Fahrstuhl. Während sie sich ein wenig herabsenken, wird die Stadt Shambalah etwas näher heruntergeholt. Senke sie soweit herab, wie es für dich angemessen und passend ist.

Und nun nimm das Boot, das vor deinen Füßen am Strand liegt, und rudere hinüber zu Shambalah. Benutze eine der vier Säulen als Aufzug, um Shambalah zu betreten. Ein anderes Mal benutze eine der anderen Säulen, bis du mindestens einmal durch jede Säule gereist bist.

Hier oben gibt es keine Mauern. Shambalah ist wie eine Insel, ganz offen. Dieses Mal sind hier keine Tore. Man kann diesen Platz ganz einfach betreten. Das wird nicht immer so sein, aber jetzt ist es so. Freunde und Verwandte kommen auf dich zu, die du schon seit langer Zeit kennst, von denen du jedoch getrennt warst. Sie reichen dir die Hände, freuen sich, umarmen dich, heißen dich willkommen in dieser Energie.

Ihr macht eine Stadtführung, und du bekommst die Sehenswürdigkeiten Shambalahs gezeigt. Nach dem Rundgang bringen dich deine Freunde und Verwandten an den Ausgangsort zurück. Du steigst in dein Boot und fährst wieder an den Strand zurück. Besuche deine Freunde in Shambalah, wann immer du das Gefühl hast, dass sie dich dazu auffordern.

Dieses war Djwal Kuhl in Liebe und Bewunderung und großer Freude über das, was auf der Erde geschieht.

Botschaft aus der Quelle
(31.12.2005 von 14.41 Uhr bis 15.51 Uhr)

Obwohl ich mit der Quellenergie schon länger in direktem Kontakt stehe, war ich doch angenehm überrascht, dass sie sich auch direkt in diesem Buch äußern wollte, und so hört, was sie zu sagen hat, an diesem besonderen Zeitpunkt des Zeitenwechsels:

OM, OM, OM, ich grüße euch liebe Wesenheiten, die ihr euch Menschen nennt. Inzwischen gibt es schon einige Bücher, die davon zeugen, dass ihr mit dem, was ihr Gott nennt, auch direkten Kontakt aufnehmen könnt, und so überrascht es euch vielleicht nicht, auch von der Gottquelle eine Botschaft zu lesen, in einem Buch, in dem es um die Liebe geht.

Kann es wirklich sein? Kann es sein, dass Gott direkt zu einem Menschen spricht? Oh, es gibt zahlreiche Beispiele in eurer Geschichte dafür, und immer glaubt ihr, dass dies ganz besondere Menschen gewesen sein müssen, und ihr habt Recht, jedoch nur bedingt. Es waren Menschen, die sich geöffnet haben, und wer offen ist, der kann hören. Ich habe immer wieder direkt zu Menschen gesprochen, auch wenn die meisten davon nirgendwo geschichtlich erwähnt werden. Waren sie auserwählt? Ja und nein. Es war für sie nicht leicht, den Kontakt zu mir herzustellen, weil es zahlreiche Hindernisse gab, die nur durch Hingabe aus der Welt geschafft werden konnten. Also musste die Hingabe besonders groß sein, und insofern waren sie etwas Besonderes, andererseits aber waren viele von ihnen ganz „gewöhnliche" Menschen, die sich in nichts von anderen unterschieden. Die meisten dieser Hindernisse wurden von Menschen mit entsprechender Hingabe beiseitegeräumt.

Das, was dich noch hindert, mich direkt zu hören, kannst du selbst beiseiteräumen, Schritt für Schritt. Wenn du dieses liest oder hörst, kannst du die Energie spüren, die in dieser Botschaft jenseits der Worte steckt, eine Intensität, an die du dich gut erinnerst, jetzt, wo du sie wieder spürst. Eine Stärke, die dich an Zuhause erinnert, an den Platz, von dem aus du immer wieder startest, um das stetig veränderte Universum neu zu erforschen und dabei zu helfen, es neu zu gestalten.

Kryon sagte es euch schon oft: Ihr seid ewiglich, und das ist wahr! Ihr sammelt euch immer wieder aus dem Sternenstaub, um in die Niederungen zu steigen, um mir dabei zu helfen herauszufinden, was wir gemeinsam eigentlich sind, wie wir existieren können und warum wir hier sind. Ihr verändert die Zusammensetzung des Staubes, je nachdem, mit welcher Intension ihr herabsteigt, doch ein Kernteilchen ist der ewige Teil in euch, der nie vergeht, sich nie verändert, sich ausdehnt und zusammenzieht. Es ist der Gottesfunke in euch, wenn ihr es so nennen mögt, der Teil, der ich bin, der Teil, den wir sind, es ist der Teil, der immer in Verbindung ist, ob er es nun mit Bewusstheit weiß oder nicht. Es ist der Teil in euch, der erkennt, wann es Zeit ist, sich wieder zu erinnern, der Teil, der letztlich die Schritte bestimmt, die getan werden sollen, um zurückzukehren. Und indem ihr dies lest, wird dieser Funke angefacht, reaktiviert, wenn ihr so wollt. Ihr könnt es ganz deutlich spüren, dass sich etwas in euch regt, ihr könnt fühlen: Diese Botschaft kommt von allerhöchster Ebene, eine Ebene, die ihr in euch tragt, die nicht außerhalb von euch ist, sich im Außen jedoch durchaus manifestieren kann, weil so viel existiert, was göttlich ist, was Teil Gottes ist.

Die Welt im Außen ist ein Spiegelbild dessen, was im Innern ist. Das Außen ist genauso groß wie das Innen, das Innen ist so reichhaltig und vielfältig wie das Außen. Das, was ihr sehen wollt, seht ihr. Das, was ihr fühlen wollt, fühlt ihr. Das, was ihr denken wollt, denkt ihr. Das, was ihr tun wollt, tut ihr. Das, was geschehen soll, produziert ihr. Wenn ihr eine Welt des Aufstiegs wollt, bekommt ihr sie, und auf einer sehr hohen Ebene eures Selbst habt ihr genau das beschlossen, und so geschieht es. Und immer, wenn ein Planet aufsteigt, schaltet sich die Gottquelle persönlich mit ein, indem sie die entsprechenden Hilfen schickt. Sie greift nicht direkt ein, dennoch, eine Botschaft ist auch eine „Tat“, nicht wahr?

Es gibt zwölf Bewusstseinsstufen, wenn sich dies überhaupt mit Zahlen ausdrücken lässt, zwölf Schichten eures Seins, wenn ihr so wollt. Die erste Stufe könnt ihr mit eurem Bewusstsein erfassen, euer „Ich“, das, was ihr seht, wenn ihr in den Spiegel blickt, das, was ihr fühlt, wenn ihr in euch hineingeht, das, was ihr denkt. In der zweiten Stufe seid ihr mit der Astralwelt verbunden, wie ihr sie nennt, und dahin geht ihr, wenn ihr euren Körper ablegt, und je nach dem, was andere Stufen in euch geplant haben, bleibt ihr und startet von dort erneut, oder ihr geht weiter in die dritte Stufe, die Stufe der Schulung, die euch auf die nächste Inkarnation vorbereitet. Stufe drei beinhaltet die Reflexionen des Gelernten und dessen, was noch gelernt werden will. Hier wird geplant und programmiert, was an Verhaltensmustern programmiert werden soll, hier werden Implantate gesetzt, die diese Muster beinhalten.

Stufe vier ist mit den Parallelwelten und Parallelexistenzen verbunden, von dort fließen Informationen ein, und dorthin gebt ihr auch Informationen.

Stufe fünf ist sehr komplex, denn hier finden ebenfalls Schulungen und Planungen statt, jedoch werden hierbei zusätzlich die Verbindungen zu den Parallelwelten berücksichtigt, was wiederum in die unteren Stufen des Bewusstseins einfließt, ohne dass ihr dort Stufen bemerken könnt.

Stufe sechs beinhaltet eure Stellung innerhalb der göttlichen Hierarchie, wobei keinerlei Wertung damit verbunden ist, sondern nur Ausdruck einer Entwicklungsstufe im derzeitigen Zyklus ist. Hier sind all die Reiche „gespeichert", die ihr mit Inkarnationen bereits beehrt habt. Hier laufen die Verbindungen zu anderen Dimensionen zusammen, zum Beispiel die Dimension von Avalon, die des Mineralienreichs oder die von Atlantis. Stufe sechs bildet eine Art Knotenpunkt, eine Sammelstelle von Informationen. Wohlgemerkt, ihr Menschen, die ihr glaubt, nur der Körper auf der Erde zu sein, seid gleichzeitig auf all diesen Stufen präsent und auch bekannt, jeweils mit unterschiedlichen Namen, doch immer mit einer Grundschwingung, mit einer Kennung, die sich durch alle zwölf bis „nach oben" zieht. Und immer fließen überallhin Informationen in Form der Lichtsprache, nach „oben" und „unten", nach „rechts" und „links", die ihr jedoch erst ab Stufe acht wieder direkt verstehen und übersetzen könnt. Die Stufe acht ist insofern etwas Besonderes (sie wurde in diesem Buch bereits als der Platz erwähnt, von dem ihr alles kreiert, was euch geschieht), da hier der Freie Wille zum Tragen kommt.

Ihr geht mit Programmen in die Inkarnationen, mit ungefähren Planungen. Diese umfassen jedoch nicht jede Sekunde eures Seins, sondern sind nur eine Richtschnur, auf der entlang sich euer Leben hangelt. Von der achten Ebene aus werden die Impulse gegeben, die man den freien Willen nennen könnte. Um diese umzusetzen, um alle Hilfsmittel herbeizuholen, die man dafür bracht (zum Beispiel entsprechende menschliche Helfer), benötigt man die Stufe sieben des Bewusstseins, denn hier sind auch die geistigen Helfer angesiedelt, die sich vertraglich verpflichtet haben, euch das zu verschaffen, was ihr benötigt, um genau das zu kreieren, was ihr gerade wollt. Hier sitzt euer persönlicher Helferstab, der sich aus unterschiedlich vielen Wesenheiten zusammensetzt, je nachdem, mit welchen Intensionen ihr agiert, was ihr euch zur Aufgabe gemacht habt. Die Grundaufgabe, also das, was ihr beschließt, kurz nachdem ihr aus der Quelle ausgetreten seid, bestimmt die Art eures Helferkreises, der auch hin und wieder wechseln kann, da auch die Helfer sich weiterentwickeln, andere Wege gehen wollen und dürfen.

Der freie Wille, der letztlich euer Leben dirigiert, ist als noch „über" dem Helferstab angesiedelt, und dieser sorgt dann dafür, dass geschieht, was geschehen soll. Das gilt natürlich nicht nur für dieses Leben hier auf Erden, sondern generell.

Die Ebene neun hat ihre Verbindungen in andere Universen und stimmt das, was geschehen soll, mit diesem Universum ab. Hier geht es nicht mehr um individuelle Planungen, sondern um die Großpläne, wenn ihr so wollt. Mit Ebene neun müssen alle anderen unteren Ebenen abgestimmt werden, was komplexe Vorgänge nach sich zieht. Euer Bewusstsein ist auf dieser Ebene schon extrem ausgedehnt, und euer „Fühler" reicht weit.

Wie kann man das noch steigern? Welche Bedeutung haben die restlichen drei Stufen? Stufe zehn, elf und zwölf lassen sich nicht mehr so von einander trennen wie die unteren neun, und auch bei diesen sind sie nicht so klar unterteilt, wie sie dargestellt wurden, sondern alles hat fließende Übergänge, alles ist im Fluss. Die oberen drei interagieren direkt mit dem, was ihr als „Quelle", als „Alles-Was-Ist" bezeichnet, wobei Ebene zehn mit den „niederen" Elohim zusammenarbeitet, Stufe elf mit den „höheren" und Stufe zwölf direkt mit der göttlichen Quelle.

Da sich eure Essenz durch alle diese Ebenen hindurchzieht wie eine goldene Schnur in Gott hineinreicht, könnt ihr über diese Verbindung „IHN/SIE/ES" auch direkt erreichen. Diese Schnur zieht sich wie eine Wirbelsäule durch eure Essenz, und anhand dieser könnt ihr „nach oben" reisen und in direkten Kontakt kommen, noch nicht auf Dauer, doch immerhin für einige Augenblicke. Solche Augenblicke nennt man „Erleuchtung", das vollkommene Gefühl des Einsseins mit Allem-Was-Ist. Die Schwingung ist dabei so hoch, dass sie von einem menschlichen Körper nicht lange gehalten werden kann, selbst in der Neuen Energie noch nicht, doch die Spuren, die solch ein Augenblick der Erleuchtung hinterlässt, sind so tief, dass daraus neue Religionen entstanden, wie ihr sehr wohl wisst. Aus solchen Augenblicken des Einsseins kann solch eine Vielfalt an Informationen mitgenommen werden, dass es durchaus ein Leben lang dauern kann, sie alle aufzuschreiben.

Was die kurze Dauer dieses Moments der Erleuchtung angeht, so liegt sie an der Intensität der Liebesschwingung, die ein Mensch „aushalten" muss, der die Wirbelsäule der Bewusstseinsstufen erklommen hat. Die

Stärke und Größe der Liebe direkt in der göttlichen Quelle sind für ein Wesen mit menschlichem Körper nur für wenige Augenblicke erträglich, weil zu vieles in diesem Körper es wieder „herunterzieht". Warum glaubt ihr, haben die Asketen dieser Welt sich der Askese unterworfen? Sie wollten ihren Körper und ihren Geist so reinigen, dass sie für immer die Schwingung Gottes aushalten und in die göttliche Quelle zurückkehren konnten. Das war zumindest die Absicht. Ob dies jedoch reicht, hängt noch von anderen, äußeren Umständen ab.

Euer Körper ist für „niedrige" Schwingungen gemacht, die bis Stufe zwei reicht. Wer höher schwingen will, also über die Astralwelt hinausreichen möchte, muss akzeptieren, dass sein Körper umgebaut wird, dass die Zellstruktur grundlegend verändert wird, sonst sind die immer höher werdenden Schwingungen nicht in euch integrierbar, und das ist der Grund, warum die Zwölf-Strang-DNS geweckt wird, sie ermöglicht diesen grundlegenden Umbau, und, liebe Wesen, dies ist nun bei allen Menschen im Gang, denn die Stufe zwei, die Astralwelt, löst sich langsam auf, und ihr schwingt euch gemeinsam mit der ganzen Erde langsam auf die Stufe drei ein, auf die Ebene der Schulung, in der ihr euch auf eine neue Inkarnation vorbereitet, und das geschieht, wenn jemand erwacht und sein Leben grundlegend ändert, Seminare und Channelings besucht, Bücher liest usw. Er schult sich für das neue Leben, das er bald führen wird. Auf gewisse Weise „stirbt" er und wird aus sich selbst heraus neu geboren, ohne dass er einen neuen Körper annehmen muss, also als Baby wiederkommt, und dennoch hat er einen Körper, der so umgebaut wird, dass er sich nun der ständig steigenden Schwingung anpassen kann.

Wer nicht dazu bereit ist, geht auf die eine oder andere Weise. Es kann sein, dass um ihn herum ein Schutzfeld aufgebaut wird, so dass sein Körper noch eine Weile so bleiben kann wie er ist, um die Lernlektionen abzuschließen, die er sich noch in niedriger Schwingung vorgenommen hat, und dieser „Kokon" kann durchaus für zwanzig oder dreißig Jahre halten, auch wenn um ihn herum alles höher schwingt. Nur so ist es erklärlich, dass trotz der nun weltweit steigenden Schwingung nicht alle gleichzeitig erwachen und in ihre Klärungsprozesse eintreten. Auch hier muss der freie Wille gewahrt bleiben. Niemand, und ich wiederhole das ausdrücklich: Niemand (!) wird gezwungen, den Aufstieg mitzumachen. Es wurde für alle Eventualitäten gesorgt, und viele Menschen stecken nun in diesem Kokon, der sie ***nicht*** *spüren lässt, dass etwas Außerordentliches vor sich geht, weil sie es in diesem Leben noch nicht spüren wollen. Wenn* *sie gehen und dann zurückkehren, werden sie umso sensibler sein, weil seit etwa dem Jahr 2000 nur noch diejenigen eingelassen werden, die den Aufstieg mitmachen wollen und werden. Nehmt also bitte auch all die in Liebe an, die nicht mitgehen werden.*

Die genannten Bewusstseinsstufen beinhalten noch wesentlich mehr, doch soll es nun erst einmal genug sein, und ich verabschiede mich mit OM, OM, OM.

Kryon zum Thema Fülle, 02.01.2006

Die folgende Botschaft gehört ebenfalls zur Energie des 01.01.2006, obwohl sie erst am 02.01.2006 aufgezeichnet wurde. Kryon übergab sie mir noch am Abend ins Dritte Auge, wo sie gespeichert wurde. Ich war jedoch zu müde, um sie noch „abzuspielen“. Manchmal muss ich auch an mich selbst denken.

Liebe Menschen, ich nutze die Energie der dreifachen Eins, um Informationen zu übermitteln, die hierfür passend und angemessen sind, und daher möchte ich ein wenig von der Magie der Zahlen berichten.

Ihr wisst inzwischen, dass Worte mächtige Werkzeuge der Macht sind. Das gilt auch für einzelne Buchstaben. Sie sind energiegeladen, und wenn man Worte wie Mantren benutzt, schafft man ein Energiefeld, das bestimmte Energien hindurchlässt, die sonst nicht durch euren Panzer gelangen würden. Der Panzer aus unangenehmen Erfahrungen lässt diese Energie nicht hindurch. Mit dem Kraftfeldmantra hebt ihr eine Sperre auf, signalisiert ihr die Bereitschaft zur Öffnung, und somit dürfen wir Arbeiten verrichten, die wir sonst nicht tun dürften. Die Meditationen mit Mantren oder auch die der Stille entfachen ein Farbenfeuer in euren Energiefeldern, das weithin sichtbar wird und bis ins All hinausstrahlt. Ein einziger meditierender Mensch lodert wie eine Fackel in die Dimensionen, Bewusstseinsebenen hinein, „stanzt“ Löcher in den Schleier, Löcher, die solange temporärer Natur sind, bis sich die Energie etabliert hat, und von dem Zeitpunkt an strömt beständig Energie „von oben“ in euch, Energie aus den verschiedenen Bewusstseinsebenen, die ihr selbst besitzt, die ihr seid. Mit dem Ende der Meditation schiebt sich der Schleier meist wieder vor, und ihr seid wieder in eurem Alltag, doch, wie gesagt, mit entsprechendem Aufwand bleiben die Löcher erhalten, sie weiten sich, und ein beständiger Strom an Informationen kommt zu euch. Je mehr ihr also meditiert, desto höher werdet ihr schwingen, desto mehr Informationen kommen zu euch. Da dies sehr angenehme Gefühle auslösen kann, kann man schnell den Bezug zur Realität verlieren. Das nennen andere dann „abgehoben“, doch in Wahrheit verliert ihr nicht den Bezug, sondern erfahrt eine andere Sichtweise der Realität, und diese Sichtweise mit dem zu vereinbaren, was tagtäglich um euch herum und mit euch geschieht, kann ein jahrelanger Prozess sein, ja, muss ein jahrelanger Prozess sein, denn sonst würdet ihr irgendwann nicht mehr bleiben wollen und gehen. Da ihr jedoch genau jetzt hier seid, wolltet ihr in dieser Zeit auch hier sein, und so habt ihr euch selbst verpflichtet, zu bleiben und somit alles zu tun, um bleiben zu können. Das betrifft die Gesundheit, wie wir schon angeführt haben, es betrifft aber auch die Energie, euer Leben nun so einzurichten, dass genügend Fülle herrscht (nicht nur finanziell), denn diese Fülle ist angemessen und notwendig, damit ihr ordentlich eure Arbeit tun könnt, ohne ständig irgendwelchen Dingen, und sei es dem Geld, hinterherzujagen.

Nun ist gerade die fehlende Geldfülle ein großes Thema unter den Lichtarbeitern, doch das hatte seinen Sinn und war angemessen, darf jedoch mit dem Jahr 2006 ebenfalls erledigt werden, und so geben wir euch ein Mantra, das euch dabei hilft, die fehlende Fülle aufzulösen. Dieses Mantra ermöglicht, euch selbst von der höchsten Warte aus zu helfen, die Hindernisse für Fülle zu beseitigen. Erwartet aber nun nicht sofort einen Lottogewinn, und all eure Sorgen sind Vergangenheit. So läuft das nicht. Je nachdem, was ihr aus dem Mangel an Fülle lernen wolltet und was noch ansteht, kann es sich etwas hinziehen, doch seid versichert, dass ihr nicht hierher gekommen und aufgewacht seid, um im Mangel zu leben. Die meisten von euch haben eine negative Bewertung, was Geld betrifft, aber Geld ist auch nur Energie und möchte in Liebe angenommen werden, und vor allem möchte es nicht gestaut werden, das ist für keine Energie mehr angemessen. Der neue Umgang mit Geld heißt, es so auszugeben, wie es hereinfließt, und das Vertrauen zu entwickeln, dass immer genug da sein wird, und das (!) ist bei den meisten noch nicht der Fall. Dieses Vertrauen ist es, was fehlt, um immer in der (finanziellen) Fülle zu sein.

Das Mantra, das wir euch geben werden, lautet Serena und ist der Name einer Amethystdruse, die im Wohnzimmer meiner Partnerin steht. Sie ist ca. 1,40 m hoch und leicht nach links geneigt. Sie wurde an einem Meditationsabend feinstofflich über der Erde platziert, damit sie mehr Menschen helfen kann als denen, die hier in die Wohnung kommen.“

Die Wesenheit, das Bewusstsein dieses Kristalls, möchte nun einige Worte an euch richten:

Liebe Menschen, hier spricht Serena.

Jeder Stein hat Eigenschaften, weil Bewusstsein in ihm ist, so wie auch ihr Charakterzüge und Fähigkeiten aufweist, und so sind meine Themen, die ich gemeinsam mit euch bearbeiten möchte, die der Hindernisauflösung. Dies betrifft nicht nur die Fülle allgemein, sondern generell Barrieren, die ihr euch aus bestimmten Gründen geschaffen habt, Barrieren, die nun fallen dürfen. Diese Barrieren heißen in vielen Fällen: „Ich verdiene die Fülle nicht, weil ich in diesem oder jenem Leben dieses oder jenes getan habe", „Ich bin schuldig, und daher muss ich büßen" und ähnliche Dinge.

Dies sind starke Glaubenssätze, die nicht mit einer einmaligen Meditation aufgehoben werden können, weil erst das Bewusstsein des „Gut- und Bösedenkens" verändert werden muss, und dies ist eine wirklich „harte Nuss", da ihr äonenlang in diesem Denken verwurzelt wart. Das Thema Fülle beinhaltet also sehr viel mehr, als es auf den ersten Blick scheint, und so möchte ich euch bitten, hier an die Arbeit zu gehen und euch von mir leiten zu lassen. In gemeinsamen Meditationen bekommt ihr aufgezeigt, welche Ereignisse zu den Barrieren führten, damit diese fallen können. Dies bedeutet Arbeit, ja, aber es lohnt sich, denn durch diese Arbeit erhaltet ihr schließlich alles, was ihr braucht, und gleichzeitig wird wieder Energie für den Aufstieg freigesetzt, und es wird euch Schritt für Schritt aufgezeigt werden, worin eure Lebensaufgabe besteht, die euch nähren und kleiden, euch also vielfältige Fülle bringen wird. Hierbei ist es nicht angemessen, irgendwelchen Dingen hinterherzujagen, denn es kommt alles genau zu dem Zeitpunkt, wie es angemessen und passend ist, immer! Manchmal liegt auch in einem Mangel Fülle. Habt ihr darüber schon einmal nachgedacht? Macht euch doch bitte einmal klar, was ihr alles schon habt und steckt nicht immer Energie in das hinein, was ihr nicht habt. Beginnt jeden Tag mit der Reflexion dessen, was ist, und das, was ist, wird wachsen, in jeder Hinsicht.

(Anmerkung von P. P.: Während Serena mit mir überraschend Kontakt aufnahm, floss Energie aus meinem linken Bein, und mein Kopf fühlte sich an wie in einer Schraubzwinge. Ich hatte vergessen, wie stark die Energie der Mineralien ist, weil sich meine Tätigkeit in den letzten Monaten auf andere Dinge verlagert hatte. Diese Serena ist etwas ganz Besonderes!)

Dieses war Serena.

Danke, liebe Serena, sagt dir Kryon. Meine Partnerin hier wusste nicht, dass diese Botschaft so verlaufen würde, und auch darin liegt Fülle: In dem Unerwarteten, in der Überraschung. Viele Menschen haben Angst vor dem Unerwarteten, und Angst ist wiederum ein Hindernis für die Fülle. Beschäftigt euch mit euren Ängsten noch stärker als bisher, denn sie machen einen Großteil des Panzers aus, der uns daran hindert, für euch intensiver zu arbeiten, denn das ist unsere Aufgabe: euch zu helfen.

So wie Worte durch das Benutzen in vielfältiger Form Kraftfelder schaffen (ein Fluch ist wirksam, wenn ihr ihn aussprecht, denkt einmal darüber nach), so stellen auch Zahlen Kraftfelder dar, in denen ihr lebt und arbeitet. Achtet einmal bewusst darauf, wie viele Autos euch jetzt mit den Meisterzahlen (11, 22 usw.) begegnen, oder wie oft ihr 11.11. oder 12.12. auf den Uhren seht. Es sind Botschaften der Meisterschaft. Ein Datum wie der 01.01.2006 (zweimal die eins und in der Quersumme wieder) schafft ebenfalls ein Kraftfeld, in dem ihr lebt und in dem eine bestimmte Energie herrscht. Dieses Kraftfeld wird von euch selbst geschaffen, weil ihr immer (mehr oder weniger) um euer Datum und um die Wirkung von Zahlen auf höchster Ebene wisst. Das heißt, wenn bestimmte Dinge anstehen, die mit Beginn zu tun haben, werdet ihr in vielfältiger Weise mit der Eins konfrontiert werden, weil der Geist hinter eurem Menschsein genau um die Wirkung und Intension weiß. Gerade die Eins hat auch mit „Einssein" zu tun, und so sind hinter den Zahlen noch viel mehr Bedeutungen verborgen, als selbst die Zahlenmystiker bisher herausgefunden haben. Der 01.01.2006 war/ist also eine starke Energie, die dafür prädestiniert war/ist, mit allem eins zu sein, und so könnt ihr euch noch nachträglich mit der Energie dieses Datums verbinden, um noch stärker in das Einheitsbewusstsein hineinzuwachsen, und dies geschieht zum Beispiel, indem ihr die Botschaften, die an diesem Tag gegeben wurden, immer wieder lest und die Energie, die dahinter verborgen ist, zu spüren beginnt. Wir laden euch ein, mehr auf das Datum zu achten, weil euch die Zahlen etwas darüber erzählen, welche Potenziale in diesem Tag liegen, was sozusagen „ansteht".

Wenn ihr also einen Neubeginn, eine Neuausrichtung wünscht, dann verbindet euch mit dem 01.01.2006.

Dieses war Kryon vom Magnetischen Dienst.

Letztlich müssen wir auch das Geld lieben lernen, aber nicht, indem wir ihm hinterherjagen, sondern es als Mittel zum Zweck ansehen. und darum wurde diese Botschaft dem Buch über die Liebe übergeben.

Kryon zum Thema Kryonfeld

Liebe Menschen, dieses Buch ist etwas „Kryonlastig“, könnte man sagen, obwohl auch viele andere zu Wort kommen, und dazu möchte ich einige Anmerkungen machen:

Zum einen ist die Kryon-Energie nun schon vielen vertraut, und diese Menschen möchten mehr von „ihm“ hören und schneller, als dies beispielsweise mit den Übersetzungen aus dem Amerikanischen geschehen kann, und zum anderen habe ich in dem Channeling „Liebe ist magnetisch“ ja darüber berichtet, dass Magnetismus, wie ich es lehre, sehr viel mit Liebe zu tun hat. Wenn ihr so wollt, könnte mein Titel, Magnetischer Meister, etwas anders ausgedrückt werden, und dann würde er lauten: Meister der Liebe, und als solcher möchte ich so viel wie möglich in einem Buch der Liebe „einbringen“.

Ich habe euch nun schon davon erzählt, dass Liebe mit dem Ausgleich von Energien zu tun hat, und nicht nur mit Anziehung und Abstoßung. Was unterscheidet den Meister von einem Gesellen oder Lehrling? Da es um Liebe geht, erwirbt ein Meister die Fähigkeit, alles und jeden zu lieben, doch wie funktioniert das genau? Ein Meister ist in der Lage, seine Energiefelder immer so zu polen, dass dem Gegenüber Liebe entgegengebracht wird, dass dieser sich geliebt fühlt, habt ihr das gewusst? Das ist wahre Meisterschaft! Doch wie erlernt man diese „Umpolung“? Durch Beweglichkeit, könnte man sagen, und in dieser Aussage ist sehr viel Humor enthalten, wenn ihr sie einmal genauer betrachtet, und dennoch auch viel Wahrheit. Die Energiefelder der Menschen sind im Laufe der Äonen durch vielerlei Umstände zu einem starren Panzer geworden, ein solcher kann sich nicht „umpolen“. Es muss erst sehr viel Beweglichkeit in die vielen (Anmerkung von P. P.:„Zahllos“ ist das Wort, das Kryon mir eigentlich hier übermittelte) *Energiefelder um euch herum kommen, bevor ihr sie immer so anpassen (umpolen) könnt, dass immer nur Liebe fließt, egal, was vom anderen ausgestrahlt wird.*

In diesen besonderen Zeiten kommt nun extrem viel Beweglichkeit in die Felder, und zwar in alle. Es haben durch die so genannte „Esoterikwelle“ der letzten zwanzig Jahre so viele Menschen das Meditieren erlernt und damit so etwas wie ein „Beweglichkeitsfeld“ geschaffen, das eine der Voraussetzungen für den schnellen Aufstieg ist. Alle Menschen bewegen sich jetzt in diesem Feld, und so kommt in diejenigen Bewegung hinein, die dafür bereit sind. Erst langsam und nur an wenigen winzigen „Ecken“, doch machen diese neugierig auf mehr, und dann bewegen sie sich immer mehr und immer schneller, und manche legen ein Tempo vor, dem sie fast nicht mehr folgen können und stoppen sich dann erst einmal, bis sie sich wieder eingeholt haben. Einige diese Felder wurden schon vorgestellt (in „Leben und Ernähren im Regenbogenzeitalter", erschienen im Smaragd Verlag, Anm. des Verlags)*, und ich möchte euch auf ein weiteres aufmerksam machen. Ich nenne es das „Kryonfeld".*

Durch die weltweite Verbreitung der Bücher von Lee Caroll und anderen Kryonchannels wurde rund um den Globus ein Feld geschaffen, das ein zusätzliches Feld der Liebe darstellt. Ein Feld, in dem keinerlei Angst erzeugt und geschürt wird, ein Feld der guten Nachrichten, ein Feld, das Klarheit in vernebelte Bereiche bringt, ein Feld, das euch dabei hilft, „Löcher in eure Schleier zu stanzen", so dass noch mehr Informationen zu euch fließen können.

Dieses Feld wird von jedem einzelnen Kryonchannel und jedem Kryonchanneling erweitert, und daher sind es nun nicht mehr nur die zwölf offiziellen Channel, sondern schon eine ganze Reihe mehr rund um die Welt, und es werden immer mehr, weil immer mehr Menschen sich diesem Feld anschließen wollen und nicht jeder die Gelegenheit hat, Lee Caroll oder eines der anderen bekannten Channels zu hören, und so ist es angemessen und richtig. Darum entstehen auch immer mehr Bücher, um immer mehr Menschen erreichen zu können. Und so wächst dieses Kryonfeld, das nichts anderes ist als ein Feld der Liebe, der Einheit und des Selbstwerts. Der Selbstwert wurde euch genommen, beziehungsweise ihr habt zugelassen, dass er euch genommen wurde, und nun dürft ihr ihn euch wieder zurückholen, und dazu dienen unter anderem die Botschaften von Kryon und anderen Wesenheiten. Alles, was euch aufbaut, ist gut für euch und erhöht die Schwingung, alles andere senkt sie, und selbst das ist manchmal angemessen und wichtig, damit ihr erkennen könnt, was ihr wirklich wollt! Mit dem Anwachsen des Kryonfeldes schrumpfen andere Felder, weil sie dadurch transformiert werden, und dazu gehört das Feld der Angst, das aus unzähligen Schichten besteht, und jede dieser Schichten verringert sich in diesen besonderen Zeiten, jede (!), weil sich immer mehr Menschen mit ihren Ängsten, mit ihren eigenen Schichten der Angst auseinandersetzen und sie auflösen. Und wenn sie merken, wie gut ihnen das tut, machen sie immer weiter und weiter, sind manchmal sogar frustriert, weil es anscheinend nie aufhört, und machen dennoch weiter, bis sie sich irgendwann durch ihren Panzer so weit hindurchgearbeitet haben, dass sie sehen und fühlen können, wozu das alles gut war und ist, für sie selbst und für alle anderen! Und es ist gut, alles ist gut, wie es ist, wie es war und wie es künftig sein wird.

Dieses war Kryon, im Dienst der Liebe, so wie ihr alle!

Botschaft zum Thema interdimensionale Physik

Wenn Kryon physikalisch wird, habe ich immer ein wenig Bammel, ob ich alles korrekt „rüberbringe", da er mich aber vorher die entsprechende Literatur lesen lässt, ich also darauf vorbereitet werde, funktioniert es letztendlich doch. An dieser Stelle einmal Dank an alle meine geistigen Helfer, die manchmal ziemliche Anstrengungen unternehmen müssen, um mich pünktlich zur richtigen Literatur beziehungsweise zu den gerade passenden Menschen zu führen: Ihr seid einfach Spitze!

Hier spricht Kryon vom Magnetischen Dienst, und dies wird eine ungewöhnlich physikalische Botschaft, wenn man den Rest des Buches als Vergleich heranzieht.

Ich habe heute ein besonderes Gefolge mitgebracht, das ihr sogar mit menschlichen Namen kennt und das es euch erleichtern wird, die kommenden Begriffe und Konzepte besser zu be-greifen, und während ihr begreift, öffnet ihr euch für die notwendigen Arbeiten, die an euch durchgeführt werden sollen. Arbeiten, die ihr mit einem anderen Teil eures Seins für heute „bestellt" habt. Mit mir kommen heute Wesenheiten, die für interdimensionale Physik „zuständig" und Experten in Physik sind. Wenn wir euch Namen nennen sollen, dann wären es solche wie „Einstein, Rosen, Bell und Newton", und einige unter euch werden nun eine Rührung verspüren, weil sie diese Wesen kennen, weil ihr Teil des gleichen Teams seid. Diejenigen unter euch, die man Lichtarbeiter nennt, sind ebenfalls versiert in interdimensionaler Physik, denn was hier und heute mit der Erde geschieht, ist auch sehr physikalisch. Denkt nur an die Auswirkungen auf das Klima. Wenn heftige Transformationsvorgänge laufen, gibt es Erdebeben usw. Alles, was in diesem Aufstieg geschieht, hat unmittelbare Wirkungen auf euch selbst, aber auch auf eure Welt.

Die Physik auf eurem Planeten wird gerade verändert, doch um dies näher erläutern zu können, müssen wir erst einige Begriffe definieren, damit wir für die Dauer dieser Botschaft mit bestimmten Worten auch alle das Gleiche meinen. Währenddessen trifft das „Operationsteam" bei euch, liebe Leser, ein, und ihr könnt sogar fühlen, wie der Raum um euch herum etwas „dichter" zu werden scheint, weil er mit Spezialisten gefüllt wird, die das an euch verändern, was ihr bestellt habt. Warum wird der Raum „dichter"? Weil Energien zu euch kommen, die zwar wenig Masse haben, dafür viel Informationsgehalt mitbringen, und dies könnt ihr körperlich füh-

len. Das ist es, was ihr auf Channelings immer fühlen könnt: Eine hohe Liebesschwingung der gehaltvollen Energie.

Beginnen wir mit dem Begriff „Interdimensionale Physik". Das, was ihr Quantenphysik nennt, ist ein Teil der interdimensionalen Physik, sogar eher ein Randgebiet, deshalb aber nicht weniger wichtig als andere Bereiche. Was versteht man nun unter „Quantenphysik"? Dazu müssen wir zunächst einen anderen Begriff erklären: Das, was ihr gewöhnlich unter Physik versteht, wurde durch den Gelehrten Newton ganz gut umrissen: Kennst du die Richtung und die Geschwindigkeit eines Körpers, so lässt sich mit großer Sicherheit berechnen, wo er zu einem bestimmten Zeitpunkt sein wird. Zusätzlich hilfreich ist, die Schwerkraftverhältnisse zu kennen, denen dieser Körper unterliegt, also hier zum Beispiel die der Erde. Dies gilt ebenfalls für euren festen, physikalischen Körper, in dem euer Geist „steckt.

Die Ägypter nannten diesen Körper „Khat", und weil dieser Begriff, sowohl von der Bedeutung als auch von der Schwingung her, ganz gut zusammenfasst, worum es geht, möchten wir ihn übernehmen und noch näher erläutern. Wenn du also von einer Klippe springst, lässt sich berechnen, wann du am Boden auftriffst und was das Ergebnis dieses Auftreffens sein wird, da du die dazugehörigen Parameter kennst. In einem einzigen, nicht physikalischen Begriff zusammengefasst, kann man den Vorgang „Plumps" nennen, wobei das Ergebnis kein schöner Anblick ist. Das verstehst du auch, wenn du keine Ahnung von Physik hast. Dein Khat wird also ziemlich deformiert werden, wenn du diesen Sprung unternimmst. Es gibt also Gesetze und Regeln, die nach der Physik von Newton unumstößlich zu sein scheinen, und doch gibt es Menschen, die dagegen verstoßen, was mit der herkömmlichen Physik nicht erklärt werden kann. Da gibt es zum Beispiel einen Mann in Amerika, der aus einem Flugzeug in großer Höhe springt und ohne Fallschirm sanft auf dem Boden landet, ohne sich zu verletzen. Unmöglich? Dann besorgt euch einmal die Serie „PSI-Factor", die nach wahren Begebenheiten gedreht wurde, und schaut euch den Teil „Freier Fall" an.

Es gibt also Regeln in der Physik von Newton, und eine dieser Regeln lautet: Alles, was größer ist als 0,025 Millimeter, gehorcht der „normalen Physik". Nun hat die Menschheit im vergangenen Jahrhundert jedoch die Quantenphysik entdeckt, und diese „spielt" in dem Bereich unter der Größenordnung von 0,025 mm. Was unterscheidet diese Bereiche voneinander? Alles, was > 0,025 mm ist, hat genügend Masse (kg), Dichte (kg/m³) und Gewicht (gemessen in Newton: 1kg = 9,81 N), so dass es „Materie“ genannt werden kann, und diese Materie unterliegt dann den Gesetzen des Newtonschen Universums.

Einstein hat dies in der Formel $m = mc^2$ *zusammengefasst.*

Nun besteht der Mensch nicht nur aus dem Khat, sondern er hat einen weiteren Körper, der in esoterischen Kreisen Lichtkörper genannt wird und von den Ägyptern als „Ka“ bezeichnet wurde. Dieses „Ka“ ist die Zusammenfassung einer Reihe von Morphogenetischen Feldern, von denen wir einige an anderer Stelle („Leben und Ernährung im Regenbogenzeitalter“, erschienen im Smaragd Verlag, Anm. des Verlags) *vorgestellt haben. Die Ägypter kannten die verschiedenen „Schichten“ des Ka, konzentrierten sich bei ihren Schulungen, Einweihungen und Initiationen jedoch auf eine einzige dieser Schichten, weil diese eine zentrale Stellung inne hatte und noch immer hat. Es ist die Schicht, die Metatron „Merkabah“ genannt hat, und wie euch zweifellos auffällt, enthält dieses längere Wort das „Ka“. In der Lichtsprache bedeutet „Ka“ Lichtkörper, dieser hat jedoch zahlreiche „Anhängsel“ in Form der erwähnten anderen Felder. Nur wenn du durch die unterschiedlichsten Prozesse bereits eine gewisse Bewegung in diese Felder gebracht hast, ist die Mer-Ka-Bah (ursprüngliche Schreibweise) in der Lage, sich ebenfalls in Bewegung zu setzen. Dann erst kommen die Dinge „richtig“ in Schwung, weil von der Merkabah wiederum Beschleunigungsimpulse in die anderen Felder gesandt werden. Bis hierher haben wir noch nichts wirklich Neues erzählt. Aber diese Einführung war notwendig, damit alle für die weiteren Erläuterungen die gleichen Voraussetzungen zum Verständnis haben.*

Jeder Gegenstand hat einen Ka, einen Lichtkörper, der den Khat durchdringt (ist euch aufgefallen, dass in dem Wort Khat das „Ka“ enthalten ist?). Der Unterschied zwischen dir und dem Stuhl, auf dem du sitzt, ist der, dass du mit Hilfe deiner Absicht alle deine Körper in Bewegung versetzen kannst. Der Stuhl kann dies nicht, obwohl auch in ihm Bewusstheit existiert. Dies ist die Stärke des Geistes, eine Stärke, die alle eure Wissenschaften erst im Ansatz verstehen. Die Mystiker sind schon mehrere Schritte vorausgegangen, doch auch sie überblicken noch nicht das Ganze.

Der Ka unterliegt nun den Gesetzen der Quantenpyhsik, weil er, obwohl er aus vielen Schichten besteht und unglaublich weit reicht, nicht die Masse und die Dichte aufweist, um in das Newtonsche Universum zu „fallen“. Er besteht aus Licht, aus Energie, wenn ihr so wollt. Wie ihr vielleicht wisst, kann Licht sowohl die Eigenschaften von Wellen als auch die von Teilchen (Photonen) annehmen, je nachdem, was der Beobachter erwartet. Vielleicht kennst du Bells Lehrsatz, der klar darlegt, dass ein Beobachter das Ergebnis eines Versuchs beeinflusst? Licht ist beides, sowohl Welle als auch Teilchen, was zu einigen sehr erstaunlichen Eigenschaften führt, die ihr noch gar nicht alle kennt. Will nun jemand den Ausgang eines Experiments beobachten, dürfte er keinerlei Erwartung hinsichtlich des Ausgangs haben, weil er sonst eine „Welle der Absicht" aussendet, die den Ausgang in die gewünschte Richtung lenkt. Da die Menschen jedoch innerhalb der Newtonschen Physik aufgewachsen sind, ist es für sie so gut wie unmöglich, objektiv zu sein, keine Erwartungen zu hegen. Würde dieser Beobachter vor dem Experiment meditieren (hier im Sinne von Geist leeren), würde er das Experiment nicht beeinflussen. Da er es jedoch nicht beeinflusst, hätte es nie ein Ergebnis, solange er es schafft, seinen Geist leer zu halten. Paradox? Oh nein, Wahrheit!

Das Ziel von Meditationen war immer, den Geist zu leeren, von allen Erwartungen, Begierden, Wünschen frei zu werden. Nur so konnte der Meditierende in die Welt der Quantenphysik eintreten, um selbst weder Wellen noch Teilchen auszusenden, sondern das zu empfangen, was an Wellen und Teilchen, kurz gesagt „Informationen", auf ihn einströmt. Gelang das, erlangte er Zugang zu Informationen, die andere nicht erhielten, so wurde er „Erleuchtet" genannt. Er war in der Lage, diese Informationen (sowohl in Wellen- als auch in Teilchenform) durch seinen Körper hindurchzulassen, und diese Informationen veränderten seinen Körper und seinen Geist und führten ihn zu seiner Seele, zu der eigenen Essenz des Seins. Durch diesen Zugang erlangte er Samadhi, besondere Fähigkeiten wie Hellfühlen, Hellsehen, Hellhören usw. Um diese „Durchlichtung" zu erreichen, musste er große Anstrengungen auf sich nehmen. Oft war das beispielsweise nur unter Askese erreichbar, und es mussten jahrelange Meditationen vorausgegangen sein.

In den esoterischen Schulen der Völker wurden die verschiedensten Techniken entwickelt, um dorthin zu kommen. Die Ägypter konzentrierten sich auf die Merkabah, die Inder mehr auf das „göttliche Feld", die Schamanen Südamerikas auf das Zeitfeld (daher sahen sie auch, was auf ihre Kultur zukommen würde), die Schamanen Nordamerikas mehr auf das Ätherfeld (daher auch die enge Verbindung zur Natur). Natürlich gab es auch Ausnahmen, andere Richtungen innerhalb der Zeitabläufe. Ich nenne hier nur Schwerpunkte. Die Kelten hatten eine starke Verbindung über das Klarheitsfeld und konnten daher weit in andere Reiche „hineinsehen". Wir könnten über jedes der Felder und seine Verbindungen zu den Völkern ganze Bände füllen. Das wäre zwar interessant, würde euch im Moment jedoch nicht weiterhelfen. Wir wollen nur anreißen, dass jede esoterische Schule irgendwo „Recht" hat, da jede Kultur ihre spezifischen Einblicke hatte, manchmal weite und tiefe, manchmal nur oberflächliche, was den Blickwinkel schon einmal verzerren kann.

Warum erzählen wir euch das? Auf der Erde ist momentan das im Gange, woraufhin esoterische Schulen hinarbeiteten. Ihr fasst es unter dem Begriff „Aufstieg" zusammen. Während und durch den Aufstieg werden die an den physischen Körper gekoppelten Felder in Bewegung versetzt. Durch den Aufstieg der gesamten Erde sogar bei allen Menschen. Ob sie das nun wissen oder nicht, spielt dabei keine Rolle. Woran könnt ihr erkennen, dass dies wahr ist? Nun, am Zustand der Welt natürlich. Es wird alles Stück für Stück „hochgekocht", was zur Aufstiegserde nicht mehr passt, und das kann man durchaus wörtlich nehmen, weil auch Vulkane oder Erdbeben dies aufzeigen. (Anmerkung von P.P.: Am 26.05.2006 ging eine „Geburtswehe" durch das Universum, ausgelöst von der Erde. Auf der Erde machte es sich als das schwere Erdebeben in Java bemerkbar, durch das Hunderttausende obdachlos wurden und mehr als 4000 Menschen starben.) *Ihr seht das jedoch am besten, wenn in eurer Familie plötzlich Ereignisse eskalieren und Vorwürfe aus der Vergangenheit auftauchen, die längst vergessen schienen. Auch hier wird mächtig aufgeräumt, was die Emotionen oft überschäumen lässt. Versucht dann, in eurer Mitte zu bleiben und Vermittler zu sein, wenn ihr nicht direkt involviert seid und ihr helfen möchtet, aber lasst euch möglichst nicht in die Dramen verwickeln.*

Die Welt gerät nicht aus den Fugen, aber in Bewegung. Als Erdkörper an sich (siehe Indonesienwelle, der ja eine Bewegung in den Erdplatten vorausging), im Leben Einzelner, aber auch ganze Nationen bewegen sich (Fall der Berliner Mauer). Wohin bewegen sie sich? Hin zur Einheit, auch wenn es hin und wieder nicht so aussehen mag, weil vorher erst noch einige Dinge geklärt werden müssen. Warum ist nun so viel Bewegung in alles hineingekommen? Weil ihr als Kollektiv die Absicht dazu geäußert habt. Aber Kryon, werdet ihr sagen, du erzählst doch, dass alles, was > 0,025 mm ist, nicht in der Quantenphysik „enthalten" ist. Die Erde ist dafür doch viel zu groß! Nun, auch in eure Physik kommt nun Bewegung hinein, und die strikte Trennung von Newtonscher Physik und Quantenphysik wird langsam immer mehr in Frage gestellt. Warum denn das?, werdet ihr fragen, und ich sage euch: Weil das Quantenuniversum das Newtonsche durchdringt, weil die unzähligen Energiefelder der verschiedensten Sorten alles durchdringen.

Was heißt das genau? Wenn du die Absicht aussprichst „aufzusteigen", „auszusteigen" aus der „Matrix der Angst", dann wirken die Felder, die Energie, auf die Materie ein. Sie „zerren" an ihr, weil sie in Bewegung, „in Wallung" geraten, und obwohl sie vergleichsweise wenig Masse haben, „schlagen" ihre wellenartigen Bewegungen auf die Atome ein, „bombardieren" die Lichtteilchen die Atomkerne. Dies ist möglich, weil es eine Schnittstelle zwischen der Newton- und der Quantenwelt gibt.

Diese Schnittstelle liegt im Gehirn des Menschen. Im menschlichen Gehirn gibt es winzige Abstände zwischen den Nervenzellen, die Synapsen genannt werden. Der durchschnittliche Abstand dieser Synapsen beträgt die besagten 0,025 mm. Innerhalb dieser Synapsen findet die Quantenwelt Eingang in die Newtonsche Welt. An diesen Stellen findet die „Zerrbewegung" statt. Ein Molekül, das die Synapsen überspringen kann, wird Neurotransmitter genannt. Manche von ihnen schaffen den Sprung auf andere Synapsen, andere nicht. Da ihr keine bewusste Kontrolle über diesen Hürdenlauf habt, springen eure Gedanken „wild in der Gegend umher". Die Meditationsform über Mantren (= heilige Worte) bringt nun eine Zielgerichtetheit in diesen Hürdenlauf. Diese Zielgerichtetheit schafft eine Stärke, die den Neurotransmittern insgesamt zu mehr Kraft verhilft, und somit schaffen mehr von ihnen den Hürdenlauf und gehen nicht unterwegs „verloren". Die Sprungkraft wird also verstärkt. Das Meditieren über Mantren kräftigt somit als Endergebnis eure Gedankenkraft und somit eure geistigen Fähigkeiten, unter anderem die Manifestationskraft. Wie sich das im Einzelnen auswirkt, hängt ganz von euch ab. Es ist jedoch wissenschaftlich nachgewiesen, dass beispielsweise das Meditieren den Körper verjüngt. Das ist jedoch nur einer der Effekte.

Wenn ihr also nun ein Mantra immer und immer wiederholt (das kann beim Autofahren, beim Staubwischen oder in der Badewanne sein), wird ein bestimmtes Energiefeld sozusagen aus der Quantenwelt um euch herum aufgebaut, und das Ziel des Mantras kann von euren geistigen Helfern in die Wege geleitet werden. Nehmen wir als Beispiel „Serena", das für die Auflösung von Fülleproblemen in jeder Hinsicht verwendet werden kann. Es baut also ein Kraftfeld auf, das Informationen darüber bis ins Tagesbewusstsein hindurchlässt, was euch an der Fülle wirklich hindert. Es schaf-

fen also sehr viel mehr Neurotransmitter ihren Hürdenlauf, so dass sich bestimmte Gedanken formen können, die sonst nicht bis zu euch durchgedrungen wären. Habt ihr nun diese Informationen, gelangt ihr an Wissen, und mit Hilfe dieses Wissens könnt ihr handeln! Licht ist Information, Wissen. Dunkelheit ist nichts anderes als Unwissenheit! Wenn ihr glaubt, einen Kampf gegen die Dunkelheit zu führen, ist es ein Kampf gegen die Unwissenheit, immer! Denkt an den Vergleich mit den zwei Zimmern, eines ist erleuchtet, das andere nicht. Öffnet ihr eine Tür zwischen ihnen, fällt Licht in das Dunkle, die Dunkelheit weicht. Wenn ihr dann sehen könnt, was in dem Zimmer ist, weicht auch die Furcht vor der Dunkelheit.

Alle Menschen dieser Zeit werden durchlichtet, mit Informationen versorgt. Ob sie diese nutzen, ist eine Frage des freien Willens, eine Frage der Entscheidungsfreiheit.

Derzeit kommt so viel Wissen (Erd- wie Sternenwissen) wie nie zuvor zu euch, und dies ermöglich die Bewegung, die Bewegung hin zu euch selbst.

Was geschieht nun, wenn alle eure Lichtkörper durchlichtet wurden? Wenn alles Nichtlicht herausgelöst wurde? Dann sind alle zwölf Chakren (+ das Alpha- und Omegachakra) von Blockaden befreit, dann sind alle zwölf DNS-Stränge voll aktiviert, und was kommt dann? Die zwölf DNS-Stränge verschmelzen zu einem neuen, dem 13. Strang, zu etwas, was in diesem Universum noch nie da gewesen ist, denn eine neue Rasse entsteht, eine Rasse, die einen „Höheren Lichtkörper“ besitzt, der sich wiederum aus mehreren Schichten zusammensetzt und Fähigkeiten mit sich bringt, die separat in den Sternenrassen existieren, aber nicht so viele auf einmal in einer einzigen Gattung. Das macht euch ja so faszinierend.

Viele außerirdische Rassen haben ihre Gene dazu beigetragen, einige bekamen jedoch Angst vor der eigenen Courage und wollten das Erwachen der neuen Rasse verhindern. Davon zeugt die wechselhafte Geschichte der Erde. Es brachte Konflikte mit sich, hier und anderswo, doch nun ist das Erwachen nicht mehr aufzuhalten. Die Menschheit als Ganzes erwacht, und hier ist keiner ausgenommen. Einige erwachen nur früher als andere, und diese zeigen den anderen dann, wie es geht. Das ist es, was geschieht! Und da diejenigen, die ihre Gene gaben, endlich eingesehen haben, dass sie von eurem Erwachen profitieren werden, erhaltet ihr von allen Seiten so viel Hilfe, und auch die, die Angst vor euch hatten, helfen nun, da sie sehen können, was ihr vermögt. Der „Krieg“ ist wirklich zu Ende!!!

Bei einigen, die vorangingen, sind die Höheren Lichtkörper nun aktiviert, integriert und in Bewegung. Sie bemerken das an ihren neuen Fähigkeiten, und im Jahr 2006, dem Jahr der Liebe, wird die Zahl derer, bei denen die Höheren Lichtkörper aktiviert sind, drastisch steigen, dafür hatten sie das heftige Jahr 2005. Es wird neue Paare geben, die Kinder hervorbringen, die mit voll aktiviertem Höheren Lichtkörper „hereinkommen", und die Energie dieser Kinder bedeutet einen weiteren Quantensprung für die ganze Rasse Mensch. Diese Kinder werden eine messbar andere DNS haben als alle anderen und sind ein Geschenk für die Entwicklung aller. Einige sind schon da, aber noch nicht viele.

Ein Mensch, der sich bewusst in die Spiritualität begibt, geht einen Weg der Quantensprünge. Je nachdem, was seine höhere Absicht, sein Auftrag ist, erlebt er davon viele oder wenige, doch jeder einzelne Sprung ist gravierend für alle anderen. Es kommt natürlich darauf an, welche Aufgaben er sich für sein Erwachen vorgenommen hat. Seine Herkunft spielt eine Rolle sowie der bisherige Weg. Manche machen diese Quantensprünge sogar, ohne sich je mit Esoterik oder Spiritualität befasst zu haben. Auch hier kommt es darauf an, was er oder sie zu tun beabsichtigt. Da die Erde nun mehrere Quantensprünge, fort vom ursprünglichen Weg, hinter sich gebracht hat, bewegt sie sich immer mehr aus dem Newtonschen Universum heraus, um immer mehr in das Quantenuniversum einzutreten.

Was bedeutet das im Einzelnen? Bevor die Menschheit ihre Absicht bekundete, ihren Weg zu verändern, gab es auf ihrem Weg für viele Ereignisse 100% Potenziale, trotz Entscheidungsfreiheit, einfach, weil es Programme gab, die abgearbeitet wurden. Dies ermöglichte Prophezeiungen, die treffsicher waren. Diese Zeiten sind jedoch schon seit einer Weile vorbei. Der Weg der Erde war ungefähr berechenbar, doch dies ist nun vorbei. In der Quantenwelt kann man nichts exakt berechnen, da nicht alle Parameter bekannt sind, nicht einmal uns. Das liegt an der Sprunghaftigkeit der Neurotransmitter, die zwar nun mehr zielgerichtet agieren, doch das Ziel legt ihr mitten im Sprung fest, könnte man sagen, und so weiß niemand wirklich, wo ihr landen werdet. Es gibt zwar für einige Ereignisse immer noch hohe Potenziale, doch sind diese nun bedeutend geringer geworden, und so schafft ihr mit jedem Augenblick euren Weg neu, und nichts ist mehr wirklich festgelegt, außer einer einzigen Sache: In einer weit entfernten Zukunft gibt es ein Großereignis, eine Schwingungserhöhung gigantischen Ausmaßes, einen ultrastarken Gammablitz, wenn ihr so wollt, doch wie ihr diesen geschaffen habt, liegt noch nicht fest, nur das

Ergebnis, das Ziel. Und so halten wir uns mit Prophezeiungen sehr zurück und äußern uns nur dann, wenn die Potenziale, die Möglichkeiten, die Wahrscheinlichkeiten für bestimmte Dinge wirklich sehr hoch sind.

Springt eine kritische Masse von Neurotransmittern in eine bestimmte Richtung, wachsen diese Potenziale zu 100 Prozent an, denn ihre „Masse" zieht sie dann zu einem bestimmten „Landeplatz". Bei so hohem Potenzial kann man Aussagen zur Zukunft machen, sonst kaum. Man könnte sagen, dass sich der Rahmen der Entscheidungsfreiheit der menschlichen Rasse um mehrere Quantensprünge erweitert hat und dieses noch immer tut. Der Mensch und die Menschheit sprengen ihre selbst gesteckten Grenzen, sie werden wahrlich grenzenlos.

Was bewirkt dieser gigantische Gammablitz in der fernen Zukunft, und doch auch in der Gleichzeitigkeit? Es wird ein neues Universum geboren, eines, das der Dreizehnten Dimension angehören wird, etwas, das es bisher noch nicht gibt. Das exakt zu erklären ist schwierig, weil praktisch jeder von euch unter Dimension etwas anderes versteht. Doch stellen wir uns wieder vor, dass es zwölf Gleise gibt, auf denen die Erde unterwegs sein konnte. Gleis Zwölf war die völlige Vernichtung der Erde. Gleis Elf die Vernichtung mit wenigen Überlebenden und eine auf Millionen von Jahren geschädigte Umwelt (hiervon können euch die so genannten Greys ein Lied singen), Gleis Zehn die große Katastrophe, die die Erde in die Steinzeit zurückgeworfen hätte. In diesem Potenzial wart ihr 1987, doch durch eure Absicht, das zu ändern, seid ihr nun schon auf Gleis Vier gesprungen (unter anderem mit Hilfe des 11. September 2001, der Indonesienwelle, dem Beben in Pakistan und dem aktuellen Beben in Java) , einem Gleis, auf dem aufgezeigt wird, wo Lieblosigkeit herrscht, damit sie aufgelöst werden kann. Hier gibt es aber „nur" noch „kleinere" Katastrophen zur Karmaauflösung. Es klingt hart, ich weiß, aber im Vergleich zu dem, was hätte geschehen können, sind das nur mehr kleinere Ereignisse. Seid für diese dankbar, denn sie verhindern die größeren. Schickt Dankbarkeit und Segen in die betroffenen Gebiete, auch dort wird durch die Zerstörung Neues geschaffen, es lösen sich alte Strukturen auf, die in der Neuen Zeit hinderlich wären.

Wohin seid ihr unterwegs? Wenn ihr auf Gleis Eins gesprungen seid, wohin geht es dann? Ins Nichts? Im Moment wäre es noch so, doch durch die Art eures Aufstiegs formt ihr gerade Gleis Dreizehn, das neben Gleis Eins liegt. Es wird also etwas Neues kreiert, damit ihr später auf diesem neuen Gleis bis in die Unendlichkeit fahren könnt. Dies sind natürlich Me-

taphern, aber sie beschreiben recht gut die Vorgänge, sofern ihr sie in eurer Art des Denkens begreifen könnt. Die Menschen und alle ihre Helfer schaffen ein neues Universum, schaffen ein Wachstum, das auf viel schnellere Weise vonstatten geht, als es ohne die Erde möglich gewesen wäre.

So ist es, so ist es, so ist es!

Dieses war Kryon im Dienste des Magnetismus, im Dienste der Liebe.

Während dieses Channelings wurde mir so einiges klar, nämlich, warum spirituell Erwachende von anderen für verrückt, also unberechenbar, angesehen werden: Sie sind es. Sie verhalten sich nicht mehr nach den vorgegebenen Mustern, wie es die anderen tun. Sie schaffen sich ihre eigenen Muster jeden Tag neu und entsprechen damit nicht mehr der Norm. Sie bewegen sich im Quantenuniversum, und zwar mehr und mehr, bis sie im Newtonschen vielleicht gar nicht mehr wahrgenommen werden und nur noch im Quantenuniversum, „jenseits" des Schleiers sind, und das ist es, was „Aufstieg" genannt wird. Da wir jedoch alle dorthin unterwegs sind, sind dies überaus spannende und aufregende Zeiten.

TEIL II: Sexualität, Meditationen, Mantren und Symbole

Die Urkraft im Wurzelchakra

Shana aus Shambalah, Trajana (tantrischer Meister) und Kryon, 11.01.2006

Hier spricht Shana aus Shambala, und ich möchte euch ein wenig über die Kraft der Liebe erzählen, wie sie sich in der Sexualität ausdrückt, die im Moment noch gründlich missverstanden wird, doch wie alles hat auch das seinen Sinn, seinen Zweck und seine Ursachen. Nun ist jedoch die Zeit gekommen, mit einigen Missverständnissen aufzuräumen.

Über all die Zeitalter hinweg war und ist die Sexualität ein „Thema", eine grundlegende Sache, die die Art der Beziehungen der Menschen untereinander definierte und definiert. Männer und Frauen können kaum miteinander umgehen, ohne dabei an dieses Thema zu geraten, und sei es nur in Gedanken. Wir möchten daher einige Informationen geben, die dazu dienen können, dem Umgang miteinander wieder eine andere Basis zu geben und somit für eine Befreiung zu sorgen, für eine Befreiung von Fesseln, die ihr euch selbst auferlegt habt, und dafür gab und gibt es auch gute Gründe.

Wie ihr wisst oder ahnt, wurde euer Körper „künstlich" geschaffen, das heißt, er entwickelte sich nicht „zufällig" aus der Laune der Natur oder dem zufälligen Zusammenspiel der genau richtigen Kräfte heraus, sondern es steckt ein Plan dahinter, eine Blaupause des Lebens, wenn ihr so wollt. Wenn ihr eine wissenschaftliche Abhandlung darüber lest, welche Umstände für die Entwicklung der Menschen und Tiere notwendig waren und die Wahrscheinlichkeit dafür entgegenstellt, wird schnell klar werden, dass eine ordnende Hand dahinter stecken muss. Selbst wenn man es ohne Religion erklären will, steckt eine Ordnung dahinter, und diese Ordnung nennen wir Blaupause. Die Planeten ziehen nicht zufällig ihre Bahn, sondern folgen einer Ordnung. Woher soll diese kommen, wenn alles zufällig zusammengespielt hat. Eine Ordnung aus dem Zufall heraus?

Die Blaupause des Lebens hat nun für euch einen Körper auf dieser Erde geschaffen, der eine unglaublich starke Emotionalität zulässt, und zwar in jede Richtung. Diese Emotionalität ist es, was euch von anderen Lebewesen unterscheidet. Unter anderem wird sie durch die große Wassermenge in eurem Körper bewirkt. Aber das ist nur ein Teil dessen, was alles notwendig ist, um so zu fühlen. Ohne die bewegliche Struktur des Wassers, ihre Anpassungskraft an energetische Felder (e-motion, motion heißt übersetzt Bewegung) wäre die Kraft eurer Fühligkeit nicht möglich. Die Besonderheit des Elements Wasser heißt also Anpassung an energetische Strukturen. Auch die anderen Elemente können dies bis zu einem gewissen Grad, aber nicht in solch gewaltigem Ausmaß wie das Wasser.

Es ist diese Fühligkeit, die energetische Wesenheiten in die Materie lockt, denn auf diese Weise können sie ihr Sein neu definieren, können die Verhältnisse zueinander neu ausloten und erfahren. Die Materie und ihre Möglichkeiten machten daher den nicht so materiellen Wesenheiten große Freude, und so gingen diese oft dort hinein.

Allerdings rechneten sie nicht unbedingt mit den Auswirkungen, denn diese Gewaltigkeit des Fühlens führte dazu, dass vieles schmerzte, dass Wunden zugefügt wurden, etwas, das sie nicht kannten. Da sie sich für dieses Spiel jedoch entschieden hatten und es Regeln einzuhalten galt, konnten sie nicht einfach wieder aussteigen, und so haben diese Wesenheiten, **die Menschen**, *um sich herum einen Panzer gebildet, einen Schutz, um nicht mehr solch eine Vielzahl an Gefühlen zuzulassen. Dies führte jedoch dazu, dass zumindest die „neueren“ Kriege überhaupt erst möglich wurden, was wiederum zu neuen Wunden führte.*

Kriege entstehen normalerweise nicht aus Gefühllosigkeit, sondern wegen der Gefühle. Denkt nur an die Schlacht von Troja, die wegen der starken Leidenschaften aller Beteiligten stattfand. In der heutigen Zeit kommen starke wirtschaftliche Interessen hinzu, aber auch die starke Panzerung um die Herzen der Menschen.

Wie gesagt, führte dies durch die heftigen Erfahrungen, die ihr quer durch die Zeiten machtet und oft zu starkem Schmerz führte (auch Schmerz ist ein Gefühl, nicht wahr?) zu einer Panzerung, die nur noch einen geringen Teil dessen zulässt, was eigentlich an E-motion, also Bewegung, vorhanden ist, beziehungsweise schränkt die Bewegungsfähigkeit in der Gefühlswelt stark ein. Ihr habt es selbst verursacht, doch nun leidet ihr darunter. Ihr habt eine Gesellschaft gegründet, die auch noch stolz darauf ist, die Gefühle hinter dem Verstand anstehen zu lassen, und doch seid ihr dabei „todunglücklich“, weil ihr genau spürt, dass ihr euch selbst von einem Teil eurer Menschlichkeit abgeschnitten habt. In dieser besonderen Zeit des Aufstiegs dringen nun Informationen von außen und innen auf euch ein, die an dieser Panzerung arbeiten und dafür sorgen, dass sie aufgeweicht wird, dass Löcher hineingebohrt werden.

Das kann zum Beispiel geschehen, indem ihr verlassen werdet oder verlasst, denn durch diese heftige Bewegung des Fortgehens kommt tatsächlich auch Bewegung hinein in eure Energiefelder, denn ihr fühlt wieder, wenn auch (leider) erst einmal nur Schmerz. Ihr kreiert euch Geschehnisse in eurem Leben, die eine Bewegung hineinbringen, und deshalb ist für manche der Aufwachprozess so schmerzvoll: Ohne dies würdet ihr den Sinn eures Lebens nicht hinterfragen, würdet ihr nicht nach dem Mehr suchen, das hinter der offensichtlichen Wirklichkeit liegt. Ihr kreiert euch also wertvolle Erfahrungen, die die ersten Schritte für das Aufwachen sind, doch neigt der Mensch dazu, leicht wieder einzuschlafen, und so sind oft mehrere dieser Erfahrungen notwendig, bis ihr „wach" bleiben könnt, die Augen richtig aufmacht und betrachtet, was hinter dem ist, was man sehen kann, was dort ist, wo man zunächst erst einmal nur (Schmerz) fühlen kann.

Von allen Gefühlen sind die, die in der Sexualität aufflackern, noch die stärksten, und da ihr einerseits diese Intensität vermisst, sie jedoch andererseits eingesperrt habt, jagt ihr hinter „Orgasmen" her, weil ihr dann fühlt, weil ihr dann in eine Schwingung geratet, die euch näher zu Gott führt, denn Gott lebt in ständiger Ekstase. Diese Ekstase könnt ihr dauerhaft jedoch noch nicht wieder aushalten, dazu ist eure Schwingung noch zu gering, und daher unternehmt ihr wieder Schritte, die diese Ekstase negieren beziehungsweise geringer werden oder ganz verschwinden lassen. In solch einer Situation, sagt ihr dann, ihr liebt den anderen nicht mehr. Aber im Grunde stimmt das nicht. Die Liebe ist nach wie vor da, denn Liebe vergeht niemals, sie nimmt nur andere Formen an, doch ihr kapselt sie ein, legt wieder einen Panzer darum, so dass ihr sie nicht mehr spüren könnt, und dann geht ihr vielleicht getrennte Wege, denn die Liebe ist (angeblich) nicht mehr da. Es gibt einige unter euch, die sind regelrechte Meister darin. Sie sehen irgendwann nur noch die (angeblich) schlechten Seiten in einem Menschen und nehmen diese dann als Anlass zu gehen oder stärken die eigenen „schlechten" Eigenschaften, um den Partner zu vertreiben. Ein tantrischer Meister möchte hier nun eine Klammer aufmachen und einiges erläutern:

(Hier spricht Trajana, und ich habe mich in mehreren Leben sozusagen fortlaufend mit Tantra befasst, beziehungsweise mit der sexuellen Energie. Hierin liegt so viel Wissen, dass es mehrere Leben dauerte, bis

ich annähernd einen Überblick über die Natur dieser Kraft hatte, und ich lerne immer noch dazu!

Wie ihr vielleicht schon wisst, ist das, was man Kundalini nennt, auch die Sexualkraft. Es ist eine treibende (oft triebhafte) Kraft, die einen großen Einfluss auf unsere Leben hat. Seid ihr sexuell erregt, steigt die Kundalini bis zum Sakralchakra auf, und durch den Orgasmus kann sie noch höher „getrieben" werden. Daher war in der Vergangenheit das Ziel vieler esoterischer Schulen, diese Kraft nach oben zu lenken, sie bis zum Kronenchakra hochzuziehen, um dort Öffnung zum Göttlichen zu bewirken. Das ist das, was man Tantra nennt, denn durch die Öffnung nach oben hat man Zugang zu Energien (sprich Informationen), an die man sonst nicht herankäme. Es geht beim Tantra also nicht nur um die Ekstase und die Freude daran, sondern in erster Linie um Informationen, um Wissen, denn Wissen ist Macht. Es ist aber nicht so, dass dieses Wissen irgendwo außen „herumfliegt" und ihr es sozusagen einfangt, sondern es geht darum, dass ihr es in eurem Inneren, in euren Genen, mit euch herumtragt und es durch die Energie der Ekstase freigesetzt wird. Wenn ihr so wollt, ist jeder Mensch eine eigene Abteilung einer gigantischen Bibliothek, angefüllt mit Wissen, das zum Teil durch euch selbst gesammelt wurde, aber zum Teil verwaltet ihr auch Wissen, das nicht von euch abstammt. Es geht hier um Wissen aus eurer Galaxis, und einige haben sogar Zugang zu Wissen, das weit über eure Galaxis hinausreicht, denn seht, das Leben ist nicht hier auf der Erde fokussiert. Es gab schon viele Zeitalter auf vielen Planeten, und um das Wissen dieser Vorgänge geht es auch.

Stellt euch einmal vor, eine eurer Science Fiction Geschichten wäre einst Realität gewesen. Nehmen wir als Beispiel die Star Trek-Serie. Diese Kultur hätte dann ein Wissen, das sie unter anderem befähigte, zu den Sternen zu reisen. Was würdet ihr darum geben, dies in dieser Form tun zu können? Und so gibt es Wissen in euch, das abgefragt werden kann und an dem viele Interesse haben. Wenn ihr euch nun sexuell miteinander verbindet, findet eine Vermischung von Energie statt, und dabei kann es vorkommen, dass der Partner Zugang zu eurer Abteilung der Bibliothek erhält. Ihr tragt selbst die Verantwortung dieser Abteilung, auch wenn ihr vielleicht (noch) nicht wisst, was ihr darin finden könnt. Möchtet ihr jedem Zugang dazu gewähren, oder erst einmal selbst herausfinden, was darin enthalten ist?

Diejenigen von euch, die freiwillig eine zölibatsähnliche Phase durchmachen, möchten zunächst ihre eigenen Erfahrungen in ihrer Bibliothek machen und erforschen, was darin enthalten ist, und dabei lernen sie, stark zu selektieren, wem sie Zugang verschaffen. Wie könnt ihr nun selektieren, werdet ihr vielleicht fragen, und die beste Selektionsform ist, wie so oft, die Liebe. Dies sollte euer Kriterium sein, denn nur wer euch wirklich liebt, wird nie ungefragt Wissen abfragen oder es auf schädliche/ schändliche Art verwenden. Das ist tatsächlich möglich. Wer nun erwacht, wird jedoch automatisch unselektierte Sexualität vermeiden, schon im eigenen Interesse, weil er solche Erfahrungen nicht mehr sucht und auch nicht mehr braucht. Stattdessen geht er/sie auf die Suche nach Liebe, nach dem idealen Partner, wenn ihr so wollt. Aber auf eine völlig andere Weise als zuvor, und das macht den Unterschied aus. Er/sie sucht nicht mehr überall danach, sondern verlässt sich darauf, dass der Partner zum richtigen Zeitpunkt den eigenen Weg kreuzt. Er/sie sucht also eher im Innen als im Außen nach ihm und klärt dabei im Inneren alles, was diesen Partner fernhalten könnte.

Der Spiritualisierungsprozess bewirkt also, dass nicht nach Sexualität gesucht wird, sondern wirklich nach Liebe.

Religionen, die das Zölibat fördern, wollen, dass diese Kraft nach oben zu Gott gelenkt und nicht bei einem Sexualpartner „verschwendet" werden soll, und doch ist es manchmal so, dass genau bei solch einem Akt „Erleuchtung" geschieht, also keine Verschwendung der Energie stattfindet. Hier eine gesunde Balance zu finden zwischen Zeiten der Enthaltsamkeit, weil die Energie tatsächlich für anderes gebraucht wird, und Zeiten der Lust, weil sie zu bestimmten Zeiten mehr zum Fortschritt führt als die Enthaltsamkeit (und weil sie einfach zum Menschsein dazu gehört), ist eine Kunst, die in diesen besonderen Zeiten wieder neu gelernt werden will. Es herrscht in manchen esoterischen Schulen der Glaube, dass man nur mit sexueller Enthaltsamkeit vorwärtskommen kann, was in der Alten Energie tatsächlich oft der Fall war. Doch nun fließt Neue Energie in das Erde-Mond-System, und mit ihr kommen althergebrachtes Wissen, Rituale, Überzeugungen usw. ins Fließen, in Bewegung, und da in euch eine ganze Bibliothek verankert ist, kommt ihr nicht an alles heran, wenn ihr nicht das ganze Menschsein lebt und verkörpert, und dazu gehört eben auch die Sexualität. Damit ist nicht unbedingt die mit einem Partner gemeint, es geht auch ohne, aber mit einem solchen erhaltet ihr Zugang zu zwei verschiedenen Abteilungen in der gleichen Bibliothek, und somit erweitert sich euer Sein und euer Wissen durch die Partnerschaft auf das Doppelte.

Dieses war Trajana.)

Shana setzt nun ihre Botschaft fort:

Die meisten der bisherigen Beziehungen sind also dadurch gekennzeichnet, dass ihr die Liebe nur bis zu einem gewissen Punkt zugelassen und euch dann zurückgezogen habt, weil ihr mehr nicht vertragen hättet und ein Mehr auch vom Magnetischen Gitter nicht zugelassen worden wäre. Dies hat sich nun gerändert, und dazu möchte sich Kryon äußern, da dies in sein Spezialgebiet fällt, also machen wir eine weitere Klammer auf:

(Hier spricht nun Kryon zu euch über einen Bereich, der einen weiten Raum eures Denkens, Fühlens und Handelns einnimmt, und das ist richtig und angemessen. Jedoch darf sich hier nun etwas verändern, denn durch die Anpassung des Magnetgitters werden eure menschlichen Körper so verändert, dass ihr nicht mehr automatisch an einer bestimmten Hürde stehen bleibt, sondern diese Hürde fällt nun weg, und so habt ihr die Möglichkeit, weiterzugehen. Da ihr jedoch äonenlang immer wieder an diese Grenze gestoßen seid, ist es für euch gar nicht so einfach zu erkennen, dass diese Grenze nun entfernt wurde, und ihr haltet weiterhin automatisch an ihr an, so wie ihr automatisch Auto fahrt, obwohl ihr in Gedanken ganz woanders seid. Die „Automatik" in euch verrichtet nach wie vor ihren Dienst, und so möchten wir euch darauf aufmerksam machen, dass es nun keinerlei Beschränkung mehr in Höhe, Intensität und Qualität der Liebe in einer Partnerschaft gibt. Euer Energiesystem wurde dem angepasst, so dass ihr nun wesentlich mehr Liebe „vertragen", höhere Schwingungen also auch halten könnt. Dieses Halten erhöhter Schwingung ist nichts anderes als ein Mehr, eine Steigerung der Intensität dessen, was alle Materie durchdringt: Die völlige Bejahung allen Seins, in euren Worten: Liebe.

Hier kann nun von allen Menschen eine völlig neue Qualität entwickelt und entdeckt werden. Dabei geht es nicht darum, sich in der Liebe zu einem anderen völlig zu verlieren, sondern sich darin wiederzufinden. Um euch hier Hilfen zu geben, werden wir euch Rituale zur völligen Hingabe geben, die euch dem Partner so nahe bringen wie nie zuvor. Wir werden euch noch mehr Informationen zur Sexualkraft liefern, damit ihr versteht und einen bewussteren Umgang mit dieser universellen Schöpferkraft erlernt. Denn diese Shaktikraft, wie sie auch genannt wird, ist Schöpfung! Nicht nur was Kinder betrifft, sondern generell. Aus dieser Energie schöpft der Künstler seiner Kunstwerke, gleichgültig, ob er Skulpturen oder Bü-

cher schafft. Alles, was in irgendeiner Weise „neu“ ist, nimmt in dieser Kraft ihren Anfang, und so ist Schöpfung sexuelle Ekstase. Jeder Künstler, der ein Werk erschafft, befindet sich in dieser Ekstase, wobei es auch hier zwölf Abstufungen gibt, und die Abstufung Nummer 6 (welcher Zufall!) (Anmerkung von P. P.: Kryon „grinst“ bei diesen Worten, wenn eine energetische Wesenheit überhaupt grinsen kann) *empfindet ihr als sexuelle Energie. Der Künstler befindet sich in Stufe neun, wenn er den Impuls für etwas Neues erhält und in einer der oberen Stufen, wenn er es dann in die Materie überträgt. Hierbei ist es davon abhängig, mit welchen Energien er (ohne es oft zu wissen) zusammenarbeitet. Jedoch sollen diese Stufen nichts über die Qualität aussagen, sondern nur demonstrieren, dass es verschiedene Arten und natürlich auch Intensitäten der Ekstase gibt. Bei jeder der zwölf Arten gibt es wieder zwölf Intensitäten (also 12x12), die jedoch sehr wohl etwas über die Qualität aussagen. Bei Intensität Zwölf ist der Künstler voll im göttlichen Fluss (und auch der Sexualakt ist eine Kunst. Wie ihr sehr wohl wisst, ist es eine Kunst, einen Orgasmus hervorzubringen, der weit seltener ist, als ihr glaubt), während er bei Stufe Eins eher an der Peripherie schwimmt und schon dabei erstaunliche Kunstwerke hervorbringen kann. Schöpfung kommt immer von „Gott“, von dem Gott in dir, lieber Künstler. Dabei spielt es keine Rolle, ob ihr bewusst spirituell arbeitet, denn ihr tut es sowieso automatisch. Seid ihr bewusst auf dem spirituellen Weg, dann wisst ihr dies auch, und das macht ebenfalls einen Unterschied aus.*

Dieses war Kryon vom Magnetischen Dienst.)

Mutter Maria zum Thema Weiblichkeit

Hier spricht Mutter Maria, und ich möchte einige Worte zum Thema Weiblichkeit sagen, und dies betrifft natürlich auch die Weiblichkeit in den Männern.

Jahrtausendelang war es so, dass die meisten Frauen ihre Weiblichkeit nicht voll leben konnten, weil es zum einen Beschränkungen in der Gesellschaft und zum anderen die selbst auferlegten Beschränkungen gab, die durch die vorgeburtlichen Verträge verursacht wurden. Die wenigen Frauen, die es wagten, trotz aller Einschränkungen ihre Weiblichkeit in Wahrhaftigkeit zu leben, hatten ständig mit Vorurteilen und Verfolgungen zu kämpfen, und nicht selten endete dies mit ihrem Tod, und so ist es nicht verwunderlich, dass die Weiblichkeit an sich in den Frauen sehr schwer auf einhundert Prozent „hochzufahren" ist, denn immer lauert da die Angst: Wird es wieder so sein, wie ich es schon einmal erlebt habe?

Ein Beispiel für voll entwickelte Weiblichkeit ist das Leben der Maria Magdalena, die die Frau von Jesus Christus war, auch wenn dies von der offiziellen Kirche geleugnet wird. Was hat man aus ihrem Leben gemacht? Es soll das Leben einer Hure gewesen sein, und aus eigener Anschauung kann ich euch sagen: ***So war es nicht!*** *Es ist allerdings eine Tatsache, dass die Sexualkraft die heilendste Energie schlechthin ist, denn es ist die Kundalinikraft, und wenn diese aufsteigt, können alle Krankheiten aus dem Körper entfernt werden.*

Der Äskulapstab zeigt die Wirbelsäule mit der sich darum windenden Kundalini und ist nicht umsonst das Zeichen für die Ärzte.

Eine Frau, die voll erwacht ist, mit all ihren männlichen und weiblichen Anteilen, ist im Vollbesitz ihrer Kräfte, und diese sind so stark, dass Männer oft Angst davor bekommen, und so wurde ein System erdacht, das sie einschränken sollte, was ja auch wunderbar funktioniert hat. Doch dies ändert sich nun wieder, was bedeutet, dass der frauliche Anteil auch in den Männern wieder erwacht, und letztlich wird dies zu einer neuen Symbiose und einer anderen Art des Umgangs miteinander führen. Wenn jede „Seite" die Stärke und Fähigkeiten des anderen voll würdigt und respektiert, kann sich etwas entwickeln, das man durchaus das Paradies nennen könnte. Ich möchte betonen, dass ich nicht behaupte, Frauen seien stärker als Männer, aber sie sind auch nicht schwächer und wenn ihr betrachtet, dass eure Seele von Natur aus eigentlich eher androgyn ist, ist der Kampf zwischen den Geschlechtern fast lächerlich zu nennen.

Jesus und Maria-Magdalena lebten die bedingungslose Liebe zueinander in einer Zeit, in der dies absolut unüblich und kaum vorstellbar war. Sie respektierten einander und ließen einander den Raum, den jeder benötigte, und über die Distanz und auch die Nähe lebten sie eine Intensität, die ein Loch in das magnetische Gitter sprengte, könnte man sagen. Jesus kam mit einem Schutzmantel, einem Tunnel um sich herum, der aus diesem Gitter hinausführte. Dazu benötigte er die Ermächtigung, diesen Tunnel nach oben zu öffnen. Diese Ermächtigung brachte die Frau, die Maria-Magdalena genannt wurde. Durch ihre Ausbildung in der Sexualmagie des Isis-Kultes wusste sie, wie man die Kraft der Kundalini für die Öffnung dieses Tunnels nutzen konnte, und sie tat es mit aller Hingabe an den Meister Jesus Christus und mit aller Hingabe an den Mann, den sie liebte, obwohl sie wusste, dass dies zum Verlust des Mannes führen wurde. Sie wusste es eher als er selbst, denn ich habe es ihr mitgeteilt, als die Zeit dafür reif war. Sie musste auf den Verlust vorbereitet werden. Als der Engel der Verkündung damals zu mir kam und von dem besonderen Kind erzählte, das ich gebären würde, kündete er mir auch den Verlust dieses Kindes an, damit ich mich darauf vorbereiten konnte. Diese Wunden des Verlustes des geliebten Mannes oder des geliebten Kindes stecken in jeder Frau und die Angst vor Verlust von Weib und Kind, wenn man seiner Bestimmung folgt, in jedem Mann. Und da jeder das Weibliche wie das Männliche in sich trägt, ist es in umgekehrtem Fall so. Diese Wunden wurden in vielen verschiedenen Inkarnationen vergrößert, weil entsprechende Erfahrungen gemacht wurden, und so gibt es viel, viel zu heilen in dieser Zeit.

In vielen Menschen erwacht daher „der Jesus" beziehungsweise „die Maria-Magdalena" wieder, weil die entsprechenden Themen geheilt werden wollen. Inwiefern diese dann wirklich diese Personen waren, spielt dabei keine so große Rolle. Es geht um die Themen dahinter. Doch lasst euch gesagt sein, dass die Kernseelen, die die Rollen von Maria-Magdalena und Jesus Christus „spielten", wieder hier sind und bei all dem helfen werden, was schon im Gange ist und noch kommen wird. Sie werden aber nicht unter diesen Namen „firmieren", denn es soll keine Religion der Anbetung mehr geschaffen werden, aber ihr Wirken wird erkenn- und vor allem fühlbar werden. Auch in diesem Leben vereinen sie sich erneut und bringen Bewegung in starre Strukturen, so wie sie es damals und immer wieder getan haben. Die Art der bedingungslosen Liebe, die diese beiden damals teilten, werden sie auch nun wieder leben und damit ein

Feld schaffen, durch das viele „Jesusse“ ihre „Maria-Magdalena“ finden können und werden. Ein goldenes Zeitalter der ganz persönlichen Liebe zwischen Mann und Frau (und damit schließe ich gleichgeschlechtliche Partnerschaften nicht aus, da auch hier diese Rollen „gespielt“ werden) bricht an, und du, liebe Leserin, lieber Leser, hast Anteil an der Schaffung dieses Zeitalters!

Wichtig hierbei ist für dich zu erkennen, nicht nach dem idealen Partner im Außen zu suchen, sondern dich selbst zum Idealpartner zu machen, also die unerlösten Strukturen zu erlösen, heil zu werden, und dann wirst du auch erkennen, wer dein Idealpartner ist. Vielleicht ist er ja längst bei dir! Und wenn das nicht der Fall ist, wird er dir zugeführt werden.

Dieses war Mutter Maria!

In der Einzelsitzungsarbeit begegnen mir immer wieder einmal Maria-Magdalenas oder Sanandas, und Mutter Maria erklärte nun auch mir, warum. Sie erwähnte ja, dass es so etwas wie Kernseelen gibt, die diese Energie tragen. Wenn es einen Kern gibt, gibt es auch das „Drumherum“, und im Falle von diesen beiden waren je 440 Seelen beteiligt, wie Sananda mir mitteilte. So ein großer Seelenverbund war in der Dichte der damaligen Energie wohl nötig,. Aber es ging vielleicht auch genau darum: Um die Streuung dieser besonderen Energie über die ganze Welt und die Zukunft, und um das erneute Zusammentreffen dieser Energien.

Also teilten 880 Seelen das Leben als Geistführer oder Teilseelen mit Jesus und Maria-Magdalena, und jeder von ihnen kann mit vollem Recht behaupten, er oder sie gewesen zu sein, weil sie Teilaspekte davon in sich tragen, ganz abgesehen davon, dass das männliche und weibliche Christusbewusstsein ohnehin in allen erwacht und Thema ist, wie Maria sagte.

Spannend ist es wohl, wenn eine der Maria-Magdalenas auf einen der Sanandas trifft.

St. Germain über die neue Art des Zusammenlebens

Hier spricht St. Germain, Om Shala an alle Menschen.

In einem Buch über die Liebe dürfen einige wichtige Informationen über die neuen Möglichkeiten nicht fehlen, und so möchte ich diese hier und heute geben.

Liebe Menschen, ihr sehnt euch so sehr nach Liebe und habt sie doch in euch. Ihr seid bereit, so viel Liebe zu geben, wie aus euch herausströmen mag. Aber seid ihr auch bereit, so viel Liebe zu empfangen, wie auf euch zukommt? Seid ihr bereit, ein Gleichgewicht zwischen Geben und Nehmen aufrechtzuerhalten? Viele nehmen nur, und viele geben nur, ohne sich würdig zu fühlen, auch zu empfangen. Dies alles hat mit alten Programmen zu tun, doch da ihr Bücher wie dieses lest, seid ihr bereit, eure Programme zu löschen beziehungsweise umzuschreiben. Doch was heißt das genau? Es bedeutet Freiheit, Freiheit auch in Dingen, die die Liebe betreffen.

Ihr sucht nach dem optimalen Partner oder der genau passenden Partnerin, doch wer sagt euch, dass es nur eine/r ist? Ja, es gibt Zwillingsseelen, ja, es gibt Dualseelen. Es gibt aber auch Mehrlingsgeburten aus der Quelle. Die Seelen treten zwar immer paarweise aus, aber auch in Gruppen, in Seelenfamilien. Wenn ihr „nur" nach eurem Zwilling sucht, schränkt ihr euch in der Liebe gleich wieder ein. Es mag richtig und passend für euch sein, doch für einige sind diese Einschränkungen nicht mehr zeitgemäß. Wollt ihr denn noch Grenzen, wollt ihr noch Einschränkungen? Oder wollt ihr grenzenlose Freiheit, grenzenlose Fülle? Wir sprechen hier nicht von Sexorgien, sondern von Liebe ohne Einschränkungen, ohne Begrenzungen, von Bedingungslosigkeit schlechthin. Wenn ihr nach eurem Zwilling sucht, stellt ihr automatisch wieder eine Bedingung, nämlich, dass es nur eine Person ist, die ihr vollkommen lieben wollt, doch in euch ist die überquellende Liebe von „Allem-Was-Ist", und so öffnet ihr eure Herzen nun immer mehr, damit dort auch Platz für mehr als „nur" einen Partner sein kann.

Woher kommt eure Angst vor der Liebe? Nun, es gab sehr dunkle Zeiten auf dieser Welt, und das war gut und richtig so, weil es von euch so geplant war. In die Dunkelheit wurde jedoch Licht geschickt, als die Zeit für die Rückkehr kam. Ihr könnt dies den Zeitraum zwischen dem Aus- und Einatmen des Brahma nennen. Brahma atmet nun wieder ein, das heißt, es wird wieder Licht, und dazu waren einzelne, über den ganzen Erdball verstreute Flammen vonnöten, die immer größer und stärker aufstrahlten.

Diese einzelnen Flammen waren in der Regel tatsächlich einzeln, also allein mit ihrem Licht. Sie mögen Partner gehabt haben, aber keine in der gleichen Leuchtkraft. Ihr seid also in unzähligen Leben immer dann (zumindest innerlich) alleine gewesen, wenn ihr euer Licht habt aufleuchten lassen, und das geschieht nun wieder. Das kann große Einsamkeit zur Folge haben, doch soll dies oft noch ein letztes Mal durchlebt werden, damit die damit verbundenen Wunden von innen her heilen können. Wenn sie geheilt sind, geschieht etwas Wunderbares: Da es durch eure Arbeit schon sehr hell auf diesem Planeten geworden ist, dürfen sich einige der Lichtfamilien wiederfinden. Ihr müsst nun also nicht mehr in die dunkelste Ecke wandern, um dort alleine vor euch hinzuleuchten, sondern es kommt nun für immer mehr Menschen die Zeit, in der sie ihre Geschwister aus dem Licht wiederfinden werden. Wie sich das im Einzelnen auswirkt, kommt auf die Aufgaben und die individuellen Entscheidungen an, die sich die jeweilige Gruppe gestellt hat. Es werden sich also immer mehr Gruppen bilden, die in Harmonie und Liebe zusammenleben. Der Kern solcher Gruppen kann eine oder mehrere Blutsfamilien sein, muss aber nicht.

In die nun schon vorhandene Helligkeit werden also einige Leuchttürme (zum Beispiel in Form von Seminarhäusern) gebaut, Gemeinschaften gebildet, die in Bedingungslosigkeit zusammenleben, und in denen jeder immer genau das bekommt und gibt, was er oder sie gerade braucht.

Diese Leuchttürme wiederum werden verbunden sein mit dem Netz aus ähnlichen Türmen, so dass ein neues, „höheres" Gitternetz des Lichts gewoben wird. Die Grundlage dessen ist das Christusgitternetz. Es bildet das Fundament, auf dem immer weiter Herzensöffnung geschehen kann. Das Christusgitternetz ist gebunden an den terranischen Lichtkörper. Je mehr ihr also an eurem Lichtkörper arbeitet, umso stärker wird die Christusenergie darin. Ab einer gewissen Schwingungshöhe fangt ihr parallel dazu an, an eurem galaktischen Lichtkörper zu arbeiten, der aus vierzehn Schichten besteht, und die einzelnen galaktischen Lichtkörper bilden wiederum das „Höhere Netz" der Liebe, das Netz des Kosmischen Christus beziehungsweise auch das Netz des Kosmischen Buddha. Beides verwebt sich ineinander und wird eins.

Es gilt also für jeden, der diese Botschaft je liest, sein Herz so weit zu öffnen, dass auch mehrere Personen nebeneinander darin Platz haben können, ohne Konkurrenz, ohne Eifersucht. Dies geschieht ja schon, denn die Partner werden nicht weniger geliebt, wenn später Kinder hinzukommen, obwohl die Eigensucht die Menschen dies oft glauben lässt.

Wer also die bedingungslose Liebe in sich selbst, für sich selbst entwickelt hat, kann nun den nächsten Schritt gehen und sein Herz für viele andere öffnen. Grundsätzlich natürlich für Alles-Was-Ist, aber auch im ganz persönlichen Bereich. Liebe kennt keine Grenzen. Grenzen haben nur die Menschen gesetzt. Die Quelle liebt auch nicht nur eine Person, sie liebt alle. Ein Zusammenleben mit allen ist schwierig, und aus rein praktischen Gründen ist eine Begrenzung in der Zahl schon sinnvoll, aber es wäre von der Energie, die von der Quelle aus eurem Herzen kommt, nicht notwendig. Es ist für alle und jeden genügend Liebe da. Es gibt hier kein Entweder-oder, sondern immer ein Sowohl-als-auch. Viele haben dies schon erkannt, können wegen der Traditionen und Konventionen jedoch nicht ihre Grenzen sprengen, aber, liebe Leserin, lieber Leser, du gehörst zu denen, die Begrenzungen aufsprengen, sonst würdest du diese Zeilen nicht lesen. Sprenge die Schranken deiner eigenen Vorstellungen, und dann lebe die Freiheit, lebe deine Wahrhaftigkeit, unabhängig von den Bewertungen anderer. Unabhängig davon, dass ihr lernt, alles und jeden zu lieben, will man gar nicht mit jedem zusammenleben, mit Ausnahme der Lichtfamilie. Sie ist etwas Besonderes, eine Einheit innerhalb der Einheit, eine Zelle von besonderer Einheitsenergie, und wenn alle Mitglieder der ursprünglichen Familie räumlich aufeinandertreffen, geschieht etwas Wunderbares: Jeder Einzelne hat das Gefühl, endlich angekommen zu sein. Dies ist noch einmal ein anderes Gefühl, als in sich selbst anzukommen. Hier kommst du „zu Hause" an, kehrst in den Schoß der Familie zurück.

Wer sich schon mit Tantra beschäftigt hat, der weiß, dass hier auf rituelle Weise durch mehrere Personen eine hohe Schwingung der Vereinigungsenergie, der Einheitsenergie, geschaffen wird. Hier geht es nicht um die Befriedigung sexueller Gelüste der Gier, sondern um das Schaffen von Einheitsschwingung. Die höchste Qualität der Liebe ist die Einheit. Wenn ihr also in Gruppen zusammenlebt und sowohl paar- als auch gruppenweise mit den gleichen Menschen immer wieder Vereinigungsenergie, Einheitsenergie feiert (also nicht mit ständig wechselnden Personen, sondern mit der Familie), schafft ihr eine ständig steigende Schwingung, die sich auf euch selbst und die ganze Erde auswirkt. Da ihr ohnehin das Bestreben habt, Euresgleichen zu suchen, ist es nun Zeit, sie auch zu finden. Jedes Mitglied der Gruppe muss jedoch vorher durch die Lektionen hindurch, die ein bedingungsloses Zusammenleben ohne Eifersucht und Ähnliches möglich macht. Diese Versuche wurden schon früher von euch gestartet und waren auch von einigem Erfolg gekrönt. Da jedoch die Umwelt um euch herum noch nicht wirklich dafür bereit war, zerfielen diese Gemeinschaften wieder und hinterließen in euch Wunden. Auch diese Wunden müssen erst geschlossen werden, wie so viele andere auch, bevor sich die Art von Zusammenleben entwickeln kann, die möglich und von euch im tiefsten Inneren eures Herzens gewünscht ist. Ihr seid nicht mehr alleine. Die Zeiten der Einsamkeit sind vorbei, nur müsst ihr noch die Konsequenzen daraus begreifen, bevor sich alle Familienmitglieder finden können. Fühlt in euer Herz, vertraut der Liebesenergie in euch, und sie wird euch dorthin führen, wo ihr ankommen könnt.

Dieses war St. Germain.

Ich möchte an dieser Stelle das Thomasevangelium zitieren, weil es so treffend hierher passt:

Thomasevangelium, Geniusverlag, 2003, Seite 22:

Jesus sah,
wie kleine Kinder gestillt wurden.
Er sprach zu seinen Schülern;
„Diese kleinen Kinder,
die gestillt werden,
gleichen denen,
die in das Reich eintreten."
Sie sprachen zu ihm:
„Werden wir als kleine Kinder in das Reich eintreten?"
Jesus sprach zu ihnen:
„Wenn ihr zwei zu eins macht,
und wenn ihr das Innere
wie das Äußere
und das Äußere wie das Innere
und das Göttliche
wie das Irdische macht
und ihr das Männliche
und das Weibliche
zu einer Einheit macht,
so dass das Männliche
nicht mehr männlich
und das Weibliche
nicht mehr weiblich ist;

wenn ihr ein Auge formt
statt eines Auges
und eine Hand statt einer Hand
und einen Fuß statt eines Fußes
und ein Abbild statt eines Abbildes
dann werdet ihr eintreten."

Ein Teil des Heilungsprozesses erfolgt über das Innere Kind, die kindliche Unschuld wird wiederhergestellt, könnte man sagen. Kinder wissen anfangs nicht, dass sie Junge oder Mädchen sind, sie sind einfach. Sie definieren sich erst als das eine oder andere, weil es die Umgebung ebenfalls tut. Dies geschieht sogar noch vor der Pubertät. Wieder Kind zu werden, wieder heil zu werden, bedeutet also auch, die Ausrichtung auf das Geschlecht nicht mehr so sehr ernst zu nehmen, sondern Männliches und Weibliches im eigenen Inneren gleichermaßen zuzulassen, zu gleichen Anteilen. Auch hier wird aus zwei eins gemacht.

Bei Paaren, deren beide Hälften dies vollzogen haben, tritt ein interessantes Phänomen auf: Sie fühlen sich und sind tatsächlich gleichberechtigt nebeneinander. Es gibt kein Dominieren mehr, es gibt ein gegenseitiges Zulassen und Seinlassen, wie man ist. Es ist eine Breite an Toleranz, die bisher noch kaum gelebt, doch nun immer häufiger werden wird. Bei solchen Paaren wird auch innerhalb der Beziehung eine Einheit hergestellt, sie verschmelzen so sehr miteinander, dass die Gefühlsregungen des anderen wahrnehmbar werden, dass sie letztlich auch telepathisch miteinander kommunizieren werden können. Sie sind dann wirklich.

Umgang in der Partnerschaft

St. Germain: Berührung, 05.05.2006

Ich sitze hier am Heiligenquell in Gräfendorf, erfreue mich am Plätschern der Quelle, an den Geräuschen, die die Tiere machen, und genieße einfach die Natur um mich herum. Es ist einer der hochschwingendsten Plätze der ganzen Gegend und der ideale Ort, um eine Botschaft über die Liebe zu empfangen.

Hier kommt nun, was St. Germain dazu zu sagen hat:

Liebe Menschen, man nennt mich St. Germain, obwohl ich schon viele Namen getragen habe, aber unter diesem bin ich vielen von euch bekannt, und meine Energiesignatur kennt ihr auch aus euren Träumen, unter anderem aus den erotischen Träumen, denn eine meiner Aufgaben ist es, die relativ brach liegende sexuelle Intelligenz in den Menschen wiederzuwecken und sie daran zu erinnern, dass die Sexualität nach dem Austoben der letzten Jahrzehnte eine weitere Qualität hinzubekommen soll. Das heißt, dass nun, da nicht mehr im Dunkeln und fast angekleidet „gemunkelt" wird, sondern Freiheit das Motto ist, auch hier eine Weiterentwicklung in Gang gesetzt werden kann.

Das Thema heute lautet daher Berührung, und mein Freund Kryon hat schon den Anfang gemacht. Ihr lest unsere Botschaften nicht in der Chronologie, wie wir sie unserer Partnerin durchgaben. Das hat mit ihren Prozessen und den Zeitqualitäten zu tun und auch damit, wie ihr was verarbeiten könnt.

Berührung ist das, was sich jeder Mensch erwünscht und dafür auch manche Kompromisse eingeht, die letztlich nicht immer gut für ihn sind. Ihr sucht etwas im Außen, was im Inneren anfangen sollte, also bei euch selbst. Die Liebe zu einem anderen Menschen beginnt immer bei dir selbst. Wenn du bis in dein Innerstes berührt werden willst, dann berühre dich selbst. Hier geht es jetzt nicht unbedingt um sexuelle Berührungen in Intimbereichen, sondern um das Streicheln der eigenen Haut, um zu erfahren, wie du dich anfühlst, und um deinem Körper zu zeigen: Ich liebe dich, ich liebe dich genauso, wie du bist.

Dein Körper antwortet vielleicht mit wohligen Schauern. Seht, eure Zellen haben Bewusstsein, alles hat Bewusstsein. Es gibt eine steuernde Intelligenz in euren Zellen. Wie sonst könnte alles so perfekt ablaufen?

Zufällig? Wohl kaum. Wenn du dieser Intelligenz ständig Botschaften sendest, die Abfälligkeiten über dich selbst enthalten, was geschieht dann wohl? Lerne, dein Denken, dein Fühlen, dein Handeln so umzuprogrammieren, deine „Matrix“ so zu verändern, dass du nur noch liebevolle Gedanken für dich selbst hegst, und das schaffst du, indem du mit liebevoller Berührung beginnst. Du kannst es zu einem morgendlichen Ritual machen, dich überall dort zu streicheln, wo du hinkommst, bevor du die restliche Routine abspulst. Wenn du dir etwas von anderen wünschst, beginne immer bei dir selbst. Möchtest du berührt, werden, dann berühre erst dich. Du sendest dabei Energie in deine Zellstruktur, so dass sie sich immer mehr und mehr verändern kann, heilen kann. Die Wirkung ist wirklich so tiefgreifend. Beobachte, was mit dir geschieht. Du wirst dadurch befähigt, immer mehr und größere „Liebesschwingungen“ zu halten. Du wirst feststellen, dass sich sogar das Verhalten deiner Umgebung verändert, weil du etwas an dir verändert hast!

Hast du einen Partner oder eine Partnerin, so dehne dieses morgendliche Ritual auf ihn oder sie aus. So könnt ihr euch auf einer neuen Ebene helfen und sogar neu kennen lernen. Gleichgültig, ob du den Partner für dein Dual, die Zwillingsflamme oder den Seelenpartner hältst, wenn ihr den Wunsch verspürt, die bestehende Beziehung in der Qualität dem Neuen Zeitalter anzupassen, so lernt, die feineren, subtileren Energien von euch wieder zu spüren. Beginnen könnt ihr, indem ihr euch an einem ruhigen Abend eine entspannte Atmosphäre schafft, zum Beispiel mit meditativer oder anderer gefühlvoller Musik, Kerzenschein usw. Entkleidet euch, einigt euch, wer beginnt, und dann streicht ganz leicht mit den Fingerspitzen nach und nach über die gesamte Hautfläche des anderen. Die Berührung sollte nur leicht sein, hauchzart. Lernt den anderen auf eine energetische Art und Weise kennen. Mit etwas Übung werdet ihr blockierte Stellen erspüren können, sendet in diese Liebe und Farben (fragt, welche Farbe benötigt wird), so dass sie sich auflösen können. Dieser Abend sollte keinen anderen Zweck erfüllen, nicht auf einen Höhepunkt oder sonst etwas hinzielen. Es soll nur darum gehen, den anderen im Außen und auch im Inneren zu berühren. Ihr werdet feststellen, mit euch beiden geschieht etwas, ihr verändert euch dabei. Je öfter ihr das durchführt, desto mehr werdet ihr beide die Energieströme erspüren können. Dies wird nach und nach auch im Umgang mit anderen seine Wirkung zeigen, weil ihr auch dort die Energieströme wahrnehmen lernt.

Diese Übung kann natürlich auch mit mehreren durchgeführt werden, doch sollte großes Vertrauen, Vertrautheit zwischen allen Beteiligten herrschen.

Wenn ihr dieses ein wenig geübt habt, dann schickt beim Streicheln ganz bewusst Liebesenergie durch eure Finger in den Körper des Liegenden, und wenn beide dies erfahren haben, dann darf geschehen, was geschehen will, oder ihr genießt einfach das Beisammensein und spürt den Energien nach, die zwischen euch fließen, lernt wieder die Feinheiten aufzunehmen und erkennt, wie stark diese sein können.

Wir geben euch auch noch Rituale zur Hingabe, durch die ihr jede Beziehung intensivieren könnt.

Dieses war St. Germain.

St. Germain: Sieben Stufen und Rituale der Hingabe

Wenn du deiner Beziehung eine neue Qualität geben möchtest, wende die folgenden Rituale, Mantren und Symbole an, und ihr transferiert euch in die Neue Zeit, eine Zeit, in der die Fühligkeit aller Menschen stetig zunimmt, ob sie nun spirituell arbeiten oder nicht. Es ist Evolution im Gange, und sie macht in diesem Zeitalter einen Riesenschritt nach vorne und vor niemandem Halt. Es ist gleichzeitig ein Wiedergewinnen von alten Fähigkeiten, gekoppelt mit den Erfahrungen ganzer Zeitalter dazwischen. Das wird sich in vielerlei Hinsicht auswirken und sich gerade in den Beziehungen untereinander zeigen.

St. Germain machte mir durch viele Lektionen klar, dass Hingabe der Schlüssel zu allem ist, auch (natürlich) in der Liebe zu einem anderen Menschen, und so gab er Mantren und Symbole, die uns zu mehr Hingabe zu unseren Partnern befähigen. Er zeigt uns sieben Stufen auf, parallel zu den ursprünglichen sieben Chakren. Da die vorderen Chakren mit den hinteren durch Kanäle verbunden sind, genügen sieben Stufen der Hingabe völlig, da es um Energie geht, die im ganzen Rumpf nach oben steigt, und nicht nur vorne oder hinten. Die Sexualkraft (Kundalini!) ist die spiritualisierendste und heilendste schlechthin, und so könnt ihr diese Kraft für euch gemeinsam nutzen.

Hier spricht St. Germain, liebe Menschen. Wenn ihr beginnt, diese Stufen der Hingabe zu leben, folgt dem Tempo, das für euch angemessen ist. Vertraut eurer Intuition, habt es nicht zu eilig, weil jede Stufe der Hingabe auch eine Stufe der Transformation ist. Wie ihr wisst, bin ich der Lenker des violetten Strahls, der die transformierende Kraft beinhaltet. Es wird auch eure Beziehung transformieren. Sich hinzugeben heißt nicht, unbedingt zu zweit zu sein, auch wer sich dem Leben, dem Alles-Was-Ist, der Erde hingeben will, kann diese Mantren und Symbole für sich nutzen. In diesem Fall entfallen die Rituale, aber die Kraft der Worte (Mantren) wirken auch bei einer einzelnen Person. Sie haben eine starke reinigende Kraft und heben Blockierungen auf. Also, auch wenn ihr noch auf der Suche nach einem Partner seid, könnt ihr diese Mantren als optimale Vorbereitung verwenden und vielleicht später gemeinsam mit dem gefundenen Partner wiederholen.

Erste Stufe

Die erste Stufe hat natürlich mit dem Wurzelchakra zu tun, in dem die Kundalini ruht. Wenn ihr diese Kraft gemeinsam mit eurem Partner nutzen möchtet, führt das folgende Ritual durch. In manchen Büchern wird vor der Weckung der Kundalini gewarnt, da es gefährlich wäre. Dies galt in früheren Zeiten, aber jetzt herrscht Ermächtigung für den Aufstieg, und so sind alle Regeln außer Kraft gesetzt, denn ihr schafft gerade eine Zivilisation mit neuen Regeln und Gesetzen. Die Kundalini ist ohnehin schon bei allen Menschen tätig und war es immer. Es hat sich nur die ganze Zeit die Frage gestellt, wie hoch sie steigen durfte. Auch hier hat es Veränderung gegeben, denn nun hat sie die Erlaubnis, bei allen Menschen mindestens bis zum Herzen aufzusteigen, und bei einigen anderen auch noch höher. Dies ist der Planet des Herzens und wird es auch immer sein, gleichgültig, welche Veränderungen er durchmachen wird. Dies ist eine Welt, auf der die Liebe gelebt wird, auch wenn dies manchmal schwer nachzuvollziehen ist, es ist dennoch so. In den letzten Jahrtausenden wurde die Liebe stetig gesteigert, und in den letzten zwei Jahrzehnten am meisten, und dies geht immer weiter und ist von niemandem mehr aufzuhalten, gleichgültig, wie die Ereignisse im Außen sich auch gestalten werden.

Hier ist das Symbol für die erste Stufe:

*Kopiert dieses Symbol, oder schlagt das Buch auf dieser Seite auf und legt es zwischen euch. Schafft eine entspannende Atmosphäre, setzt euch gegenüber und sprecht jeder in Gedanken oder laut das Mantra „**Farah**" zwölfmal aus. Seht euch dabei in das linke Auge, lasst zu, dass euer Gegenüber in eure Seele blickt, öffnet euch völlig. Lasst zu, dass euer Gegenüber euch als das erkennt, was ihr wart, seid und sein werdet: Ein Wesen aus Gottes Topf der Schöpfung, eine Wesenheit, die es wert*

ist, geliebt zu werden, die der Liebe würdig ist, der Liebe eines einzelnen Menschen, der Liebe vieler Wesen und auch der Liebe Gottes. Mehr ist für die erste Stufe gar nicht nötig. Danach könnt ihr tun, wonach euch zumute ist.

Dieses Ritual geht sehr tief, wie auch die anderen, und die Wirkungen werdet ihr schnell feststellen. Es wird die Kraft und Art eurer Sexualität verändern, intensivieren, in die Neue Energie übertragen. Das gilt ebenfalls für die Stufe Nummer zwei.

Zweite Stufe

Diese Stufe ist für das Sakralchakra und für die Öffnung der darin enthaltenen neuen Energien „zuständig". Die neue Energie ist in diesem Fall eine Steigerung der Schöpferkraft, der Kraft der Manifestation. Vielleicht ist euch schon aufgefallen, dass die Dinge, die ihr euch wünscht, schneller eintreffen. Manchmal sogar sofort. Ihr seid die Schöpfer eures Lebens, und wenn ihr an etwas glaubt, wird es wahr werden, nicht nur für euch selbst, sondern für all jene, die an das Gleiche glauben. Glaubt ihr an die Kraft der Liebe und sät Liebe, so werdet ihr auch Liebe ernten. Selbst Jesus, der Christus, erntete Liebe, auch wenn das damalige Leben für ihn am Kreuz endete, säte er Liebe, diese keimte und wächst nun immer mehr, und eines Tages wird die Ernte eingefahren werden, für manche sofort, für andere später. Aber es geschieht.

Hier ist das Symbol für die zweite Stufe:

Schafft eine ruhige, entspannende Atmosphäre und legt auch dieses Symbol zwischen euch. Sprecht das Mantra **„Silan"** wieder zwölfmal und legt dann gegenseitig den rechten Zeigefinger auf die Lippen eures Gegenübers. Die Lippen sind machtvolle Instrumente, über sie kommen die Worte der Liebe, wenn es soweit ist. Von diesem Moment an werdet ihr *euch nicht mehr belügen können, ohne dass es der andere bemerkt, und ihr werdet es auch nicht wollen. Wie ihr euch denken könnt, hat dies ebenfalls wieder Auswirkungen auf andere.*

Dritte Stufe

Bei der dritten Stufe geht es um Macht, da sie das Sonnenchakra betrifft, das Macht- und Ohnmachtsthemen beinhaltet. Hier geht es aber ausschließlich um die Macht der Liebe, die die stärkste Kraft darstellt. Wenn ihr dieses Ritual vollzieht, gebt ihr euch völlig der Macht der Liebe hin, nicht nur zueinander, sondern auch zu Allem-Was-Ist, also der Gottquelle.

Hier ist das Symbol für die dritte Stufe:

Dieses Symbol beinhaltet vier Punkte und vier „Abteilungen", weil es um die Macht der Liebe geht, die wiederum mit dem vierten Chakra verbunden ist.

Schafft eine ruhige, entspannende Atmosphäre und legt auch dieses Symbol zwischen euch. Sprecht das Mantra ***„Trajana"*** *wieder zwölfmal und reicht euch dann beide Hände, seht euch dabei wieder in die Augen und seid euch der Energien bewusst, die über eure Handchakren in das Energiefeld des anderen fließen. Fühlt diese Energien, sie sind mächtige Heilenergien, geschaffen aus eurer gegenseitigen Liebe heraus.*

Vierte Stufe

Diese Stufe ist die Stufe des Herzens und die für Beziehungen wohl wichtigste Ebene, die ihr erreichen könnt, denn von hier aus wird diese Welt neu geschaffen. Sie erreicht nun aus der Machtebene heraus die Herzensebene. Dies ist der Planet des Herzens, weil hier die stärkste Energie der Liebe kreiert wird, die überhaupt möglich ist, dafür wurde er geschaffen, dafür steht er und darum wurde um diese Welt gekämpft, immer wieder. Diese Welt ist genauso umkämpft, wie es Jerusalem einst war und noch ist, weil weithin bekannt ist, dass die Erde etwas Besonderes ist. In Jerusalem kämpfte man um den Ort, ohne zu wissen, was er beinhaltet, nämlich das Tor des Friedens, und das ist irgendwie widersinnig, nicht wahr? Kampf um des Friedens willen. Das kennt ihr aus der Geschichte zur Genüge, auch wenn es nicht immer der Wahrheit entsprach. Und um die Erde wurde gekämpft, weil sie etwas hat, was anderen Welten verlorengegangen ist: Liebe, Liebe zu sich selbst, Liebe zu Allem-Was-Ist. Wegen dieser Kraft der Liebe hat sie eine besondere Fähigkeit: Die Regeneration. Jeder, der die Macht und Kraft der Liebe wieder für sich annimmt und in Anspruch nimmt, wird diese Fähigkeit der Regeneration zurückerhalten und sie an andere weitergeben können, wenn er dieses möchte und es zu seinen Aufgaben gehört.

Diese Kraft der Regeneration hat schon viele nach hier gelockt, ohne dass sie verstanden haben, woraus sie resultiert: Nämlich aus der Wiedervereinigung dessen, was einst getrennt wurde. So widersprüchlich es im Moment auch noch aussehen mag, die Erde hat die Einheitsenergie, nach der alle suchen, die sich von der Quelle getrennt fühlen, und ist doch auch noch mehr als die Summe der Einzelteile.

Hier ist das Symbol für die vierte Stufe:

*Schafft eine ruhige, entspannende Atmosphäre und legt auch dieses Symbol zwischen euch. Sprecht das Mantra **„Mala“** wieder zwölfmal und legt dann die rechte Hand auf das linke Herz und die linke Hand auf das rechte Herz. Ihr kennt den Spruch: Er/sie hat das Herz auf dem rechten Fleck? Da kannte jemand die Wahrheit, nämlich, dass auf der rechten Seite eures Körpers ein „spirituelles Herz“ schlägt, das für die Einheit, für Alles-Was-Ist, „zuständig“ ist. Von diesem Moment an werdet ihr ständig das Herz für immer mehr Liebe öffnen, sowohl für euren Partner/eure Partnerin als auch für die Menschen und anderen Wesenheiten um euch herum. Seid euch bewusst, was ihr tut, und dann tut es.*

Vielleicht könnt ihr ja spüren, wie die Energie gegenseitig aus euren Handchakren in die Herzen fließt.

Fünfte Stufe

Diese Stufe hat mit dem Halschakra, mit der Kommunikation und der Kommunikationsfähigkeit zu tun, und wenn ihr diese Stufe der Hingabe leben wollt, seid euch bewusst, dass sich die Art eures verbalen Ausdrucks verändern wird. Ihr werdet mehr darauf achten, was ihr sagt, zu euch selbst und zu anderen. Ihr werdet mit der Zeit immer mehr spüren, wie viel Magie in jedem Wort steckt, welche große Wirkung Worte haben, ob sie nun wahrnehmbar ist oder nicht, sie ist immer da. Wenn ihr euch mit den gleichen Worten immer wieder „impft“, dann programmiert ihr euch auf genau diese Energie, also achtet darauf, was ihr denkt, was ihr sagt, was ihr tut.

Hier ist das Symbol für die fünfte Stufe:

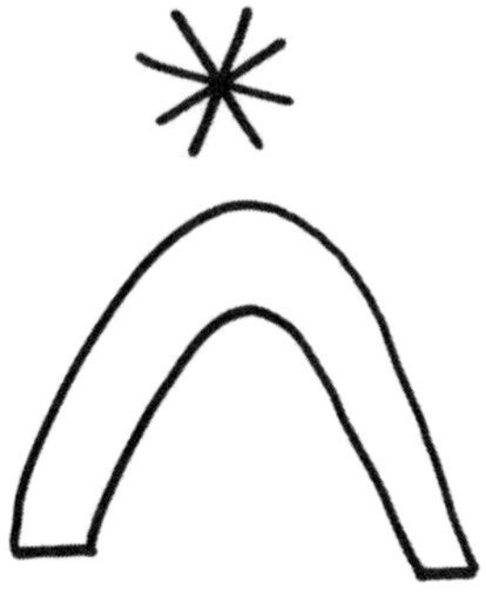

Schafft eine ruhige, entspannende Atmosphäre und legt auch dieses Symbol zwischen euch. Sprecht das Mantra ***„Molan“*** *wieder zwölfmal, und dann nehmt den Kopf des Partners in beide Hände, umfasst ihn so, dass die Handinnenkanten am Halsansatz und die Finger am Hinterkopf anliegen. Die Daumen liegen dabei am linken und rechten Unterkiefer (dort sind übrigens interessante Tore). Lasst die Energien aus euren Fingerchakren fließen, so lange ihr das Gefühl habt, dass es sein soll, und dann lasst geschehen, was immer geschehen will.*

Sechste Stufe

Diese Stufe hat mit der Erkenntnisfähigkeit, mit dem Stirnchakra zu tun. Wenn ihr euch dem Fluss des Lebens hingebt, kann es vorkommen, dass ihr zu Erkenntnissen geführt werdet, die euer Leben völlig umkrempeln werden, da sich eure Sicht der Welt und damit auch Beziehungen verändern werden. In dieser besonderen Zeit wird das innere Wissen, das ihr auf viele Welten, in vielen Leben gesammelt habt, wieder aktiviert, und wenn ihr bereit seid, euch neuen/alten Erkenntnissen zu stellen, dann führt das folgende Ritual durch.

Hier ist das Symbol für die sechste Stufe:

Schafft eine ruhige, entspannende Atmosphäre und legt auch dieses Symbol zwischen euch. Sprecht das Mantra ***„Seth“*** *zwölfmal, dann legt den linken Zeigefinger auf das Stirnchakra eures Partners und lasst die Energie fließen, die fließen möchte.*

Siebte Stufe

Die siebte Stufe der Hingabe bedeutet auch, oder ganz speziell, sich dem göttlichen Prinzip, dem Allem-Was-Ist, und auch eurem Partner, eurer Partnerin, hinzugeben und alles genau so zu nehmen und zu akzeptieren, wie es ist.

Hier ist das Symbol für die siebte Stufe:

*Schafft eine ruhige, entspannende Atmosphäre und legt dieses Symbol zwischen euch. Sprecht das Mantra **„Om“** wieder zwölfmal, dann legt ganz leicht die Lippen aufeinander zum Zeichen der gegenseitigen Hingabe. Ihr werdet feststellen, dass auch hier Energie fließt. Das tut sie immer. Das Mantra und die vorherigen Symbole und Mantren werden euch sensibilisieren, so dass ihr in jeder Hinsicht immer fühliger werdet.*

Mit diesen Ritualen nimmt eine Entwicklung ihren Lauf, die euch in neue Dimensionen der Liebe führen wird, sowohl eurer gegenseitigen Liebe als auch der Liebe zur Erde und zu Allem-Was-Ist. Also führt diese Rituale nur durch, wenn ihr beide dazu bereit seid.

Dieses war St. Germain.

Mein Partner und ich fanden noch eine achte Stufe, ein achtes Ritual der Hingabe: Der männliche Part setzt sich bequem so hin, dass der weibliche Part sich mit dem Rücken an die Brust lehnen kann. Der männliche Part gibt also das, was man Herzrückendeckung nennt. Legt die Hände ineinander und atmet dann für eine ganze Weile im gleichen Rhythmus. Bei diesem Ritual findet eine Art Verschmelzung statt, wird eine Einheit hergestellt. Findet heraus, was das für euch selbst bedeutet.

Sananda: Nähe und Distanz

(gechannelt von Hans Mösl)

Ich war vom 25.05. bis 27.05.2006 mit meinem Freund im Raum München unterwegs. Hans Mösl ist einer meiner Seminarteilnehmer, der das Channeln erlernte, und so bat Sananda darum, durch ihn eine Botschaft für dieses Buch durchgeben zu dürfen, da jedes Channel seine eigene Art der Anbindung nach oben hat und auch eine eigene Form der Übersetzung der Lichtsprache, über die die Botschaften einfließen. Durch jedes Channel fließen die Energien anders beziehungsweise werden anders interpretiert, so wie ein Dolmetscher nie eine völlig identische Übersetzung liefern könnte. Das hängt zum einen vom Wortschatz, aber auch von der Möglichkeit des Begreifens der Konzepte hinter der eigentlichen Aussage ab. Dazu habe ich ja anfangs schon einiges erläutert.

Wir saßen zwischen zwei 300 Jahre alten Linden in Geisenfeld. Hier nun was Sananda zu sagen hatte:

Seid gegrüßt, liebe Menschen, hier spricht Sananda zu euch, zum Thema Liebe. So wie ich hier im Moment eingebettet bin zwischen einer mächtigen männlichen und einer mächtigen weiblichen Wesenheit (Anmerkung von P. P.: Er spricht von den Linden, zwischen denen wir sitzen), *so mächtig seid auch ihr.*

Linden, die die Kraft des Herzens und des Friedens in sich tragen, sind wie die Menschen, für die das gleiche gilt. Hier ist ein Platz der Kommunikation, denn um Linden wird getanzt, gefeiert und gelacht, hier begegnen sich Menschen. Hier an diesem Platz wird ganz deutlich, wie Gemeinschaft in Zukunft auszusehen hat, denn es kommt darauf an, dass wir (wir hier „oben" und ihr da „unten" sind eins, daher benutze ich das „Wir", und auch weil ich unter euch weile, kann ich das „Wir" benutzen) den richtigen Abstand, die richtige Distanz zueinander einnehmen, nur dann können sich unsere Energien befruchten und gemeinsam ein Kraftfeld erzeugen, das wesentlich größer ist als die Summe der Einzelteile. Wenn wir zu weit voneinander entfernt, getrennt, bleiben, schöpfen wir unser Potenzial nicht aus, dann verschenken wir es, aber nicht zum Nutzen für irgendwen, sondern es wird verschleudert.

Diese besondere Zeit fordert uns auf, eben nichts zu verschenken, sondern das optimale Potenzial zu entwickeln. Wenn wir uns dagegen zu nahe kommen, blockieren wir uns unsere Energie, die Energiefelder, und hier ist nicht die Nähe gemeint, die wir kurzzeitig (auf intime Weise) herstellen, sondern es geht um die Nähe, die wir dauerhaft herstellen. Wenn wir uns an den anderen klammern, ihm keine Freiheit gewähren, dann entsteht Einschränkung, Blockade, und wir schaffen Beziehungen, die sich früher oder später auflösen werden (durch Trennungen oder Tod), weil niemand diese Einschränkung auf Dauer erträgt. Durch die Transformation, die die Erde im Moment erfährt, werden solche Beziehungen regelrecht gesprengt.

So sind wir aufgerufen, die richtige Distanz zu finden, in der wir uns begegnen können, um das Spiel um Distanz und Nähe zu begreifen. Dort, wo es uns hinzieht, darf große Nähe hergestellt werden, aber es gilt auch zu spüren, wann es Zeit ist, wieder Raum zu geben zwischen uns, und wenn wir es versäumen, uns nach großer Nähe wieder Raum zu geben, werden die Verletzungen, die wir uns zufügen, darauf aufmerksam machen, nicht festzuhalten an Glücksmomenten, an Erlebnissen der Verschmelzung. Es ist wichtig, dass wir immer wieder ein Stück auseinander gehen, ganz in unsere eigene Kraft. Nur von diesem Punkt, dem eigenen Raum aus, schöpft jedes Individuum sein maximales Potenzial, und wenn wir uns von diesem Punkten aus wieder begegnen, uns annähern, dann kann passieren, was schon in früheren Kulturen praktiziert wurde, was zum Beispiel zwischen Maria-Magdalena und mir gepflegt wurde.

Durch unsere Begegnungen, durch unser Zusammensein konnten wir ein Kraftfeld schöpfen, aus dem ich, Jesus von Nazareth, die Kraft erhielt, den Weg zu gehen, den ich damals gegangen bin, eine Kraft, die in jedem von euch schlummert und geweckt werden will.

Und so ist es Zeit für uns Männer, den Frauen zu begegnen – „auf gleicher Augenhöhe", und trotzdem in der Verehrung, in der Achtsamkeit, in der Demut zu bleiben. Die Zeiten, in der wir Männer uns durch Frauen nährten, an ihrer Energie Anteil hatten und sie benutzten, sind bald endgültig vorüber. Diese Zeit war notwendig, um beiden Seiten Einsichten zu gewähren. Doch nun kommt eine Zeit, in der die Frauen ihren Weg, ihre ganze Würde, Schönheit und ihren Wert wiederfinden und die Männer sich auf ihre Taten und deren Auswirkungen besinnen werden. Dies wird dazu führen, dass wir uns wieder an unsere eigentliche Kraft erinnern und erkennen, dass die Aufgaben, die uns die Zukunft stellt, nur in der Gemeinsamkeit mit Männern und Frauen bewältigt werden können. Und so sind wir Männer und Frauen aufgefordert zu lernen, uns in dieser neuen Qualität des Miteinanders zu üben, und wir werden reich beschenkt werden. Je mehr es uns gelingt, dieses Kraftfeld zwischen Männern und Frauen auf angemessene Weise zu schöpfen, desto mehr wird es für uns zu einer Quelle der Göttlichen Kraft. Dieses Potenzial wird uns Menschen in unsere ganze Schöpferkraft führen, die wir nur gemeinsam besitzen.

Soviel für den Moment, und denkt immer daran, das Einzige, was zählt, ist die Liebe, die Liebe zu euch selbst, und wenn ihr diese gefunden habt, könnt ihr sie nach Außen tragen durch euer Sein in Liebe.

Dieses war Sananda durch Hans Mösl.

Hilfreiche Meditationen

White Eagle und das Krafttier

Hier spricht White Eagle, und um dieses Channel für meine Botschaft vorzubereiten, wurde sie mehrmals durch die Sauna (ich würde sie Schwitzhütte nennen) „gejagt“, und danach noch in einen Chakrentherapieraum. Warum war das notwenig? Da nun viele Umbauten in den Körpern von Erwachenden nötig werden, fallen dort auch viele Abfallstoffe an, und diese müssen entsorgt werden. Durch die Prozesse der vorherigen Tage mussten sie in unserer Partnerin erst entfernt werden, und das ist bei euch, liebe Leser und Leserinnen, ebenfalls oft der Fall. Bevor der nächste Schritt getan werden kann, müssen die Auswirkungen der vorherigen Schritte integriert werden, und manchmal bedeutet das, „den Abfall“ vor die Tür zu bringen. Zusätzlich zu den Verschlackungen, die ihr ohnehin im Körper lagert, kommen also noch die der Umbauten hinzu, und aus diesem Grund ist hier ständige Säuberung notwendig, zumindest noch in den nächsten Jahren.

Ich habe mich bisher noch nicht durch diesen Kanal gemeldet, doch wollte ich einen Beitrag zu diesem Buch leisten, und daher wurden einige Vorbereitungen notwendig, um dies zu ermöglichen, was unter anderem diesen Saunabesuch einschloss.

Was kann ich nun noch beitragen bei all der Hilfe, die hier schon eingeflossen ist, und ich möchte euch sagen: Hilfe kann es gar nicht genug geben, um euch so gut es geht zu unterstützen, und meine Hilfe ist ebenfalls eine Meditation, eine Meditation, die zu eurem Krafttier führt.

Wie ihr wisst, sind die eingeborenen Völker sehr viel enger an die Natur angeschlossen als die meisten „zivilisierten“, mit Ausnahme von Einzelpersonen, und so haben sie auch eine enge Verbindung zur Tierwelt. Ich möchte euch dazu verhelfen, euch einerseits ebenfalls wieder enger an die Tiere anzuschließen und euch andererseits eine Hilfestellung, einen Berater zur Seite stellen. Dies geschieht, indem wir herausfinden, welches Krafttier für euch „zuständig“ ist, mit welchem Tier ihr in Liebe verbunden seid. Wenn ihr wisst, welches es ist, könnt ihr euch mit ihm in Verbindung setzen und euch Ratschläge für euer Leben einholen. Es ist, also ob ihr einen treuen Freund gefunden hättet, der einen größeren Überblick als ihr besitzt und ihr daher entsprechende Hilfe erhaltet.

Dies geht wiederum über eine Meditation.

Meditation

Stell dir bitte vor, du befindest dich auf einem großen Kreuzfahrtschiff, jedoch bist du der einzige Passagier, und es gibt auch keine für dich sichtbare Besatzung. Das Schiff legt ab und bringt dich über das Meer. Die Sonne sinkt langsam dem Horizont entgegen und erfreut dich mit ihrem Farbenspiel. In dem Moment, in dem sie das Firmament berührt, kannst du auf ihrer linken Seite eine Insel erkennen, die das Ziel deiner Reise ist. Der Mond geht auf, die Sterne sind zu erkennen, und dein Reisefahrzeug legt an einem Landungssteg an. Du gehst von Bord, und Trommeln locken dich und laden ein, ihrer Stimme zu folgen, und du tust dies auch. Feuerschein ist durch den Dschungel zu sehen, und du gehst in diese Richtung. Dort scheinen Leute zu sein, denn es huschen immer wieder Schatten vor dem Feuer hin und her. Es wird nun immer heller, weil ein großes Feuer ein großes Areal beleuchtet, und du betrittst den Kreis, der durch das Feuer beschienen wird, doch wieder ist niemand zu sehen. Du nimmst vor dem Feuer Platz, um dich daran zu wärmen, obwohl dir nicht wirklich kalt ist. Verharre bitte einige Minuten und blicke ins Feuer.

Nun spürst du, dass jemand hinter dir sein muss, denn du kannst, wie auch immer, eine Bewegung wahrnehmen. Um den Besucher nicht zu erschrecken, drehst du dich nun langsam zu ihm um, und was du nun siehst, ist dein Berater, dein Krafttier. Frage es nach seinem Namen, und wenn es ihn dir verrät, hat es dich akzeptiert, und du kannst beginnen, Fragen zu stellen.

Wichtig ist, dass du den Antworten vertraust, denn sie sind für dich zu diesem Zeitpunkt richtig und wichtig, um dich in deinem Prozess voranzubringen. Habe Vertrauen und lass alle Ängste los, die dich am Vertrauen hindern.

Wenn du alles gehört hast, was du hören solltest, begib dich wieder auf den Weg zurück zu deinem Schiff. Wenn du an Bord bist, wird es ablegen und dich zu deinem Ausgangsort zurückbringen.

Wie kommt ihr nun immer mit ihm in Kontakt, wenn ihr das möchtet? Nun, über seinen Namen. Nennt ihn zwölfmal in Gedanken, dann ist es bei euch und ihr könnt eure Frage stellen. Ihr werdet feststellen, dass solch ein tierischer Berater sehr nützlich ist und noch einmal einen anderen Blickwinkel einnimmt als eure sonstigen Führer, ob ihr diese nun schon wahrnehmen könnt oder nicht, spielt dabei keine Rolle. Für alle, die sie nicht wahrnehmen können, ist das Krafttier ein leichterer Zugang zur Geistigen Welt und für die anderen ein zusätzlicher „Sonderbotschafter".

White Eagle wünscht euch viel Freude mit eurem Krafttier.

Tobias und die Wohnung

Hier spricht Tobias, eine Engelwesenheit. Ich möchte euch eine Meditation mit auf den Weg geben, die euch Klarheit über euren derzeitigen (spirituellen) Stand bringen wird. Aber verbindet damit bitte keine Wertung, sondern erkennt einfach, wo ihr derzeit steht und wo ihr ansetzen könnt, um weiterzugehen.

Wir werden dazu eure Wohnung zu Hilfe nehmen, in der Annahme, dass jeder von euch ein Bad, eine Küche, ein Wohnzimmer und ein Schlafzimmer hat. Bei wem das nicht der Fall ist, der denkt sie sich oder erinnert sich an die Zimmer aus der Kindheit oder eine frühere Wohnung.

Liebe Menschen, geht bitte in Gedanken in das Jahr 2000 zurück, das aus vielen Gründen ein besonderes war. Stellt euch eure Wohnung zu dieser Zeit vor, und nun seht euch an, wie viel Müll in den einzelnen Zimmern zu dieser Zeit vorhanden war. Die Wohnung steht natürlich für euch selbst, und wir wollen gemeinsam mit euch einen Vergleich anstellen, mit dem, was damals in euch war, und dem, was heute noch in euch ist.

Bevor wir euch erläutern, welches Zimmer wofür steht, wandert doch bitte durch die vier Räume und seht die Höhe des Müllbergs in euch, messt ihn anhand eurer eigenen Körpergröße. Reichte euch der damalige Müll bis an den Hals oder sogar darüber hinaus, oder war er nur knietief? Betrachtet jede Ecke des Raumes, jedes Zimmer, und nehmt die Eindrücke auf, die sich euch bieten.

Pause

Und nun, ihr lieben Menschen, stellt euch die gleichen Zimmer im heutigen Istzustand vor. Geht noch einmal durch alle vier Zimmer: Wohnzimmer, Küche, Bad und Schlafzimmer und vergleicht das, was ihr seht, mit dem, was ihr vorher gesehen habt. Daran könnt ihr ermessen, welche gigantische Reinigungs- und Klärungsarbeit ihr in diesen sechs Jahren geleistet habt. Früher haben Yogis und Yoginis dafür ein ganzes Leben benötigt. Sie hatten aber auch nicht so viel Hilfe wie ihr in der heutigen Zeit.

Das Badezimmer steht für euren physischen Körper. Hier wird er gereinigt, hier werden Körperstoffe aller Art entsorgt. Am Stand des Mülls darin könnt ihr einiges für euch ablesen, nämlich, wie euer derzeitiger Gesundheitszustand ist. Jeder Platz in diesem Raum steht sogar für einen bestimmten Körperteil. Die Toilette für das Verdauungssystem (ist sie ver-

stopft, solltet ihr euch dringend darum kümmern). Die Dusche beziehungsweise die Badewanne steht für den Rumpf. Das Handwaschbecken für Arme und Beine und der Spiegel für den Kopfbereich.

Mit diesem Wissen geht nun noch einmal durch euer Badezimmer und seht euch nach den Einzelheiten um. Sind noch Flecken auf dem Spiegel? Wenn ja, welche Partie eures Kopfes ist nicht zu sehen? Dann ist dort noch etwas zu erledigen.

Die linke Seite des Handwaschbeckens steht für den linken Arm und das linke Bein. Demzufolge ist die rechte Seite für den rechten Arm und das rechte Bein „zuständig". So könnte man alles genau zuordnen, doch sollt ihr noch einen eigenen Spielraum für eure Intuition behalten, und so verfolgt eure Gedankengänge bei diesem Blick in euer Bad, also in euren physischen Körper, und zeichnet auf, was euch wichtig erscheint.

Das Schlafzimmer steht für den Emotionalkörper, um die alte, klassische Einteilung zu benutzen, denn alles andere würde zu kompliziert. Hier ist also der „Müll" zu betrachten, der aus euren Emotionen herrührt.

Die Küche steht für den Mentalkörper, also für die Gedanken.

Das Wohnzimmer steht für den Kausal- bzw. Spiritualkörper. Mir ist bewusst, dass dies alte Begriffe sind, doch mit ihnen können die meisten etwas anfangen. In den meisten Häusern und Wohnungen gibt es mehr Zimmer, und so ist es hier auch, aber diese vier sollen uns genügen.

Nehmt nun die Eindrücke der einzelnen Zimmer wahr und feiert, was ihr schon alles geleistet habt, und seid euch bewusst, was es noch zu tun gibt, ohne darüber zu erschrecken, wenn es euch noch viel vorkommen mag.

Wenn ihr euren Stand kennt, könnt ihr diese Meditation noch einmal durchführen, also die Isträume aufsuchen, um vielleicht den einen oder anderen Müll in die Hand zu nehmen und zu erkennen, worum es sich handelt, und dann setzt ihn vor die Tür, bringt ihn hinaus in die Mülltonne, wenn er sich hochheben lässt. Es können alte Glaubensmuster sein, karmische Erfahrungen, unangenehme Gefühle, was auch immer herumliegt, darf nun Stück für Stück entsorgt werden, so dass ihr irgendwann einen reinen Körper und einen reinen Geist habt. Aber wenn ihr glaubt, dass euch dann langweilig wird, teilen wir euch mit, dass es noch so etwas wie ein Dachgeschoss gibt, (die Höheren Lichtkörper), und auch diese wollen „bearbeitet" werden, doch sind die Räume nicht mit dem riesigen Müllberg belastet, sondern es geht hierbei um sehr grundsätzliche Erfahrungen, die bis zum Austritt aus der Quelle reichen und daher erst angesehen werden können, wenn ihr euch von dem Müll der unteren Etagen befreit habt.

Interessant ist hierbei, dass ihr, um zum Beispiel den Müll aus dem Bad hinauszubringen, nicht immer den gleichen Weg geht, sondern dabei auch die anderen Zimmer betretet und sozusagen im Vorbeigehen auch von dort gleich etwas auflest, so dass nicht an einem einzigen Zimmer kontinuierlich gearbeitet wird, sondern im Prinzip an allen gleichzeitig, wobei es natürlich Schwerpunkte der Bearbeitung geben mag, wenn es beispielsweise um eine Krankheit geht.

Diese Meditation ist ein Geschenk, um euch euren Prozess zu erleichtern und euch schneller aus dem Leid herauszuführen.

Dieses war Tobias in grenzenloser Liebe und Freude, dass diese Arbeit nun nicht mehr nur von nur Einzelnen getan wird, sondern von so vielen!

Kryon, Metatron und Michael im Dreiergespann:

Mantren und Symbole für die Heilung von Beziehungswunden

In den Monaten März bis Mai des Jahres 2006 wurde ich von dem Dreierteam Kryon, Michael und Metatron oft mehrmals in der Woche in die Sauna „gejagt", um immer wieder die nötige Klarheit für neue Symbole zu erhalten. Worte zu channeln ist kein Problem mehr, doch komplexe Strukturen zu erkennen, die auch noch mehrdimensional sind, und sie dann auf zwei Dimensionen „herunterzutransformieren", so dass sie nicht an Kraft verlieren, das hatte ich so noch nicht gemacht und erforderte daher besondere Maßnahmen. Ich machte also meine Saunagänge und zeichnete dann, was ich fühlte. Ich konnte die Symbole nicht „sehen", sondern „nur" fühlen. Wenn ihr eure linke Hand darüber haltet, werdet ihr merken, was ich damit meine.

Insgesamt wurden es mehr als fünfundfünfzig Stück, die in dem Buch *Mantren und Symbole im Regenbogenzeitalter* vorgestellt wurden (erschienen im Januar 2007 im Smaragd Verlag), doch einige sollten unbedingt mit in dieses Buch, und zwar diejenigen, die direkt mit der Liebe oder dem Mangel daran zu tun haben, beziehungsweise mit den Wunden, die daraus entstanden sind.

Es gibt Symbole von Kryon, die einigen von diesen hier ähnlich sehen, doch sind dies kristalline Strukturen, dienen also mehr der Informationsübermittlung. Diese Symbole hier sind elektro-magnetischer Natur und haben auslösenden Charakter. Das heißt, sie bringen Bewegung in starre Strukturen, Muster, Glaubenssätze usw.

Wer mit ihnen arbeitet, sollte sich der Eigenverantwortung bewusst und sich darüber im Klaren sein, dass die Benutzung konkret im Körper Wirkung zeigen kann, zum Beispiel durch Grippe ähnliche Symptome oder andere Reinigungsprozesse.

Verwende das Symbol, indem du es vor dich hinlegst, es ansiehst und im Geiste so lange wiederholst, bis du das Gefühl hast, es ist genug. Benutze es, so oft du es brauchst, bis das Thema erledigt ist.

Die Kommentare zu den Mantren und Symbolen werden von Kryon, Michael und Metatron als eine Art Gruppeneinheit gegeben.

a) Jesarah

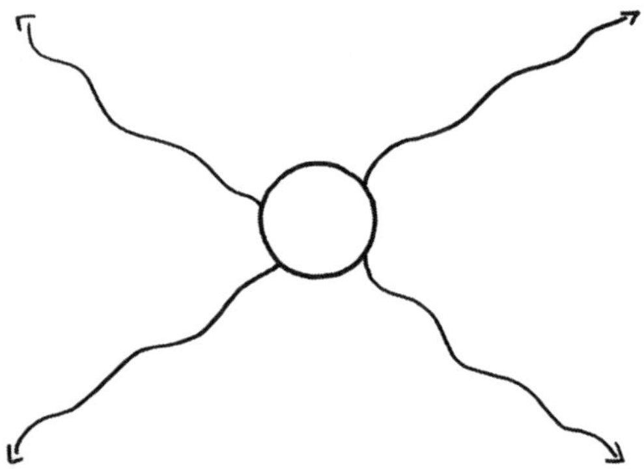

Jesarah setzt sich aus Jesus und Sarah zusammen und hat eine entsprechend starke Wirkung, da Sarah seine Tochter war.

„Jesarah steht für die Stärke des Herzens. Wenn du Probleme in deiner Beziehung hast, kannst du damit die geschlagenen Wunden wieder heilen. Selbst wenn du aus diesem Leben keine Wunden aus partnerschaftlichen Beziehungen hast (was nicht sehr wahrscheinlich ist), so können noch solche aus früheren Leben vorhanden sein, wobei es nicht einmal Leben auf diesem Planeten sein müssen. Auch hierfür kannst du Jesarah verwenden. Auch auf anderen Planeten gibt es Leben und somit Herausforderungen, die Wunden hinterlassen können. Dieses Symbol und das Mantra bearbeiten also speziell die Wunden aus Ehen und eheähnlichen Beziehungen.

Sei dir bitte darüber klar, wenn du dieses Symbol benutzt, werden die Wunden von innen heraus nach außen heilen. Oberflächliche Vernarbungen können noch einmal aufgerissen werden, damit auch die Narben ausheilen. Benutze es also nur, wenn du bereit bist, dir diese Narben anzusehen. Der damit verbundene Schmerz kann noch einmal „hochkommen", wie in der Hömöopathie also zu einer Art Erstverschlimmerung führen. Lass dieses zu, „koste" es voll aus, schreie, weine, tue alles, was dir hilft, die Energie loszulassen (außer dich oder andere zu verletzen natürlich), damit der Stau endgültig gehen kann und du nicht mehr darin gefangen bist. Jeder Energiestau im Körper bzw. auch in den Chakren ist eine Art Gefängnis, innerhalb dessen bestimmte Verhaltensregeln gelten. Baust du dieses Gefängnis ab, wirst du frei. Allerdings habt ihr viele solche Ge-

fängnisse um euch herum, und je mehr ihr davon abbaut, umso freier werdet ihr im Denken, Fühlen, Sprechen und auch Handeln.

Die Menschen auf der Erde sind nun dabei, sich aus den selbst geschaffenen Gefängnissen zu befreien, sowohl global als auch persönlich, und dabei helfen wir, so wie wir es einst vereinbarten."

b) Sarah

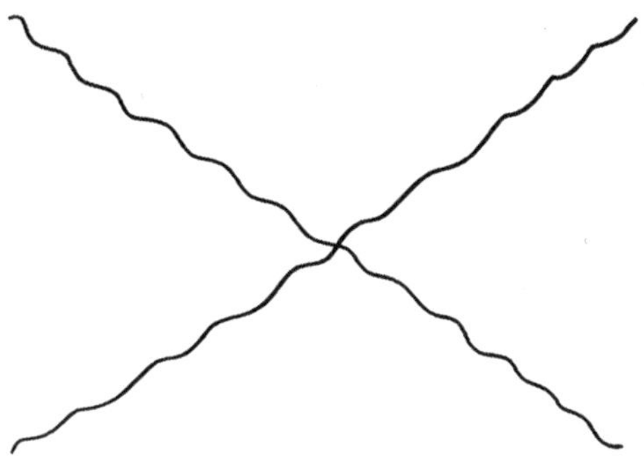

„Sarah ist auch ein Name, aber in erster Linie ist es ein Mantra, das mit besonderer Energie geladen ist. Im Grunde ist das bei jedem Namen der Fall, denn jeder Name hat ja auch eine Bedeutung, also ein vollständiges Energiepaket im Hintergrund. Alle Menschen gleichen Namens sind Halter der gleichen Schwingung. Sie kreieren ein Morphogenetisches Feld mit einer ganz bestimmten Sinuskurve. Ist euch schon aufgefallen, dass Namen „der Mode" unterworfen sind? Sie tauchen auf und verschwinden wieder, je nachdem, wo und wann ihre Energie gebraucht wird. Manche Namen, wie die aus der Bibel, existieren schon mehr als zweitausend Jahre, und wenn ihr an die Namen der Jünger von Jesus denkt, so hat es seinen Grund, dass sie nach wie vor präsent sind, und zwar nicht nur in einem Buch, sondern lebendig in den Menschen. Das hat damit zu tun, dass genau die Energie über lange Zeit erhalten bleiben musste und muss, um zu dem Schwingungsmix beizutragen, der eure Wirklichkeit bildet.

Sarah nun ist geladen mit einer Energie, die traumatische Erfahrungen mit Müttern und Vätern auflöst. Die erste Sarah, die es je gab, hatte eine Kindheit ohne traumatische Erfahrungen mit den Eltern oder ihrer Umgebung, und das zu einer Zeit, nämlich vor ca. 3000 Jahren, in der dies absolut einmalig war. Sie wuchs innerhalb eines Kraftorts auf, der permanent ihre Schwingungen hochhielt. Sie verließ diesen Ort, der ca. 5 km Durchmesser hatte, während ihrer Kindheit niemals. Sie lernte keinerlei Gefahren kennen, und da auch die Eltern an diesem Ort lebten, konnten diese ihre große Liebe aufrechterhalten, völlig ohne Störungen. Die drei lebten abseits der Zivilisation. Als die Eltern gestorben waren (sie bereiteten ihre Tochter darauf vor und gingen gemeinsam hinüber), blieb Sarah an ihrem Heimatort. Sie war sich darüber im Klaren, dass es andere Menschen gab und darüber, dass sie aus wichtigen Gründen von ihnen fern gehalten wurde, und im Bewusstsein ihrer Bestimmung führte sie ein glückliches Leben, immer in Kommunikation mit der Natur, den Tieren, den Pflanzen, so dass sie auch nicht einsam war, sondern in völliger Harmonie mit sich und ihrer Umwelt lebte. Als sie hinüberging, war dies ein völliges Verschmelzen mit dem Ort, an dem sie lebte, so dass du ihre Energiesignatur dort noch immer finden kannst.

Auf Grund dieses Lebens ist der Name Sarah (und es ist keineswegs ein Zufall, dass dieser Name seit einigen Jahren ebenfalls wieder „Mode" ist) nicht traumatisch belastet und hat daher die Fähigkeit, Traumata aufzulösen. Jedes Kind mit diesem Namen tut das, meist unbewusst, doch in diesen besonderen Zeiten wird der Schleier des Vergessens immer dünner, und die Menschen, die nun geboren werden, „wissen" mehr von dem, was sie sich für dieses Leben vorgenommen haben, und mehr von dem, was vor der Geburt war.

Wenn ihr dieses Mantra gemeinsam mit dem Symbol benutzt, können alte Gefühle wieder hochsteigen, die ihr nicht aufgelöst, sondern nur verdrängt habt und so tut dies nur, wenn ihr bereit seid, euch ein letztes Mal dem zu stellen, was da im Unterbewusstsein noch schlummern mag. Eine begleitende Maßnahme könnte das Familienstellen nach Hellinger sein. Lasst alle Gefühle zu. Wenn ihr bis hierher in eurem Prozess gekommen seid, sind nur noch Reste vorhanden, die sich schnell auflösen können, wenn du es zulässt."

Allein bei dem Gedanken, das für mich persönlich durchzuführen, bekam ich zunächst Schmerzen im Sonnenchakra (Solarplexus) und musste weinen, dabei hatte ich noch nicht einmal angefangen. Als ich dann das Blatt vor mir hatte und das Mantra benutzte, stiegen Bilder aus der Kindheit in mir auf, die wirklich traumatisch gewesen waren. Einige kannte ich noch nicht, andere schon. Meine Mutter war zum Beispiel, als ich ungefähr neun war, aus der heißen Badewanne gestiegen und ohnmächtig auf dem Boden aufgeschlagen. Ich wusste damals nicht, dass es so etwas wie Ohnmacht gibt, und so dachte ich, sie wäre tot. Es waren vermutlich die längsten Minuten meines Lebens, bis sie wieder aufwachte. In diesen Minuten machte ich die Hölle durch, denn ich liebe sie sehr, und bei dem Gedanken, nun ohne sie sein zu müssen (meine Eltern hatten sich ein Jahr zuvor getrennt), war ich völlig verloren im Nichts des Lebens.

Als Folge dieser Meditation bekam ich Unterleibsschmerzen, die ich auflöste, indem ich die Farbe Perlmutt einatmete und Grau aus.

c) Shi-La-Re

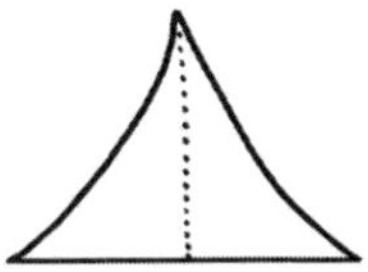

„Dieses Symbol hilft dir dabei, deine Liebesfähigkeit zu steigern. Es weitet dein Herz. Es durchlichtet dunkle Stellen. Es wird aufzeigen, an welchen Gedankenmustern du noch arbeiten kannst, um immer mehr Liebe zu fühlen und diese auch auf andere zu übertragen. Shi-La-Re arbeitet sehr intensiv an all den Blockaden, die dich daran hindern, dich selbst und andere in Liebe anzunehmen. Es ist durch die Form des Dreiecks gleichzeitig ein Schutz davor, mit den Mustern anderer „zusammenzustoßen“. Das heißt, wenn du dieses hier liest, hast du ja schon aktiv an dir gearbeitet und viel Altes hinter dir gelassen, weil du es nun nicht mehr benötigst. Dies gilt jedoch nicht zwangsläufig für die Menschen in deiner Umgebung, und so kannst du dieses Symbol in deine Aura „pflanzen“ bzw. dich daran erinnern, dass es da ist, wenn du weißt, dass du mit jemandem zusammenkommst, der die Dinge noch nicht losgelassen hat, die du schon entfernt hast. Du schickst diesem Menschen also Liebe, ohne dein eigenes Energiefeld zu belasten. Du übernimmst nicht automatisch. Viele Menschen in ihrem Spiritualisierungsprozess neigen dazu, anderen helfen

zu wollen, indem sie ihnen Dinge abnehmen, doch das ist nur selten erlaubt, angebracht und angemessen.

d) Om-Ta-Na

„Dieses Mantra bedeutet „Die Macht der Liebe, die alle Wunden heilen kann", da sie das Einzige ist, was letztlich bleibt. Wie dein Leben auch bisher verlaufen ist oder weiterhin verlaufen wird, allein die Liebe zählt. Die Liebe zu dir selbst, die Liebe zu anderen Menschen, die Liebe zur Natur, zur Erde, zu Allem-Was-Ist. Die Liebe zu allen gemachten Erfahrungen, ob sie nun angenehm waren oder nicht."

e) Mora

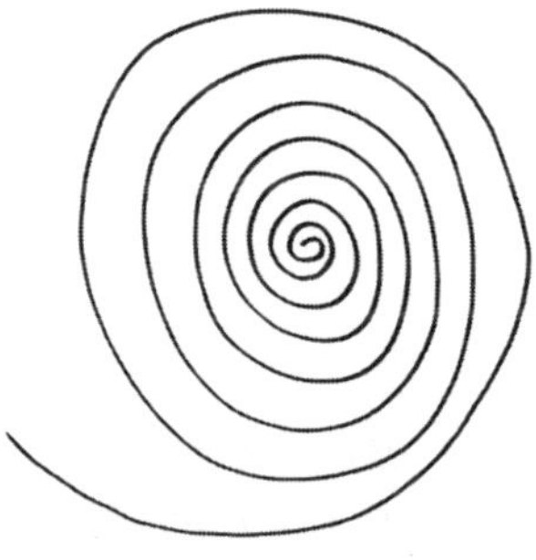

„Mora ist ein Mantra, das euch dabei hilft, Verletzungen zu heilen, die durch Interaktionen mit Geschwistern entstanden sind. Es gibt karmische Verträge, die solche Interaktionen erlaubten, doch das Karmaspiel endet, und wenn ihr bis hierher geführt wurdet, enden auch die meisten eurer Verträge, zumindest von eurer Seite aus. Ihr könnt sie auflösen, was auch

den anderen befreit, selbst wenn dieser es zunächst nicht so sehen oder leben will. Wenn eure Geschwister offen für die Idee der Heilung untereinander sind, dann arbeitet gemeinsam. Macht eine Kopie dieses Symbols für jeden und legt sie vor euch hin. Sprecht das Mantra gemeinsam oder allein zwölfmal laut aus, während ihr das Symbol anseht.

Es gibt so viele Arten, wie sich die Menschen verletzen können, und trotz aller Liebe zu den Menschen und der völligen Bejahung des Seins verraten wir euch nun etwas: Auch die Engel weinen! Wenn wir die Energiekörper von euch Menschen betrachten und die vielen Wunden sehen und erleben, dass mit jedem bösem Wort, mit jedem Gedanken und erst recht natürlich mit den Taten neue hinzukommen, dann möchten wir manchmal verzweifeln, denn wir wissen, welche Anstrengung es euch kostet, sie wieder zu heilen. Doch ihr habt Glück, die Erde ist in das Silber der Gnade gehüllt. Das bedeutet unter anderem, dass nun viele Wunden gleichzeitig geschlossen werden dürfen und nicht nur einzelne wie bisher. Und das wiederum treibt uns die Freudentränen in die Augen, denn das Ende des Leids ist in Sicht!"

f) Ta-Na

„Ausgleich von männlicher und weiblicher Seite. In jedem Menschen stecken sowohl weibliche als auch männliche Energien, da das Ursprungswesen, die Quelle, androgyn war und ist. Sie teilte sich jedoch eines Tages, um einen Spiegel zu haben, die Möglichkeit, sich selbst zu erfahren, herauszufinden, was da alles ist. Und so ist auch die göttliche Quelle sowohl männlich als auch weiblich und beides zusammen, und so ist es auch mit uns, da wir ja Teil der Quelle sind. In diesen besonderen Zeiten erwacht die vernachlässigte weibliche Seite in allen Menschen vermehrt,

und wenn du weißt, dass hier bei dir Handlungsbedarf besteht (gleichgültig, ob es die männliche oder weibliche Seite ist, die verstärkt werden will), dann benutze dieses Mantra."

g) Om-Sha-La

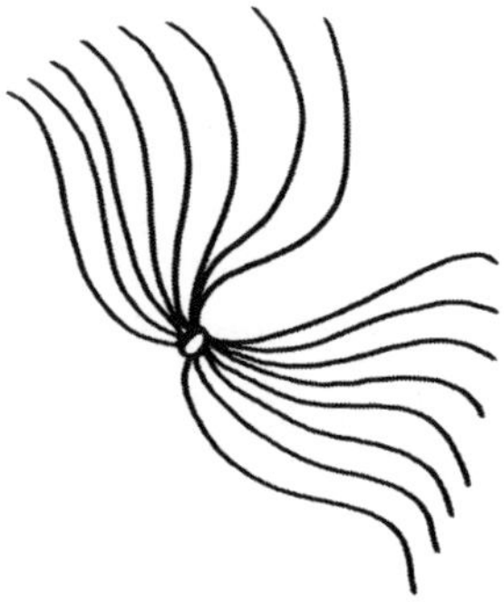

„Om-Sha-La bedeutet: Gegrüßet seist du in Liebe. Schicke diesen Gruß allen, von denen du glaubst, sie würden es brauchen. Vor allem aber jenen, die dir „etwas angetan" haben, als deren Opfer du dich fühlst, und Wunden lösen sich auf!

Du kannst diesen Gruß in deine tägliche Arbeit mit einbeziehen. Wenn dein Gegenüber offen ist für diese Dinge, dann gib ihm diesen Gruß mit der Bitte um Weitergabe. Wenn er/sie nicht offen ist, grüße ihn oder sie in deinen Gedanken so und eventuelle Zwistigkeiten tauchen gar nicht erst auf, oder schon vorhandene können sich auflösen, wenn die Zeit dafür reif ist."

h) Polion

„Erwachen der Weiblichkeit. Polion nun ist speziell für die weibliche Seite, die zulassende, die intuitive „zuständig“. Wenn du hier eine Verbesserung wünscht, dann arbeite mit diesem Symbol und Mantra.“

i) Sharana

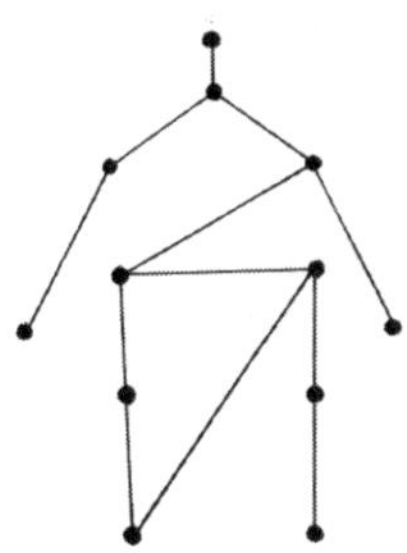

„Dies ist das Symbol des Tores für den Frieden. Es liegt in Deutschland, in der Rhön. Das Symbol zeigt die Form, und jede Ecke ist ein sehr alter Baum (mind. 400 Jahre alt). Dieses Tor wurde am 12.02.2006 geöffnet und hat ein Zwillingstor in Israel, das im Jahre 2006 ebenfalls noch geöffnet werden soll, durch eine Reisegruppe, die dorthin fährt. Dieses Symbol und das Mantra beinhalten die derzeit stärksten Friedensenergien, und so kannst du es auf einem Atlas anwenden, indem du es dorthin malst, wo du glaubst, dass Frieden notwendig ist. Du kannst es in das Herz der Menschen schicken, die mit dir in Unfrieden leben, und du kannst für dich selbst mehr Frieden herstellen, indem du damit in deinen Meditationen arbeitest.“

In meiner täglichen Arbeit in den Sitzungen benutze ich diese und die anderen Symbole und Mantren, die mir gegeben wurden und staune immer wieder über die Effektivität.

j) Kiriana

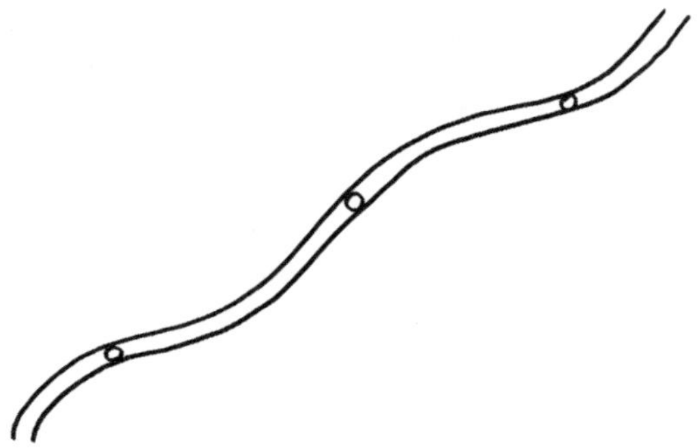

„Kiriana löst alle energetischen Verbindungen zu Partnern, so dass kein unerlaubter Energiefluss mehr erfolgen kann."

„Hier ist nun das Dreierteam von Kryon, Metatron und Michael. Wir haben uns miteinander verbunden, um die für diese Zeit nötigen Symbole und Mantren zusammenzustellen, denn auf diese Weise können wir euch auf effektivste Art unterstützen.

Es kommt nun Bewegung in das Erde-Mond-System und in alle seine Bewohner. Du leistest deinen Beitrag, und wir ebenso. Viel Freude wünschen wir euch dabei.

Wir grüßen euch, wir ehren euch, wir lieben euch. Kryon, Metatron und Michael."

Schlussworte

An dieser Stelle möchte ich allen danken, die daran mitgearbeitet haben, sei es auf der geistigen, sei es auf der materiellen Ebene.

Jedes Buch ist auch für mich eine Initiation, eine Geburt, denn ich werde während des Schreibens durch die Prozesse geführt, die es mir ermöglichen, in der richtigen Schwingung zu sein. Diese Prozesse sind nicht immer einfach und stellen oft sogar eine Herausforderung dar. – Aber das geht uns allen ja so.

In diesem Sinn wünsche ich Ihnen viel Freude mit diesem Buch und grüße Sie mit einem „Om-Sha-La".

Patrizia Pfister, den 30.05.2006

Bitte lesen Sie weiter ...

Patrizia Pfister

Das Regenbogenzeitalter – Die Menschheit erwacht

480 Seiten, Großformat, gebunden, mit Lesebändchen
ISBN 978-3-934254-94-7

Dieses Buch enthält eine Fülle brandneuer Informationen für das 21. Jahrhundert, die die Autorin durch die Vertreter und Lenker der 12 göttlichen Strahlen erhielt - (darunter El Morya, Lady Rowena, Serapis Bey, Hilarion, Mutter Maria, St. Germain, Maha Cohan, Sananda, Kuthumi), ebenso wie von Erzengel Michael, Metatron, KRYON u.a. zu den Vorgängen, die sich mit dem Begriff „Aufstieg" zusammenfassen lassen. Dazu gehören hochinteressante Durchsagen zu den fünf neuen Chakren und viele praktische Übungen und Anleitungen, wie sich der Lichtkörperprozess aktiv unterstützen lässt.
Das Regenbogenzeitalter ist ein Zeitalter der Farben und der Veränderung, das hier erstmalig detailliert beschrieben wird.
Dieses Buch richtet sich an jeden Menschen, der sich weiterentwickeln will.

Patrizia Pfister

Leben und Ernähren im Regenbogenzeitalter

296 Seiten, Großformat, gebunden, mit Lesebändchen
ISBN: 978-3-938489-09-3

Die Autorin stellt die Regenbogenernährung detailliert vor, ergänzt durch entsprechende Nahrungsmitteltabellen und Rezepte.
Durch zahlreiche Channelings, unter anderem von KRYON, den Erzengeln Metatron, Gabriel und Uriel, den Aufgestiegenen Meistern Sanandá, Lady Rowena, Sanat Kumara und Kuthumi, erhalten wir neue Informationen über das menschliche Energiesystem, das 12-Chakrensystem und die damit zusammenhängenden Energiefelder. Themen, die mit den Chakren und den Energiefeldern zusammenhängen und sich in den jeweiligen Körperbereichen manifestieren, können somit erkannt und bearbeitet werden.
Ein ganzes Kapitel ist den verschiedenen Methoden zur Reinigung gewidmet, da Gesundheit, Wohlbefinden, der Verjüngungseffekt und der Kontakt „nach oben" direkt und indirekt von der Klarheit des Körperwassers abhängig sind.
Mit zahlreichen Rezepten, jeweils passend zu den entsprechenden Farben.

Patrizia Pfister

Mantren und Symbole im Regenbogenzeitalter

144 Seiten, A5, gebunden, mit Lesebändchen
ISBN 978-3-938489-35-2

KRYON, Metatron und Michael haben den Menschen Mantren und Symbole übermittelt, die für die Eigenarbeit gedacht sind und mit denen am Lichtkörper gearbeitet werden kann.
Die Symbole stellen Konzepte aus höher schwingenden Dimensionen dar, die herunter transformiert wurden und hier in ihrer ursprünglich übermittelten Schwingung wiedergegeben werden.
Es sind 55 Symbole und die dazu gehörigen Mantren, die in vielfältiger Weise eingesetzt werden können, und so ist dieses Buch eine große Hilfe für den Alltag.

Ava Minatti
Im Herzen Lemuriens
424 Seiten, gebunden, mit Leseband
ISBN 978-3-938489-39-0

Die Wiederentdeckung unserer lemurianischen Wurzeln ist ein weiterer wichtiger Schritt in die 5. Dimension. Im Herzen von Lemurien können wir unsere Intuition stärken, die Liebe zur Erde und den Ahnen wachsen lassen und die Kommunikation mit der Natur und ihren Kräften vertiefen. Die Erfahrungen und Speicherungen der nicht-geheilten Dualität werden sanft abgestreift, und unser wahres Sein beginnt zu leuchten. Wir kehren in das Zentrum unseres eigenen Herzens zurück und kommen in unserer Wahrheit an, aus der wir leben, schöpfen und erschaffen.
Die Meditationen und Übungen laden uns durch die Aktivierung des lemurianischen Erbes in uns ein, unsere Christuspräsenz anzunehmen und voller Vertrauen zu leben.

Eva-Maria Ammon
Lady Rowena – Die Kraft der Göttin in dir
Ein Heilungsbuch
248 Seiten, broschiert
ISBN 978-3-938489-43-7

Lady Rowena erinnert uns an unsere enge Verbundenheit mit Mutter Erde, Gaia, der Göttin (weiblicher Anteil der Quelle), den Kristallen und dem Universum.
Sie zeigt uns mit ihrer liebevollen Energie den Weg, wie wir das Heilsein und die Ganzheit in unser Leben integrieren und in Liebe Heilung in das Leben eines jeden bringen können.
Ein Praxis-Heilungsbuch für die Zeit der Weiblichkeit in jedem Menschen, die auf unserer Erde geschunden und verraten wurde und in uns allen neu erwachen will, damit Frieden, Liebe und Licht auf der Erde zur Wahrheit werden.

Georgia Fritz
Mutter Maria – Botschaften des Herzens
128 Seiten, broschiert
ISBN 978-3-938489-46-8

Dies ist ein Geschenk der göttlichen Mutter an Ihre Kinder, das im inneren und äußeren Dialog mit Mutter Maria entstand. Ihre Worte sind getragen von schlichter Klarheit und liebevollem Mitgefühl. Unendlich geduldig ermuntert sie ihre LeserInnen, das wahre Geschenk des Lebens anzunehmen: Die vollkommene Göttlichkeit in uns und allem anderen.
Eine Begegnung mit der Energie von Mutter Maria öffnet auf unnachahmlich sanfte und dennoch kraftvolle Weise die Herzenstür für Entwicklung, Heilung und Transformation.

Mit allgemeine Botschaften zu Themen der Lebensführung und Neuen Energie, einem Frage- und Antwortteil und je eine Meditation für jeden Tag der Woche.

Kerstin Simoné

Thoth – Die Pforten von Atlantis

328 Seiten, gebunden, mit Leseband

ISBN 978-3-938489-44-4

Nach dem großen Erfolg ihres ersten Buches Thoth – Projekt Menschheit stellt die Autorin nun die nicht weniger interessante Fortsetzung der von Thoth gegebenen Lehren vor, in denen so brisante Fragen wie: Die Wahrheit über Atlantis und seine energetische Wiederauferstehung, die Entstehung der Pyramiden von Gizeh und ihr Sinn, die kosmischen Gesetze und ihre praktische Anwendung im Hier & Jetzt, 2012 – das Jahr des Übergangs behandelt werden.

Die Wesenheit Thoth bereitet uns darauf vor, neue Wege zuzulassen und die vollkommene Freiheit der Seele und des Geistes zu erfahren. Wer bereit ist, sich aus den menschlichen Szenarien des Wertigkeitsdenkens und Hierarchieformen zu befreien, erfährt ein vollkommen neues Bewusstsein.

Mit vielen praktischen Anleitungen und Anregungen für die täglichen Schöpfungen

Ines Witte-Henriksen

Serapis Bey
Lichtarbeit an der Basis

208 Seiten, broschiert

ISBN 978-3-938489-41-3

Serapis Bey lädt uns ein, uns intensiv auf den Kontakt mit seiner kraftvollen, reinweißen Strahlung einzulassen. Der weiße Strahl der freudvollen Disziplin, der hoffnungsvollen Lichtarbeit, des Segens und der Gnade der karmischen Reinigung bis auf Zellebene ist ein kraftvolles Instrument der Klärung und Reinigung.

Erzengel Gabriel stärkt den Glauben an Wunder, die Hoffnung und die Freude auf den Neubeginn. Channelings, Meditationen und Übungen laden zu eigenen Erfahrungen ein.

Mit der Hilfe von Serapis Bey erfahren wir eine tiefgreifende Klärung unserer Basis.

Barbara Bessen

KRYON – Vertraue in Gott

240 Seiten, A5, broschiert

ISBN 978-3-938489-22-2

In seiner gewohnt humorvollen und eindringlichen Weise erklärt KRYON, wie wir es schaffen können, uns selbst immer besser zu erkennen und Kontakt zu unserem eigenen goldenen Engel, unserem Höheren Selbst, zu finden und das notwendige Vertrauen dafür zu entwickeln. Denn das Ziel – GOTT – liegt nicht im Außen, sondern in jedem von uns, da wir alle ein Teil von Gott sind.

Weiterhin verrät KRYON, warum wir erwachenden und suchenden Menschen im deutschsprachigen Raum inkarniert sind, welche Aufgaben uns hier erwarten und wie wir sie umsetzen können.

Neu bei Smaragd: CDs von und mit unseren AutorInnen

Claire Avalon
Die 12 göttlichen Strahlen
Blauer Strahl El Morya (CD)
ISBN 978-3-938489-47-5

Diese Meditation führt uns in den Lichttempel des Aufgestiegenen Meisters El Morya in Darjeeling (Indien). Dort erhalten wir seinen Rat, wenn es um göttlichen Willen, Selbstvertrauen, Zielsetzung, Schutz, positive Macht und Mut geht, und können Einblick in unsere feinstofflichen Lebensbücher nehmen, um zu erkennen, wo unsere Blockaden und karmischen Hintergründe für unser jetziges Leben zu finden sind.
Gehen Sie mit auf die Reise nach Darjeeling, tanken Sie Energie und gewinnen Sie einen Eindruck dieses mächtigen und dennoch liebevollen Meisters.

Margit Steiner
Meisterarbeit aus Lemurien (CD)
ISBN 978-3-938489-48-2

Die CD zum gleichnamigen Buch der Autorin lässt uns die Energien dieser wundervollen Arbeit spüren. In der Meditation entstehen die Symbole RahKi, MaRoy und Lah.
Anschließend erfolgen Einweihungen in Grundlevel und Erdheilungsarbeit sowie die Anbindung an das Christusgitter – eine wunderbare Unterstützung unserer Arbeit mit den Symbolen aus Lemurien und unseres Kontakts zur Geistigen Welt.
Lassen Sie sich ein auf die einfühlsamen Worte und genießen Sie!

Ava Minatti
Engelmeditationen (CD)
ISBN 978-3-938489-49-9

Ausgewählte Meditationen führen in eine tiefe Begegnung mit den Engeln, die um und mit uns sind und bereits darauf warten, mit uns in einen bewussten Kontakt zu treten. Die sanfte Stimme von Ava Minatti hilft uns zu entspannen und unser Herz zu weiten, und uns so dem Licht und der Liebe der Engel hinzugeben.
Nach vielen Anfragen, ist sie endlich da! Eine CD als wunderbare Ergänzung zu dem Erfolgstitel Engel helfen heilen.
…Nun mache es dir bitte bequem, atme einige Male tief ein und aus und lausche der Botschaft der Engel, die dich berühren möchten…